TRADICIONES PERUANAS

RICARDO PALMA

TRADICIONES PERUANAS

ESTUDIO Y SELECCIÓN

POR

RAIMUNDO LAZO

Profesor de la Universidad de La Habana.
De la Academia Cubana de la Lengua

SEPTIMA EDICION

EDITORIAL PORRUA, S. A.
AV. REPUBLICA ARGENTINA, 15
MEXICO, 1991

Primera edición, Lima, 1872
Primera edición en la Colección "Sepan Cuantos...", 1969

ISBN 968-432-572-X

IMPRESO EN MÉXICO
PRINTED IN MEXICO

RICARDO PALMA Y SUS "TRADICIONES PERUANAS"

1. Una "tradición" vivida

En Ricardo Palma, la persona y el escritor, lo vivido y lo más típico y original por él escrito, se confunden en perfecta identificación de hechos, expresiones e intenciones. La onda histórica del travieso, meloso o punzante limeñismo que liga la Lima legendaria de los virreyes con la más inquieta y turbulenta de los caudillos y presidentes nominalmente republicanos del siglo XIX, es el íntimo nexo sicológico que identifica la persona de Palma con sus famosas *tradiciones*, de tal modo que su biografía, vida de un limeñísimo personaje, merece definirse como una *"tradición" vivida.*

En Palma, al limeño esencial naturalmente se añade lo que en su persona añadieron y labraron las circunstancias históricas del tiempo dentro del cual corre su vida, iniciada en Lima el 7 de febrero de 1833, y allí mismo terminada el 6 de octubre de 1919. Fue romántico y liberal, librepensador de apuntada ascendencia volteriana, afiliado a la masonería, anticlerical tolerante, escéptico en religión y a la postre también en política y en materias de sicología social. Conjugando temperamento, formación básicamente literaria e histórica y circunstancias sociales, su vida se extiende en etapas que van, con notable normalidad de evolución sicológica, de lo heterogéneo, inestable y disperso de la juventud, a la unidad, y concentrada, persistente, paciente laboriosidad creadora de sus últimos años, cuando vocación, aptitud y trabajo hacen de él lo que podía y tenía que ser, abriendo paso a lo medular y perdurable de su personalidad, convergencia activa del espíritu de observación y del hombre de libros, del humorista divertido o burlón y del anticuario complacido en sus interminables incursiones por los dominios de la historia y de la leyenda, y en la infatigable exploración de las olvidadas riquezas del idioma.

Acercándose a este esquema biográfico, pormenorizando episodios y circunstancias, se destaca la íntima vinculación de Palma con el Perú de su tiempo, sintentizado y representado por la dominante Lima y su peculiarísimo limeñismo. Es Palma vivo y acabado representante del ser de aquella sociedad que se burla de sus anárquicas e interminables turbulencias, que llama *azucenos* a los partidarios de un general presidente de artificioso hablar castizo, Ignacio Vivanco, y que, en lugar del nombre de *gamarristas,* para los correligionarios de otro personaje, Gamarra, inventa el mote zumbón de *gamarranos.* Pueblo y oligarquía se contraponen y se entremezclan; sublevaciones militantes y motines callejeros se llaman revoluciones, acogidas al subterfugio de precarios y traicionados principios; y la guerra y la política se hacen con balas y con versos satíricos, con leyes más o menos nominales y provisionales, y con discursos y volanderos artículos de periódico, con rumores y agudezas de charla ociosa.

Como si en sus *tradiciones* le importara más la fidelidad que su personal inventiva, dice Palma que en ellas se limita a copiar lo que observa; pero, en realidad, no se puede comprender y hacer justicia al autor, en sus virtudes de artistas tanto como en lo que en él hay de humanamente contradictorio o consecuente, si no se mira y califica su vida como la de uno más de sus personajes de historia y leyenda.

Sombras de clandestinidad envolvieron siempre los orígenes familiares de Palma, sólo alguna vez revelados, en términos violentamente injuriosos, por Rufino Blanco Fombona —en su prólogo a la edición de *Páginas Libres* de Manuel González Prada— impulsado el ardoroso polemista venezolano tanto por resentimientos personales ante juicios de Palma contra él —comunicados a Blanco Fombona por el mismo Prada— como por el vindicativo empeño de replicar acusaciones del tradicionalista peruano contra Bolívar. El propósito de ocultar las circunstancias de un mestizaje de sangres, hispánica y de origen africano, prejuicio racial particularmente tiránico en una sociedad como la limeña, explica silencios e imprecisiones en lo relativo a la ascendencia y primeros años del escritor, a quien basta con el renombre y valor de su obra. Por tal motivo, del padre, Pedro Palma, pequeño comerciante en paños, que confiesa haber tenido que abandonar el hogar por poderosas cuanto inexplicadas causas, se sabe poco. De la madre, apenas el nombre. Se llamaba, según investigaciones del historiador Raúl Porras Barrenechea, Dominga Soriano, pues, aunque una declaración documental cita como tal a Guillerma Carrillo, ésta parece ser, en realidad, *la abuela del tradicionista*, según nota de César Miró en su libro *D. Ricardo Palma*, Losada, Buenos Aires, 1953. Entre gentes del pueblo transcurren sus años de niñez y adolescencia, recogiendo en el sensible registro de sus vivencias, en el hogar, en iglesias, calles y mercados, el rumor de la vida cotidiana, conversar de corrillos, festejos rituales, conmociones políticas, desfiles y *cierra-puertas*, dichos populares, anécdotas de antaño y hogaño, noticias curiosas, refranes, pregones, con cuya copiosa sucesión el futuro tradicionalista tendrá materiales para formar el horario cotidiano de la vida limeña.

Al entrar Palma en su primera juventud, comienzan a disiparse las nieblas iniciales de su biografía, apoyada desde entonces en datos más precisos. Con el discurrir de los años, él mismo dará la mejor interpretación de su vida al calificarla moralmente midiendo en ella los valores del creativo esfuerzo personal: *Hijo soy de mis obras. Pobre cuna el año treinta y tres meció mi infancia; pero así no la cambio por ninguna*. De colegios elementales, se dice que pasa a cursar estudios superiores al Convictorio de San Carlos, en el que el espíritu ultra-conservador tiene su máximo representante en el canónigo Bartolomé Herrera, en cierta contraposición con las ideas liberales influyentes en el Colegio de Guadalupe, institución rival dirigida por Sebastián Lorente. A pesar de las persistentes referencias de Palma a esos estudios en el Convictorio, no parece haberse descubierto comprobación documental que las ratifique. En todo caso sí parece haber estado, de algún modo, íntimamente relacionado con el ambiente escolar carolino, que, con muy personal acento, evoca en *Halicarnaso*, la tradición dedicada al curioso tipo del zapatero, avecindado cerca del Colegio, amigo confidencial y proveedor oficioso de sus estudiantes. Y lo que allí refiere Palma de la incipiente bohemia estudiantil puede valer como marco y estampa de insuperable carácter autobiográfico.

Hacia los dieciocho años, el escritor precoz principia a dar precisa personalidad al joven alegre y despreocupado, que comienza a firmar trabajos literarios con el nombre de *Manuel Ricardo Palma*. Versifica, y en alguna de sus primeras composiciones, de explicable, de inevitable tono agudamente romántico, ha visto la crítica el germen de sus futuras *tradiciones*. En 1851, publicó el drama, entonces representado, *Rodil,* de cuyo pasajero éxito se burlaría después el autor; y en 1855, apareció su primera colección de *Poesías*. Eran los anticipados comienzos de una vida literaria intensa, de variada y persistente labor, de cerca de setenta años.

La vida de Palma comienza y termina con períodos de absorbente actividad literaria, entre los cuales se insertan unas dos décadas de rutina y aventuras de marino —hasta con su correspondiente naufragio— y peripecias de político militante, a las que no falta el casi inevitable destierro.

Buscando una ocupación remunerativa, acepta la incorporación, como oficial contador, a la marina peruana, lo que además, según revela, le permitió alejarse de un juvenil compromiso amoroso. Aunque, con su proverbial predisposición a lo festivo, dice que pasó mareado los años que estuvo a bordo, pudo entonces llenar los ocios de su rutinario y escaso trabajo con lecturas, especialmente con la de los clásicos españoles incluidos en la colección de Rivadeneyra, y dio muestras de serenidad en el naufragio del *Rímac,* barco del que, por su impulsión por medio del vapor, entonces sorprendente novedad, se enorgullecían los peruanos. Fue Palma de los sobrevivientes que, con disciplinada resistencia, al llegar a la costa árida y desierta, pudieron escapar de la muerte de hambre y de sed.

Si las exigencias del diario vivir lo convirtieron en funcionario público, ocupación subsidiaria de la económicamente improductiva de escritor, su condición de servidor administrativo del Gobierno, el influjo de las ideas romántico-liberales y los ímpetus y rebeldías de una juvenil bohemia, en parte real y en buena parte imaginativa, lo condujeron a la turbulenta política de caudillos ambiciosos y deleznables banderías que era causa de las crónicas perturbaciones que agitaban al país. En su paso por la vida pública, fue su guía el honrado y valiente político liberal Don José Gálvez, quien al fin, siendo Secretario de Guerra y Marina, habría de morir el 2 de mayo de 1886, en la defensa de El Callao contra la armada española, lucha en la que se encontraría también Palma, acompañando a su jefe.

En el interminable discurrir de las pugnas políticas, un suceso desafortunado, la derrota en el asalto contra la residencia del presidente general Ramón Castilla, obligó a Palma a acogerse al asilo diplomático y a pasar años de exilio en Chile. Allí sostuvo intensa actividad literaria, frecuentó redacciones de periódico y tertulias, y amplió las investigaciones históricas para sus *Anales de la Inquisición de Lima*. Vuelto del destierro, consiguió el nombramiento de cónsul del Perú en Pará, en el Brasil, cargo que, por aducidas causas de enfermedad, le sirvió para efectuar un largo viaje de estudios por Europa.

A medida que iban quedando atrás los años juveniles de sueños y aventuras, historiados con abundantes elementos imaginativos en *La*

Bohemia de mi Tiempo, la trama de los sucesos nacionales lo ataba más a los compromisos de la militancia política. El quehacer político se confunde alguna vez con el cumplimiento de deberes patrióticos, como en el caso del anacrónico resurgimiento del colonialismo español con sus amenazas y agresiones; pero desaparecido esa vez el peligro del ataque extranjero, se reanudan, con creciente violencia, las pugnas y conflictos internos, cuyo encono suele arrastrar a sangrientos desenlaces. La fatiga de la lucha inacabable y sin sentido va abatiendo los entusiasmos de Palma, y trabajado por sus efectos el ánimo del escritor convertido, por el violento arrastre de los hechos, en hombre de acción, de encendidos debates, conspiraciones y episodios de guerra, parece acercarse a una crisis de escepticismo, la que al fin llega tras dos series de experiencias deprimentes: las del hombre de gobierno en tiempos del presidente de trágico fin José Balta, y las del patriota derrotado en la defensa contra la invasión chilena con su sombría secuela de ocupación y saqueos de Lima.

No pudo ser la conducta política de Palma de tan consecuente uniformidad, tan de perfecto acuerdo con los principios liberales y democráticos como se empeñan en presentarla biógrafos más o menos idealistas, sino más bien un fluctuante compromiso entre tales principios y las caóticas circunstancias, y si en ello no hubo tajantes claudicaciones, quedó lugar para tolerantes acomodamientos de cierto liberalismo ideológico, abroquelado en la sátira festiva del escritor y compatible con las lecciones de independiente y desilusionada crítica que los hechos evidenciaban. Como final consecuencia inevitable, se acrecentaban en lo íntimo del hombre sedimentos de escepticismo que si tendían a inhibir para la acción, aguzando la inconformidad, espoleaban y hacían más agudas y excitantes las naturales inclinaciones hacia la sátira del humor festivo en el escritor. De esta manera se explica que su liberalismo muy flexible no le impidiera incorporarse a los inconformes con el jefe del Estado proclamado dictador, Mariano Ignacio Prado, no precisamente por oposición en este caso a la dictadura, sino, por el contrario, aceptando y haciendo suya la inconformidad generalizada contra las reformas liberales de aquel gobierno dictatorial, resumibles en la efímera Constitución de 1867 que hubo de promulgarse entonces. Triunfó la rebelión por los acostumbrados procedimientos de la acción militar y la ocasional incorporación de adictos, entre los cuales estaba Palma, y el coronel José Balta se convirtió así en Presidente de la República, durante cuyo mando fue Palma secretario particular del Presidente y senador por la circunscripción de Loreto. Pero en la política hispanoamericana, de la que la política peruana era sólo un caso de agudas irregularidades y contradicciones, para bien y para mal, según las ocasiones, todo era teórico, de pura existencia nominal, y si entonces la reacción conservadora abolió la Constitución y disposiciones de carácter liberal, la dictadura de Prado había adoptado iniciativas inspiradas en la libertad, soberanía e integridad territorial de los pueblos, en el caso de la guerra del Brasil, la Argentina y el presionado Uruguay contra el Paraguay, ocasión en que sostuvo principios de solidaridad interamericana ante las agresiones colonialistas de España contra Sur América y las de Francia contra México; y a su vez el influjo conservador bajo el gobierno de Balta no impidió el reconocimiento oficial peruano de la independencia de Cuba, entonces en guerra contra el poder colonial de España. En medio de estas contradicciones entre el rubro y el programa de los nominales partidos políticos y los que en su nombre se hacía, Palma, en el Senado, pudo ser a la vez mesurado vocero del gobierno y defensor de principios patrióticos y americanistas en los que alentaban los justificados temores de ataques extranjeros, que pronto se confirmarían con la agresión imperialista chilena, incontrastablemente de mayor trascendencia que las del utópico intento de resurrección anacrónica del colonialismo español.

La trágica muerte del presidente Balta, y la inmediata y no menos brutal, a manos de las turbas en Lima, de los responsables de aquel asesinato, los hermanos coroneles Gutiérrez, en el proceso fugaz de un absurdo golpe de Estado, tuvieron que ser, para el escritor convertido en político, conmociones que tendían a expulsarlo de aquellas pugnas interminables manchadas con episodios de traición y de barbarie. Y para determinar su alejamiento de las violencias sin sentido de la vida pública, los hechos decisivos no tardaron en producirse. Fueron los de la guerra imperialista de Chile, la patriótica y desorganizada, pronto deshecha defensa de Lima, en la que interviene personalmente Palma; el incendio de su casa y pérdida completa de su biblioteca; la toma de la capital por los invasores, sus saqueos, y los atropellos de la prolongada ocupación. Necesariamente todo eso presuponía el análisis de las causas del conflicto que no podía separarse del de la imprevisión y graves responsabilidades consiguientes de los gobiernos peruanos, con sus reiteradas fluctuaciones entre las dictaduras personalistas y la anarquía, y sus transigencias, si no sometimiento, con respecto a la oligarquía plutocrática nacional y los nacientes monopolios del capital extranjero, organizados para la construcción de ferrocarriles y proyectos de otras obras públicas, y para la extracción y venta de las cuantiosas cantidades de guano. Sin aptitudes específicas para la política, que en tal ocasión debían ser excepcionales para contrarrestar tan enemigas circunstancias, ni la vocación heroica que ello exigía, Palma había decidido abandonar el país para aceptar el nombramiento de redactor bien retribuído del diario *La Nación* de Buenos Aires; pero permanece en el Perú porque se le ofrece el modo de contribuir a la obra de reconstrucción nacional aceptando la designación de Director de la Biblioteca Nacional de Lima. La institución, destrozada por los invasores, prácticamente no existía, perdidos sus valiosos fondos, y sin que la maltrecha economía del Estado pudiera ofrecer recursos económicos con que reponerlos. Como se ha recordado muchas veces, comprende Palma que, para cumplir su misión, tendrá que ser *el bibliotecario mendigo* que busque donaciones entre sus numerosos amigos del mundo literario europeo y del americano, y así se lo expresa al ministro José Antonio de Lavalle que le ofrece el cargo y le ruega que lo acepte por razón de deber patriótico. El hecho es de la más decisiva trascendencia en la vida del hombre y del escritor. Cierra el prolongado paréntesis de actividades políticas, y abre el período final de exclusiva dedicación a una vasta e infatigable obra cultural en la que, entre libros y papeles buscados y acumulados con paciente tenacidad, concurren en su persona y se complementan y estimulan mutuamente el bibliotecario, el bibliófilo, el erudito, el aficionado a las incursiones por la historia, el editor y crítico de obras antiguas, el interesante y activo escritor epistolar, el estudioso y amante del idioma y el humorista de personalísimo estilo, creador de las famosas *tradiciones*.

Hojeando su abundante correspondencia, en numerosísimas cartas de petición de libros para la Biblioteca, que el tiempo va haciendo más y más suya, puede formarse una nutrida nómina de todos los escritores más importantes de la época, hispanoamericanos —sin exceptuar a los de Chile, pues *en este santuario de las letras*, dice, *no tienen entrada las pasiones e intereses que dividen a los pueblos*— españoles y otros europeo s, norteamericanos. La Biblioteca se inauguró —resucitó— el 28 de julio de 1884, y en ella, viviendo en su mismo edificio, con su esposa, Cristina Román, que allí muere, y con sus numerosos hijos, de los que dos, *Clemente* (1872-1946) y su biógrafa *Angélica* (1883-1935) que se distinguieron en la narración imaginativa, permaneció hasta su renuncia en 1912. Partiendo copiosamente desde la Biblioteca de Lima en el curso de casi treinta años, tradiciones y cartas relacionan a Palma con el mundo de la cultura, con toda América y con Europa; divulgan su nombre, y hacen conocida y famosa su obra. Se estrecha su vinculación a la Biblioteca limeña. Allí es él una institución dentro de otra institución, creada por él casi de la nada. Allí incesantemente reúne, revuelve y aprovecha para su obra literaria y sus incursiones históricas y algunas polémicas, libros tan curiosos como olvidados y viejos papeles. Con sobrada razón se dice que allí van a visitarlo, *como a un monumento de la capital peruana*, escritores y artistas que pasan por el Perú, de su generación y de las siguientes, que, como Rubén Darío, le dedican páginas de emocionada admiración. Y Palma se siente tan afectuosamente unido a lo que es su hogar y su centro de incesante trabajo que escribe en la dedicatoria de algún libro: *A mi hija predilecta, la Biblioteca Nacional*.

Sin embargo, no pueden ser completamente plácidos esos tiempos para el atareado escritor. Para bien y para mal, su personalidad, creada por sus famosas *tradiciones*, no puede separarse de ellas, y por una distorsionadora aunque explicable ampliación y confusión de conceptos diferentes, se hace a Palma, no, como debe ser, un artístico captador del pasado del que nacen sus tradiciones, sino un encubierto defensor ideológico de ese pasado que él imaginativamente recreaba con su muy personal y festivo humorismo; y convertido así el *tradicionista* en reaccionario y solapado *tradicionalista*, viose envuelto en enconadas polémicas, principalmente con su muy semejante en ideas cuanto opuesto en temperamento, el demoledor e intelectualizado ideólogo y parnasiano al par que oratorio escrito , Manuel González Prada, y con sus partidarios. De tales agresiones lo compensan sus cordiales relaciones epistolares con numerosos escritores extranjeros, entre los que se cuentan los más famosos de la época, y un viaje a España en 1892, en el que lleva la representación oficial del Perú enviada a los actos de conmemoración del cuarto centenario del descubrimiento de América. Resume sus impresiones en un libro, *Recuerdos de España* (Buenos Aires, 1897). Fue ocasión de su excitado contacto personal con cuanto podía atraer la atención dentro del cuadro general de la decadencia española finisecular, en la que abundaban amigos y admiradores: es la España política que se acerca, sin sospecharlo siquiera, al desastre del 98, la de Cánovas del Castillo, de Emilio Castelar, de Cristino Martos, de Moret, de Salmerón y también del que sin duda más admira, Pi y Margall; la España literaria formalista, de petrificados rezagos románticos, grandilocuente y académica, de la vejez de Zorrilla y de **Campoamor,** de Valera, de Echegaray y de Tamayo y Baus, de la Pardo Bazán y de Menéndez y Pelayo, escenario en el que apenas se presentía, en Valle Inclán y otros jóvenes, la llegada ruidosa, próxima a producirse, de los hombres del 98; y también, sin olvidarla en el recuento, la España torera de Mazzantini. Sin impedir la crítica independiente, son muy gratas para Palma las impresiones de festejos y tertulias, en Madrid; el trato personal con escritores, historiadores y críticos; no tan grata la experiencia del congreso de americanistas reunidos en Huelva, muy influido por franceses que olvidan a los hispanoamericanos; valioso el encuentro amistoso con otros famosos representantes de Hispanoamérica, Rubén Darío, Zorrilla de San Martín; pero tiene que sentir los efectos de una cerrada intolerancia que no esperaba, al pretender de la Academia Española de la Lengua la aceptación de muchos hispanoamericanismos reconocidamente documentados por el habla de millones de hispanoamericanos, ya superiores en número a los hispanoparlantes de la Península. De tan copioso y variado cúmulo de impresiones, lo más cordialmente significativo tuvo que ser para el tradicionista la comprobación de las raíces hispánicas de su obra en las costumbres, en el habla y en el rico y bullente espíritu del genuino pueblo español. Con íntima nostalgia se siente al alejarse de él. En su regreso a la patria, al pasar por La Habana, vislumbra a una Cuba que vive en la tensión de la tregua entre dos guerras por su libertad. En la mente del viajero están los nombres de algunos cubanos ilustres, Martí, Varona, y es la fugaz ocasión para conocer a algunos escritores, Alfredo Zayas, Manuel de la Cruz, Ramón Meza. Para la Isla irredenta en una Hispanoamérica nominalmente democrática y liberal, tuvo entonces una frase de simpatía, de americana solidaridad: *Cuba es el punto donde convergen las miradas de todos los que creemos que la patria es un culto y la libertad un derecho.* Aunque, una vez entre muchas, confirme en tal ocasión su peculiar ausencia de radicalismo al combatir a los norteamericanizantes anexionistas cubano: *Yugo por yugo, yo, cubano, al de España me atendría.* Amalgama muy suya de hispanoamericanía y amor a España, y de amor a la libertad, ante posibles o reales circunstancias adversas, convertible en mera tolerancia, en pacífico conformismo.

Al regresar al Perú, la política de continuismo personalista sin escrúpulos no ha cambiado porque, llanamente dicho, no tenía por qué cambiar. Persisten los mismos nombres, Morales Bermúdez, Cáceres, Piérola; continúan los mismos procedimientos entre violencias mayores o menores y arbitrariedades legalizables por medio de habilidad más o menos tortuosa. Un día, una vez más, se abren las vías de la insurrección para llegar al poder, y a él llega Nicolás de Piérola. Y los inconformes, entre ellos González Prada con su minoría más radical, arrecian sus embates. Palma sigue en la rutina de sus trabajos literarios, en el palique animado de sus tertulias, en sus trajines epistolares, en el tiroteo de argumentos, ingeniosidad e ironía de alguna polémica, que alguna vez levanta violentas reacciones entre sus oponentes. Edita y comenta, con muy desenfadada crítica: el *Diente del Parnaso* y otras poesías de Caviedes, las *Actas* versificadas de las sesiones de la Academia poética del virrey marqués de Castell-dos-Ríus, anales del Cuzco y otras obras antiguas, y edita o reedita obras propias, en algunas de las cuales, como *Cachivaches,* sin perjuicio de cierta parte muy polémica como la relativa a la trágica muerte de Monteagudo y de Sánchez Carrión, desde el título general de la colección, se anuncia el propósito de alejarse de toda solemnidad acogiéndose al estilo, carácter y procedimientos del aficionado a revolver y coleccionar antiguallas. Prosigue el dilatado curso de publicación de sus *tradiciones*, y una colección final de sus *Poesías* (Barcelona, 1911) con el propósito de que sea completa. Alejado de la política, tratando con varia fortuna a los gobernantes de turno, el peso de los años va confinándolo en el aislamiento amable de la Biblioteca Nacional, hogar e institución pública, obra de su esforzada dedicación personal; pero ni este hecho, ni el valor y la fama del escritor sirven para protegerlo contra enardecidos ataques en cuyo origen se confunden los conflictos ideológicos, la incomprensión y la pasión personal. Por su hogar-biblioteca pasaron visitantes ilustres, desde Darío hasta el filólogo Menéndez Pidal; pero en torno al tradicionista, sobreponiéndose las varias vicisitudes de un largo vivir al influjo del festivo humor de lo que ha escrito, se forma cierta atmósfera de hombre arisco y malgenioso, rumoreada especie a la que pública y frecuentemente añadían sus contradictores implícitas o explícitas acusaciones de reaccionarismo. De ese modo, sin quererlo, cuando más alejado estuvo de la política y de la lucha de ideas, vino a ser, en sus últimos años, hombre de partido, con no buscados partidarios y contrarios, antecedentes que no es razonable olvidar al producirse el incidente, en sí insignificante, de la salida del viejo, famoso y entonces muy discutido escritor de la Biblioteca Nacional, y al juzgar sus desproporcionadas consecuencias.

En 1911 sufre el impacto de la muerte de su esposa, Cristina Román, y promediando ese año, parece prever que su memoria sobre la Biblioteca Nacional será la última; aunque no iba a ser por su muerte, como presuponía. Se lamenta con muy grave preocupación de la desatención oficial con respecto a la Biblioteca, y al temer un incendio por el abandono de las instalaciones eléctricas, pronuncia palabras que la destrucción del edificio y su rico contenido muchos años después —segunda destrucción de la desgraciada entidad— convertiría en profética advertencia. Al año siguiente, en 1912, un suceso sin trascendencia causa la irrevocable renuncia de Palma y su salida de la Biblioteca al cabo de casi tres décadas de haber llegado a ella para recrearla como bibliotecario mendigo. Con motivo del nombramiento de un empleado, estima Palma que el Gobierno ha desconocido sus facultades reglamentarias, renuncia a su cargo de director y sostiene una tensa controversia epistolar con los que él estima que lo desconocen y maltratan en nombre del Estado. Una de las causas subyacentes del conflicto es la actuación política de su hijo Clemente como opositor contra el Gobierno; pero en torno a esto sobreabundan los motivos ambientales para determinar la consumación de la renuncia de Palma. Con su familia, se retira a una prolongación suburbana de Lima, a Miraflores, y allí transcurre el breve período final de su vida.

La sustitución de Palma precisamente por su contradictor Manuel González Prada complicó los acontecimientos y les dio resonancia social inusitada. Se preparó un homenaje a Palma con claro sentido de desagravio, y el mismo 11 de marzo de 1912 en que recibía Prada, del Gobierno, la dirección de la Biblioteca, se ofrecía, por la noche, un acto en honor del famoso y polemizado tradicionista, con asistencia de una muchedumbre de espontáneos simpatizantes y la intervención oratoria de escritores y críticos de generaciones más jóvenes, José de la Riva Agüero, Felipe Barreda Laos, Juan Baustista de Lavalle, Felipe Sassone y José

Gálvez, vástago del viejo árbol liberal a cuya sombra había crecido Palma para la política de su país. Para elevar el tono de aquel reconocimiento colectivo de valores personales y artísticos, pero también para excitar la pasión polemizadora y agresiva de los contrarios, la grandilocuencia de Riva Agüero tuvo palabras de exaltación rotunda: *Sois, señor, como nadie y antes que nadie, encarnación legítima del espíritu de nuestra patria, viva y sagrada voz del pasado*... Tanto lo exaltado como lo excluyente del grandilocuente elogio tenían que aumentar el apasionamiento de los que, en bando opuesto, se empeñaban en encarnar las más radicales negaciones del pasado. Y si precisamente los más representativos partidarios de Palma, desconociendo u olvidando necesarias distinciones y reservas, vinculaban al pasado a Palma, de modo más explicable sus contrarios tuvieron que hacer una dogmática acusación contra él de lo que en el correr del siglo XX se había de conocer y denostar como reaccionarismo o pasadismo, tradicionalismo ultraderechista. Con tal motivo, con caracteres de defensa y desagravio, hubo homenajes a Palma y a su contrapuesto oponente González Prada, conferencias, declaraciones, artículos de periódico en que se prolongó y sobrepasó la enconada polémica, convertida en choque de ideas y temperamentos, de actitudes políticas y conceptos sociales, de generaciones; pero, a través de la empeñosa y desorbitada pugna, pudo cosechar Palma, fugaz y postrera cosecha, los frutos de un reconocimiento nacional que, aunque polemizado y tardío, fue última satisfacción de una vida larga y trabajada que pronto ha de extinguirse en su retiro de Miraflores, el 6 de octubre de 1919, un año después del fallecimiento de su apasionado oponente y acusador Manuel González Prada. En la lejana perspectiva del tiempo, casi apagadas las polémicas que distorsionaban la imagen del hombre y la del escritor, su vida hace recordar los cuadros animados de sus *tradiciones,* y en su conjunto es como una tradición vivida, por lo colorido y heterogéneo de los personajes que con él se relacionan, y por la viva y abigarrada sucesión de sus escenas, con su profusión de notas líricas, humorísticas o dramáticas, de riesgosas o curiosas situaciones fluctuantes entre las realidades de la historia y las de la imaginación.

2. La obra del polígrafo.

En el vasto y muy variado panorama de la obra de Palma, pueden distinguirse extensas secciones correspondientes a todas las especies literarias más importantes: poesía lírica y humorística o de sátira festiva; algo de teatro; narración imaginativa, con lo más sobresaliente y perdurable de cuanto produjo, sus *Tradiciones Peruanas,* y algún perdido ejemplo de novela; periodismo, asociado a crítica literaria, crónicas, polémicas y comentarios de actualidad; abundante y viva prosa epistolar; historia y lexicografía.

En la diversidad de tipos de trabajo literario, la más favorable y orientadora reacción de la crítica y del público ayudó al buen sentido del autor a descubrir en sus *tradiciones* lo específico de su vocación y el más acertado rumbo que debía seguir en el aprovechamiento de sus más personales aptitudes, por lo que de modo paulatino y espontáneo fueron centrándose sus labores en torno a las sobresalientes del tradicionista; pero la flexibilidad de su talento literario y las influencias ambientales lo animaron a escribir mucho de modo y con motivos tan diversos a lo largo de su vida, que es su obra la de un polígrafo de excepcional actividad que maneja siempre la prosa y el verso con la facilidad y el peculiar donaire de un estilo inconfundible que le permite poder decir sin jactancia, muy verdadera y llanamente, *mi estilo es mío,* o como en sus *Verbos y gerundios,* a la vez definiéndose y justificándose, *yo soy yo.*

A los muy explicables y casi inevitables comienzos líricos hay que añadir una coetánea atracción pasajera hacia el teatro con su drama de los dieciocho años, entonces representado, que inicia su bibliografía, *Rodil* (1851), a lo que sigue, en 1855, la publicación de su primera colección de *Poesías.* Lo propiamente lírico de Palma es de elemental sentimentalismo romántico, cuyos temas y caracteres muy del segundo movimiento romántico hispanoamericano nunca evolucionaron mucho. En esto, lo mejor es trabajo de versificador fácil, atraído siempre por lo formal, desviado del canto de la emoción íntima por la invencible inclinación al humor festivo y al costumbrismo satírico en prosa o verso. Lo más propiamente lírico, juvenil y algo de madurez, se encuentra reunido en su colección final de *Poesías completas* (Barcelona, 1911), no muy extensa acumulación a la que contribuye lo publicado con los títulos de *Juvenilia* —de redacción que el autor fija entre 1850 y 1860— *Armonías* (París, 1865); *Pasionarias* (El Havre, 1870) y *Nieblas,* cuya composición sitúa el autor entre 1880 y 1906. A esto hay que añadir sus traducciones, varias de Víctor Hugo, alguna de Longfellow, y las de Heine, publicadas primeramente en 1886, claro indicio de afinidad temperamental con el poeta alemán. Completa la relación los versos de *Doce cuentos,* que incluye los llamados *postales* (1907). El versificador satírico o de mero ingenio festivo muy limeño, combinado a veces con el efecto de cercanas o lejanas influencias de Heine y del prosaísmo filosofante de Campoamor y Bartrina, se dispersa por todos sus libros, y se unifica en alguna colección, como la titulada *Verbos y gerundios* (1877). Tiene Palma claro concepto de las diferencias entre el versificador, con el que se identifica, y el poeta, ideas que los años agudizan. Con tajante radicalismo, tiene al versificar *como un solfeo para aprender a manejar la prosa,* opinión de vejez del prólogo de su colección de *Poesías completas* que se empareja con la llana autocrítica de lo que llama sus *renglones rimados.* De acuerdo con su acertada autocrítica, el verso de Palma, desgajado de su lírica elemental, es sólo instrumento ocasional que prolonga el humor de su prosa.

En su persistente dedicación al periodismo es tan precoz que citan sus bibliógrafos casos de colaboraciones suyas desde los quince años de edad. El humor festivo que desde entonces lo acompaña encontró apropiado cauce en publicaciones de vida efímera que llevan nombres insólitos, expresivos de su carácter, *El diablo* (1848); *El burro* (1852); *La campana* (1867), que le sugirió usar alguna vez el seudónimo de *Un campanero;* y *La broma* (1878-79), *periódico satírico y mordiente... terror y espanto de la mala gente.* Publicó artículos, estudios históricos y de crítica literaria, tradiciones y comentarios políticos, e intervino en polémicas en los más importantes diarios y revistas nacionales, principalmente de carácter liberal, en *El Liberal* (1858); hacia la misma fecha, en *El Heraldo de Lima,* y en *La Revista de Lima;* en el muy importante *El Correo del Perú* (1871), en el que apa-

PRÓLOGO XIX

recen cerca de un centenar de colaboraciones suyas, entre ellas tradiciones de *El Demonio de los Andes;* así como en *El Constitucional* (1867), *La Revista Peruana* (1879), *El Ateneo* (1887), *La Revista de Sudamérica* (1891), en *El Perú Ilustrado* (1887-90) y en otros periódicos y revistas, y en publicaciones periódicas chilenas, como la *Revista del Pacífico,* y en *La Nación* de Buenos Aires.

Aunque hay prueba de que realizó alguna incursión en la novela al declarar él mismo que el incendio de su casa y biblioteca durante la invasión chilena, se perdió el manuscrito de una obra de este género titulada *Los marañones,* muy probablemente inspirada en papeles antiguos sobre los episodios del siniestro Lope de Aguirre y sus *marañones* —narrados por Diego de Aguilar y Córdova a fines del siglo XVI y principios del XVII— Palma no insistió sobre lo propiamente novelesco, sino en crónicas y otros relatos breves, entre los que sobresalen, por su valor y su originalidad de carácter y estructura, sus *Tradiciones Peruanas,* especie narrativa típica en formación desde los tiempos de sus primeros escritos juveniles, pronto perfilada con precisión, y publicadas en series a partir de 1872, y de las que aparecen colecciones denominadas *completas:* en Barcelona (Montaner y Simón, 1893-96), a la que sigue, entre otras, la más amplia edición póstuma de Madrid (Espasa Calpe, 1952-54).

Para Palma, y por consiguiente para sus lectores avisados, es difícil establecer con claridad la línea divisoria, siquiera convencionalmente precisa, entre realidad y ficción. En lo mejor y más personal, es siempre un narrador histórico-imaginativo al que cuesta mucho tornarse serio, grave, preciso, y aspirar sinceramente a la relativa objetividad de la historia. Por eso, en el fondo de sus estudios históricos suelen dibujarse, con suma frecuencia, la estructura y los caracteres de sus tradiciones. De este modo, es historiador. Y como consciente o inconscientemente, profesa un entrañado relativismo de raíz romántica, base de su tolerancia tanto como de sus recelos escépticos y razón de ser de su humor, su crítica literaria es naturalmente poco disciplinada, también de fundamentos histórico-legendarios, a la vez de flexible comprensión para los demás y para sí, para su buen gobierno y lo íntimo de su pensamiento personal, y de convicciones muy firmemente enraizadas en su época. Por eso, si tiene por *escuelas malsanas* —en carta a un amigo de Buenos Aires, Román Pacheco— al modernismo y a todos los *ismos* renovadores finiseculares, y por neuróticos y risibles a sus seguidores, entre los cuales sabe que está su hijo Clemente, distingue y admira, sin embargo, la genialidad de Rubén Darío, bien diferenciado de la multitud de sus epígonos.

Con estos necesarios antecedentes y diferenciaciones, hay que juzgar lo mucho que hizo en materias para él así tan peculiarmente relacionadas, la crítica literaria y la historia. Crítica de discreto y flexible impresionismo, nunca olvidada de lo castizo y de los valores del ingenio y de la gracia, implícita o explícita, hay en numerosos artículos de periódico, comentarios suyos al margen de obras antiguas o contemporáneas, en su antología, de explicable información insuficiente, *Lira Americana* (1865); en sus *Recuerdos de España* (1897); en *Cachivaches* (1900); y en los comentarios de sus ediciones de Caviedes, de las actas de la Academia del virrey marqués de Castell-dos-Ríus, de anales del Cuzco, y en su voluminosa correspondencia, recogida en la edición póstuma de su *Epistolario* (1949). Más difícilmente limitable es lo relativo a la historia, que impregna todas sus obras, tradiciones, crónicas, comentarios diversos, artículos, cartas, extensísimo campo en el que la polémica algunas veces tiende a acercarlo a la relativa objetividad, precisión documental y crítica disciplinada de la monografía, como en su estudio sobre *Monteagudo y Sánchez Carrión* (1877), cuyas consecuencias alcanzan al autor hasta en sus últimos años, al ser violentamente contraatacado por Rufino Blanco Fombona, o como en el caso de la *Refutación a un compendio de historia del Perú* (1886), crítica dirigida contra tesis históricas del jesuita Ricardo Cappa que fue inicio de una polémica de gran resonancia que amenazó las funciones didácticas de la Compañía de Jesús en el Perú.

Finalmente, no puede olvidarse la importancia del uso y estudio del idioma en cualquier recuento de la poligráfica obra de Palma. Se debe a su trato continuo y familiar con la historia viva del idioma en los clásicos y en los usos idiomáticos de los pueblos hispánicos, en cuya unidad cultural cree, como resultado de la natural convergencia de lo español peninsular y de lo hispanoamericano. En esto, no es propiamente un purista gramatical intransigente, ni un filólogo profesional de su tiempo. Entre ambos extremos, es un observador curioso de las tradiciones del idioma, que, enriquecidas con los aportes hispanoamericanos, remueve, aplica y divulga, con ejemplar persistencia y buen sentido, en el despliegue de los escritos de su extensa obra poligráfica, muy especialmente en el habla abundante y multiforme de sus *Tradiciones Peruanas*, exhibida y justificada en cada caso por el carácter de sus personajes, sus situaciones y su ambiente. Y a la difusión de los recursos expresivos del idioma que conllevan sus obras, muy leídas en públicos de origen hispánico, se añaden sus estudios lexicográficos del español en Hispanoamérica, *Neologismos y Americanismos* (1896); sus *Papeletas Lexicográficas* (1903); numerosas notas y referencias dispersas relativas al idioma, disquisiciones literarias a las que se une su defensa de los hispanoamericanismos idiomáticos en hábiles y consistentes argumentaciones ante el criterio, entonces de especial intransigencia, de la Academia Española de la Lengua.

3. *Palma y González Prada*

Completa y esclarece el conocimiento del cuadro histórico y sus personajes el debido examen de la pugna entre Palma y González Prada, que éste inicia y prolonga hasta su muerte. De la oposición entre dos hombres que eran escritores tan sobresalientes como diferentes, se hizo el ruidoso y enconado chocar y debatir de dos partidos que de lo puramente ideológico pasó a lo específicamente político. Y lo más curioso y menos advertido es que el motivo básico del violento y muy citado o aludido diferir no es entre dos idearios sino el originado por el choque de dos temperamentos que resultaban ser de tan mutuo como radical antagonismo. Pertenecían a clases o sectores sociales diferentes, y cada uno actúa reaccionando contra lo más característico del sector o clase de que procede. Prada era hijo de una familia de abolengo aristocrático, mientras que Palma procedía de la masa popular. A esta comunidad de reacciones que parece conducir hacia la reafirmación de lo personal en la conducta y en el modo antigregario de pensar, hay que añadir la similaridad de ideas fundamentales: el uno y el otro, aunque en diferente grado, pertenecen al liberalismo individualista del siglo XIX nacido de la Revolución Francesa, con todas sus implicaciones de libre pensamiento, aceptación o militante defensa del progreso, laicismo y democracia. Pero hasta aquí llegan las coincidencias. La divergencia de temperamento contrapone enérgicamente a los dos hombres y a los dos escritores. Mientras que Palma es un temperamental, persona dominada por lo que de modo congénito es, un compuesto de sensibilidad e imaginación, cuya actividad se nutre de hechos y noticias, de hechos y representaciones sensibles, sentidas e imaginadas, de hechos y personajes, González Prada es un hombre y un escritor de ideas y de lecturas que sólo originan ideas, y muy influido por lo ideológico de su ambiente, todo lo intelectualiza, lo que impone a sus reacciones todas, de concepto y de conducta, lo inflexible y tajante de los esquemas puramente ideológicos, situación que, a su vez, pone en el camino de la intolerancia y conduce al inadvertido despeñadero de la dictadura de las ideas, de la paradójica negación de la libertad en nombre de una libertad que es sólo nominal.

Originada en tan hondas diferencias temperamentales, la oposición entre Palma y Prada se evidencia y alcanza mayor influjo en sus respectivos puntos de vista, conceptos y juicios de valor con relación al pasado histórico, materia estética y sentimentalmente viva comprensible y aprovechable en humanas reconstrucciones o evocaciones, para el primero; y para el segundo, materia muerta destinada a su absoluta destrucción, aprovechable sólo para que la especulación filosófica o más o menos científica, según los casos personales, la utilice como punto de referencia en la medida del progreso. La especie literaria que con el nombre propicio a confusiones de *tradición* creó y divulgó Palma, es el motivo básico de generalizados equívocos sobre los cuales crece el disentimiento y la discordia. A Prada le molesta el pasado y por eso le molesta Palma, tanto como a éste le complace el pasado, cuya representación estética, de universales esencias humanas, es la *tradición*. El error de Prada y de sus partidarios, naturalmente fomentado por el calor del debate y por los ardores de la pasión personal, consistió en establecer y dogmatizar el concepto que asimilaba a Palma, no a lo específicamente literario de sus *tradiciones,* sino *a lo tradicional.* Lo que se evidencia precisando y examinando hechos, obras, actitudes concretas, los factores biográficos e históricos que constituyen la persona y la personalidad de los dos personajes en contraste. Sin duda alguna, Palma, por no ser un estoico, por carecer de dotes para un apostolado heroico, social, religioso o puramente humano, es sujeto permeable, penetrable por las influencias ambientales limeñas, en las cuales corría con fuerza lo tradicional; pero al mismo tiempo sobran las razones para tener que admitir que nada de eso de su transigencia con las circunstancias es deshonroso sometimiento a lo injusto o retardatario del pasado, o del presente que del pasado se deriva. Lo atestigua su aceptación y sincera admiración, en ideas y en hechos, con respecto al liberalismo de José Gálvez, su insatisfacción con la política peruana de su tiempo, de cuyas luchas y posibles beneficios personales se separa, y sus desinteresados y tesoneros esfuerzos a favor de la cultura en muy amplio y generoso sentido, de lo que es el más valioso exponente su obra en la restauración y defensa de intereses de la Biblioteca de Lima,

en medio de vicisitudes generalmente muy poco favorables cuando no
hostiles. Partiendo de una básica comunidad de ideas, el intelectualista
Prada disuelve su pensamiento en negaciones radicales. Niega a Dios,
niega la tradición al sepultar al pasado con quienes lo representan, e
incurre en la paradójica negación de la libertad en nombre de la libertad
absoluta que predica al imponer de hecho la intransigente dictadura
de sus ideas personales, mientras Palma, sin renunciar al mismo pensamiento liberal individualista, transige pragmáticamente tolerando el
pensamiento opuesto al par que se divierte y divierte a los demás con
la sátira implícita de su humor, de la que es objeto cuanto de ridiculi-
zable y contradictorio hay en el pasado que pintan sus *tradiciones*.
Entre ellos la oposición irreductible de temperamentos transformada
en ideológica es en realidad de grados de radicalismo, y, sobre todo, de
formas de expresión. En cualquier dirección que se proyecte, filosófica,
religiosa, social o política, el pensamiento de Prada se desenvuelve en
negaciones radicales, sin preocupaciones de organización, mientras que
Palma, partiendo de los mismos supuestos liberales individualistas del
tiempo de ambos, con el anticlericalismo bonachón más o menos volte-
riano y su tolerancia criolla matizada de limeñismo, envuelve en el
claroscuro de su humor festivo las implícitas interrogaciones y posibles
preocupaciones humanas de agnóstico, liberal y teórico y tolerante prác-
tico. La obra de ambos es literatura de inconformidad; pero la inconformidad de Prada se traduce en indignación que anima su estilo ful-
gurante de maestro del sarcasmo, de las síntesis combativas, demoledo-
ras, de la explosiva frase lapidaria: *Los viejos, a la tumba. Los jóvenes,
a la obra*. Palma, en forma menos espectacular, partiendo de los mismos
principios esenciales, convierte su inconformidad en reacción humorística, que presupone siempre comprensión, tolerancia y aun cierta dosis
de cordial solidaridad compasiva con los dominados por la realidad
denunciada. Por eso al ser tradicionista literario no lo convierte en
tradicionalista, y con frecuencia su pensamiento se concreta en frases,
si menos agresivas que las de Prada, de equivalente reconocimiento del
progreso humano y de sus causas y consecuencias, como ésta, de 1886,
que biógrafos del tradicionista citan como no buscada anticipación
de las famosas palabras de su oponente: *Rompo el escudo y arrojo
en la arena las armas del combate. Paso a la nueva generación*. En
suma, dos maneras de combatir muy diferentes, dos diferentes, opues-
tos estilos literarios, que la incomprensión y las pasiones personales
hacen derivar hacia una pugna entre los dos combatientes, entre el intelectualista autor de *Páginas Libres* y el humorista de las *Tradiciones
Peruanas*, y finalmente en lucha de partidos en la que se ve una mani-
festación de la perenne lucha entre reacción y revolución, cuando a
ésta se la llamaba *progreso*. Y el artificial y apasionado desacuerdo,
transmitido a generaciones que siguen a la de los primeros contendientes, de modo muy explicable continúa, y perdurará mientras la
crítica comprensiva no reduzca todas las aparentes divergencias a dos
diferentes puntos de vista y dos actitudes personales del escritor ante
el pasado: su aprovechamiento como materia para la creación estética
y el propósito de su estudio, caracterización y posible utilización como
hecho histórico con la objetividad y el rigor de las ciencias del hombre
y de la sociedad.

4. *La literatura de la inconformidad. El sarcasmo, la ironía, el humor y sus especies. El ejemplo cervantino. El caso de Palma y sus "tradiciones".*

Como se sabe, o sabiéndolo se olvida o desconoce, todo en literatura es un tomar partido, aun en lo más alejado de lo discursivo y de la polémica social, todo es decisión a favor de una actitud, de una preferencia personal, en que van implícitos o explícitos el acuerdo y la simpatía con respecto a una realidad, o, por el contrario, la inconformidad en cualquiera de sus innumerables variedades de tono. En esa anchísima diversidad de reacciones del escritor, cabe toda la literatura, que es siempre, o literatura de conformes más o menos resignados, o literatura de inconformes más o menos rebeldes. Ante lo que genera cualquier tipo de desacuerdo, la inconformidad puede manifestarse en directa, abierta y agresiva oposición, o bien adopta formas de reacción oblicua que eufemizan artísticamente la intención crítica, dándole diferente si no además mayor atractivo y eficacia. En suma, que la literatura de la inconformidad puede seguir por las vías de la indignación y de la protesta agresiva que va de la denuncia al sarcasmo, o se suaviza aparente, formalmente, agudizándose en la ironía, o se enriquece en la compleja síntesis de factores sicológicos y estéticos del humor.

En esas tres formas fundamentales de la inconformidad, hay que diferenciar elementos comúnmente inadvertidos: la inconformidad pasional más o menos violenta con sus descargas emotivas, que reprueba y detesta hechos y personajes en lo denunciado; la ironía, fría o por lo menos sofrenada reacción intelectual, más bien defensiva, que al pasar hiere o sólo rasguña lo que combate; y el humor, la expresión más compleja, más rica, más noblemente humana de la inconformidad. En él hay inteligencia y pasión que mutuamente se auxilian y complementan, y no es ni agresivo ni defensivo, sino, en su fondo, compasivo, por medio de la comprensión de la inteligencia serena y penetrante tanto como por virtud de la solidaridad creada por la simpatía ante todo lo humano. Hay en el humor inconformidad, burlas e ironías, dulzura y amargura; pero todo ello penetrado por una atmósfera de comprensiva y compasiva simpatía trascendentalizadora. El humor tiene que ser un caso de prodigioso equilibrio de factores sicológicos y artísticos contrarios, cuyo universal e insuperado ejemplo lo da el arte cervantino del *Quijote*. Muchas veces ese difícil equilibrio no se alcanza, y el humor, sin llegar a su cima, corre por alguna de sus vertientes, acentuando lo imaginativo sobre lo que en él hay de intelectual, o el donaire y la gracia sobre la gravedad. En numerosa variedad de especies y matices, es éste el humor festivo. El caso del humor festivo de Palma y sus *Tradiciones Peruanas*, lo que comunica a éstas su peculiaridad de espíritu y estilo, su atractivo y valor perdurables.

5. *Estructura y caracteres literarios de la "tradición".*

La *tradición* es una especie literaria muy compleja creada por Palma con procedimientos muy sencillos, aunque muy laboriosos, en los que comienza por separarse de la exactitud etimológica del término. Con término ya en su tiempo viejo y muy usado, crea una especie literaria nueva, que no pertenece propiamente a los dominios de la mera transmisión anónima de noticias y nociones, a la democreación narrativa retocada por un artista personal, a cuyo linaje se acogen relatos confundidos en una copiosa sinonimia: anécdota, conseja, cuento folklórico o popular, leyenda, y la tradición de estilo impersonal de la que Palma se aparta. Lo que sí es como punto de partida o pretexto en la *tradición* creada por él es un núcleo básico de hechos y personajes o personificaciones en un ambiente adecuado. Este elemento narrativo básico, aunque trabajado por la imaginación, es siempre real, ajeno a lo fantástico. Integrado así el relato, el humor le comunica muy variados caracteres en contraste: alegría, ingeniosidad, horror, desenfado y despreocupación, realista y socarrón avulgaramiento, refinamiento o suntuosidad, sordidez, patetismo. Y a la par que la imaginación suministra materiales y recursos para la consecución de estos efectos, el humor forja y aguza la intención, siempre atendida, del conjunto.

El punto de partida o pretexto de la *tradición* puede ser una anécdota, un hecho elemental cualquiera, escueto o impreciso, un suceso de bien dibujada historicidad, trabajado, acondicionado por la imaginación, una mezcla de invención personal e historia y leyenda, un dicho, un refrán, inacabable repertorio de referencias que el autor personifica y hace vivir en el barroco despliegue de una abundancia o superabundancia de hechos, dichos, descripciones y situaciones, que el humor festivo anima, matiza y hace comprensibles en su único sentido, estético y sicológico.

Así concebida la *tradición,* su desarrollo muestra una vaga estructura, la línea de un proceso muy sencillo, casi esquemático, en el que suele distinguirse una introducción de explicativos antecedentes, a veces también sueltamente discursivos o llanamente regocijados, entre lo burlesco y lo ingenioso verbal; después el pequeño mundo al que lo insinuado en este prólogo se extiende es un cuerpo de hechos principales, incidentes, y digresiones que no escasean, todo en un encadenamiento de cuadros, escenas y peripecias al que da cierta consistencia la enhebrada, implícita, explícita o presupuesta moraleja, generalmente una observación curiosa más, ingeniosa, chistosa o de puro donaire intencionado y burlón, o sorpresivamente de muy realista y descarnada filosofía de la vida.

En ese complejo elemento narrativo y descriptivo básico, Palma insufla su espíritu realista, siempre alejado de lo fantástico, y su humor personal, en cuya complejidad, bajo la superficie del ánimo festivo y chancero, se sienten o se barruntan los impulsos y reacciones de una sensibilidad romántica.

En consecuencia, la definición de González Prada, *la mala tradición, ese monstruo engendrado por las falsificaciones agridulces de la historia y la caricatura microscópica de la novela,* es una verdad parcial, a medias, con la otra mitad de pasión caricaturizadora, por no penetrar en lo esencial de lo que pretende definir. Como es también insuficiente, inexacta, la definición o descripción sugerida por el propio Palma, cuando, queriendo restar trascendencia a su obra fundamental, dice: *Yo no invento: copio. Soy un pintor que restaura y da colorido a cuadros del pasado,* lo que deja en lamentable indigencia a su realismo al despojarlo de sus peculiares y fundamentales valores, los de la imaginación y el humor. Si no de mayor amplitud y exactitud crítica, más ilustrativas son las palabras de otro tradicionista, Ricardo Rosell,

cuando se propone explicar lo que es la tradición por medio de un
desenfadado resumen del procedimiento que para su composición emplea
Palma: *Con cuatro paliques, dos mentiras y una verdad, hilvana Palma
una tradición,* afirmación que sí sería muy pintorescamente aceptable,
si en ella se sustituyen *paliques* y *mentiras* por dos nombres más precisos y expresivos de la común nomenclatura literaria, *humor* e *imaginación.* Y poco de efectiva trascendencia se añade a estos esclarecimientos el señalar el influjo, posible, explicable, pero a todas luces ocasional y secundario, de la leyenda romántica y de la novela histórica
de la época. La *tradición* es una especie literaria compleja y personal
de Palma, creada por él a su imagen y semejanza, y por eso de intrans-
ferible estilo, de difícil si no imposible remedo, por lo que, ni fueron
necesarias las excitaciones para su creación del gran romántico colombiano Julio Arboleda, ni el maestro peruano pudo tener discípulos comparables con él entre los numerosos escritores que en toda Hispanoamérica se empeñaron en inspirarse en sus ejemplos. En la *tradición*
de Palma hay la síntesis narrativa de la realidad histórica y de las
realidades creadas por la imaginación en un mundo artístico animado
y comprensible por el humor, con sus entrecruzadas corrientes de gracia
e ingenio de ascendencia llanamente popular, de realismo sicológico
universalmente humano, hispánico y limeño, de regocijada intención
de sátira con el agridulce del humor festivo, sobre el cual han llovido
lecturas copiosas, y destilado su realista filosofía muy aleccionadoras
experiencias, en último resumen, drama realista dentro de una variada
y movida comedia de frívolas apariencias, que a ratos deja entrever su
gota de lirismo sentimental, emparentable con el esencial de cualquier
época.

6. Las épocas, la sociedad y el ambiente.

En la *tradición* impera un realismo consustancial con ella que generalmente concreta y fija el relato en una época, la que no sólo le sirve
de marco, sino que le da vida, tipo de vida y muy distintivo carácter.
Por tal motivo, las tradiciones pueden ordenarse en una larga serie
cronológica, tienen siempre un germen, detenido o desarrollado, de
crónica, y su voluminoso conjunto integra una cronología de lo peruano en épocas sucesivas: lo incaico, lo colonial, y lo contemporáneo
del autor, a partir de las guerras hispanoamericanas independizadoras
contra España, en el Perú libradas con muy bien motivado y comprensible retraso, que determina la llegada y muy beligerante concurrencia
de libertadores del Norte y del Sur, Bolívar y San Martín, de personajes,
séquitos y ejércitos foráneos, con los que Palma y la generalidad de los
peruanos, sin perjuicio de personales testimonios de admiración o simpatía, no consiguieron entenderse.

Como es natural, Palma, movido por su temperamento, vocación y
tipo de cultura, tiene diferentes clases de reacción personal ante cada
época. No es ni se supone un arqueólogo, por lo que lo preincaico no
existe para el tradicionalista, el cual, por análogas razones, se interesa
poco por el Incanato. Puede tomarlo como tema de leyenda romántica,
como en *Palla-Huarcuna;* pero, en virtud de su lejanía en el tiempo
también, no le impresiona, a lo que se añade la para él sólo entrevista
existencia de una cultura y de un régimen de vida de profundas dife-

rencias con respecto a lo hispánico, en el más amplio sentido del término, que es el mundo en que Palma se forma, al que se debe y efusivamente se vincula. Por esto especializa en la evocación de la Colonia, motivación de orden personal a la que hay que añadir el entonces muy influyente prestigio romántico de la poetización del pasado. De este modo se explica que fuera Palma gran tradicionista de la Colonia sin necesidad de ser colonialista, sino, dentro de su temperamental transigencia, firme y decidido defensor de ideas de libertad personal, nacionalismo patriótico e independencia política, en suma, notas muy contrarias a lo colonial, en política e ideas. Por razón de inclinación personal e influencias de época, para él, lo contemporáneo, en sus dos etapas, presente y pasado inmediato, constituyen *tiempos prosaicos,* sin el aura de lejanía que despierta y excita su interés, por lo que las tradiciones que a esta época se refieren son poco numerosas y de las menos afortunadas y características.

El pasado lejano, dominio de una cultura afín, mundo visto y cordialmente sentido con los afectos de patria o terruño en nebulosa y dramática formación, la Colonia, polariza, por consiguiente, el interés de Palma, constituye *su* pasado, el más literariamente evocable, y en efecto, el mejor evocado en sus *Tradiciones Peruanas,* la especie de pretérito a la cual sin duda se refiere cuando, con apariencias de sospecha, reconoce en sí su pasadismo cordial y meramente artístico, sus sentidas y acariciadas aptitudes de tradicionista:

> ¿Quién sabe si mal mirado
> (Todo puede suceder)
> Llevo escondida en mi ser
> La intuición de lo pasado?

Aquí, por tan evidentes motivos el más rico, personal y perdurable núcleo de su obra, su originalidad y su primer valor se deben a la acertada unión del fondo de universalidad del humor y a los matices de la íntima, compleja y espontánea vivencia de lo limeño. Sin perder esa universalidad sicológica del humor, las *Tradiciones Peruanas* son sicológica y socialmente *limeñas,* propias de un Perú visto y sentido desde Lima, y en ellas se encuentran la mejor definición y los mejores ejemplos de lo que, llamado *limeñismo,* posee el siglo XIX.

En su evocación de ese preferido pasado colonial, si no hay dominantes empeños de reconstrucción histórica, tampoco predomina el *soñador* de que habla Palma como agente reflejado en toda referencia artística al pasado. En las *Tradiciones Peruanas,* hay un imaginativo-intuitivo cuya persona real y realista, con sus experiencias, ideas y puntos de vista del siglo XIX, se desliza en la sociedad colonial para, viéndola de cerca, sintiéndola, estilizándola sin deformarla, traerla al presente del autor. Se realiza así una representación literaria, a la vez realista e imaginativa, equidistante de la poetización romántica y de la ascética sequedad de las versiones documentales de la historia. Se consuma así una fusión literaria intencionada, variada y vivaz, de lo que fue y de lo que históricamente no fue ni había aparentes motivos para que pudiera haber sucedido, y menos para que pudiera descubrirse y conocerse. Cada tradición colonial es una selección en la historia con muchos cortes e imaginativas e intuitivas añadiduras, combinación heterogénea de elementos narrativos y descriptivos a la que da vida la implícita intención particular del relato, su gracia abundante y espontánea, su dosis de ingenio, y una original democratización artística del pasado, despojado de solemnidad y de su hieratismo de estatuaria. Si con frecuencia hay abundancia y aun exceso de color en el cuadro y profusión en el delinear de los personajes, y demasiada simplificación en la motivación de los hechos, hay siempre muy natural dominio en el extraer de la historia lo que en ella se evidencia o se encubre de esencial e impresionante del drama y la comedia de la vida humana. Y en esto último hay el mérito de evitar, bajo el imperio romántico, los extremos de la tragedia o el melodrama. Junto a la comedia, como la de las gracias, donaires, ingenio y picardía de las limeñas, o la mundología socarrona de muchos personajes graves masculinos, o las humorísticas peripecias de santos en vida, frailes y monjas, lo trágico, no pocas veces lo horrendo de las pasiones personales o del despotismo de la Colonia, transcurren con la naturalidad imperturbable de lo cotidiano inevitable de una versión coloquial, y las notas dramáticas de no tanta intensidad se confunden con el fácil desarrollo de una regocijante, picante e intencionada comedia que va de la tierra al cielo, de una a otra clase social.

Aunque toda la sociedad colonial está representada en las *Tradiciones,* de acuerdo con esa estructura social y el respectivo valor reconocido a sus clases o castas, el pueblo, indios, mestizos y blancos de ínfima situación socioeconómica, está prácticamente marginado. No sólo por razón del determinante factor económico-social, sino por motivos de orden literario. El pueblo, más menospreciado que desconocido, sólo podía ser motivo para la tragedia y la denuncia, no para la comedia, el picante remedo y la sátira del humor, que constituyen materia y forma, ocasionalmente determinadas, de las *Tradiciones.* Interviene en ella, con muy importante representación, la aristocracia del mando, de la riqueza ennoblecida o en trance de ennoblecerse, y la de la Iglesia: virreyes, oidores, caballeros principales, caudillos de banderías en los tiempos de las guerras civiles, prelados y altos dignatarios eclesiásticos. Su intervención es muy frecuente y destacada; pero siempre sus personajes están vistos un tanto indirecta u oblicuamente, no en sí, sino más bien en las contradicciones entre su conducta común y corriente y la supuesta gravedad, solemne y severa, propia de su jerarquía social. Lo más copiosa, directa y vivamente representado es la clase media alta y baja, laica y eclesiástica, con sus hombres y sus mujeres, letrados, funcionarios de menor categoría, miembros de los cuerpos de profesiones liberales, comerciantes, clérigos, y, con muy importantes, animadísimos papeles, frailes y monjas. Lo que de pueblo penetra en el contenido social de las *Tradiciones,* a veces con figuras de memorable dibujo, es minoría ancilar, parasitaria o punto menos, que vale sólo por lo que sicológicamente es, campaneros, sacristanes, criados, arrieros, artesanos, cuyas estampas se prenden al relato por medio del hilo de sus agudezas, artimañas y capacidad de adaptación a una vida esterilizada por miserias físicas y oscurecedoras incertidumbres morales.

En principio, la Naturaleza no está presente sino de modo incidental. El ambiente, muy atendido, es social, en variada pluralidad de clases, doméstico, cortesano o señorial, burgués medio, conventual o de calles, fiestas y corrillos. En la particularización descriptiva de cada uno, interviene la cuidadosa atención concedida así a lo moral de hábitos y costumbres, presentados con curiosa minuciosidad de circunstancias y detalles, como a lo relativo a muebles, vestimenta, adornos, joyas y armas, con reiteradas y prolijas muestras de dominio de la historia de las artes suntuarias, en grado, complacencia y habilidad en su aplicación comparables a la del Inca Garcilaso, en los tiempos coloniales, o a la del argentino Enrique Rodríguez Larreta y el cubano Alejo Carpentier en el decursar del siglo xx. Lo ambiental en su rica variedad es predominante, y tiene muy importante función caracterizadora de los personajes y de las situaciones, así de aristocrática suntuosidad y riqueza como de mediano vivir o de penuria, de festividades, conjuras, bullicios callejeros o de convento, encuentros, ejecuciones, deliberaciones y porfías caballerescas, académicas, familiares, lo que se extiende a la ambientación material intencionada de escenas de gobierno y de justicia de la vida eclesiástica y de la civil, de juego, supersticiones y milagrería.

7. Lo sicológico y la acción.

Estrechamente unidos lo narrativo y lo descriptivo por la importancia dispensada al ambiente, los personajes parecen figuras que se desprenden de su adecuado marco social, en el que parece predeterminada su conducta. Su autonomía sicológica es escasa dentro de esos límites ambientales, lo que en realidad, más que a arbitrariedad del autor, responde a condiciones históricas reales de la sociedad colonial, en la que todo está canónicamente previsto y regulado. Pero a su vez hay que reconocer que esa limitada autonomía de la persona y el previsible curso de su conducta a lo largo de la acción de sencillo y preciso avance lineal, interrumpido sólo por episodios, descansos o digresiones de la narración de aire coloquial, esa sicología cuyo esquematismo convencional es disimulado por la gracia y facilidad del tradicionista, se debe a la intención dominante a la que cada tradición se subordina. El tradicionista generalmente parte en su relato de intenciones o propósitos representativos que le dicta su humor, su visión y sentimiento humorístico del mundo, e imagina personajes cuya física exterioridad, vestimenta, costumbres, hábitos peculiares y reacciones sicológicas integran una persona que, sin perjuicio de sus rasgos de aparente independencia, de su vivacidad, su ingenio y gracia o su energía, es un exponente o instrumento de la intención que en ella infiltra el autor. Pero son siempre materiales de genuina humanidad, y como el autor posee habilidad y discreción, el personaje resulta real, vivo e interesante con su bondad o con su maldad, con su sinceridad y honradez o con su hipocresía, su soberbia o su avaricia, su imprudente testarudez, su inquieto ingenio maquinador o su romo y embotado espíritu, de todo lo cual tiene el lector de las *Tradiciones* muy rico y convincente ejemplario.

Hay ciertos personajes masculinos o femeninos que son como especialidades preferidas por el arte de Palma. Son sus personajes típicos literaria o humanamente más simpáticos y de peculiar vivacidad, como la limeña joven, bella, donairosa e ingeniosa, o el fraile, caricaturesco y animado resumen de la vida conventual que se vierte y esparce en el vivir de los laicos, a quienes imita en sus muy mundanos trajines, o como las finas y recatadas estampas de la monja, que adivina y a su modo, muy femeninamente remeda algo del mundo exterior, visto y presentido desde su celda y su refectorio, desde donde envía el mensaje de sus golosinas o el de sus insinuados melindres espirituales compatibles con rasgos de ingenio con cuya beatífica ingenuidad humoriza y se complace el autor. En todos estos casos, y de modo más particularmente notable y reiterado, en el de *la limeña*, la superposición de los retratos muestra a quien la haga marcada coincidencia de líneas con poco significativas variantes.

Constituidos de este modo los personajes de las *Tradiciones,* en el gozo de su prelimitada autonomía, impulsan una acción muy sencilla o de mínimas complicaciones, que, si responde a la sicología de sus agentes, suele también estar motivada, o por el propósito amenizador o ilustrativo de los episodios o desviaciones argumentales, o con mayor frecuencia dentro de estas excepciones abundantes, es proceso que en sus peripecias o en su desenlace busca la comicidad o los más valiosos efectos del humor dramático, más frecuentemente satírico y divertido, y no pocas veces implícita o levemente aleccionador. Ligada a los personajes o al buscado efecto predeterminado, también en muchos casos, como en los referentes a las guerras civiles entre los Conquistadores y a individuos sustancialmente pasionales, la acción se complica en enredos de intriga, y conforma un proceso a través del cual la intensificación de los caracteres sicológicos de los personajes precipita el desenlace al par que deja más espacio para el bosquejo de las pasiones y de las inclinaciones y altibajos de la conducta. En una mínima selección de ejemplos, pueden citarse tradiciones de dos tipos fundamentales: de acción más complicada e intensa y de más peculiar o compleja sicología de los personajes, desarrolladas en ambiente de guerra y conjuras, caballeresco cortesano o de aventuras galantes en noches de clandestinaje amoroso, o enmarcadas en la ambición o la venganza, tradiciones más intrincadas e intensas, como *Los caballeros de la capa;* las horrendas en su brevedad, *Comida acabada, amistad terminada* y *Los postres del festín,* por las que cruza el *Demonio de los Andes,* dejando tras sí los estragos que acompañan a su figura siniestra; y como se nota en otros ejemplos en los que la trama en diversos ambientes, se enreda en torno a motivos también diferentes, como *Una aventura del Virrey Poeta; Una vida por una hora; Un virrey hereje y un campanero bellaco; Dos palomitas sin hiel; Genialidades de la Perricholi; La gatita de Mari-Ramos.* Y por otro lado, en grupo opuesto, los casos en que lo sicológico es elemental o secundario o se ofrece de soslayo, la acción es de marcada o suma sencillez, y, como los personajes, cercana a la elementalidad de la anécdota, y el interés de la composición se concentra en la gracia tocada de ingenio, con frecuencia consistente en donaires verbales abundantes, espontáneos y bien traídos. En este grupo, la acción referida es casi un pretexto, si no es la imaginada historia de una frase proverbial, de un refrán, o un bordado episodio histórico-legendario o de hagiografía, en conjunto, profusa y diversa materia de la que selecciona Palma motivos para sus más típicas tradiciones. En este grupo, todo es muy personalmente formal y humorístico, como en *Los tres motivos del oidor; El alacrán de fray Gómez; Los ratones de fray Martín; Motín de limeñas; La conspiración de saya y manto; Los mosquitos de santa Rosa; Beba, padre, que le va la vida;*

Batalla de frailes; La camisa de Margarita; El latín de una limeña; y ya fuera de la época colonial, los ejemplos referentes a Bolívar y a San Martín, el de *Las tres etcéteras del Libertador,* de insinuada y adecuada picardía, y el acto de chistosa justicia de San Martín en *El padre Pata.* Son las anteriores dos clases de tradiciones diferenciables por razones de estructuras y carácter. Son dos vertientes; pero por ambas corren, entremezclándose de diverso modo, en grado diferente, según los casos, dos corrientes difícilmente separables, la de la literatura de la inconformidad y de la inquietud del humor y la de la literatura de entretenimiento en extensa gradación de matices, de chistosa ingeniosidad, picardía y desenfado y despreocupación ante juicios y prejuicios literarios de comedimiento y selección y ante los temores a la llaneza y a las sales gruesas de lo popular.

8. *El habla de las "tradiciones".*

La selección idiomática que elabora Palma para integrar el habla de sus *tradiciones* es una rica síntesis en la que concurren elementos léxicos, semánticos, sintácticos, de la lengua española, enriquecida con los copiosos aportes hispanoamericanos, entre los cuales naturalmente abundan hispanoperuanismos y no escasean demasiado los indigenismos generales o particulares del Perú. En virtud de su preferente aproximación a los tiempos de la Colonia, su habla no tiende a reconstruir la lengua española de esos siglos, sino, con muy feliz acierto, a dar la más fiel y comprensiva imagen de ella por medio de la bien aprovechada acumulación de elementos de su vocabulario, y muy particularmente de giros y modismos, y el despliegue de los recursos del rico refranero español, en muchos casos aumentado o transformado por el ingenio popular peruano.

Peculiaridad muy acentuada y valiosa del tradicionista es el logrado equilibrio de esa síntesis, el no haberse empeñado en forjar los artificios de una lengua anacrónica, unilateralmente arcaizante, el no encerrarse en la buscada expresión de una época, o de una clase sociocultural, sino en haber trabajado con excelente fortuna en la creación de un habla cuyo fondo patrimonial de cultura no le impide u obstaculiza el ser lengua de pueblo, según la muy democrática y comprensiva concepción del pueblo establecida por el rey Alfonso X El Sabio, *el ayuntamiento de todas las gentes.* Por la feliz consecución de este objetivo, las tradiciones poseen el muy eficaz instrumento de expresión que es parte principalísima de su atractivo, de su originalidad y perdurable valor literario y humano.

Ante la proyección diacrónica de la lengua como en su sincrónica latitud, en su geografía como en su historia, el criterio de Palma, corroborado por el vasto ejemplario de su obra, es de firme y persistente adhesión a la unidad superior hispánica en lo espacial, y al justo medio entre lo arcaico y lo neológico, entre lo español peninsular y lo hispanoamericano, entre lo clásico antiguo y lo que para él era lo actual, entre lo culto y lo popular, precisamente para propender al acercamiento y conciliación de aquellas tendencias contrapuestas. Pero el ser mesuradamente conservador de la tradición idiomática ha predominado, en el juicio de sus críticos, sobre su condición de discreto partidario de innovaciones, sobre todo de origen americano o determinadas por los cambios históricos o la invención personal, y en esa confrontación de actitudes aparentemente contrarias, tomándose la discreción y el desvío de la anarquía por espíritu arcaizante, se ha solido ver en él un tradicionalista también en el concepto y uso de la lengua. En realidad es tan partidario de lo castizo o tradicional como de lo nuevo con pareja mesura; pero lo poco usado u olvidado llama siempre la atención mucho más que lo actual y lo nuevo, por tal condición, más comúnmente inadvertidos. Tanto el balance general de su obra como su uso y empeñosa defensa de neologismos, ésta documentada por sus discusiones con el criterio conservador de la Academia Española de la Lengua, confirman que el abundante empleo de lo arcaico en voces y giros que se destaca en sus tradiciones, aparece en ellas, mucho más que como elemento de valor sustantivo, como algo puramente matizador y paramental, con el claro designio de conseguir efectos de color e insinuada ubicación histórica, y avivar el interés del lector.

Tanto como en lo relativo a fidelidad a lo histórico, en lo idiomático, la despreocupación de Palma se convierte con frecuencia en desenfado, si no es causa de muy llana falta de cuidado que habría sido para él fácilmente evitable. No es raro que en la descripción del mismo objeto, o en la narración de un hecho, haya evidente contradicción entre dos tradiciones. Así, mientras que en *Genialidades de la Perricholi* el carruaje de la actriz famosa amante del virrey Amat *era de forma tosca y pesada*, en *¡Pues bonita soy yo, la Castellanos!* muy ponderativamente afirma que *fue el más espléndido entre los que lucieron en la Alameda.* Esa despreocupación característica, de la que nunca parece haberse enmendado, por ser parte esencial de su bastante desgobernado temperamento, explica desigualdades e inconsecuencias en su adhesión, en general cordial y comprensiva, al casticismo, así en lo culto como en lo popular, del idioma. Unas veces se desvía de las alteraciones vulgares de la frase castiza, y dice *meterse fraile;* pero abundan los ejemplos de lo contrario, como en *hacerse de la vista gorda* —en *¡A la cárcel todo Cristo!*— y en algún caso la perezosa despreocupación le hace incurrir en confusiones semánticas del uso vulgar, como la de *dintel* por *umbral: halló a Fortunato en el dintel de la casa* —en *La gatita de Mari-Ramos,* IV—. Pero en contraposición con casos como éstos, lo normal es el uso castizo de la lengua, la complacida y muy natural ostentación de sus riquezas de voces, giros y modismos, el abundante aprovechamiento del refranero y la acertada incorporación de lo popular y de lo vulgar a la síntesis lingüística del habla de las *tradiciones.* Este término medio caracterizador puede situarse entre dos extremos mucho menos frecuentes, el de muy comunes vulgarismos, en buena parte en creciente desuso por generaciones posteriores, en frases casi siempre ponderativas —*noche de trapisonda; pasar la pena negra; por un quítame allá esas pajas; hasta la pared de enfrente*— y la expresión arcaica o local de difícil interpretación para el lector medio, como: *se descantilló; pidió al seide; no andemos con hilailas y recancanillas;* el quechuísmo *puchuela* (cosa de poco valor); *ñeque,* usado como araucanismo; *estricote; muchitanga.* En el habla de las *Tradiciones,* lo que por su frecuencia es característico y por lo fácil, copioso, variado y de chispeante vivacidad, les da uno de sus principales valores, es la expresión fluyente, a la vez compleja y natural, en la que convergen materiales y recursos de todas las procedencias posibles, lo español y lo hispanoamericano general o local .peruano, y tamizados indigenismos; lo culto, lo popular y lo vulgar; y lo relativo a todos los aspectos de la vida, con su diversidad de clases sociales, en las que muy epocalmente predominan los estratos medios y superiores, con alusiones al pueblo socialmente marginado; y en fin, las hablas y jergas del retablo humano, con sus escenas y situaciones del vivir cortesano y caballeresco, militar, doméstico y callejero, de funcionarios mayores y menores, comerciantes, eclesiásticos regulares y seculares, monjas, tapadas, damas de muy variado carácter, y todos esos personajes de la comedia humana con su expresión peculiar de costumbres, idiosincrasia, artes y experiencias, manejos y artificios. Lo mismo se hace hablar al *percunchante* enamorado que a la innumerable variedad de mujeres situadas en los grados innumerables de la astucia y el ingenio femeninos; o bien se muestra la picante erudición en su vestimenta y en el estudiado atractivo de sus afeites y de sus joyas o de sus más comunes adornos, desde lo usual en las damas de la aristocracia de la sangre, del mando o del dinero hasta en el nivel popular de las tapadas de saya y manto. A veces, en la misma tradición, como en *Motín de limeñas,* dando relieve al contraste, se pasa como al desgaire de esa descriptiva fruición en la presencia e intimidad de lo femenino a las notas escuetas del armamento y de la técnica militar con su específico vocabulario. Para prevenirse contra cualquier emergencia ocasionable por las amotinadas limeñas, las tropas del virrey marqués de Salinas, tenían la escolta de éste, una *compañía de lanzas,* con sus *caballos enjaezados,* al par que *un tercio de infantería con mosquetes, y cuatro morteros servidos por soldados de artillería con mecha azufrada o candelilla en mano,* mientras que con el escorzo del humor festivo se presenta una turbulenta y abigarrada muchedumbre en la que *azuzando a las hembras de medio pelo,* veíanse *varias damas de basquiña,* con *soplillo* (abanico) *de filigrana, chapín con virillas de perlas, y falda de gorgorán verde marino con ahuecados o faldellín de campanas,* minuciosidad frecuente también en el retrato de personajes masculinos, en particular en el de caballeros, prelados y funcionarios. Para su complacencia y la del lector es **minuciosidad intencionada** que no suele pasar por alto significativos o curiosos detalles, como en la enumeración de las clases de saya de las antiguas limeñas, la *de canutillo,* la *encarujada,* la *de vuelo,* la *pilitrica* o la *filipense,* que forman parte del cuadro de *La conspiración de la saya y manto.*

De muy abundante, variadísimo y bien manejado vocabulario descriptivo de lo cotidiano y lo selecto —vestimenta, armas, mobiliario, suntuosidades, útiles y toda clase de objetos del comercio, del culto, del vivir casero— lo descriptivo, abundante y minucioso no fatiga porque está como incrustado en la narración, en la que se desliza la animadora intención de las curiosas y certeras observaciones, el juego de tonos y matices del humor festivo de Palma, equidistante entre los soslayados extremos de la burla hiriente y la sátira amarga y los más cercanos a él de las versiones de chistosa y regocijada irreverencia de lo solemne, respetable o tradicional. Combinándose de este modo el descriptor y el narrador, la imaginación verbal de Palma hace destacar en una animada escena la figura de un fraile rechoncho que parece *un proyecto de apoplejía;* se divierte con el *trapicheo* —palabra y hecho— de unas travesuras amorosas, o en torno al constante fenómeno del *milagro* de los tiempos coloniales, hace vivir oportunas va-

riantes verbales, *milagrero, milagrería,* y la intencionada conjugación
de un verbo nuevo, *milagrear,* usado para contar la prohibición impuesta por un prior al que en vida era el humilde lego, fray Martín
de Porres, de que *siguiera milagreando.* Y se complace jugando con
sus divertidas y expresivas invenciones idiomáticas: *difuntear, jesusan-
do, obispar...*

Aunque en el diálogo tome Palma la palabra por sus personajes, su
habla se confunde en tono y vocabulario, en giros y modismos, con la
de ellos, particularmente en el caso de lo cotidiano y popular, ocasión
muy propicia para el despliegue sobreabundante del rico refranero
español, aumentado o enriquecido por el ingenio popular en el Perú.
Por el contrario, en misivas y parlamentos de la vida caballeresca y
cortesana, suele predominar lo convencionalmente predeterminado de
la expresión literaria, sobre todo en la estilizada expresión de la corte-
sía, la cólera, la altivez o el arrojo.

Lo normal y caracterizador de su estilo está, sin embargo, en la
nota personal, cuando no de creación, de selección y buen uso idiomático, recalcada con frecuentes apropiaciones del refranero y de
otras formas de la expresión así de la tradición culta como del acervo
popular, lo que de modo sobresaliente se destaca en la ejecución de
retratos, en el subrayado de peripecias del relato y en el llamativo
relieve de las muy abundantes y aguzadas frases ponderativas, de todo
lo cual se pueden formar rebosantes ejemplarios por cualquier parte
que se exploren las tradiciones: *El provisor cerró el pico. El argumento
de la muchacha era de los de chaquetilla ajustada* —en *El divorcio de
la condesita,* II—. *El virrey Amat, condecorado con un cementerio de
cruces* —en ¡*Pues bonita soy yo, la Castellanos!*—. Y otros casos es-
parcidos en sus páginas: *unos ojos más negros que noche de trapisonda.
Una barba más crecida que deuda pública. Mariquita Castellanos, una
muchacha de muchas entradas y salidas.* Protestas que *no sirven para
maldita de Dios la cosa, ni aun para envolver ajonjolí.* Jeromillo, el
paje del Virrey-Poeta posee *olfato de perdiguero y ligereza de halcón.
El comején de los celos. Una muchacha con más mundo que el que
descubrió Colón...* De esto, como de todo lo relativo a la creación
de su obra, el mejor resumen crítico está implícito en una frase del
propio Palma, pronunciada cierta vez, por cierto con muy llana intención defensiva y de autojustificación: *Mi estilo es mío,* que era como
decir, además de suyo, del pasado visto desde su tiempo, de la cultura
hispánica a que pertenece el escritor, de lo cordialmente humano y
limeño a que se debe el hombre.

9. *La comedia humana en la estilización imaginativa de la historia.*

En el caso de Palma y sus *tradiciones,* muy contrariamente a lo
practicado por González Prada y sus partidarios, y por sus afines de
generaciones siguientes, no debe encastillarse la crítica en esquemas
predeterminados que son dilemas de somera, arbitraria y muy limitadora
visión unilateral: tradicionalismo reaccionario o espíritu progresista y
liberal; historicidad científica, o falsificación malintencionada de la
historia —monstruosa, según el cáustico decir de Prada—. Como siempre, en esto el punto de partida y la orientación más razonablemente
prometedora debe buscarse en el enlace artístico de los propósitos

esenciales del autor con la ejecución de su obra, en el modo, caracteres, valores, que se descubren en ésta en relación con aquellos propósitos, y no en forzados o inexistentes fines que, en efecto, no son los del escritor.

Muy en contra del denunciado tradicionalismo reaccionario de Palma, sus *tradiciones* comienzan por realizar una especie de democratización de la historia. En su tratamiento característico de la historia, comienza por realizar una democratizadora, niveladora actualización del pasado. Desempolva pergaminos, los revuelve y aprovecha sin prejuicios de jerarquía y solemnidad; baja las estatuas de su pedestal, y las hace vivir con humana naturalidad la vida hecha de elementos reales que la imaginación del tradicionista les comunica. Así el pasado pierde su hieratismo y vuelve a vivir de modo que no importa si sólo externamente —vestimenta, usos, costumbres— es un pasado: las ideas y propósitos literarios del escritor lo convierten en un tiempo sicológicamente de perdurable y universal vigencia, no en la oculta y prejuzgada comparación con ninguna época determinada.

Hay en las *tradiciones* las trazas evidentes de un doble impulso: emotivo, hacia la gozada fruición del humano vivir, a despecho de su drama; imaginativo, el placentero seguimiento de una vocación de crear personajes, hombres y mujeres de todo tipo sicológico y condición social, y sumergirlos en situaciones que sean como reactivos que permitan penetrar en su ser espiritual, en las complejidades y claroscuros de la persona de cada uno. No puede desconocerse sin incurrir en error básico, que las ideas, prejuicios o intereses que puedan atribuirse a Palma quedan fuera del mundo pretérito que crea con caracteres de perdurable humanidad, y si alguna influencia de su pensamiento puede señalarse en su creación, a la par imaginativa y realista, es la de la divergencia implícita de un humorista liberal y escéptico del siglo XIX con respecto al mundo de credulidades y jerarquías que crea su imaginación con materiales históricos o legendarios encontrados por él entre papeles y rumores, en la corriente del tiempo. De este modo se evidencia que en sus polemizadas creaciones, carece de sentido la búsqueda de una caracterizadora intención política o filosófica, y, en mayor grado, la referencia a una "falsificación de la historia". Y es claro que las sorprendentes evoluciones y revoluciones de la narración imaginativa no restan validez y posibilidad de recta y justiciera comprensión a la crítica del tradicionista de acuerdo con su intención creadora, actuante dentro del marco de la literatura de su tiempo.

Buscó Palma en el pasado la comedia humana que él vivía en su presente, por lo que de la realidad histórica toma sólo líneas esenciales o secundarias para que su imaginación las combine y haga con ellas una estilización. Su mérito y su inconfundible pecularidad está en haber comunicado vida múltiple a su estilización: vivacidad, ingeniosidad espontánea, llana y sabrosa mundología, a lo que se añade, milagro del festivo humor personal, la equidistancia de una comprensiva, en el fondo disimulada o implícitamente compasiva, entre los extremos de la apología y la diatriba. En suma, su filiación con el pasado es sólo literaria, y de ese modo salva en su beneficio las distancias históricas. Está libre de la fantasía romántica, siempre en resbaladizo declive hacia deplorables excesos o desorientaciones. En este sentido, se contenta con lo que la imaginación, su no por inquieta y curiosa, poco cautelosa imaginación, puede bordar en el tejido consistente o tenue de una realidad, tanto concebida por él como vivida o imaginada por otros, hombres o mujeres de otro tiempo. Y su propósito capital, casi una obsesión definidora, consiste en buscar y representar la comedia humana por medio de su creación literaria imaginativa y realista que es una viva y por muchos motivos estilización imaginativa de la historia.

RAIMUNDO LAZO.

La Habana, 20 de mayo de 1968.

GUIÓN BIOGRÁFICO-CRONOLÓGICO
y
RESUMEN BIBLIOGRÁFICO

GUIÓN BIOGRÁFICO-CRONOLÓGICO

1833   Nace en Lima el 7 de febrero. Según la fe de bautismo, es hijo del comerciante en paños de muy limitados recursos económicos Pedro Palma, y de Guillermina Carrillo, aunque según el historiador Raúl Porras Barrenechea, ésta es la abuela materna, y el verdadero nombre de la madre es Dominga Soriano. Documentalmente su nombre es *Manuel*, al que añade el de *Ricardo*. Sus primeros escritos aparecen firmados con el nombre de *Manuel Ricardo*, pronto simplificado en *Ricardo*, con el que desde entonces se le conoce.

1848   Hacia los quince años de edad publica sus primeros versos, lamentos versificados a la memoria de doña Petronila Romero —en *El Comercio*, 31 de agosto— muy evidente y significativamente coincidentes con la composición inicial de José Zorrilla en el entierro de Larra (1837). Del 25 de noviembre, en el mismo periódico, es la elegía del mismo tipo con motivo de la repatriación de las cenizas del mariscal Gamarra. Firma entonces con el nombre de *Manuel Ricardo*. Por aquel tiempo influye en la formación romántica de Palma el poeta español llegado a Lima, Fernando Velarde, altisonante, excesivo, rodeado de elogios, sátiras y polémicas.

1851   A la continuación de sus composiciones líricas, se añade un drama, *Rodil*.

1854   Habiendo ingresado el 7 de febrero de 1852, en la marina de guerra, como contador, consigue pasar este año a la tripulación del *Rímac*.

1855   Publica su primera colección de *Poesías*. Naufragio, el primero de marzo, del *Rímac*.

1860   Promulgación de la Constitución de este año, cuyas cautelosas reformas no satisfacen las aspiraciones de políticos de tendencias liberales. Palma intensifica su actividad literaria en prosa y en verso, colabora especialmente en *La Revista de Lima* (1859-1863), perfila el carácter de sus *tradiciones*, e influido por el caudillo civil del liberalismo, José Gálvez, interviene en la política. Al fracasar el asalto a la casa del presidente Ramón Castilla, vuelto hacia los conservadores, Palma tiene que acogerse al asilo diplomático en la legación chilena, y sale desterrado para Chile. Allí realiza investigaciones históricas y escribe, en Valparaíso y en Santiago.

1863   Regresa al Perú. Los revolucionarios desterrados bajo el mando de Castilla reciben los beneficios de una amnistía. Gobierna el presidente mariscal Miguel San Román: Palma es nombrado cónsul en Pará, Brasil. Por aducida causa de enfermedad creada por el clima cálido brasileño, el nombramiento se transforma en licencia por un año que utiliza para viajar por Europa. Conoce en París al poeta argentino Hilario Ascasubi; le desilusiona Lamartine. Visita al mariscal Andrés Santa Cruz. De regreso, trata en Nueva York al poeta colombiano Rafael Pombo y vive allí los días de la muerte de Lincoln. En el Ecuador, visita al dictador García Moreno, que sospecha ya que Palma va a conspirar contra el gobierno del Presidente Pezet, lo que, en efecto, ocurre pronto; y Palma se incorpora al gobierno nacido de la insurrección que lleva al poder al coronel Mariano Ignacio Prado.

1866   Junto a su jefe político José Gálvez, a la sazón Secretario de Guerra y Marina, toma parte en la defensa del Callao contra el ataque de la flota española el 2 de mayo. Enviado a la oficina del telégrafo para comunicar a Lima el estado de la lucha, se salva de morir con Gálvez en la explosión de la torre de la Merced de El Callao, alcanzada por una bomba enemiga.

1867   La nueva Constitución con reformas liberales promulgada entonces origina enconados debates y descontento de las clases y grupos conservadores.

1868   Derrocada insurrecionalmente la dictadura de Prado, llega al poder el coronel José Balta. Palma, que figura entre sus más activos partidarios, es nombrado Secretario de la Presidencia de la República, y es además senador por la circunscripción de Loreto.

1872   Los trágicos acontecimientos políticos de ese año determinan el comienzo del alejamiento de Palma de la política militante. El golpe de Estado militar de los cuatro hermanos coroneles Gutiérrez termina en su mismo inicio fulminante con el asesinato en prisión del Presidente Balta y la muerte de tres de los Gutiérrez a manos de la muchedumbre.
Publicación de la primera serie de las *Tradiciones Peruanas*. Publica a partir de este año numerosas tradiciones y artículos en *El Correo del Perú*.

1876   Contrae matrimonio con Cristina Román.

1877   A medida que se aleja de la política, intensifica su actividad literaria. Parece refugiarse en su humor festivo. Colabora en *La Broma,* y se publica el acta de la constitución de la *Sociedad de "La Broma"*, en cuyas elecciones de presidente cada uno de sus siete integrantes obtuvo un voto.

1879   Estalla la guerra declarada por Chile contra el Perú y Bolivia.

1881   Tras cruenta lucha, batidas y derrotadas las fuerzas de la defensa peruana, entran en Lima los invasores chilenos. Había habido más de 17,000 bajas, saqueos e incendios. Palma se batió en la defensa de la capital peruana, y su casa con su biblioteca, en Miraflores, fue incendiada.

1884   Firmada la paz con Chile el 20 de octubre de 1883, se constituye el nuevo gobierno peruano, presidido por el general Miguel Iglesias, quien de acuerdo con su Ministro de Instrucción Pública José Antonio de Lavalle, nombró a Palma Director de la Biblioteca Nacional de Lima, patriótico encargo que, según sus propias palabras, muy citadas, equivalía en tales circustancias a ser el *bibliotecario mendigo*.

1892   En compañía de sus hijos adolescentes Angélica y Ricardo, viaja a España, como representante oficial del Perú a las fiestas conmemorativas del cuarto centenario del descubrimiento de América.

1893   Al regresar, atiende en Barcelona la publicación de una colección completa de las *Tradiciones Peruanas* —la de Montaner y Simón— y al pasar por Cuba, trata en La Habana a escritores cubanos, y le impresiona la lucha de Cuba por librarse del colonialismo español.

1911   Publicación en Barcelona de sus *Poesías completas*, ed. Maucci. Muere su esposa Cristina Román.

1912   Tras controversia espistolar con el Gobierno, al que considera que invade sus atribuciones reglamentarias, renuncia al cargo de Director de la Biblioteca Nacional. La noche del 11 de marzo se celebra un homenaje multitudinario en un teatro de Lima en honor de Palma. Esa misma tarde había tomado posesión Manuel González Prada de la vacante Dirección de la Biblioteca.

1919   Muere cerca de Lima, en Miraflores, el 6 de octubre.

RESUMEN BIBLIOGRÁFICO

A) BIBLIOGRAFÍA ACTIVA

1851 *Rodil.* Drama en tres actos. Imp. del Correo. Lima. Publicado además en la Biblioteca del Club Nacional de Lima. "Mar del Sur", núms. 23-24, 1952-1953.

1855 *Poesías.* Imp. de J. M. Masías, Lima.

1860 *Corona Patriótica.* Apuntes bibliográficos, Lima.

1861 *Dos Poetas.* (Apuntes de mi cartera). Juan María Gutiérrez y Dolores Veintemilla. Valparaíso.

1863 *Anales de la Inquisición de Lima.* (Estudio histórico). Tip. de Aurelio Alfaro. Lima. Otras ediciones de 1872, de Madrid, Tip. de Ricardo Fe, y de la Biblioteca Nacionalista, núm. 22, Imprenta "La Vanguardia", Buenos Aires, 1937.

1865 *Armonías. Libro de un desterrado.* París, Lib. de Rosa y Bouret, y de "Los Poetas", vol. 45, Ed. Claridad, Buenos Aires. s. f. Otras eds., 1900.

1865 *Lira Americana.* Colección de poesías de los mejores poetas del Perú, Chile y Bolivia, recopiladas por D. Ricardo Palma. París. Lib. de Rosa y Bouret.

1867 *Congreso Constituyente.* Semblanzas por un campanero. Imp. Noruega, Lima.

1867 *El 2 de mayo.* Poesía en cuartetos por Ricardo Palma. Lima.

1870 *Pasionarias.* Tip. A. Lemale, El Havre.

1870 *Corona Patriótica.* Por Manuel R. Palma, Lima.

1872 *Tradiciones.* Primera serie. Imp. del Estado. Lima.

1873 *Don Juan del Valle Caviedes, el poeta de la Ribera.* Lima.

1874 *Perú. Tradiciones.* Segunda Serie. Imp. Liberal de "El Correo del Perú". Lima.

1875 *Tradiciones.* Tercera Serie. Ed. Benito Gil, Lima.

1877 *Tradiciones.* Cuarta serie. B. Gil, Lima.

1877 *Monteagudo y Sánchez Carrión.* Páginas de la historia de la Independencia. Lima.

1877 *Verbos y gerundios.* Benito Gil, Lima.

1883 *Tradiciones.* Quinta serie. Imp. del Universo de Carlos Prince, Lima.

1883 *Tradiciones.* Sexta serie. Imp. del Universo de Carlos Prince. Lima.

1883   *Tradiciones.* De la primera a la sexta serie. Imp. del Universo de Carlos Prince. 6 ts. Lima.

1883   *El Demonio de los Andes.* Tradiciones históricas sobre el conquistador D. Francisco de Carvajal. Imp. de "Las Novedades". Nueva York. Segunda edición de Maucci, Barcelona, 1911.

1884-1888   *Memoria Bibliotecaria, 1884-1888.* Imp. Masías, Lima.

1886   *Enrique Heine.* Traducciones. Imp. del Teatro. Lima.

1886   *Refutación a un compendio de Historia del Perú.* (Del jesuita P. Ricardo Cappa). Ed. Torres Aguirre, Lima.

1887   *Tradiciones... y otros trabajos literarios robados a sus autores por el editor de "El Ateneo" de Lima.* Edición limitada a cincuenta ejemplares numerados. Imp. de Torres Aguirre, Lima.

1887   *Poesías.* (Juvenilia, Armonías, Cantarcillos, Pasionarias, Nieblas). Precedidas de *La Bohemia de mi Tiempo.* Confidencias literarias. Imp. de Torres Aguirre, Lima.

1889   *Ropa Vieja.* Última serie de Tradiciones. (Es la séptima). Imp. y Lib. del Universo, Lima.

1889   *Cristián.* Por Ricardo Palma y Cristina Román de Palma. (Natalicio del niño Cristián Palma). Benito Gil, Lima.

1889-1911   *Memorias anuales del director de la Biblioteca de Lima.* Lima.

1890   *A San Martín.* Imp. de Torres Aguirre, Lima.

1891   *Tradiciones.* Imp. "La Universidad". Buenos Aires.

1891   *Ropa apolillada.* Octava y última serie de las "Tradiciones". Prince. Imp. y Lib. del Universo. Lima.

1891   Biblioteca Nacional. *Catálogo de los libros que existen en el salón "América".* Imp. de Torres Aguirre. Lima.

1892   *Aguinaldo a mis amigos. Filigranas.* Imp. de Benito Gil. Lima.

1893-1896   *Tradiciones Peruanas.* Ed. Montaner y Simón, Barcelona, 4 volúmenes.

1896   *Neologismos y americanismos.* Imp. y Lib. de C. Prince. Lima.

1897   *Recuerdos de España* (Notas de viajes, Esbozos, Neologismos y Americanismos). Imp. de J. Peuser, Buenos Aires.

1899   *Recuerdos de España.* Precedidos de *La Bohemia de mi Tiempo.* Imp. "La Industria", Lima.

1899   *Tradiciones y artículos históricos.* Imp. Torres Aguirre, Lima.

1900   *Cachivaches.* (Proemio y juicios de la prensa. Artículos literarios. Artículos bibliográficos —cartas literarias y párrafos de crítica—. Estudio histórico —sobre Monteagudo y Sánchez Carrión—.) Imp. Torres Aguirre, Lima.

1901   *Anales de Cuzco.* (De 1600 a 1750.) Imp. del Estado, Lima.

1902   *Juicio de trigamia por los directores del semanario "La Broma", 1877-1878.* 2a. ed. Imp. Ledelma, Lima.

1902   *Apuntes históricos del Perú y noticias cronológicas del Cuzco.* Imp. del Estado, Lima.

1903   *Papeletas Lexicográficas.* Dos mil setecientas voces que hacen falta en el Diccionario. Imp. "La Industria", Lima.

1906   *Mis últimas tradiciones peruanas.* Ed. Maucci, Barcelona.

1907   *Doce cuentos.* Librito de composiciones en verso tituladas "Docena de cuentos", seguidas de otras llamadas "Postales". Edición Expreso. Galería literaria. Ed. Durquea, Lima.

1910   *Apéndice a mis última tradiciones peruanas y cachivachería.* Ed. Maucci, Barcelona.

1911   *Tradiciones selectas del Perú.* Edición corregida, ilustrada con retratos. Ed. A. J. Segrestán, El Callao. 4 vols.

1911   *Poesías completas.* Ed. Maucci, Barcelona.

1912   *Apuntes para la historia de la Biblioteca de Lima.* Imp. "Unión", Lima.

1915   *Poesías completas.* Segunda edición.

1917   *Las mejores tradiciones peruanas.* En la colección de Grandes Escritores Americanos, dirigida por Ventura García Calderón. Ed. Maucci, Barcelona.

1919   *¡Presente, mi general!* Homenaje póstumo del *Parnaso Nacional,* dirigido por Luis Suárez Arraú. Número extraordinario. Año I, núm. 2. Buenos Aires.

1921   *El Palma de la juventud.* Selección de tradiciones, artículos y poesías. Ed. E. Rosay, Lima.

1922   *La limeña.* Tradiciones sobre la mujer de Lima publicadas por V. García Calderón. Ed. Franco-iberoamericana. Biblioteca Liliput.

1924-1925   *Tradiciones Peruanas.* Edición con juicios literarios publicada bajo los auspicios del Gobierno del Perú. Ilustraciones de Fernando Marco. Ed. Calpe. Madrid. 6 vols. Otras eds. de Espasa Calpe, Madrid, 1930-1939 y 1952-1954, 6 vols.

1930   *Bolívar en las "Tradiciones Peruanas".* C. I. A. P., Madrid.

1938   *Traditions Peruviennes.* Traducción francesa de Matilde Pomés. Instituto Internacional de Cooperación Intelectual. Imp. Floch. París, Mayenne.

1938   *Tradiciones escogidas.* Bibliografía, nota preliminar y selección de Ventura García Calderón. En la "Biblioteca de la Cultura Peruana", vol. 11, primera serie. Imp. Desclée de Brouwer, París.

1940   *Tradiciones peruanas escogidas.* Biblioteca Americana. Serie Americana. Ed. Ercilla. Santiago, Chile.

1942   *Tradiciones Peruanas.* Selección en la Colección Austral, 132. Ed. Espasa-Calpe, México-Buenos Aires. Ed. Espasa-Calpe Argentina, 52, 1943.

1943   *Flor de tradiciones.* Introducción, selección y notas de George W. Umphrey y Carlos García Prada. Biblioteca Enciclopédica Popular. Ed. Cultura. México.

1945   *Tradiciones Peruanas.* Selección y resumen de la historia cultural del Perú por Raúl Porras Barrenechea. "Colección Panamericana", 25. Ed. W. M. Jackson. Buenos Aires.

1949   *Epistolario.* Prólogo de Raúl Porras Barrenechea. Ed. Cultura Antártica, Lima.
1952   *Tradiciones Peruanas.* Edición y prólogo de Edith Palma. Con seis apéndices y una selección de cartas del autor. Ed. Aguilar, Madrid.

B)   BIBLIOGRAFÍA PASIVA

Sánchez, Luis Alberto. *Don Ricardo Palma y Lima.* Imp. Torres Aguirre. Lima, 1927.
Palma, Angélica. *Ricardo Palma.* En "Las grandes biografías contemporáneas", vol. VIII. Ediciones Cóndor. Ed. Tor. Buenos Aires, 1933.
Leguía, Jorge Guillermo. *D. Ricardo Palma.* Conferencia en la Sociedad Geográfica de Lima, el 10 de febrero de 1933. Editada por E. R. (Emilia Romero). Lima, 1934.
Lazo, Raimundo. *Vigil, Palma, González Prada.* Estudio leído el 19 de octubre de 1943 en la "Sociedad Nacional de Bellas Artes de Cuba" en el acto en homenaje a la Biblioteca Nacional de Lima con motivo de la donación de libros a dicha Biblioteca.[1] Separata de la revista *Universidad de La Habana.*
Sánchez, Luis Alberto. *La Literatura Peruana.* Tomo VI. Editorial Guaranía. "Pellegrini, impresores". Buenos Aires, 1951.
Miró, César. *Don Ricardo Palma. El Patriarca de las Tradiciones.* En "Biografías históricas y novelescas". Editorial Losada, Buenos Aires, 1953.
Tamayo Vargas, Augusto. *Literatura Peruana.* Tomo II. Segunda edición. Departamento de Publicaciones. Universidad Nacional Mayor de San Marcos. Lima, 1965.
Lazo, Raimundo. *Historia de la Literatura Hispanoamericana. El siglo XIX (1780-1914).* Colección "Sepan Cuantos...", núm. 65. Editorial Porrúa, México, 1967. Edición cubana revisada, Instituto del Libro, La Habana, 1968.
Oviedo, José Miguel. *Genio y figura de Ricardo Palma.* Ed. Universitaria de Buenos Aires. Buenos Aires, 1965. Buena síntesis crítica con útil reseña bibliográfica.

C)   OBRA INÉDITA

Tradiciones en salsa verde. Obra de Palma sin duda inédita por el abuso de lo picante y salaz, según el criterio de quienes han podido conocer sus originales.

---

[1] Fue el acto resumen de lo realizado por la "Sociedad Nacional de Bellas Artes de Cuba", fundada y presidida por el arquitecto Emilio de Soto, para reunir libros como donativo a la entonces recién incendiada Biblioteca de Lima, a la que en efecto se enviaron unos mil volúmenes, aunque sin haberse tenido comunicación acerca de la recepción de dicho envío.

TRADICIONES PERUANAS

LO INCAICO

PALLA-HUARCUNA

¿Adónde marcha el hijo del Sol con tan numeroso séquito?

Tupac-Yupanqui, *el rico de todas las virtudes,* como lo llaman los *haravicus* del Cuzco, va recorriendo en paseo triunfal su vasto imperio, y por dondequiera que pasa se elevan unánimes gritos de bendición. El pueblo aplaude a su soberano, porque él le da prosperidad y dicha.

La victoria ha acompañado a su valiente ejército, y la indómita tribu de los *pachis* se encuentra sometida.

¡Guerrero del *llautu* rojo! Tu cuerpo se ha bañado en la sangre de los enemigos, y las gentes salen a tu paso para admirar tu bizarría.

¡Mujer! Abandona la *rueca* y conduce de la mano a tus pequeñuelos para que aprendan, en los soldados del Inca, a combatir por la patria.

El cóndor de alas gigantescas, herido traidoramente y sin fuerzas ya para cruzar el azul del cielo, ha caído sobre el pico más alto de los Andes, tiñendo la nieve con su sangre. El gran sacerdote, al verlo moribundo, ha dicho que se acerca la ruina del imperio de Manco, y que otras gentes vendrán, en piraguas de alto bordo, a imponerle su religión y sus leyes.

En vano alzáis vuestras plegarias y ofrecéis sacrificios, ¡oh hijas del Sol!, porque el augurio se cumplirá.

¡Feliz tú, anciano, porque sólo el polvo de tus huesos será pisoteado por el extranjero, y no verán tus ojos el día de la humillación para los tuyos! Pero entre tanto, ¡oh hija de Mama-Ocllo!, trae a tus hijos para que no olviden el arrojo de sus padres, cuando en la vida de la patria suene la hora de la conquista.

Bellos son tus himnos, niña de los labios de rosa; pero en tu acento hay la amargura de la cautiva.

Acaso en tus valles nativos dejaste el ídolo de tu corazón; y hoy, al preceder, cantando con tus hermanas, las andas de oro que llevan sobre sus hombros los nobles *curacas,* tienes que ahogar las lágrimas y entonar alabanzas al conquistador. ¡No, tortolilla de los bosques!... El amado de tu alma está cerca de ti, y es también uno de los prisioneros del Inca.

La noche empieza a caer sobre los montes, y la comitiva real se detiene en Izcuchaca. De repente la alarma cunde en el campamento.

La hermosa cautiva, la joven del collar de *guairuros,* la destinada para el serrallo del monarca, ha sido sorprendida huyendo con su amado, quien muere defendiéndola.

Tupac-Yupanqui ordena la muerte para la esclava infiel.

Y ella escucha alegre la sentencia, porque anhela reunirse con el dueño de su espíritu, y porque sabe que no es la tierra la patria del amor eterno.

3

Y desde entonces, ¡oh viajero!, si quieres conocer el sitio donde fue inmolada la cautiva, sitio al que los habitantes de Huancayo dan el nombre de *Palla-huarcuna,* fíjate en la cadena de cerros, y entre Izcuchaca y Huaynanpuquio verás una roca que tiene las formas de una india con un collar en el cuello y el turbante de plumas sobre la cabeza. La roca parece artísticamente cincelada, y los naturales del país, en su sencilla superstición, la juzgan el genio maléfico de su comarca, creyendo que nadie puede atreverse a pasar de noche por *Palla-huarcuna* sin ser devorado por el fantasma de piedra.

(1860)

EL SIGLO XVI

QUIZÁ QUIERO, QUIZÁ NO QUIERO

(A don Manuel Concha)

I

Esto de casarse con viuda proeza es que requiere más hígados que para habérselas, en pampa abierta y cabalgando en rocín flaco, con un furioso berrendo, de esos que tienen más cerviguillo que un fraile y puntas como aguja de colchonero.

Porque amén de que lo sacan a uno de quicio con el eterno *difuntear* (páseme la Academia el verbo), son las viudas hembras que gastan más letras coloradas que misal gregoriano, más *recúchulas* que juez instructor de sumario, y más puntos suspensivos que novelaromántica garabateada por el diablo. Y en corroboración de estas mis palabras, no tengo más que sacarle los trapillos a la colada a cierta doña Beatriz, viuda de Perico Bustinza, que no a humo de pajas escribió Quevedo aquel de:

> de las carnes el carnero,
> de los pescados el mero,
> de las aves la perdiz
> y de las mujeres la Beatriz.

La boca se me hace agua al hablar de la Beatriz de mi cuento; porque si no miente Garcilaso (no el poeta, sino el cronista del Perú, que a veces es más embustero que el telégrafo), fue la tal una real moza. No hay sábado sin sol, ni muchacha sin arrebol, como dice el refranejo.

Pero a todo esto, como ustedes no saben qué casta de pájaro fue Perico Bustinza, ni quién fue su media naranja, no estará fuera de oportunidad que empiece por darlos a conocer.

Perico Bustinza era un mocetón andaluz que llegó al Cuzco hecho un pelaire, con una mano atrás y otra adelante, en busca de la madre gallega, allá por los años de 1535. Eso sí, en cuanto a audacia era capaz de meterle el dedo meñique en la boca al padre que lo engendró; y por lo que atañe a viveza de ingenio, sé de buena tinta que le sacaba consonante al floripondio.

A la sazón encontrábanse los conquistadores en atrenzos feroces. La sublevación de indios era general en el Perú. Españoles y peruanos estaban, como se dice, a mátame la yegua, que matarte he el potro. El marqués Pizarro, en Lima, se hallaba sitiado por un ejército de ochenta mil hombres al mando de Titu-Yupanqui, que ocupaba el cerro llamado después de San Cristóbal, en conmemoración acaso del milagro que hizo el santo obligando a los indios a emprender la fuga. Titu-Yupanqui murió en el combate.

7

Más aflictiva, si cabe, era la situación de los cuatrocientos españoles avecindados en el Cuzco. El inca Manco, a la cabeza de doscientos mil hombres, mantuvo durante muchos meses a la imperial ciudad en riguroso asedio. Los conquistadores, en los diarios combates que se vieron forzados a dar, ejecutaron hazañas heroicas, casi fabulosas. Cúpole en suerte a Bustinza distinguirse entre tanto valiente, y en grado tal, que, como se dice, le cortó el ombligo a Hernando Pizarro, que era todo un tragavirotes. Nada hubo, pues, de maravilloso en que, acostándose una noche Perico de simple soldado, se despertase por la mañana convertido en capitán de una compañía de piqueros y sobresalientes.

Por supuesto, que desde ese día se hizo llamar don Pedro de Bustinza, y tosió fuerte, y habló gordo, y se empinó un jeme, y no permitió que ni Cristo padre le apease el tratamiento.

Apaciguada, al fin, la sublevación, Hernando Pizarro recompensó con largueza a sus compañeros, llevando su predilección por Bustinza hasta casarlo con la ñusta o princesa doña Beatriz Huayllas, hija del inca Huayna-Cápac, matrimonio que dio al marido, aparte de las muchas riquezas de que era poseedora la mujer, gran influencia entre los caciques e indios del país. Con razón dicen que más corre ventura que caballo ni mula.

Doña Beatriz, que era por entonces moza de veinticinco años, de exquisita belleza y de mucho señorío en la persona, amó a don Pedro de Bustinza con entusiasta cariño. Verdad es también que él se lo merecía, porque fue (hagámosle justicia) todo lo que hay que ser de buen marido.

Vinieron las guerras civiles entre los conquistadores, y el capitán Bustinza, que servía contra la causa realista bajo la bandera de Gonzalo Pizarro, cayó prisionero en una escaramuza habida cerca de Andahuaylas; y la Gasca, que era un clerigillo que no se andaba con escrúpulos de marigargajo para con los rebeldes, le hizo romper la nuez por manos de verdugos.

Así quedó viuda la princesa doña Beatriz. Vistió toca y cenojil, lloró la lágrima viva, y, viniese o no a cuento, no se le caía el difunto de la boca. ¡Vamos! ¡Si era cosa de dar dentera oírla todo el santo día referir maravillas del finado!

Ahora, con venia de ustedes, hago aquí punto para entrar de lleno en la tradición.

II

Referido he en otra ocasión que su majestad don Felipe II envió a estos sus reinos del Perú una real cédula ordenando que las viudas ricas contrajesen nuevo lazo, sin excusa valedera en contra, con españoles escogidos entre los que más hubieran contribuido al restablecimiento del orden. Así creía el monarca no sólo premiar a sus súbditos, dándoles esposas acaudaladas, sino poner coto a nuevas rebeldías.

A haber nacido yo, el tradicionista, súbdito de don Felipe, habría puesto cara de hereje a su real prescripción. Tengo para mí que emparejar con viuda ha de ser como vestirse con ropa de muerto; aunque se la fumigue, siempre guarda cierto olorcillo al difunto.

Doña Beatriz, tanto por su fortuna cuanto por su prestigio como hija del padre de Atahualpa, no podía ser olvidada, y el general Diego

Centeno pidió la mano de la princesa para su favorito Diego Hernández.

Era Diego Hernández lo que se llama un buen Diego. Cincuenta años y un chirlo que le tomaba frente, nariz y belfo, hacían de nuestro hombre un novio como un lucero... sin brillo.

Por lo feo, podía Diego Hernández servir de remedio contra el hipo. ¡Bocado apetitoso, a fe mía!

Como para viuda y hambriento no hay pan duro, quizá doña Beatriz habría arrastrado de malilla con el chirlo y los cincuenta diciembres, si un quídam, envidioso de la ganga que se le iba a entrar por las puertas a Diego Hernández, no hubiera murmurado a los oídos de la dama que el novio era como mandado hacer de encargo y, aludiendo a que en sus mocededas había sido Hernández aprendiz de zapatero en España, enviándole estos versos:

> Plácemes te da mi pluma,
> que un galán llevas, princesa,
> que ansí maneja la espada
> como maneja la lesna.

Los oficios de sastre y zapatero eran, en el antiguo imperio de los incas, considerados como degradantes; y así doña Beatriz, que aunque cristiana nueva, tenía más penacho que la gorra del catalán Poncio Pilatos, y no podía olvidar que era noble por la sábana de arriba y por la sábana de abajo, pues por sus venas corría la sangre de Huayna-Cápac, dijo muy indignada a Diego Centeno:

—Hame agraviado vuesa merced proponiéndome por marido a un *ciracamayo* (sastre).

Centeno porfió hasta lentejuela y abogó hasta la pared de enfrente en favor de su ahijado Hernández, quien cantaba en todos los tonos del solfeo:

> Dame el *sí* que te pido,
> ramo de flores,
> si quieres que te absuelvan
> los confesores.

El obispo del Cuzco y otros personajes gastaron también saliva inútil-mente, porque doña Beatriz no quiso atender a razones. Y a mujer que se obstina en no querer, no hay más que dejarla en paz e irse con la música a otra parte; que de hembras está empedrado el mundo, y el amor es juego de bazas en que cada carta encuentra su compañera. Entonces su hermano, el inca Paullu, se comprometió a hacerla cejar y le dijo:

—Beatriz, tu negativa será fatal para nuestro pueblo. Heridos los españoles en su orgullo, se vengarán en los pocos descendientes que aún quedamos del último inca; y pues lo que codicia Diego Hernández es tu oro, dáselo con tu mano; que en cuanto a compartir con él tu lecho, hazme ofrecido no hacerte violencia. Es punto de honrilla para él y sus amigos esta boda; y pues somos débiles, ceder nos toca, hermana.

Y por este tono siguió reforzando sus argumentos.

Tal vez no era muy fraternal el móvil que lo impulsaba a empeñarse; pues averiguado está que, muerto Manco, aspiraban Sairy-Túpac, Paullu y otros indios nobles a ceñirse la borla imperial.

Paullu sacrificaba su hermana a su ambición política, esperando propiciarse así el apoyo de los conquistadores.

Después de bregar largamente, terminó la dama por hacer esta pregunta:

—¿Te ha jurado Diego Hernández por la cruz de su espada y por Santiago Apóstol que no reclamará de mí sus derechos de marido?

—Sí, Beatriz —contestó el inca Paullu.

—Pues entonces, anúnciale que disponga de mi mano.

III

Aquella misma noche reunióse en casa de la princesa lo más granado del vecindario cuzqueño.

El obispo del Cuzco, que debía unir a los contrayentes, preguntó a doña Beatriz:

—¿Queréis por esposo y compañero al capitán Diego Hernández?

—Quizás quiero, quizá no quiero —contestó la princesa.

—¿A qué carta me quedo, doña Beatriz? —insistió el obispo—. ¿Queréis o no queréis?

—Ya lo he dicho, señor obispo. Quizá quiero, quizá no quiero.

—Pues concluyamos, que no por miedo de gorriones se deja de sembrar cañamones —murmuró un tanto picado su ilustrísima, y echando la bendición sobre dama y caballero, los casó en latín, *in nomine Patris, et Filii et Spiritus Sancto*.

Es decir, que quedó atado en el cielo lo que el obispo acababa de atar en la tierra.

¿El *quizá quiero, quizá no quiero* de la princesa encerraba un *distingo* casuístico? Así lo barrunto.

¿Su ilustrísima se hizo *in petto* algún silogismo teológico que tranquilizara su conciencia, para dar por afirmativa una respuesta que no es la prevenida por los cánones? No sabré decirlo.

Lo que sí puedo afirmar con juramento es que no hay semana que no tenga su disanto y que, andando los tiempos, debió doña Beatriz humanizarse con su marido, porque... porque..., no sé como decirlo, ¡qué demonche! Sancha, Sancha, si no bebes vino, ¿de qué es esa mancha?

Ella dejó prole...; conque... chocolate que no tiñe...

LA CASA DE FRANCISCO PIZARRO

APUNTES HISTÓRICO-TRADICIONALES

Mientras se terminaba la fábrica del Palacio de Lima, tan aciago para el primer gobernante que lo ocupó, es de suponerse que Francisco Pizarro no dormiría al raso, expuesto a coger una terciana *y pagar la chapetonada*, frase con la que se ha significado entre los criollos las fiebres que acometían a los españoles recién llegados a la ciudad. Estas fiebres se curaban sin específico conocido hasta los tiempos de la virreina condesa de Chinchón, en que se descubrieron los maravillosos efectos de la quinina. A esos cuatro o seis meses de obligada terciana era a lo que se llamaba *pagar la chapetonada*, aunque prójimos hubo que dieron finiquito en el cementerio o bóveda de las iglesias.

Hecho el reparto de solares entre los primeros pobladores, don Francisco Pizarro tuvo la modestia de tomar para sí uno de los lotes menos codiciados.

En el primer año de la fundación de Lima (1535) sólo se edificaron treinta y seis casas, siendo las principales la del tesorero Alonso Riquelme, en la calle de la Merced o Espaderos; la de Nicolás de Rivera el Viejo, que es la que hoy habita el señor Dávila Condemarin, en la esquina de Palacio; las de Juan Tello y Alonso Martín de Don Benito, en la calle de las Mantas; la de García de Salcedo, en Bodegones; la de Jerónimo de Aliaga, frente a Palacio, y la del marqués Pizarro.

Hallábase ésta en la calle que forma ángulo con la de Espaderos (y que se conoce aún por la de Jesús Nazareno), y precisamente frente a la puerta lateral de la iglesia de la Merced y a un nicho en que, hasta hace pocos años, se daba culto a una imagen del Redentor, con la cruz a cuestas. Parte del área de la casa la forman hoy algunos almacenes inmediatos a la escalera del hotel de Europa y el resto pertenece a la finca del señor Barreda.

Hasta 1846 existió la casa, salvas ligeras reparaciones, tal como Pizarro la edificara y era conocida por *la casa de cadena;* pues en efecto, ostentábase en su pequeño patio esta señorial distinción, que desdecía con la modestia de la arquitectura y humildes apariencias del edificio.

Don Francisco Pizarro habitó en ella hasta 1538 en que, muy adelantada ya la fábrica del Palacio, tuvo que trasladarse a él. Sin embargo, su hija doña Francisca, acompañada de su madre la princesa doña Inés, descendiente de Huayna-Capac, continuó habitando la casa de cadena hasta 1550 en que el rey la llamó a España. Doña Inés Yupanqui, que después del asesinato de Pizarro casó con el Regidor de Cabildo don Francisco de Ampuero, arrendó la casa a un Oidor de la Real Audiencia y en 1631 el primer marqués de la conquista, don Juan

11

Fernando Pizarro, residente en la Metrópoli, obtuvo declaratoria real de que en dicha casa quedaba fundado el mayorazgo de la familia.

Anualmente, el 6 de enero, se efectuaba en Lima la gran procesión cívica, conocida bajo el nombre de *paseo de alcaldes*. Después de practicarse por el ayuntamiento la renovación de cargos, salían los cabildantes con la famosa bandera, que la República obsequió al general San Martín (y cuyo paradero anda hoy en problema), y venían a la casa de Pizarro. Penetraban al patio alcaldes y regidores, deteníanse ante la cadena y batían sobre ella, por tres veces, la histórica e historiada bandera gritando: —¡Santiago y Pizarro! ¡España y Pizarro! ¡Viva el rey!

Las campanas de la Merced se echaban a vuelo, imitándolas las de más de cuarenta torres que la ciudad posee. El estampido de las camaretas y cohetes se hacía más atronador y, entre los vivas y gritos de la muchedumbre, se dirigía la comitiva a la Alameda, donde un muchacho pronunciaba una loa en latín macarrónico.

El virrey, oidores, cabildantes, miembros de la Real y Pontificia Universidad de San Marcos y todos los personajes de la nobleza, así como los jefes de oficinas del Estado, se presentaban en magníficos caballos lujosamente enjaezados. Tras de cada caballero iban dos negros esclavos, vestidos de librea y armados de gruesos plumeros con los que sacudían la crin y arneses de la cabalgadura. Los inquisidores y eclesiásticos acompañaban al Arzobispo, montados en mulas ataviadas con no menos primor.

Así en este día como en el de la fiesta de Santa Rosa, el estandarte de la ciudad iba escoltado por veinticinco jinetes con el casco y armadura de hierro, que usaron los soldados en tiempo del marqués conquistador.

Las damas de la aristocracia presenciaban desde los balcones el desfile de la comitiva, o acudían en calesín, que era el carruaje de moda, a la Alameda, luciendo la proverbial belleza de las limeñas.

Danzas de moros y cristianos, payas, gíbaros, papahuevos y cofradías de africanos con disfraces extravagantes, recorrían más tarde la ciudad. El pueblo veía entonces en el municipio un poder tutelar contra el despotismo de los Virreyes y de la Real Audiencia. Justo era que manifestase su regocijo en ocasión tan solemne.

En 1820 se efectuó, por última vez, en Lima el paseo de alcaldes; y desde entonces apenas hay quien recuerde cuál fue el sitio en donde estuvo la casa de Pizarro, que hemos debido conservar en pie, como un monumento o curiosidad histórica.

LOS CABALLEROS DE LA CAPA

Crónica de una guerra civil

(A don Juan de la Pezuela, conde de Cheste)

I

QUIÉNES ERAN LOS CABALLEROS DE LA CAPA Y EL JURAMENTO QUE HICIERON

En la tarde del 5 de junio de 1541 hallábanse reunidos en el solar de Pedro de San Millán doce españoles, agraciados todos por el rey por sus hechos en la conquista del Perú.

La casa que los albergaba se componía de una sala y cinco cuartos, quedando gran espacio de terreno por fabricar. Seis sillones de cuero, un escaño de roble y una mugrienta mesa pegada a la pared, formaban el mueblaje de la sala. Así la casa como el traje de los habitantes de ella pregonaban, a la legua, una de esas pobrezas que se codean con la mendicidad. Y así era, en efecto.

Los doce hidalgos pertenecían al número de los vencidos el 6 de abril de 1538 en la batalla de las Salinas. El vencedor les había confiscado sus bienes, y gracias que les permitía respirar el aire de Lima, donde vivían de la caridad de algunos amigos. El vencedor, como era de práctica en esos siglos, pudo ahorcarlos sin andarse con muchos perfiles; pero don Francisco Pizarro se adelantaba a su época, y parecía más bien un hombre de nuestros tiempos, en que al enemigo no siempre se mata o aprisiona, sino que se le quita por entero o merma la ración de pan. Caídos y levantados, hartos y hambrientos, eso fue la colonia, y eso ha sido y es la república. La ley del yunque y del martillo imperando a cada cambio de tortilla, o como reza la copla:

> Salimos de Guate-mala
> y entramos en Guate-peor;
> cambia el pandero de manos,
> pero de sonidos, no.

o como dicen en Italia: librarse de los bárbaros para caer en los Barbarini.

Llamábanse los doce caballeros Pedro de San Millán, Cristóbal de Sotelo, García de Alvarado, Francisco de Chaves, Martín de Bilbao, Diego Méndez, Juan Rodríguez Barragán, Gómez Pérez, Diego de Hoces, Martín Carrillo, Jerónimo de Almagro y Juan Tello.

Muy a la ligera, y por la importancia del papel que desempeñan en esta crónica, haremos el retrato histórico de cada uno de los hidalgos,

13

empezando por el dueño de la casa. *A tout seigneur, tout honneur.*

Pedro de San Millán, caballero santiagués, contaba treinta y ocho años y pertenecía al número de los ciento setenta conquistadores que capturaron a Atahualpa. Al hacerse la repartición del rescate del Inca, recibió ciento treinta y cinco marcos de plata y tres mil trescientas treinta onzas de oro. Leal amigo del mariscal don Diego de Almagro, siguió la infausta bandera de éste, y cayó en la desgracia de los Pizarro, que le confiscaron su fortuna, dejándole por vía de limosna el desmantelado solar de Judíos, y como quien dice basta para un gorrión pequeña jaula. San Millán, en sus buenos tiempos, había pecado de rumboso y gastador; era bravo, de gentil apostura y generalmente querido.

Cristóbal de Sotelo frisaba en los cincuenta y cinco años, y como soldado que había militado en Europa, era su consejo tenido en mucho. Fue capitán de infantería en la batalla de las Salinas.

García de Alvarado era un arrogantísimo mancebo de veintiocho años, de aire marcial, de instintos dominadores, muy ambicioso y pagado de su mérito. Tenía sus ribetes de pícaro y felón.

Diego Méndez, de la orden de Santiago, era hermano del famoso general Rodrigo Ordóñez, que murió en la batalla de las Salinas mandando el ejército vencido. Contaba Méndez cuarenta y tres años, y más que por hombre de guerra se le estimaba por galanteador y cortesano.

De Francisco de Chaves, Martín de Bilbao, Diego de Hoces, Gómez Pérez y Martín Carrillo sólo nos dicen los cronistas que fueron intrépidos soldados y muy queridos de los suyos. Ninguno de ellos llegaba a los treinta y cinco años.

Juan Tello el sevillano fue uno de los doce fundadores de Lima, siendo los otros el marqués Pizarro, el tesorero Alonso Riquelme, el veedor García de Salcedo, el sevillano Nicolás de Ribera el Viejo, Rui Díaz, Rodrigo Mazuelas, Cristóbal de Peralta, Alonso Martín de Don Benito, Cristóbal Palomino, el salamanquino Nicolás de Ribera el Mozo y el secretario Picado. Los primeros alcaldes que tuvo el Cabildo de Lima fueron Ribera el Viejo y Juan Tello. Como se ve, el hidalgo había sido importante personaje, y en la época en que lo presentamos contaba cuarenta y seis años.

Jerónimo de Almagro era nacido en la misma ciudad que el mariscal, y por esta circunstancia y la del apellido se llamaban primos. Tal parentesco no existía, pues don Diego fue un pobre expósito. Jerónimo rayaba en los cuarenta años.

La misma edad contaba Juan Rodríguez Barragán, tenido por hombre de gran audacia, a la par que de mucha experiencia.

Sabido es que así como en nuestros días ningún hombre que en algo se estima sale a la calle en mangas de camisa, así en los tiempos antiguos nadie que aspirase a ser tenido por decente osaba presentarse en la vía pública sin la respectiva capa. Hiciese frío o calor, el español antiguo y la capa andaban en consorcio, tanto en el paseo y el banquete cuanto en la fiesta de la iglesia. Por eso sospecho que el decreto que en 1822 dio el ministro Monteagudo prohibiendo a los españoles el uso de la capa, tuvo, para la Independencia del Perú, la misma importancia que una batalla ganada por los insurgentes. Abolida la capa, desaparecía España.

Para colmo de miseria de nuestros doce hidalgos, entre todos ellos no había más que una capa; y cuando alguno estaba forzado a salir, los once restantes quedaban arrestados en la casa por falta de la indispensable prenda.

Antonio Picado, el secretario del marqués don Francisco Pizarro, o más bien dicho, su demonio de perdición, hablando un día de los hidalgos los llamó *Caballeros de la capa*. El mote hizo fortuna y corrió de boca en boca.

Aquí viene a cuento una breve noticia biográfica de Picado.

Vino éste al Perú en 1534 como secretario del mariscal don Pedro de Alvarado, el del famoso salto en México. Cuando Alvarado, pretendiendo que ciertos territorios del Norte no estaban comprendidos en la jurisdicción de la conquista señalada por el emperador a Pizarro, estuvo a punto de batirse con las fuerzas de don Diego de Almagro, Picado vendía a éste los secretos de su jefe, y una noche, recelando que se descubriese su infamia, se fugó al campo enemigo. El mariscal envió fuerza a darle alcance, y no lográndolo, escribió a don Diego que no entraría en arreglo alguno si antes no le entregaba la persona del desleal. El caballero Almagro rechazó la pretensión, salvando así la vida de un hombre que después fue tan funesto para él y para los suyos.

Don Francisco Pizarro tomó por secretario a Picado, el que ejerció sobre el marqués una influencia fatal y decisiva. Picado era quien, dominando los arranques generosos del gobernador, lo hacía obstinarse en una política de hostilidad contra los que no tenían otro crimen que el de haber sido vencidos en la batalla de las Salinas.

Ya por el año de 1541 sabíase de positivo que el monarca, inteligenciado de lo que pasaba en estos reinos, enviaba al licenciado don Cristóbal Vaca de Castro para residenciar al gobernador; y los almagristas, preparándose a pedir justicia por la muerte dada a don Diego, enviaron, para recibir al comisionado de la corona y prevenir su ánimo con informes, a los capitanes Alonso Portocarrero y Juan Balsa. Pero el juez pesquisidor no tenía cuándo llegar. Enfermedades y contratiempos marítimos retardaban su arribo a la ciudad de los Reyes.

Pizarro, entre tanto, quiso propiciarse amigos aun entre los caballeros de la capa; y envió mensajes a Sotelo, Chaves y otros, ofreciéndoles sacarlos de la menesterosa situación en que vivían. Pero, en honra de los almagristas, es oportuno consignar que no se humillaron a recibir el mendrugo de pan que se les quería arrojar.

En tal estado de cosas, la insolencia de Picado aumentaba de día en día, y no excusaba manera de insultar a *los de Chile,* como eran llamados los parciales de Almagro. Irritados éstos, pusieron una noche tres cuerdas en la horca, con carteles que decían: *Para Pizarro, Para Picado, Para Velázquez.*

El marqués, al saber este desacato, lejos de irritarse, dijo sonriendo:

—¡Pobres! Algún desahogo les hemos de dejar y bastante desgracia tienen para que les molestemos más. Son jugadores perdidos y hacen extremos de tales.

Pero Picado se sintió, como su nombre, picado; y aquella tarde, que era la del 5 de junio, se vistió un jubón y una capetilla francesa, bordada con higas de plata, y montando en un soberbio caballo, pasó y repasó, haciendo caracolear al animal, por las puertas de Juan de Rada, tutor del joven Almagro, y del solar de Pedro de San Millán, residencia de los doce hidalgos; llevando su provocación hasta el punto de que, cuando algunos de ellos se asomaron, les hizo un corte de manga, diciendo: —Para los de Chile —y picó espuelas al bruto.

Los caballeros de la capa mandaron llamar inmediatamente a Juan de Rada.

Pizarro había ofrecido al joven Almagro, que quedó huérfano a la edad de diecinueve años, ser para él un segundo padre, y al efecto lo aposentó en palacio; pero fastidiado el mancebo de oír palabras en mengua de la memoria del mariscal y de sus amigos, se separó del marqués y se instituyó pupilo de Juan de Rada. Era éste un anciano muy animoso y respetado, pertenecía a una noble familia de Castilla, y se le tenía por hombre de gran cautela y experiencia. Habitaba en el portal de Botoneros, que así llamamos en Lima a los artesanos que en otras partes son *pasamaneros,* unos cuartos del que hasta hoy se conoce con el nombre de *callejón de los Clérigos.* Rada vio en la persona de Almagro el Mozo un hijo y una bandera para vengar la muerte del mariscal; y todos los de Chile, cuyo número pasaba de doscientos, si bien reconocían por caudillo al joven don Diego, miraban a Rada el llamado a dar impulso y dirección a los elementos revolucionarios.

Rada acudió con presteza al llamamiento de los caballeros. El anciano se presentó respirando indignación por el nuevo agravio de Picado, y la junta resolvió no esperar justicia del representante que enviaba la corona, sino proceder al castigo del marqués y de su insolente secretario.

García de Alvarado, que tenía puesta esa tarde la capa de la compañía, la arrojó al suelo, y parándose sobre ella, dijo:

—Juremos por la salvación de nuestras ánimas morir en guarda de los derechos de Almagro el Mozo, y recortar de esta capa la mortaja para Antonio Picado.

II

DE LA ATREVIDA EMPRESA QUE EJECUTARON LOS CABALLEROS DE LA CAPA

Las cosas no podían concertarse tan en secreto que el marqués no advirtiese que los de Chile tenían frecuentes conciliábulos, que reinaba entre ellos una agitación sorda, que compraban armas y que, cuando Rada y Almagro el Mozo salían a la calle, eran seguidos, a distancia, y a guisa de escolta, por un grupo de sus parciales. Sin embargo, el marqués no dictaba providencia alguna.

En esta inacción del gobernador recibió cartas de varios corregimientos participándole que los de Chile preparaban sin embozo un alzamiento en todo el país. Estas y otras denuncias le obligaron una mañana a hacer llamar a Juan de Rada.

Encontró éste a Pizarro en el jardín de palacio, al pie de una higuera que aún existe, y según Herrera, en sus *Décadas,* medió entre ambos este diálogo:

—¿Qué es eso, Juan de Rada, que me dicen que andáis comprando armas para matarme?

—En verdad, señor, que he comprado dos coracinas y una cota para defenderme.

—¿Pues qué causa os mueve ahora, más que en otro tiempo, a proveeros de armas?

—Porque nos dicen, señor, y es público, que su señoría recoge lanzas para matarnos a todos. Acábenos ya su señoría y haga de nosotros lo que fuese servido; porque habiendo comenzado por la cabeza, no sé yo por qué ha de tener respeto a los pies. También se dice que su señoría piensa matar al juez que viene enviado por el rey. Si su ánimo es tal y determina dar muerte a los de Chile, no lo haga con todos. Destierre su señoría a don Diego en un navío, pues es inocente, que yo me iré con él adonde la fortuna nos quisiere llevar.

—¿Quién os ha hecho entender tan gran traición y maldad como. ésa? Nunca tal pensé, y más deseo que vos de que acabe de llegar el juez, que ya estuviera aquí si hubiese aceptado embarcarse en el galeón que yo le envié a Panamá. En cuanto a las armas, sabed que el otro día salí de caza, y entre cuantos íbamos ninguno llevaba lanza; y mandé a mis criados que comprasen una, y ellos mercaron cuatro. ¡Plegue a Dios, Juan de Rada, que venga el juez y estas cosas hayan fin, y Dios ayude a la verdad!

Por algo se ha dicho que del enemigo, el consejo. Quizá habría Pizarro evitado su infausto fin, si, como se lo indicaba el astuto Rada, hubiese en el acto desterrado a Almagro.

La plática continuó en tono amistoso, y al despedirse Rada, le obsequió Pizarro seis higos que él mismo cortó por su mano del árbol, y que eran de los primeros que se producían en Lima.

Con esta entrevista pensó don Francisco haber alejado todo peligro, y siguió despreciando los avisos que constantemente recibía.

En la tarde del 25 de junio, un clérigo le hizo decir que, bajo secreto de confesión, había sabido que los almagristas trataban de asesinarlo, y muy en breve. —Ese clérigo, obispado quiere —respondió el marqués; y con la confianza de siempre, fue sin escolta a paseo y al juego de pelota y bochas, acompañado de Nicolás de Ribera el Viejo.

Al acostarse, el pajecillo que le ayudaba a desvestirse le dijo:

—Señor marqués, no hay en las calles más novedad sino que los de Chile quieren matar a su señoría.

—¡Eh! Déjate de bachillerías, rapaz, que esas cosas no son para ti —le interrumpió Pizarro.

Amaneció el domingo 26 de junio, y el marqués se levantó algo preocupado.

A las nueve llamó al alcalde mayor, Juan de Velázquez, y recomendóle que procurase estar al corriente de los planes de los de Chile, y que si barruntaba algo de gravedad, procediese sin más acuerdo a la prisión del caudillo y de sus principales amigos. Velázquez le dio esta respuesta, que las consecuencias revisten de algún chiste:

—Descuide vuestra señoría, que mientras yo tenga en la mano esta vara, ¡juro a Dios que ningún daño le ha de venir!

Contra su costumbre, no salió Pizarro a misa, y mandó que se la dijesen en la capilla de palacio.

Parece que Velázquez no guardó, como debía, reserva con la orden del marqués, y habló de ella con el tesorero Alonso Riquelme y algunos otros. Así llegó a noticia de Pedro San Millán, quien se fue a casa de Rada, donde estaban reunidos muchos de los conjurados. Participóles lo que sabía, y añadió: —Tiempo es de proceder, pues si lo dejamos para mañana, hoy nos hacen cuartos.

Mientras los demás se esparcían por la ciudad a llenar diversas comisiones, Juan de Rada, Martín de Bilbao, Diego Méndez, Cristóbal de Sosa, Martín Carrillo, Pedro de San Millán, Juan de Porras, Gómez Pérez, Arbolancha, Narváez y otros, hasta completar diecinueve conjurados, salieron precipitadamente del callejón de los Clérigos (y no del de Petateros, como cree el vulgo) en dirección a palacio. Gómez Pérez dio un pequeño rodeo, para no meterse en un charco, y Juan de Rada lo apostrofó: —¿Vamos a bañarnos en sangre humana, y está cuidando vuesa merced de no mojarse los pies? Andad y volveos, que no servís para el caso.

Más de quinientas personas, paseantes o que iban a la misa de doce, había a la sazón en la plaza, y permanecieron impasibles mirando el grupo. Algunos maliciosos se limitaron a decir: —Esos van a matar al marqués o a Picado.

El marqués, gobernador y capitán general del Perú don Francisco Pizarro, se hallaba en uno de los salones de palacio en tertulia con el obispo electo de Quito, el alcalde Velázquez y hasta quince amigos más, cuando entró un paje gritando: —Los de Chile vienen a matar al marqués, mi señor.

La confusión fue espantosa. Unos se arrojaron por los corredores al jardín, y otros se descolgaron por las ventanas a la calle, contándose entre los últimos el alcalde Velázquez, que para mejor asirse de la balaustra, se puso entre los dientes la vara de juez. Así no faltaba al juramento que había hecho tres horas antes; visto que si el marqués se hallaba en atrenzos, era porque él no tenía la vara en la mano, sino en la boca.

Pizarro, con la coraza mal ajustada, pues no tuvo espacio para acabarse de armar, la capa terciada a guisa de escudo y su espada en la mano, salió a oponerse a los conjurados, que ya habían muerto a un capitán y herido a tres o cuatro criados. Acompañaban al marqués su hermano uterino Martín de Alcántara, Juan Ortiz de Zárate y dos pajes.

El marqués, a pesar de sus sesenta y cuatro años, se batía con los bríos de la mocedad; y los conjurados no lograban pasar del dintel de una puerta, defendida por Pizarro y sus cuatro compañeros, que lo imitaban en el esfuerzo y coraje.

—¡Traidores! ¿Por qué me queréis matar? ¡Qué desvergüenza! ¡Asaltar como bandoleros mi casa! —gritaba furioso Pizarro, blandiendo la espada; y a tiempo que hería a uno de los conjurados, que Rada había empujado sobre él, Martín de Bilbao le acertó una estocada en el cuello.

El conquistador del Perú sólo pronunció una palabra ¡Jesús!, y cayó, haciendo con el dedo una cruz de sangre en el suelo, y besándola.

Entonces Juan Rodríguez Barragán le rompió en la cabeza una garrafa de barro de Guadalajara, y don Francisco Pizarro exhaló el último aliento.

Con él murieron Martín de Alcántara y los dos pajes, quedando gravemente herido Ortiz de Zárate.

Quisieron más tarde sacar el cuerpo de Pizarro y arrastrarlo por la plaza; pero los ruegos del obispo de Quito y el prestigio de Juan de Rada estorbaron este acto de bárbara ferocidad. Por la noche dos humildes servidores del marqués lavaron el cuerpo; le vistieron el hábito de Santiago sin calzarle las espuelas de oro, que habían desaparecido; abrieron una sepultura en el terreno de la que hoy es Catedral, en el patio que aun se llama de los Naranjos, y enterraron el cadáver. Encerrados en un cajón de terciopelo con broches de oro se encuentran hoy los huesos de Pizarro, bajo el altar mayor de la Catedral. Por lo menos, tal es la general creencia.

Realizado el asesinato, salieron sus autores a la plaza, gritando: ¡Viva el rey! ¡Muerto es el tirano! ¡Viva Almagro! ¡Póngase la tierra en justicia! Y Juan de Rada se restregaba las manos con satisfacción, diciendo: ¡Dichoso día en el que se conocerá que el mariscal tuvo amigos tales que supieron tomar venganza de su matador!

Inmediatamente fueron presos Jerónimo de Aliaga, el factor Illán Suárez de Carvajal, el alcalde del Cabildo, Nicolás de Ribera el Viejo y muchos de los principales vecinos de Lima. Las casas del marqués, de su hermano Alcántara y de Picado fueron saqueadas. El botín de la primera se estimó en cien mil pesos; el de la segunda, en quince mil pesos, y el de la última, en cuarenta mil.

A las tres de la tarde, más de doscientos almagristas habían creado un nuevo Ayuntamiento; instalado a Almagro el Mozo en palacio con título de gobernador, hasta que el rey proveyese otra cosa; reconocido a Cristóbal de Sotelo por su teniente gobernador, y conferido a Juan de Rada el mando del ejército.

Los religiosos de la Merced, que, así en Lima como en el Cuzco, eran almagristas, sacaron la custodia en procesión y se apresuraron a reconocer el nuevo gobierno. Gran papel desempeñaron siempre los frailes en las contiendas de los conquistadores. Húbolos que convirtieron la cátedra del Espíritu Santo en tribuna de difamación contra el bando que no era de sus simpatías. Y en prueba de la influencia que sobre la soldadesca tenían los sermones, copiaremos una carta que, en 1533, dirigió Francisco Girón al padre Baltasar Melgarejo. Dice así la carta:

"Muy magnífico y reverendo señor: Sabido he que vuesa paternidad me hace más guerra con su lengua, que no los soldados con sus armas. Merced recibiré que haya enmienda en el negocio, porque de otra manera, dándome Dios victoria, forzarme ha vuesa paternidad que no mire nuestra amistad y quien vuesa paternidad es, cuya muy magnífica y reverenda persona guarde.—De este mi real de Pachacamac.—Besa la mano de vuesa paternidad su servidor.—*Francisco Hernández Girón.*"

Una observación histórica. El alma de la conjuración fue siempre Rada, y Almagro el Mozo ignoraba todos los planes de sus parciales. No se le consultó para el asesinato de Pizarro, y el joven caudillo no tuvo en él más parte que aceptar el hecho consumado.

Preso el alcalde Velázquez, consiguió hacerlo fugar su hermano el obispo de Cuzco, fray Vicente Valverde, aquel fanático de la orden dominica que tanta influencia tuvo para la captura y suplicio de Atahualpa. Embarcáronse luego los dos hermanos para ir a juntarse con Vaca Castro; pero en la isla de la Puná los indios los mataron a flechazos, junto con otros dieciséis españoles. No sabemos a punto fijo si la Iglesia venera entre sus mártires al padre Valverde.

Velázquez escapó de las brasas para caer en las llamas. Los caballeros de la capa no lo habrían tampoco perdonado.

Desde los primeros síntomas de la revolución, Antonio Picado se escondió en casa del tesorero Riquelme, y descubierto al día siguiente su asilo, fueron a prenderlo. Riquelme dijo a los almagristas: —No sé dónde está el señor Picado —y con los ojos les hizo señas para que lo buscasen debajo de la cama. La pluma se resiste a hacer comentarios sobre tamaña felonía.

Los caballeros de la capa, presididos por Juan de Rada y con anuencia de don Diego, se constituyeron en tribunal. Cada uno enrostró a Picado el agravio que de él hubiera recibido cuando era omnipotente cerca de Pizarro; luego le dieron tormento para que revelase dónde el marqués tenía tesoros ocultos; y, por fin, el 29 de septiembre, le cortaron la cabeza en la plaza con el siguiente pregón, dicho en voz alta por Cosme Ledesma, negro ladino, en la lengua española, a toque de caja y acompañado de cuatro soldados con picas y otros dos con arcabuces y cuerdas encendidas: —Manda Su Majestad que muera este hombre por revolvedor de estos reinos, e porque quemó e usurpó muchas provisiones reales, encubriéndolas porque venían en gran daño al marqués, e porque cohechaba e había cohechado mucha suma de pesos de oro en la tierra.

El juramento de los caballeros de la capa se cumplió al pie de la letra. La famosa capa sirvió de mortaja a Antonio Picado.

III

EL FIN DEL CAUDILLO Y DE LOS DOCE CABALLEROS

No nos proponemos entrar en detalles sobre los catorce meses y medio que Almagro el Mozo se mantuvo como caudillo, ni historiar la campaña que, para vencerlo, tuvo que emprender Vaca de Castro. Por eso, a grandes rasgos hablaremos de los sucesos.

Con escasas simpatías entre los vecinos de Lima, vióse don Diego forzado a abandonar la ciudad para reforzarse en Guamanga y el Cuzco, donde contaba con muchos partidarios. Días antes de emprender la retirada, se le presentó Francisco de Chaves exponiéndole una queja, y no recibiendo reparación de ella, le dijo: —No quiero ser más tiempo vuestro amigo, y os devuelvo la espada y el caballo—. Juan de Rada lo arrestó por la insubordinación, y en seguida lo hizo degollar. Así concluyó uno de los caballeros de la capa.

Juan de Rada, gastado por los años y las fatigas, murió en Jauja al principiarse la campaña. Fue éste un golpe fatal para la causa revolucionaria. García de Alvarado lo reemplazó como general, y Cristóbal de Sotelo fue nombrado maese de campo.

En breve estalló la discordia entre los dos jefes de ejército, y hallándose Sotelo enfermo en cama, fue García de Alvarado a pedirle satisfacción por ciertas hablillas: —No me acuerdo haber dicho nada de vos ni de los Alvarado —contestó el maese de campo—; pero si algo he dicho, lo vuelvo a decir, porque, siendo quien soy, se me da una higa de los Alvarado; y esperar a que me abandone la fiebre que me trae postrado para demandarme más explicaciones con la punta de la espada. Entonces el impetuoso García de Alvarado cometió la villanía de herirlo, y uno de sus parciales lo acabó de matar. Tal fue la muerte del segundo caballero de la capa.

Almagro el Mozo habría querido castigar en el acto al aleve matador; pero la empresa no era hacedera. García de Alvarado, ensoberbecido con su prestigio sobre la soldadesca, conspiraba para deshacerse de don Diego, y luego, según le conviniese, batir a Vaca de Castro o entrar en acuerdo con él. Almagro disimuló mañosamente, inspiró confianza a Alvarado, y supo atraerlo a un convite que daba en el Cuzco Pedro de San Millán. Allí, en medio de la fiesta, un confidente de don Diego se echó sobre don García diciéndole:

—¡Sed preso!

—Preso no, sino muerto —añadió Almagro, y le dio una estocada, acabándolo de matar los otros convidados.

Así desaparecieron tres de los caballeros de la capa antes de presentar batalla al enemigo. Estaba escrito que todos habían de morir de muerte violenta y bañados en su sangre.

Entre tanto, se aproximaba el momento decisivo, y Vaca de Castro hacía a Almagro proposiciones de paz y promulgaba un indulto, del que sólo estaban exceptuados los nueve caballeros de la capa que aun vivían, y dos o tres españoles más.

El domingo 16 de septiembre de 1542 terminó la guerra civil con la sangrienta batalla de Chupas. Almagro, al frente de quinientos hombres, fue casi vencedor de los ochocientos que seguían la bandera de Vaca de Castro. Durante la primera hora, la victoria pareció inclinarse del lado del joven caudillo; pues Diego de Hoces, que mandaba una ala de su ejército, puso en completa derrota una división contraria. Sin el arrojo de Francisco de Carbajal, que restableció el orden en las filas de Vaca de Castro, y más que esto, sin la impericia o traición de Pedro de Candia, que mandaba la artillería almagrista, el triunfo de los de Chile era seguro.

El número de muertos por ambas partes pasó de doscientos cuarenta, y el de los heridos fue también considerable. Entre tan reducido número de combatientes sólo se explica un encarnizamiento igual teniendo en cuenta que los almagristas tuvieron por su caudillo el mismo fanático entusiasmo que habían profesado al mariscal su padre; y ya es sabido que el fanatismo por una causa ha hecho siempre los héroes y los mártires. •

Aquéllos sí eran tiempos en los que, para entrar en batalla, se necesitaba tener gran corazón. Los combates terminaban cuerpo a cuerpo, y el vigor, la destreza y lo levantado del ánimo decidían del éxito.

Las armas de fuego distaban tres siglos del fusil de aguja y eran más bien un estorbo para el soldado, que no podía utilizar el mosquete o arcabuz si no iba provisto de eslabón, pedernal y yesca para encender la mecha. La artillería estaba en la edad del babador; pues los pedreros o falconetes, si para algo servían era para meter ruido como los petardos. Propiamente hablando, la pólvora se gastaba en salvas; pues no conociéndose aún escala de punterías, las balas iban por donde el diablo las guiaba. Hoy es una delicia caer en el campo de batalla, así el mandria como el audaz, con la limpieza con que se resuelve una ecuación de tercer grado. Muere el prójimo matemáticamente, en toda regla, sin error de suma o pluma; y ello, al fin, debe ser un consuelo que se lleva el alma al otro barrio. Decididamente, hogaño una bala de cañón es una bala científica, que nace educada y sabiendo a punto fijo dónde va a parar. Esto es progreso, y lo demás es chiribitas y agua de borrajas.

Perdida toda esperanza de triunfo, Martín de Bilbao y Jerónimo de Almagro no quisieron abandonar el campo, y se lanzaron entre los enemigos gritando: —¡A mí, que yo maté al marqués! En breve cayeron sin vida. Sus cadáveres fueron descuartizados al día siguiente.

Pedro de San Millán, Martín Carrillo y Juan Tello fueron hechos prisioneros, y Vaca de Castro los mandó degollar en el acto.

Diego de Hoces, el bravo capitán que tan gran destrozo causara en las tropas realistas, logró escapar del campo de batalla, para ser pocos días después degollado en Guamanga.

Juan Rodríguez Barragán, que había quedado por teniente gobernador en el Cuzco, fue apresado en la ciudad y se le ajustició. Las mismas autoridades que creó don Diego, al saber su derrota, se declararon por el vencedor para obtener indultos y mercedes.

Diego Méndez y Gómez Pérez lograron asilarse cerca del Inca Manco que, protestando contra la conquista, conservaba en las crestas de los Andes un grueso ejército de indios. Allí vivieron hasta fines de 1544. Habiendo un día Gómez Pérez tenido un altercado con el Inca Manco, mató a éste a puñaladas, y entonces los indios asesinaron a los dos caballeros y a cuatro españoles más que habían buscado refugio entre ellos.

Almagro el Mozo peleó con desesperación hasta el último momento, en que, decidida la batalla, lanzó su caballo sobre Pedro de Candia, y diciéndole ¡Traidor! lo atravesó con su lanza. Entonces Diego de Méndez lo forzó a emprender la fuga para ir a reunirse con el Inca, y habríanlo logrado si a Méndez no se le antojara entrar en el Cuzco para despedirse de su querida. Por esta imprudencia fue preso el valeroso mancebo, logrando Méndez escapar para morir más tarde, como ya hemos referido, a manos de los indios.

Se formalizó proceso y don Diego salió condenado. Apeló del fallo a la Audiencia de Panamá y al rey, y la apelación le fue negada. Entonces dijo con entereza: —Emplazo a Vaca de Castro ante el tribunal de Dios, donde seremos juzgados sin pasión; y pues muero en el lugar donde degollaron a mi padre, ruego sólo que me coloquen en la misma sepultura, debajo de su cadáver.

Recibió la muerte —dice un cronista que presenció la ejecución— con ánimo valiente. No quiso que le vendasen los ojos por fijarlos, hasta su postrer instante, en la imagen del Crucificado; y, como lo había pedido, se le dio la misma tumba que al mariscal, su padre.

Era este joven de veinticuatro años de edad, nacido de una india noble de Panamá, de talla mediana, de semblante agraciado, gran jinete, muy esforzado y diestro en las armas; participaba de la astucia de su progenitor, excedía en la liberalidad de su padre, que fue harto dadivoso, y como él, sabía hacerse amar con locura por sus parciales.

Así, con el triste fin del caudillo y de los caballeros de la capa, quedó exterminado en el Perú el bando de los de Chile.

LOS TRES MOTIVOS DEL OIDOR

El 27 de octubre de 1544 estaban los vecinos de Lima que no les llegaba la camisa al cuello. Y con razón, eso sí.

Al levantarse de la cama y abrir puertas para dar libre paso a la gracia de Dios, se hallaron con la tremenda noticia de que Francisco de Carbajal, sin ser de nadie sentido, se había colado en la ciudad con cincuenta de los suyos, puesto en prisión a varios sujetos principales tildados de amigos del virrey Blasco Núñez, y ahorcado, no como quiera, a un par de pobres diablos, sino a Pedro del Barco y Machín de Florencia, hombres de fuste, y tanto que fueron del número de los primeros conquistadores, es decir, de los que capturaron a Atahualpa en la plaza de Cajamarca.

Carbajal previno caritativamente a los vecinos de Lima que estaba resuelto a seguir ahorcando prójimos y saquear la ciudad si ésta no aceptaba por gobernador del Perú a Gonzalo Pizarro, quien, con el grueso de su ejército, se encontraba esperando la respuesta a dos leguas de camino.

Componían a la sazón la Real Audiencia los licenciados Cepeda, Tejada y Zárate, pues el licenciado Alvarez había huido el bulto, declarándose en favor del virrey. Asustados los oidores con la amenaza de Carbajal, convocaron a los notables en Cabildo. Discutióse el punto muy a la ligera, pues no había tiempo que perder en largos discursos ni en flores de retórica, y extendióse acta reconociendo a Gonzalo por gobernador.

Cuando le llegó turno de firmar al oidor Zárate, que, según el Palentino, era un viejo chocho, empezó por dibujar una †, y bajo de ella, antes de estampar su garabato, escribió: *Juro a Dios y a esta † y a las palabras de los Santos Evangelios que firmo por tres motivos: por miedo, por miedo y por miedo.*

* * *

Vivía el oidor Zárate en compañía de una hija, doña Teresa, moza de veinte años muy lozanos, linda desde el zapato hasta la peineta, y que traía en las venas todo el ardor de su sangre andaluza, causa más que suficiente para barruntar que el estado de doncellez se le iba haciendo muy cuesta arriba. La muchacha, cosa natural en las rapazas, tenía su quebradero de cabeza con Blasco de Soto, alférez de los tercios de Carbajal, quien la pidió al padre y vio rechazada la demanda, que su merced quería para marido de su hija hombre de caudal saneado. No se descorazonó el galán con la negativa, y puso su cuita en conocimiento de Carbajal.

23

—¡Cómo se entiende! —gritó furioso don Francisco—. ¡Un oidor de mojiganga desairar a mi alférez, que es un chico como unas perlas! Conmigo se las habrá el abuelo. Vamos, galopín, no te atortoles, que o no soy Francisco de Carbajal, o mañana te casas. Yo apadrino tu boda, y basta. Duéleme que estés de veras enamorado; porque has de saber, muchacho, que el amor es el vino que más presto se avinagra; pero eso no es cuenta mía, sino tuya, y tu alma tu palma. Lo que yo tengo que hacer es casarte, y te casaré como hay viñas en Jerez, y entre tú y la Teresa multiplicaréis hasta que se gaste la pizarra.

Y el maestre de campo enderezó a casa del oidor, y sin andarse con dibujos de escolar pidió para su ahijado la mano de la niña. El pobre Zárate se vio comido de gusanos, balbució mil excusas y terminó dándose a partido. Pero cuando el notario le exigió que suscribiese el consentimiento, lanzó el buen viejo un suspiro, cogió la pluma de ganso y escribió: *Conste por esta señal de la † que consiento por tres motivos: por miedo, por miedo y por miedo.*

* * *

Así llegó a hacerse proverbial en Lima esta frase: *Los tres motivos del oidor,* frase que hemos recogido de boca de muchos viejos y que vale tanto como aquella de las noventa y nueve razones que alegaba el artillero para no haber hecho una salva: —Razón primera, no tener pólvora.—Guárdese en el pecho las noventa y ocho restantes.

A poco del matrimonio de la hija, cayó Zárate gravemente enfermo de disentería, y en la noche que recibió la Extremaunción llegó a visitarlo Carbajal y le dijo:

—Vuesa merced se muere porque quiere. Déjese de galenos y bébase, en tisana, una pulgarada de polvos de cuerno de unicornio, que son tan eficaces para su mal como huesecito de santo.

—No, mi señor don Francisco —contestó el enfermo—; me muero, no por mi voluntad, sino por tres motivos...

—No los diga, que los sé —interrumpió Carbajal, y salió riéndose del aposento del moribundo.

COMIDA ACABADA, AMISTAD TERMINADA

Tres meses antes de la batalla de Iñaquito, en que tan triste destino cupo al primer virrey del Perú, habían los partidarios de Gonzalo Pizarro puesto preso, en la cárcel de San Miguel de Piura, al capitán Francisco Hurtado, hombre septuagenario, muy influyente y respetado, vecino de Santiago de Guayaquil y estusiasta defensor de la causa de Blasco Núñez.

Cuarenta días llevaba el capitán de estar cargado de hierros y esperando de un momento a otro sentencia de muerte, cuando llegó a Piura Francisco de Carbajal, en marcha para abrir campaña contra Diego Centeno, que en Chuquisaca y Potosí acababa de alzar bandera por el rey.

El alcalde de Piura, acompañado de los cabildantes, salió a recibir a Carbajal, y por el camino lo informó, entre otras cosas, de que tenía en chirona, y sin atinar a deshacerse de él, al capitán Hurtado.

—¡Mil demonios! —exclamó furioso don Francisco—. ¡Ah, señor Martínez! So cabello rubio, buen piojo rabudo. ¡Y qué poco meollo para oficial de justicia tiene vuesa merced! Bien podía hacerle una punta a la vara que lleva y tirársela a un perro. ¡Cargar de hierros a todo un vencedor de Pavía! ¡Habrá torpeza! ¡Por vida de mi señor don Gonzalo que no sé como no hago una alcaldada con el alcalde de monterilla! Corra vuesa merced y deje libre en la ciudad al capitán Hurtado, que es muy mi amigo, y juntos militamos en Flandes y en Italia, y no es Francisco de Carbajal el alma de chopo que consiente en el sonrojo de hombre que tanto vale. ¡Voto va! ¡Por los gregüescos del Condestable!

Y ante tal tempestad de exclamaciones iracundas, el pobre alcalde escapó como perro en juego de bolos, diciendo para sí:

—Eran lobos de una camada, no haya miedo que se muerdan. Allá se avengan, que en salvo está el que repica.

Cuando Carbajal entró en Piura, ya estaba en libertad el prisionero, quien se encaminó a la posada de su viejo conmilitón para darle las gracias por el servicio que le merecía. El maestre de campo le estrechó entre sus brazos, manifestóse muy contento de ver tras largos años a su camarada de cuartel, hicieron alegres reminiscencias de sus mocedades, y por fin, llegada la hora de comer, sentáronse a la mesa en compañía del capellán, dos oficiales y cuatro vecinos.

Ni Hurtado ni Carbajal trajeron para nada a cuento las contiendas del Perú. Bromearon y bebieron a sus anchas, colmando el maestre de agasajos a su comensal. Los dos viejos parecían, en sus expansivas manifestaciones de afecto y de alegría, haberse desprendido de algunas canas. Aquello sí era amistad, y la de Orestes y Pílades pura pampirolada.

Cuando después de dos horas de banquete y de pronunciar la obligada frase con que nuestros abuelos ponían término a la masticación: "Que aproveche como si fuera leche", un doméstico retiró el mantel, la fisonomía de Carbajal tomó aire pensativo y melancólico. Al cabo, y como quien después de meditarla mucho ha adoptado una resolución, dijo con grande aplomo:

—Señor Francisco Hurtado, yo he sido siempre amigo y servidor de vuesa merced, y como tal amigo, le mandé quitar prisiones y sacar de la cárcel. Francisco de Carbajal ha cumplido, pues, para con Francisco Hurtado las obligaciones de amigo y de camarada. Ahora es menester que cumpla con lo que debo al servicio del gobernador mi señor. ¿No encuentra vuesa merced fundadas mis razones?

—Justas y muy justas, colombroño —contestó Hurtado, imaginándose que el maestre de campo se proponía con este preámbulo inclinarle a cambiar de bandera, o, por lo menos, a que fuese neutral en la civil contienda.

—Huélgome —continuó Carbajal— de oírlo de su boca, que así desecho escrúpulos. Vuesa merced se confiese como cristiano que es, y capellán tiene al lado, que yo, en su servicio, no puedo hacer ya más que mandarle dar garrote.

Y Carbajal abandonó la sala murmurando:

—Cumplí hasta el fin con el amigo, que buey viejo hace surco derecho. Comida acabada, amistad terminada.

LOS POSTRES DEL FESTÍN

Gran banquete dado en el palacio de Lima el Muy Magnífico señor don Gonzalo Pizarro.

Pero antes de ir a la mesa se reunieron en el salón hasta cuarenta de los personajes más comprometidos en la causa rebelde. Allí estaban, entre otros, don Antonio de Ribera, Francisco de Ampuero, Hernán Bravo de Lagunas, Martín de Robles, Alonso de Barrionuevo, Páez de Sotomayor, Gabriel de Rojas, Lope Martín, Benito de Carbajal y Martín de Almendras, gente toda principal y que, antes de quince días, debían decir a la vuelta lo venden tinto, voltear casaca y traicionar a su caudillo. Allí estaba también el capitán Alonso de Cáceres (¡gran traidor!), quien, besando a Pizarro en un carrillo, le dijo: —¡Oh príncipe del mundo! ¡Maldito el que te niegue hasta la muerte!

Gonzalo quería poner en conocimiento de ellos pliegos importantes de Gasca, oír consejo y sondear el grado de devoción de sus capitanes. Gasca prometía amplio perdón a Gonzalo y sus secuaces.

Terminada la lectura de los pliegos, el licenciado Cepeda, que no era ningún necio de pendón y caldera, sino un pícaro muy taimado, dijo:

—Pues ven vuesas mercedes el trance, dé cada uno con franqueza su parecer y voto, que el señor gobernador promete, como caballero hijodalgo, de no tocarlo ni en persona ni hacienda. Empero, mire bien cada uno lo que para después prometa y jure, pues el que quebrante la fe o ande tibio en los negocios de esta guerra, de pagarlo habrá con la cabeza.

Cuando calló Cepeda, reinó por varios minutos el más profundo silencio. Ninguno de los asistentes osaba ser el primero en expresar su opinión. Al fin, Francisco de Carbajal, viendo el general embarazo, dijo:

—Pues todos callan, seré yo el que ponga el paño al púlpito y lleve el gato al agua. Paréceme, señores, que esas bulas son buenas y baratas, y que vienen preñadas de indulgencia, y que las debe tomar el gobernador mi señor, y echárnoslas nosotros encima, y traerlas al cuello a guisa de reliquias. Por las bulas estoy y... he dicho. Cruz y cuadro.

Miráronse unos a otros los de la Junta, maravillados de oír tan pacíficos conceptos en boca del *Demonio de los Andes,* que, por esta vez, habló con sinceridad y, sobre todo muy razonablemente.

El oidor Cepeda, recelando que la mayoría de los capitanes se inclinase en favor de la opinión de Carbajal, se apresuró a contestar:

—Dios me perdone la especie; pero se me figura que el maestre de campo empieza a haber miedo del cleriguillo.

27

Carbajal brincó del escaño, que la cólera se le había subido al campanario, puso la mano en la empuñadura de su daga y con voz airada gritó:

—¡Miedo! ¡Miedo yo! ¿Quién lo dice?

Pero luego, reportándose, continuó con su habitual tono de burla.

—Mejor es tomarlo a risa. He dado mi parecer y voto, sin encontrar sacristán de amén que conmigo sea. Pero no tomaré las bulas, así me prediquen frailes descalzos, si todos mis amigos no las toman. Por lo demás, soy la última palabra del credo, y tan buen palmo de pescuezo tengo yo para el cabestro como el señor licenciado. Siga el carro por el pedregal, y venga lo que viniere. Cruz y cuadro. He dicho.

Y se puso a canturrear esta tonadilla:

> Bien haya la niña,
> pues la van a ver
> dos paternidades
> y un vuesa merced.

Y con esto terminó la Junta, deshaciéndose todos, menos el capitán Diego Tinoco, en protestas de adhesión a Gonzalo y juramento de morir en la demanda. Al oírlos, Carbajal murmuraba entre dientes:

—Si como adoban guisan, bien andamos; pero ya saldremos con que se espantó la muerta de la degollada. Más puños y menos palabras quisiera yo.

Hallábanse los comensales a mitad de comida cuando un paje se aproximó a Gonzalo, hablóle al oído y le entregó una carta. Pizarro la pasó a Carbajal, diciéndole muy quedo:

—Lea vuesa merced y haga justicia, que en esta mesa hay un Judas.

Carbajal se impuso del papel, quedóse pensativo, y luego, como quien ha tomado una resolución, se levantó, tocó ligeramente en la espalda al capitán Tinoco y le dijo:

—Sígame vuesa merced, pues tengo que hablarle cuatro razones al alma.

Levantóse el convidado, salió con Carbajal, y ambos se entraron en uno de los aposentos de palacio.

Las libaciones menudeaban y el banquete crecía en animación. Todos brindaban por las glorias futuras de Gonzalo Pizarro, su caudillo, su amigo.

Y casi todos los que brindaban iban muy pronto a ser desleales con el amigo, traidores con el caudillo.

Si Shakespeare hubiera oído aquellos brindis, habría repetido, indignado, su famoso apóstrofe: *words! words! words!*

Un cuarto de hora después regresaba Carbajal al comedor trayendo una gran fuente cubierta, la que colocó en el centro de la mesa, diciendo:

—A sazón llegan los postres. Destape vuesa merced.

Martín de Robles levantó la tapa de la fuente, y todos, menos Gonzalo, lanzaron un grito de horror.

Allí estaba sangrienta, casi palpitante, la cabeza del capitán Diego Tinoco.

LOS PASQUINES DEL BACHILLER

PAJALARGA

TRADICIÓN

*sobre el origen de la fiesta y feria de Guadalupe,
en la provincia de Pacasmayo.*

I

Francisco Pérez Lezcano y Gerónimo Benel, extremeños ambos, vinieron juntos al Perú muy poco después de la captura de Atahualpa; pero a buena sazón para tomar parte en los últimos sucesos que afianzaron el dominio de los conquistadores.

Nuestros dos aventureros eran, como se dice, compañeros de cama y rancho, viviendo tan unidos como los dedos de los pies. En buena o en mala fortuna, todo era común entre ellos, así las penas como las alegrías; y en los combates era siempre seguro encontrarlos siendo el uno sombra del otro.

En esos tiempos de rebeldía constante y de encontradas ambiciones, nuestros dos soldados tuvieron la buena suerte de no separarse por un momento del bando realista, ni aun en los días en que el muy magnífico don Gonzalo parecía haber eclipsado el poder del monarca español. Eran un par de conservadores de tuerca y tornillo, nada novedosos y sí mucho amantes del *statu-quo*. Su credo político se reducía a estas frases: quien manda, manda; para el que no tiene capa, tan bueno el rey como el papa; viva la gallina y viva con su pepita, que, reformas en el mundo, hágalas Dios que lo creó y no los hombres pecadores.

Y cuando, años más tarde, el popular Francisco Girón levantó en el Cuzco la misma bandera que en Castilla alzaran los comuneros contra Carlos V, nuestros dos extremeños se pusieron del lado de la Audiencia y del arzobispo Loayza, escandalizados de la audacia de aquel caudillo y diciendo: —¡vaya unos tiempos revueltos!, hasta los gatos quieren zapatos.

Las máximas de los dos amigos no eran las más a propósito para alcanzar grandes medros, en esos días de tan calamitoso desbarajuste social y en que los hombres entendidos en la política principiaban por traidores para, después de sacar jugo a la rebeldía, terminar por leales vasallos del rey. Esto era comer a dos carrillos, como monja boba.

No obstante, pacificado el país, el virrey marqués de Cañete tuvo en cuenta la lealtad y servicios de ambos capitanes; y nombró a Benel corregidor de Trujillo, y a Lezcano le dio terrenos y jurisdicción en Chérrepe, amén de otras mercedes con que para ellos fue pródigo su excelencia. Así halláronse, los que vinieron como dos pelaires, ricos y ennoblecidos.

Pero entonces, el demonio se propuso hacer en ellos cierto lo de que las amistades son bienes muebles y los odios bienes raíces o censos de males con réditos de venganzas. Aquella fraternal intimidad, entre Lazcano y Benel, se cambió de repente en desazón y rencor mutuo.

¿Qué apostamos, piensa el lector, a que hay faldas de por medio? ¡Cabalito! ¿Quién es ella?

Los dos amigos se enamoraron, de tope a quila, de doña Luisa de Mendoza, muchacha que por los años de 1555 no tenía mal jeme y era golosina capaz de abrir el apetito a cualquier varón en ejercicio de su varonía.

Benel era hosco de faz y de carácter apergaminado. Lezcano era el reverso de la medalla, buen mozo y festivo.

Yo pregunto a todas las hijas de Eva, que no sean unas pandorgas, si puestas en el caso de escoger como doña Luisa entre los dos aspirantes, no habrían hecho un feo al corregidor y dado, a cierra-ojos, la mano y lo que se sigue al capitán don Francisco Pérez Lezcano.

Desde que se celebró la boda, se olvidó para siempre entre nuestros extremeños lo de: *amigo viejo, tocino y vino añejo.*

Benel, que probablemente era partidario del sistema homeopático, devoró en silencio las calabazas; y por aquello de *similia similibus curantur* o de que un clavo saca otro clavo, buscó prójima que bien lo quisiera, que *nunca faltó un roto para un descosido, ni olla hay tan fea que no encuentre su cobertera.*

No queriendo Lezcano que doña Luisa se muriese de fastidio en su solariega residencia de Chérrepe, dejó la hacienda al cuidado del administrador, y pasó con su joven esposa a establecerse en Trujillo donde, como hemos apuntado, funcionaba de autoridad el capitán don Gerónimo Benel, recién ascendido a maestre de campo.

II

En 1560 era Trujillo (ciudad que fundó Pizarro y de la que se proponía hacer una miniatura de Lima) un infierno abreviado, hervidero de chismes, calumnias y murmuraciones. No había dos familias en buen acuerdo, y es fama que señoras de calidad se dieron de chapinazos al salir de misa mayor.

Pero, francamente, que cuando ustedes sepan la causa de tal anarquía, hallarán disculpable el que la ciudad estuviese como el ajuar de la tiñosa, donde no había cosa con cosa. Era que el diablo andaba suelto y quitando honras a trochi-moche.

Una mañana había aparecido en la puerta de un personaje de muchas campanillas este cartel, en letras gordas como el puño:

Aquí comen en un plato
perro, pericote y gato.

Imagínense ustedes la que se armaría. El agraviado quiso comerse crudos a todos los trujillanos y juró y perjuró que haría y que tornaría, si pillaba por su cuenta al pícaro Zurriburri que tan aviesamente lo vilipendiaba.

A poco, en la casa de una aristocrática dama, se leía este refrancico:

> Vive aquí una viuda rica,
> La cual con un ojo llora
> Y con el otro repica.
> ¡Buena laya de señora!

Más tarde, en la puerta de un veinticuatro o regidor del ayuntamiento plantaron esta cantárida:

> Al cabildante Ortega,
> Que es más ruín que su zapato,
> Lo ha dejado de *alma-ciega*
> Un mentecato.
> El dará cuenta por junto
> En la otra vida al difunto;
> Aunque esta no es la primera
> Zorra que desuella Ortega.

El venerable párroco acostumbraba ir de tertulia todas las noches, en pos de la jícara de soconusco, a casa de una señora de muchos respetos. Pues el pasquinista no se anduvo con respetos y la endilgó esta pulla, que nada hay tan hacedero para la calumnia como de una pulga forjar un camello:

> Mula del cura
> Tiene herradura.

Otra mañana, léase en la morada de un caballero de fuste lo siguiente:

> Adivina, adivinaja,
> Quien puso el huevo en la paja.
> Adivina, adivino,
> Quién es padre y padrino.

Dos pasquines más ha hecho la tradición llegar hasta nosotros. El pueblo los repite con toda su crudeza; pero nos está vedado ponerlos íntegros en letras de molde. Como curiosidad tradicional bastará que apuntemos el principio de cada uno, que fácil será averiguar el resto al que en ello ponga empeño.

> Si es que no he errado la ruta
> Vive aquí doña Carmela
> que es tan grandísima...
> como su madre y su abuela.

> Viejo el santo rey David
> Caminaba con trabajo,

Y al pasar por esta casa
Dijo.................

—¿Qué dijo? —No sea usted curiosa, niña, que es vicio feo. Dijo...
lo que dijo y lo que a usted no le importa saber.
Por supuesto, que la autoridad no podía escaparse de su correspondiente sinapismo. *Eccolo:*

El corregidor Benel
es solapado bellaco:
desde los tiempos de Caco
no hay uñas como las de él.

III

Inútil fue que los agraviados estuviesen en movimiento continuo, como palillo de barquillero, concertando medidas y multiplicando espías para descubrir al maldito duende, que así se entretenía en difamar a personas de alto bordo. El corregidor se vio a la postre obligado a promulgar bando, prometiendo recompensar con mil medallas de las recién acuñadas al que denunciase al delincuente.

Pero antes de proseguir consignemos, por lo que pueda importar, un dato numismático. La primera moneda que se batió en Lima fue en 1557, con motivo de las fiestas con que el vecindario celebró la proclamación y jura de Felipe II. La inscripción, puesta en el anverso, decía: *Filipo y María, por la gracia de Dios, reyes de Inglaterra y de España.* En la cara opuesta se leía: —*Filipo, rey de las Españas.*

Entretanto, los pasquines no cesaban.

Por fin, un día presentáronse dos hombres ante la autoridad, denunciando a don Francisco Pérez Lezcano como reo de tamaña infamia. Dijeron que habían visto un encapado pegando carteles, que lo siguieron a la distancia, que lo vieron entrar a casa del capitán y que por la talla se les figuraba ser el mismo.

Entonces, a todos se les vino a las mientes que el extremeño no era ningún majagranzas, sino hombre de genio zumbón y que, en cierta época, había compuesto décimas y ovillejos en loor de no sé qué santo. No quedó, pues, a nadie átomo de duda sobre la persona del pasquinista, que fue a dar con su humanidad en la cárcel, donde le plantaron calcetines de Vizcaya y seis vecinos de los más ofendidos se brindaron a servirle de guardianes.

El juicio caminó a galope tendido y, antes de quince días, el preso fue declarado convicto de un crimen que el Fuero Juzgo y las Partidas penaban con severidad extrema. Quizá la antigua desavenencia con Benel influyó para que la justicia no marchase esta vez, como acostumbra esa señora, con pies de plomo.

Leyéronle a Lezcano la sentencia que lo condenaba a salir en bestia de albarda, con pregonero que publicase su delito, y a que le fuese cortada la cabeza en público cadalso, para ejemplo de asesinos de la honra ajena y justo desagravio social.

Hallábase en capilla nuestro infeliz capitán, habíanle ya cantado los credos y administrado los últimos auxilios espirituales, y todo estaba prevenido para que al día siguiente fuese a ver a Dios. No había para él esperanza de salvación, y en tan aflictivo trance invocó en su amparo a la Virgen de Guadalupe que se venera en Extremadura.

Principiaba la del alba, cuando gran tropel de pueblo precipitóse en cárcel dando vivas al capitán Lezcano. El vecindario, tan irritado antes contra él, se empeñó en convertir en paseo triunfal el que maravillosamente dejaba de ser trayecto para el patíbulo; y las mujeres, que se habían propuesto tirarle piedrecillas, regaron de flores su camino.

No necesitamos apuntar que el legítimo padre del carnero quedaba en chirona.

IV

Hacía dos o tres años que moraba en Trujillo un clerignillo o misacantano, hijo de Andalucía, gran farraguista, de índole traviesa, listo para cualquier gatada, jugador hasta perder los kiries de la letanía y que, en lo libertino, era de la misma piel del diablo. Había venido a América en busca de la madre gallega, es decir, de fortuna; pero ciertamente que no había caído en el mes del obispo o en propicia oportunidad.

Era el tal un tanto gorrino y mal traído, ojizaíno, quijarudo, desgarbado como manga de parroquia, patiestevado y langaruto. Conocíanlo generalmente con el nombre de *el bachiller Pajalarga*, apodo con que, aludiendo a su aspecto, lo habían bautizado las maritornes y granujas de la ciudad.

Era el bachiller Pajalarga de la misma estatura que Lezcano y ocupaba, precisamente en casa de éste, el cuarto de reja con puertecilla a la calle, accidentes o casualidades fatales que bastaron para que estuviese en un tumbo de dado la pelleja del honrado capitán.

El tunante andaluz, viendo que la existencia de los trujillanos era asaz monótona, se propuso amenizarla sembrando entre ellos la cizaña; y tal fue el origen de los consabidos carteles entre los que, si bien muchos serían calumnias de principio a fin, no faltarían otros con pespuntes de verdad. Y sobre todo, como dice el adagio: "el sartenazo, si no duele tizna".

Preso Lezcano habían cesado los anónimos, circunstancia que hasta cierto punto agravaba la posición de éste.

Desvelado encontrábase un marido, cavilando Dios sabe en qué, cuando sintió pasos que se detenían en su puerta. Levantóse de puntillas, corrió con gran cautela el cerrojo y púsose en acecho.

Un embozado estaba clavando con cuatro tachuelitas un cartelón en la pared y a tiempo que terminaba la faena, nuestro hombre, sin encomendarse a Dios ni a Santa María, se arrojó con viveza sobre el bulto y le echó encima los cinco mandamientos, gritando:

—¡Aquí del Rey!

Trabóse desesperada lucha, acudieron vecinos, sujetaron al galopo y, con su propio pañizuelo, lo ataron codo con codo. Pero, antes de conducirlo a la cárcel, asomó una vieja con un candilejo y todos pudieron leer este pasquín:

Para ti faltó el engrudo,
Indio cornudo,

Aunque engrudo pude hacer...
. . . . .¹

Pajalarga confesó que, por pura farfulla, se había entretenido en *mechificar* al prójimo. ¡Buen gusto de zamarro!

Como el bribón era de los que sabían cuántas púas tiene un peine, pretendió acogerse al fuero eclesiástico; pero el poder civil dijo que nones y que, pues se le había apresado en traje de seglar, de hecho había renunciado al prestigio de la hopalanda. Surgió de aquí una controversia, y se embrolló el pleito, y corrieron meses, y cuando vino el día de que el escribano fuese al calabozo del reo para leerle la sentencia de muerte, se encóntró con que el pájaro había remontado el vuelo.

Pajalarga llegó a Panamá; mas en la travesía del río Chagres cayó de la mula y... y... (¡concluya usted!) y... se lo comió un caimán.

No me crean ustedes bajo la fe de mi palabra ni digan que invento la manera de acabar con el protagonista de la historia. Así lo relata Calancha, quien añade esta pintoresca frase: *y fue la pena proporcionada a la culpa; pues vivió mordiendo y murió mordido.*

V

Pérez Lezcano se fue a España acompañado de su esposa; dio una fuerte limosna para la Virgen de Guadalupe, que se venera en Extremadura; y obtuvo de los padres jerónimos, encargados de su culto, que le permitiesen sacar, por un habilísimo tallador, una copia de la imagen.

En 1562 regresó al Perú y sin perder minuto erigió, en Pueblo-Nuevo o Chérrepe, una capilla consagrada a la Virgen, hasta que más tarde se trasladó la imagen a la villa en donde se celebra cada año, por diciembre, la tan famosa como lucida feria.

Dicen las crónicas que, a principios del siglo XVII, desembarcó en Chérrepe un español, que venía de Europa con el exclusivo objeto de visitar el santuario. Contaba el tal que, por ciertas fechorías, fue condenado a morir en la horca y que, lamentándose de su estrella con un compañero de prisión, éste le dijo con aire de sorna:

—Déjate de jeremiadas y encomiéndate a la Virgen de Guadalupe que tienen los peruleros.

El futuro racimo de horca tomó tan a pechos la recomendación que, cuando llegó el trance de que le rompieran la nuez, dio gran trajín al jinete de gaznates. Siete veces le puso la soga al cuello, siete veces lo balanceó en el vacío y otras tantas reventó la cuerda, no embargante que el verdugo cambiaba siempre de cáñamo.

Aburrido o maravillado el juez, y viendo que el asunto era de volver a empezar y no tener cuando acabar, le dijo:

¹ El erudito autor de la *Crónica agustina del Perú,* copia así este pasquín:

Para ti faltó el engrudo
Indio agudo,
Para ti faltó el engrudo.

El que nosotros publicamos, suprimiéndole el cuarto verso, es el que corre en boca del pueblo, y que por varias razones creemos sea el verdadero.

—Lárgate, hombre, que tienes más vidas que un gato y Dios te reserva con su más y su menos. El sabrá lo que hace.

Y, dándole un puntapié en las posaderas, lo dejó en libertad.

El muy guiñapo se embarcó como marinero en el primer navío que zarpaba de Cádiz para estas Indias e hizo la romería al milagroso santuario, colocado por su fundador Lezcano bajo el amparo de los religiosos agustinos.

Sobre este tema dejo mucho en el tintero; pero ya es tiempo de dar descanso a la péñola, repitiendo con el poeta:

> Y no cabe lo que callo.
> En todo lo que no digo.

LA CONSPIRACIÓN DE LA SAYA Y MANTO

I

Mucho me he chamuscado las pestañas al calor del lamparín, buscando en antiguos infolios el origen de aquel tan gracioso como original disfraz llamado *saya y manto*. Desgraciadamente, mis desvelos fueron tiempo perdido, y se halla en pie la curiosidad que aun me aqueja. Más fácil fue para Colón el descubrimiento de la América, que para mí el saber a punto fijo en qué año se estrenó la primera saya. Tengo que resignarme, pues, con que tal noticia quede perdida en la noche de los tiempos. Ni el trigo es mío ni es mía la cibera; conque así, muela el que quiera.

Lo que sí sé de buena tinta es que, por los años de 1561, el conde de Nieva, cuarto virrey del Perú y fundador de Chancay, dictó ciertas ordenanzas relativas a la capa de los varones y al manto de las muchachas, y que por su pecaminosa afición a las sayas, un marido intransigente le cortó un sayo tan ajustado, que lo envió a la sepultura.

Por supuesto que, para las limeñas de hoy, aquél traje, que fue exclusivo de Lima, no pasa de ser un adefesio. Lo mismo dirán las que vengan después por ciertas modas de París y por los postizos que ahora privan.

Nuestras abuelas, que eran más risueñas que las cosquillas, supieron hacer de la vida un carnaval constante. Las antiguas limeñas parecían fundidas en un mismo molde. Todas ellas eran de talle esbelto, brazo regordete y con hoyuelo, cintura de avispa, pie chiquirritico y ojos negros rasgados, habladores como un libro y que despedían más chispas que volcán en erupción. Y luego una mano, ¡qué mano, Santo Cristo de Puruchuco!

> Digo que no eran dedos
> los de esa mano,
> sino que eran claveles
> de a cinco en ramo.

Ítem, lucían protuberancias tan irresistibles y apetitosas, que, a cumplir todo lo que ellas prometían, tengo para mí que las huríes de Mahoma no servirían para descalzarles el zapato.

Ya estuviese en boga la saya de *canutillo*, la *encarrujada*, la de *vuelo*, la *pilítrica*, o la *filipense*, tan pronto como una hija de Eva se plantaba el disfraz, no la reconocía en la calle, no diré yo el marido más celoso, que achaque de marido es la cortedad de vista, pero ni el mismo padre que la engendró.

Con saya y manto una limeña se parecía a otra como dos gotas de rocío o como dos violetas, y déjome de frasear y pongo punto, que no sé hasta dónde me llevarían las comparaciones poéticas.

Y luego, que la pícara saya y manto tenía la oculta virtud de avivar el ingenio de las hembras, y ya habría para llenar un tomo con las travesuras y agudezas que de ellas se relatan.

Pero como si una saya decente no fuera de suyo bastante para dar quebradero de cabeza al mismísimo Satanás, de repente salió la moda de la *saya de tiritas,* disfraz usado por las bellas y aristocráticas limeñas para concurrir al paseo de la Alameda el jueves de la Asunción, el día de San Jerónimo y otros dos que no consignan mis apuntes. La Alameda ofrecía en ocasiones tales el aspecto de una reunión de rotosas y mendigas; pero así como el refrán reza que tras una mala capa se esconde un buen bebedor, así los galanes de esos tiempos, sabuesos de fino olfato, sabían que la saya de más tiritas y el manto más remendado encubría siempre una chica como un lucero.

No fue el malaventurado conde de Nieva el único gobernante que dictó ordenanzas contra las tapadas. Otros virreyes, entre ellos el conde de Chinchón, el marqués de Malagón, y el beato conde de Lemos, no desdeñaron imitarlo. De más está decir que las limeñas sostuvieron con bizarría el honor del pabellón, y que siempre fueron derrotados los virreyes; que para esto de legislar sobre cosas femeninas se requiere más *ñeque* que para asaltar una barricada. Es verdad también que nosotros, los del sexo feo, por debajito y a lo somorgujo dábamos ayuda y brazo fuerte a las limeñas, alentándolas para que hicieran papillotas y cucuruchos de papel en que se imprimían los calamitosos bandos.

II

Pero una vez estuvo la saya y manto en amargos *pinndigues*. Iba a morir de muerte violenta; como quien dice, de apoplejía fulminante.

Tales *rabudos* qirían los frailes, en el confesionario, y tan mayúsculos pretextos de pecadero darían sayas y mantos, que en uno de los Concilios limenses, presidido por Santo Toribio, se presentó la proposición de que toda hija de Eva que fuese al templo o a procesiones con el tentador disfraz incurriera *ipso facto* en excomunión mayor. *Anathema sit*, y... ¡fastidiarse, hijitas!

Aunque la cosa pasó en sesión secreta, precisamente esta circunstancia bastó para que se hiciera más pública que noticia esparcida con timbales y a voz de pregonero. Las limeñas supieron, pues, al instante, y con puntos y comas todos los incidentes de la sesión.

Lo principal fue que varios prelados habían echado furibundas catilinarias contra la saya y manto, cuya defensa tomó únicamente el obispo don Sebastián de Lartahun, que fue en ese Concilio lo que llaman los canonistas el *abogado del diablo*.

Es de fórmula encomendar a un teólogo que haga objeciones al Concilio hasta sobre puntos de dogma, o lo que es lo mismo, que defienda la causa del diablo, siéndole lícito recurrir a todo linaje de sofismas.

Con tal defensor, que andaba siempre de punta con el arzobispo y su Cabildo, la causa podía darse por perdida; pero, afortunadamente para las limeñas, la votación quedó para la asamblea inmediata.

¿Recuerdan ustedes el tiberio femenil que en nuestros republicanos tiempos se armó por la cuestión campanillas, y las escenas del Congreso siempre que se ha tratado de incrustar, como artículo constitucional, la tolerancia. de cultos? Pues esas zalargadas son hojarascas y buñuelo al lado del barullo que se armó en 1591.

Lo que nos prueba que, desde que Lima es Lima, mis lindas paisanas han sido aficionadillas al bochinche.

¡Y qué demonche! Lo rico es que siempre se han salido con la suya, y nos han puesto la ceniza en la frente a nosotros los muy bragazas.

Las limeñas de aquel siglo no sabían hacer patitas de mosca (¡que mucho, si no se les enseñaba a escribir por miedo de que se carteasen con el *percunchante!*) ni estampar su garabato en actas, como hogaño se estila. Nada de protestas, que protestar es abdicar, y de antiguo es que las protestas no sirven para maldita de Dios la cosa, ni aun para envolver ajonjolí. Pero sin necesidad de echar firmas, eran las picarillas lesnas para conspirar.

En veinticuatro horas se alborotó tanto el gallinero, que los varones, empezando por los formalotes oidores de la Real Audiencia y concluyendo por el último capigorrón, tuvieron que tomar cartas en el asunto. La anarquía doméstica amenazaba entronizarse. Las mujeres descuidaban el arreglo de la casa, el famulicio hacía gatadas, el puchero estaba soso, los chicos no encontraban madre que los envolviese y limpiara la moquita, los maridos iban con los calcetines rotos y la camisa más sucia que estropajo, y todo, en fin, andaba manga por hombro. El sexo débil no pensaba más que en conspirar.

Calculen ustedes si tendría bemoles la jarana, cuando a la cabeza del bochinche se puso nada menos que la bellísima doña Teresa, el ojito derecho, la mimada consorte del virrey don García de Mendoza.

Empeños van e influencias vienen, intrigas valen y conveniencias surgen, ello es que el prudente y sagaz Santo Toribio aplazó la cuestión, conviniendo en dejarla para el último de los asuntos señalados a las tareas del Concilio.

¡Cuando yo digo que las mujeres son capaces de sacar polvo debajo del agua y de contarle los pelos al diablo!

Cuestión aplazada, cuestión ganada —pensaron las limeñas—, y cantaron victoria, y el orden volvió al hogar.

A mí se me ocurre creer que las faldas se dieron desde ese momento a conspirar contra la existencia del Concilio; y no es tan antojadiza ni aventurada esta opinión mía, porque atando cabos y compulsando fechas, veo que algunos días después del aplazamiento los obispos de Quito y del Cuzco hallaron pretexto para un tole-tole de los diablos, y el Concilio se disolvió poco menos que a farolazos. Alguna vez había de salir con lucimiento el *abogado del diablo*.

¡No que nones!

Métanse ustedes con ellas, y verán dónde les da el agua.

III

Después de 1850, el afrancesamiento ha sido más eficaz que bandos de virreyes y ordenanzas de la Iglesia para enterrar la saya y manto. ¿Resucitará algún día? Demos por respuesta la callada o esta frase nada comprometedora:

—Puede que sí, puede que no.

Pero lo que no resucitará como Lázaro es la festiva cháchara, la espiritual agudeza, la sal criolla, en fin, de la *tapada* limeña.

LOS MOSQUITOS DE SANTA ROSA

Cruel enemigo es el zancudo o mosquito de trompetilla, cuando le viene en antojo revolotear en torno de nuestra almohada, haciendo imposible el sueño con su incansable musiquería. ¿Qué reposo para leer ni para escribir tendrá un cristiano, si en lo mejor de la lectura o cuando se halla absorbido por los conceptos que del cerebro traslada al papel, se siente interrumpido por el impertinente animalejo? No hay más que cerrar el libro o arrojar la pluma, y coger el plumerillo o abanico para ahuyentar al malcriado.

Creo que una nube de zancudos es capaz de acabar con la paciencia de un santo, aunque sea más cachazudo que Job, y hacerlo renegar como un poseído.

Por eso mi paisana Santa Rosa, tan valiente para mortificarse y soportar dolores físicos, halló que tormento superior a sus fuerzas morales era el de sufrir, sin refunfuño, las picadas y la orquesta de los alados musiquines.

Y ahí va, a guisa de tradición, lo que sobre tema tal refiere uno de los biógrafos de la santa limeña.

◆

Sabido es que en la casa en donde nació y murió la Rosa de Lima hubo un espacioso huerto, en el cual edificó la santa una ermita u oratorio destinado al recogimiento y penitencia. Los pequeños pantanos que las aguas de regadío forman, son criaderos de miriadas de mosquitos, y como la santa no podía pedir a su Divino Esposo que, en obsequios de ella, alterase las leyes de la Naturaleza, optó por parlamentar con los mosquitos. Así decía:

—Cuando me vine a habitar esta ermita, hicimos pleito homenaje los mosquitos y yo: yo, de que no los molestaría, y ellos de que no me picarían ni harían ruido.

Y el pacto se cumplió por ambas partes, como no se cumplen... ni los pactos politiqueros.

Aun cuando penetraban por la puerta y ventanilla de la ermita, los bullangueritos y lanceteros guardaban compostura hasta que, con el alba, al levantarse la santa, les decía:

—¡Ea, amiguitos, id a alabar a Dios!

Y empezaba un concierto de trompetillas, que sólo terminaba cuando Rosa les decía:

—Ya está bien, amiguitos: ahora vayan a buscar su alimento.

Y los obedientes sucsorios se esparcían por el huerto.

Ya al anochecer, los convocaba, diciéndoles:

40

—Bueno será, amiguitos, alabar conmigo al Señor que los ha sustentado hoy.

Y repetíase el matinal concierto, hasta que la bienaventurada decía:

—A recogerse, amigos, formalitos y sin hacer bulla.

Eso se llama buena educación, y no la que da mi mujer a nuestros nenes, que se le insubordinan y forman algazara cuando los manda a la cama.

No obstante, parece que alguna vez se olvidó la santa de dar orden de buen comportamiento a sus súbditos; porque habiendo ido a visitarla en la ermita una beata llamada Catalina, los mosquitos se cebaron en ella. La Catalina, que no aguantaba pulgas, dio una manotada y aplastó un mosquito.

—¿Qué haces, hermana? —dijo la santa. —¿Mis compañeros me matas de esa manera?

—Enemigos mortales que no compañeros, dijera yo —replicó la beata—. ¡Mira éste como se había cebado en mi sangre, y lo gordo que se había puesto!

—Déjalos vivir, hermana, no me mates ninguno de estos pobrecitos, que te ofrezco no volverán a picarte, sino que tendrán contigo la misma paz y amistad que conmigo tienen.

Y ello fue que, en lo sucesivo, no hubo zancudo que se le atreviera a Catalina.

También la santa en una ocasión supo valerse de sus amiguitos para castigar los remilgos de Frasquita Montoya, beata de la Orden Tercera, que se resistía a acercarse a la ermita, por miedo de que la pica en los jejenes...

—Pues tres te han de picar ahora —le dijo Rosa—, uno en nombre del Padre, otro en nombre del Hijo y otro en nombre del Espíritu Santo.

Y simultáneamente sintió la Montoya en el rostro el aguijón de tres mosquitos.

Y comprobando el dominio que tenía Rosa sobre los bichos y animales domésticos, refiere el cronista Meléndez que la madre de nuestra santa criaba con mucho mimo un gallito que, por lo extraño y hermoso de la pluma, era la delicia de la casa. Enfermó el animal y postróse de manera que la dueña dijo:

—Si no mejora, habrá que matarlo para comerlo guisado.

Entonces Rosa cogió el ave enferma, y acariciándola, dijo:

—Pollito mío, canta deprisa; pues si no cantas, te guisa.

Y el pollito sacudió las alas, encrespó la pluma, y muy regocijado soltó un

¡Quiquiriquí!
(¡Qué buen escape el que di!)
¡Quiquiricuando!
(Ya voy, que me están peinando.)

EL ALACRÁN DE FRAY GÓMEZ

(A Casimiro Prieto Valdés.)

Principio principiando;
principiar quiero
por ver si principiando
principiar puedo.

"In diebus illis", digo, cuando yo era muchacho, oía con frecuencia
a las viejas exclamar, ponderando el mérito y precio de una alhaja:
—¡Esto vale tanto como el alacrán de fray Gómez!
Tengo una chica, remate de lo bueno, flor de la gracia y espumita
de la sal, con unos ojos más pícaros y trapisondistas que un par de
escribanos:

chica que se parece
al lucero del alba
cuando amanece,

al cual pimpollo he bautizado, en mi paternal chochera, con el mote de
alacrancito de fray Gómez. Y explicar el dicho de las viejas y el sentido del piropo con que agasajo a mi Angélica, es lo que me propongo,
amigo y camarada Prieto, con esta tradición.
El sastre paga deudas con puntadas, y yo no tengo otra manera
de satisfacer la literaria que con usted he contraído que dedicándole
estos cuatro palotes.

I

Éste era un lego contemporáneo de don Juan de la Pipirindica, el
de la valiente pica, y de San Francisco Solano; el cual lego desempeñaba en Lima, en el convento de los padres seráficos, las funciones
de refitolero en la enfermería u hospital de los devotos frailes. El
pueblo lo llamaba fray Gómez, y fray Gómez lo llaman las crónicas
conventuales, y la tradición lo conoce por fray Gómez. Creo que hasta
en el expediente que para su beatificación y canonización existe en
Roma no se le da otro nombre.
Fray Gómez hizo en mi tierra milagros a mantas, sin darse cuenta
de ellos y como quien no quiere la cosa. Era de suyo milagrero, como
aquel que hablaba en prosa sin sospecharlo.
Sucedió que un día iba el lego por el puente, cuando un caballo
desbocado arrojó sobre las losas al jinete. El infeliz quedó patitieso,

42

con la cabeza hecha una criba y arrojando sangre por boca y narices.
—¡Se descalabró, se descalabró! —gritaba la gente— ¡Que vayan a San Lázaro por el santo óleo!
Y todo era bullicio y alharaca.

Fray Gómez acercóse pausadamente al que yacía en tierra, púsole sobre la boca el cordón de su hábito, echóle tres bendiciones, y sin más médico ni más botica el descalabrado se levantó tan fresco, como si el golpe no hubiera recibido.

—¡Milagro, milagro! ¡Viva fray Gómez! —exclamaron los infinitos espectadores.

Y en su entusiasmo intentaron llevar en triunfo al lego. Éste, para sustraerse a la popular ovación, echó a correr camino de su convento y se encerró en su celda.

La crónica franciscana cuenta esto último de manera distinta. Dice que fray Gómez, para escapar de sus aplaudidores, se elevó en los aires y voló desde el puente hasta la torre de su convento. Yo no lo niego ni lo afirmo. Puede que sí y puede que no. Tratándose de maravillas, no gasto tinta en defenderlas ni en refutarlas.

Aquel día estaba fray Gómez en vena de hacer milagros, pues cuando salió de su celda se encaminó a la enfermería, donde encontró a San Francisco Solano acostado sobre una tarima, víctima de una furiosa jaqueca. Pulsólo el lego y le dijo:

—Su paternidad está muy débil, y haría bien en tomar algún alimento.

—Hermano —contestó el santo—, no tengo apetito.

—Haga un esfuerzo, reverendo padre, y pase siquiera un bocado.

Y tanto insistió el refitolero, que el enfermo, por librarse de exigencias que picaban ya en majadería, ideó pedirle lo que hasta para el virrey habría sido imposible conseguir, por no ser la estación propicia para satisfacer el antojo.

—Pues mire, hermanito, sólo comería con gusto un par de pejerreyes.

Fray Gómez metió la mano derecha dentro de la manga izquierda, y sacó un par de pejerreyes tan fresquitos que parecían acabados de salir del mar.

—Aquí los tiene su paternidad, y que en salud se le conviertan. Voy a guisarlos.

Y ello es que con los benditos pejerreyes quedó San Francisco curado como por ensalmo.

Me parece que estos dos milagritos de que incidentalmente me he ocupado no son paja picada. Dejo en mi tintero otros muchos de nuestro lego, porque no me he propuesto relatar su vida y milagros.

Sin embargo, apuntaré, para satisfacer curiosidades exigentes, que sobre la puerta de la primera celda del pequeño claustro, que hasta hoy sirve de enfermería, hay un lienzo pintado al óleo representando estos dos milagros, con la siguiente inscripción:

"El Venerable Fray Gómez.—Nació en Extremadura en 1560. Vistió el hábito en Chuquisaca en 1580. Vino a Lima en 1587.—Enfermero fue cuarenta años, ejercitando todas las virtudes, dotado de favores y dones celestiales. Fue su vida un continuado milagro. Falleció en 2 de mayo de 1631 con fama de santidad. En el año siguiente se colocó el cadáver en la capilla de Aránzuzu, y el 13 de octubre de 1810 se pasó debajo del altar mayor, a la bóveda donde son sepultados los

padres del convento. Presenció la traslación de los restos el señor don
Bartolomé María de las Heras. Se restauró este venerable retrato en
30 de noviembre de 1882, por M. Zamudio."

II

Estaba una mañana fray Gómez en su celda entregado a la meditación, cuando dieron a la puerta unos discretos golpecitos, y una voz
de quejumbroso timbre dijo:

—"Deo gratias. . ." ¡Alabado sea el Señor!

—Por siempre jamás, amén. Entre, hermanito —contestó fray
Gómez.

Y penetró en la humildísima celda un individuo algo desarrapado,
vera efigie del hombre a quien acongojan pobrezas, pero en cuyo rostro
se dejaba adivinar la proverbial honradez del castellano viejo.

Todo el mobiliario de la celda se componía de cuatro sillones de
vaqueta, una mesa mugrienta, y una tarima sin colchón, sábana ni
abrigo, y con una piedra por cabezal o almohada.

—Tome asiento, hermano, y dígame sin rodeos lo que por acá le
trae —dijo fray Gómez.

—Es el caso, padre, que yo soy hombre de bien a carta cabal. . .

—Se le conoce y que persevere deseo, que así merecerá en esta
vida terrena la paz y la conciencia, y en la otra la bienaventuranza.

—Y es el caso que soy buhonero, que vivo cargado de familia y
que mi comercio no cunde por falta de medios, que no por holgaza-
nería y escasez de industria en mí.

—Me alegro, hermano, que a quien honradamente trabaja, Dios
le acude.

—Pero es el caso, padre, que hasta ahora Dios se me hace el sordo,
y en acorrerme tarda. . .

—No desespere, hermano, no desespere.

—Pues es el caso que a muchas puertas he llegado en demanda
de habilitación por quinientos duros, y todas las he encontrado con
cerrojo y cerrojillo. Y es el caso que anoche, en mis cavilaciones, yo
mismo me dije a mí mismo: —¡Ea!, Jeromo, buen ánimo y vete a
pedirle el dinero a fray Gómez, que si él lo quiere, mendicante y pobre
como es, medio encontrará para sacarte del apuro. Y es el caso que
aquí estoy porque he venido, y a su paternidad le pido y ruego que
me preste esa puchuela por seis meses, seguro que no será por mí
por quien se diga:

En el mundo hay devotos
    de ciertos santos:
la gratitud les dura
    lo que el milagro;
que un beneficio
da siempre vida a ingratos
    desconocidos.

—¿Cómo ha podido imaginarse, hijo, que en esta triste celda encontraría ese caudal?

—Es el caso, padre, que no acertaría a responderle; pero tengo fe en que no me dejará ir desconsolado.

—La fe lo salvará, hermano. Espere un momento.

Y paseando los ojos por las desnudas y blanqueadas paredes de la celda, vio un alacrán que caminaba tranquilamente sobre el marco de la ventana. Fray Gómez arrancó una página de un libro viejo, dirigióse a la ventana, cogió con delicadeza a la sabandija, la envolvió en el papel, y tornándose hacia el castellano viejo le dijo:

—Tome, buen hombre, y empeñe esta alhajita; no olvide, sí, devolvérmela dentro de seis meses.

El buhonero se deshizo en frases de agradecimiento; se despidió de fray Gómez y más que de prisa se encaminó a la tienda de un usurero.

La joya era espléndida, verdadera alhaja de reina morisca, por decir lo menos. Era un prendedor figurando un alacrán. El cuerpo lo formaba una magnífica esmeralda engarzada sobre oro, y a la cabeza un grueso brillante con dos rubíes por ojos.

El usurero, que era hombre conocedor, vio la alhaja con codicia, y ofreció al necesitado adelantarle dos mil duros por ella; pero nuestro español se empeñó en no aceptar otro préstamo que el de quinientos duros por seis meses, y con un interés judaico, se entiende. Extendiéronse y firmáronse los documentos o papeletas de estilo, acariciando el agiotista la esperanza de que a la postre el dueño de la prenda acudiría por más dinero, que con el recargo de intereses lo convertiría en propietario de joya tan valiosa por su mérito intrínseco y artístico.

Y con este capitalito fuele tan prósperamente en su comercio, que a la terminación del plazo pudo desempeñar la prenda, y, envuelta en el mismo papel en que la recibiera, se la devolvió a fray Gómez.

Éste tomó el alacrán, lo puso sobre el alféizar de la ventana, le echó una bendición y dijo:

—Animalito de Dios, sigue tu camino.

Y el alacrán echó a andar libremente por las paredes de la celda.

Y vieja, pelleja,
aquí dio fin la conseja.

APUNTES

PARA LA CRÓNICA TAUROMÁQUICA DE LIMA
[DESDE EL SIGLO XVI]

Grande fue siempre la afición del pueblo limeño a las funciones tauromáquicas y ha presenciado corridas de aquellas que, como generalmente se dice, forman época. Viejos ha conocido el que estos apuntes acopia, que no sabían hablar sino de los toros que, en la Plaza Mayor, se lidiaron para las fiestas reales con que el vecindario solemnizó el advenimiento de Carlos IV al trono español o la entrada al mando de los virreyes O'Higgins, Avilés, Abascal y Pezuela, que lo que fue Laserna no disfrutó de tal agasajo, pues las cosas políticas andaban a la sazón más que turbias.

Desde los días del marqués Pizarro, diestrísimo picador, y muy aficionado a la caza, hubo en Lima gusto por las lidias; pero la escasez de ganado las hacía imposibles.

La primera corrida que presenciaron los limeños fue en 1540, lunes 29 de marzo, segundo día de Pascua de Resurrección, celebrando la consagración de óleos hecha por el obispo fray Vicente Valverde. La función fue en la Plaza Mayor; principió a la una de la tarde, y se lidiaron tres toretes de la ganadería de Maranga. Don Francisco Pizarro, a caballo, mató al segundo toro o rejonazos.

*　*

En las fiestas reales, las lidias se hacían con el ceremonial siguiente:

Por la mañana, tenía lugar lo que se llamaba *encierro* del ganado y soltaban a la plaza cuatro o tres toretes, con las astas recortadas. El pueblo se solazaba con ellos y no pocos aficionados salían contusos. Esta diversión duraba hasta las diez; y el pueblo se retiraba, augurando por los incidentes del *encierro,* el mérito del ganado que iba a lidiarse.

A las dos de la tarde, salía de Palacio el virrey con gran comitiva de notables, todos en soberbios caballos lujosamente enjaezados. Mientras recorrían la Plaza, las damas desde los balcones y azoteas arrojaban flores sobre ellos; y el pueblo, que ocupaba andamios en el atrio de la Catedral y portales, vitoreaba frenéticamente

El arzobispo y su cabildo, así como las órdenes religiosas, concurrían a la función.

Un cuarto de hora después, el virrey ocupaba asiento, bajo dosel, en la galería de Palacio y arrojaba a la plaza la llave del toril, gritando ¡viva el rey! Recogíala un caballero, a quien anticipadamente se había conferido tal honor, eligiéndolo entre los muchos aspirantes, y a media rienda se dirigía a la esquina de Judíos, donde estaba situado el toril, cuya puerta fingía abrir con la dorada llave.

*

* *

Sólo bajo el gobierno de los Pizarros y de los virreyes Blasco Núñez de Vela, conde de Nieva, y segundo marqués de Cañete, se vio en Lima romper cañas a los caballeros, divididos en dos bandos.

Después de ellos, fue cuando se introdujeron en la corrida cuadrillas de parlampanes, papa-huevos, cofradías de africanos y *payas*.

No es exacto, como un escritor contemporáneo lo dice, que en la corrida que se dio el 3 de noviembre de 1760, para celebrar la exaltación de Carlos III, fue cuando se empezó a dar nombre a cada toro e imprimir listines.

En 1701, fue cuando, por primera vez, se imprimieron cuartillas de papel con los nombres de los toros y de las ganaderías o haciendas. En esta época, las corridas, que no entraban en la categoría de fiestas reales se efectuaban en la plaza de Otero.

Como una curiosidad histórica, quiero consignar aquí el listín.

RAZÓN INDIVIDUAL DE LOS TOROS QUE, EN DOS TARDES, SE HAN DE LIDIAR EN ESTA PLAZA MAYOR, EN OBSEQUIO A LA AUGUSTA PROCLAMACIÓN DE SU MAJESTAD DON FELIPE V NUESTRO SEÑOR.

Encierro.—Primera mañana

El *Rompe ponchos,* azaharito, de Oquendo.
El *Zoquete,* rabón, colorado, de Bujama.
Gallareta, overo, de Huando.

Segunda mañana

El *Flor de cuenta,* capirote, de Palpa.
El *Diafanito,* hosco, de Larán.
El *Pichŏn,* blanco, de Gómez.
El *Lagartija,* gateado, de Hilarión.
El *Floripondio,* barroso, de Chincha.
El *Deseado,* alazán tostado, del Naranjal.
El *Chivillo,* prieto, de Corral Redondo.
El *Leche migada,* capirote, de Vilcahuaura.
El *Partero aparejado,* blanco y prieto, de Retes.
El *Come gente,* overo pintado, de Quipoco.

Primera tarde

El *Patuleco,* barriga blanca, de Casa-blanca.
El *Cara sucia,* gateado, de Pasamayo.
El *Potroso,* lúcumo, de Contador.

Tarde Segunda

El *Rasca moños,* blanco, de Lurinchincha.
El *Pucho a la oreja,* frazado, de Chancaillo.
El *Saca candela,* frontizo, de Esquivel.

El *Gato*, gateado, del Pacallar.
El *Anteojito*, brocado, de Mala.
El *Corre bailado*, culimosqueado, de Sayán.
El *Longaniza*, prieto desparramado, de Chuquitanta.
El *Diablito* cojo, pintado, de Hervay.
El *Sacristán*, ají seco, de Limatambo.
El *Invencible*, retinto, de Bujama.

Parece que para estas corridas el Cabildo comprometió a cada hacendado de los valles inmediatos a Lima para que obsequiase un toro, y natural es suponer que el espíritu de competencia los obligaba a enviar lo mejor de su ganadería.

En los libros en que corren consignadas las descripciones de fiestas reales, se encuentran abundantes pormenores sobre las corridas. En mi opinión, el libro de Terralla titulado *El Sol en el Medio día*, escrito en 1790 para las fiestas reales de Carlos IV, trae la más curiosa de las pinturas que hasta entonces se hubieran escrito sobre corridas de toros.

*   *

En 1768 don Agustín Hipólito Landáburu, terminó, como empresario, la fábrica de una plaza para las lidias de toros, en los terrenos denominados de Hacho (apellido del primitivo dueño) y que, andando los años, perdieron una letra convirtiéndose en Acho.

En la construcción de la plaza, empleó tres años e invirtió cerca de cien mil pesos, debiendo después de llenadas ciertas cláusulas del contrato, las que especifica Fuentes en su *Estadística de Lima*, pasar el edificio a ser propiedad de la Beneficencia, que desde 1827 lo administra.

La plaza de Acho ocupa más espacio que el mejor circo de España, y puede admitir cómodamente 10,000 espectadores...

Al principio se acordó licencia sólo para diez corridas al año, concesión que lentamente fue adquiriendo elasticidad...

Hasta 1845 las corridas se efectuaban los lunes. En la época colonial se creía profanar el domingo con tal espectáculo: de modo que, con el pretexto de los toros, disfrutaba el pueblo de dos días seguidos de huelga.

Aunque se estableció el Circo de Acho, no por eso dejaban de lidiarse toros en la Plaza Mayor, en las fiestas reales y recepción de virreyes.

*   *

En 1780 empezaron a aparecer los listines con una octava o un par de décimas. La cuadrilla, en ese año, la formaban, como matadores, Manuel Romero, el jerezano, y Antonio López de Medina-Sidonia; José Padilla, Faustino Estacio, José Román y Prudencio Rosales, como picadores de vara larga y como capeadores y banderilleros José Lagos, Toribio Mújica, Alejo Pacheco y Bernardino Landáburu. Había además dos cacheteros, dos garrocheros y doce parlampanes.

Los parlampanes eran unos pobres diablos que se presentaban vestidos de mojiganga. Uno de ellos llamábase *doña María*, otro *el Monigote*, y los restantes tenían nombres que no recordamos.

Había también seis indios llamados *mojarreros,* que salían al circo siempre beodos, y que armados de rejoncillos o moharras punzaban al toro hasta matarlo.

Los garrocheros eran los encargados de azuzar al toro arrojando, desde alguna distancia, jaras o flechas que iban a clavarse en los costados del animal.

La bárbara suerte de la *lanzada* consistía en colocarse un hombre, frente a Itoril, con una gruesa lanza que apoyaba en una tabla. El bicho se precipitaba ciego sobre la lanza y caía traspasado; pero casos hubo, pues para esta suerte se elegía el toro más bravo y limpio, en que el animal, burlándose de la lanza, acometió al hombre indefenso y le dio muerte.

*
* *

Fue en 1782 cuando empezó a ponerse en boga la galana suerte de capear a caballo, desconocida entonces aun en España, y en la que fue tan eximio el marqués de Valle-Umbroso don Pedro Zavala, autor de un libro que se publicó en Madrid, por los años de 1831, con el título —*Escuela de caballería, conforme a la práctica observada en Lima.*

Así en las corridas dadas en la Plaza Mayor, en diciembre de 1796, para festejar el recibimiento del virrey O'Higgins y para contribuir al gasto de construcción de torres para la Catedral de Lima, encontramos, como capeadores de a caballo, a los peruanos Camilo Seguín, Bernardino Leiva, Toribio Flores, Mariano Portales, Antonio el Chirisuyero, José Morel y Apolinario Monteblanco.

Los matadores y banderilleros españoles de esa época eran Alonso Jurado, Miguel Utrilla, Juan Venegas, Norberto Encalada y José Lagos (a) *Barreta.*

*
* *

Los mejores capeadores de a caballo, que han entrado al redondel de Lima, fueron Casimiro Cajapaico, Juana Breña (mulata) y Estevan Arredondo.

En elogio de Casimiro Cajapaico, dice el señor marqués de Valle-Umbroso en su ya citado libro: *"Era muy jinete y el mejor enfrentador que he conocido: siempre que lo veía a caballo me daban ganas de levantarle estatua."* Después de esto de la estatua no hay más que añadir: apaga y vámonos.

*
* *

El 22 de abril de 1792 se dio en Acho una corrida a beneficio de las benditas ánimas del Purgatorio. No lo tomen ustedes a risa, que allí está el listín.

Cogido por un toro el banderillero español José Alvarez fue a hacer compañía a las beneficiadas, que no tuvieron poder bastante para librarlo de las astas de un berrendo de Bujama.

*
* *

Alejo Quintín, a quien el pueblo conocía con el apodo de *Pollollo*, tenía setenta y cuatro años y usaba antiparras. Era picador de vara corta o rejoneador. En 1805 figura todavía en primera línea, como lo prueban estos versos de un listín de ese año:

> No falten los guapos;
> Pongan atención,
> Que esta vez Pollollo
> Vibrará el rejón.
> Mariquita mía,
> Vamos de mañana
> Que Quintín Pollollo
> Sale a la campaña.
> Pollollo no es viejo,
> Que es un jovencico
> A quien faltan muelas
> Y le sobra pico.

Murió en su oficio, a consecuencia de golpes que le dio un toro, en 1817.

*   *   *

La lucha de un oso con un toro no es, como se ha querido sostener, novedad de nuestros días. El 19 de febrero de 1817 se efectuó por primera vez este combate en el Circo de Acho, saliendo vencedor el oso.

*   *   *

Desde 1810 los listines de toros empiezan a traer larga tirada de versos, y los sucesos políticos de la Metrópoli dan alimento a la inspiración de nuestros vates. Las listas de esa época traen por encabezamiento: ¡*Viva Fernando VII!* y contienen versos contra Napoleón y los franceses. He aquí una muestra de ellos:

EL TORO MAESTRO

> Hoy, a toda fortuna preparado,
> Saldrás feroz al coso y ¡ojo alerta!
> Que al enemigo osado
> Acompaña cuadrilla muy experta.
> Antes de entrar medita reposado
> En que te invaden para muerte cierta,
> Y pues todos conspiran a engañarte,
> Mira en cada torero un Bonaparte.
> Confiado en su suerte
> Solicita el tirano darte muerte.
> El, presumido, astuto,
> Quiere de tu ignorancia sacar fruto
> Y, en creerle salvaje,
> Añade a la agresión mayor ultraje.

Dile: "¡Tirano ingrato!
¿Piensas lograr un triunfo tan barato?
¿Crees que el toro de España
No es capaz de buscarte en la campaña?
Ponte, ponte a mi frente,
Probarás si soy sabio y soy valiente.
De este modo, engañado
Y engañando, los toros has sacado
De las verdes dehesas
Donde el veneno entró de tus promesas.
No ya, pérfido, en vano
Te empeñas tanto contra el toro hispano
Que, venciendo a Morfeo,
Despierta para hacerte su trofeo.
Si has leído la historia
De Numancia y Sagunto, la memoria
Imprima en tu vil pecho
La opinión, la justicia y el derecho.
Con que a todo viviente
Natura lo conserva, y libremente
Lo conduce al empeño
De defender aquello de que es dueño.
Si político fueras,
Con el toro español no te metieras;
Pero infame, ambicioso,
Pudiendo ser amado y con reposo,
Recordando tu infancia,
Disfrutar el honor que te dio Francia,
Te metes a torero
Y saqueando rediles, bandolero,
Sangriento, abominable,
A los pueblos te tornas detestable.
Hasta hoy de Meroveo,
De Carlo Magno y grande Clodoveo,
Y de otros justos reyes,
Que dieron a la Galia santas leyes,
El tiempo majestuoso
Conserva la memoria y fin dichoso.
Pero tú, fementido,
Echando sus virtudes al olvido,
Profanas el sagrado
De aquellos reyes, tu mejor dechado,
Y al pueblo esclarecido
Que con gendarmes tienes oprimido,
La libertad amada,
Por tus bajas intrigas usurpada,
Hollará el despotismo;
Y llevándote de uno en otro abismo,
Cual un vil toricida,
Entre mis cuernos perderás la vida."

Dudamos que en la misma España se hubieran prodigado más dicterios
al invasor. Decididamente, en América pecamos por exagerados.

*

*   *

Hablemos de los renombrados toros de la Concordia.

Para poner dique o retardar siquiera la tormenta revolucionaria, el virrey Abascal organizó en Lima un regimiento, compuesto de lo más distinguido entre la juventud criolla y españoles acaudalados. Llamóse regimiento de la Concordia y tenía por coronel al virrey.

Anualmente desde 1812 hasta 1815, daba el regimiento una corrida, en la que los toros salían con enjalma cubierta de monedas de oro y plata. Criollos y peninsulares competían en esplendidez.

Entonces se vio que una compañía de soldados entrase al circo a hacer las evoluciones militares conocidas, sólo desde 1812, con el nombre de *despejo*.

Desde los primeros toros de la Concordia hubo cuadrilla española y cuadrilla peruana. En la española figuraban el picador Francisco Domínguez, el matador Esteban Corujo y los banderilleros, que más tarde fueron también de espada, José Cantoral y Vicente Tirado. En la cuadrilla del país, los más notables eran Casimiro Cajapaico, el famoso capeador, Juana Breña y José Morel; el puntillero José Beque, negro a quien sacaban de la cárcel para cada función, Lorenzo Pizi, un tal *Muchos-pañuelos* y el espada Pedro Villanueva. Sobre todos ellos dice cosas muy graciosas el poeta don Manuel Segura, en su comedia *El Sargento Canuto*.

A la cuadrilla española pertencía también el diestro banderillero Juan Franco quien, en 1818, murió en Acho, cogido por un toro mientras conversaba descuidado con su querida, que estaba en uno de los cuartos próximos a la barrera.

*

*   *

El picador Francisco Domínguez era una notabilidad como Cajapaico. Cuando San Martín estableció en Huaura su cuartel general, salió de Lima Domínguez con el compromiso de asesinarlo. Descubierto el plan y confesado el propósito por Domínguez, San Martín lo puso en libertad.

*

*   *

En la corrida que dio el regimiento de la Concordia, en 1812, se lidió un toro llamado el Misántropo, que debía once muertes. Encontrósele en el monte, sin hierro o marca de dueño, y acostumbraba salir al camino y embestir a los pasajeros. Consiguieron traerlo al encierro en medio de bueyes mansos. En la lidia hirió el caballo al picador Domínguez, mató al chulo Guillermo Casasola y estropeó al espada Cecilio Ramírez. En la suerte de capa, lució con él admirablemente Casimiro Cajapaico.

*

*   *

Las otras corridas de la Concordia no excedieron en lujo a la del año 12 ni ofrecen circunstancia particular. Pasemos a la última, que se dio en 10 de abril de 1815, empezando por copiar del listín estas fáciles seguidillas:

> Hoy ostenta la patria
> Toda su pompa,
> En los toros famosos
> De la Concordia;
> Pero se encarga
> Que ocurran tempranito...
> Sino se clavan.

> Cantoral y Corujo
> Llevan a empeño
> Hacer hoy con los toros
> Un escarmiento;
> Lo que no es chanza,
> Porque estos caballeros
> Son de palabra.

> Una vieja maldita
> Me ha asegurado
> Que en su tiempo los toros
> Eran muy bravos;
> Pero, al presente,
> Dice que hasta los hombres
> Son más pacientes.

La compañía de granaderos del regimiento de la Concordia, que fue la nombrada para el despejo, se embarrulló en una de las evoluciones. El capitán reconvino con aspereza a uno de los oficiales y la tropa se insubordinó. Agregan que hubo gritos subversivos de ¡viva la patria! El despejo concluyó, pues, como el rosario de la aurora.

Restablecido, con gran trabajo, el orden, principió la corrida. Algunos patriotas se habían introducido en el corral y, para deslucir la función, cegaron con ceniza a los dos primeros toros. Ello es que sobre todos estos incidentes se levantó sumario y aun se hicieron prisiones.

El cuarto toro llamábase el *Abatido Pumacagua*, aludiendo al desgraciado fin de este caudillo patriota. Recibiólo Juana Breña, montada en un diestro alazán y fumando un gran cigarro, y le sacó nueve suertes de capa, contradiciendo prácticamente la opinión del marqués de Valle-Umbroso que en su libro dice: *"Difícil es que las suertes pasen de siete; pues es raro el toro que las da y más raro el caballo que las resiste."* El entusiasmo del público fue tanto que no hubo quien no arrojase dinero a la valiente capeadora, a la que el virrey Abascal obsequió seis onzas de oro. Juana Breña recogió esa tarde tres mil pesos, según afirma un periódico de la época.

*
*   *

Desde 1816 a 1820, los hacendados de Cañete dieron muchas corridas en competencia con los de Chancay, sin que podamos saber a cuál de los dos valles cupo la gloria de exhibir mejor ganado.

Los listines de esta época no contienen sino injurias contra los patriotas, y en el circo se ponían figurones representando al *Porteño* (San Martín) y a *Cleucán* (Lord Cochrane) para que fuesen destrozados por los toros.

*
*   *

Ya en 1816, poetas de reputación, como los clérigos Larriva y Echegaray, no desdeñaron escribir en listines de toros, como lo han hecho en tiempos de la república Pardo, Segura, Juan Vicente Camacho y su hermano Simón y otros muchos distinguidos alumnos de las musas. Listines conocemos de indisputable mérito literario, salpicados de chiste y agudeza.

He aquí un listín escrito por el padre Mateo Chuecas, novicio entonces de la recolección franciscana, poeta popular cuyas producciones se han perdido.

Dicen que empalaga;
  Si yo escribo serio
Y si burlas, dicen
Que son muchachadas.
Si saco los vicios
A pública plaza,
No falta algún tonto
Que luego se agravia.
Si a necios autores
Zurro la badana,
Dicen que la envidia
Es sólo la causa.
Si tal vez critico
Obras chabacanas,
Que a qué fin me meto
En honduras tantas.
Si a uno que se precia
De nobleza rancia
Hago ver que es nueva,
De reciente data;
Y que no hay nobleza
Si virtudes faltan,
Dicen que es insulto,
Picardía, infamia.
Si a estadistas necios,
Que gritan y charlan
Como unas cotorras
Por fondas y plazas,
Digo que el dios Baco
Por sus bocas habla,
Un montón de injurias
Sobre mí descargan.
Si porque a un don Guindo
Que encumbrado se halla
Y a nadie conoce

Y a todos ultraja,
Digo que es un pobre
Hijo de un Juan Lanas,
Dicen que mi lengua
Debe ser cortada.
Si descubro a muchos
Que por sabios pasan,
Siendo propiamente
Zoquetes de marca,
Muy llenos de orgullo
Pero sin sustancia,
Luego me acribillan,
Me tunden, me majan.
Si de un maridillo
Celebro la gracia
Con que él mismo mete
La chispa en su casa,
Su paciencia aplaudo
Y su buena pasta,
Salen con que es burla,
Ignominia, audacia.
¿Pues qué más sería
Si yo publicara
Cosas que reservo
Por muy justa causa?
Así, pues, no quiero
Hablar más palabra;
No sea que alguno,
Que agraviado se halla,
Por despique envíe,
De su necia rabia,
A mí y a mis versos
Muy enhoramala.

La mayor parte de los listines que se imprimieron en los últimos
años de la dominación española llevaban esta introducción:

VIVA FERNANDO VII

El querer resistir a la ley justa,
Contra el brazo y poder del soberano,
Es empresa sin fruto, intento vano.

*

*   *

Pongo fin a estos apuntes que dedico a quien tenga voluntad, tiempo
y humor para utilizarlos, escribiendo una crónica completa de las lidias
tauromáquicas en Lima. Yo no he hecho más que hacinar datos para
que otro se encargue de ordenarlos y darles forma literaria.

EL SIGLO XVII

MOTÍN DE LIMEÑAS

Aquel día, que era el 10 de febrero de 1601, Lima estaba en ebullición. El siglo XVII, que apenas contaba cuarenta días de nacido, empezaba con berridos y retortijones de barriga. Tanta era la alarma y agitación de la capital del virreinato, que no parecía sino que se iba a armar la gorda y a proclamar la independencia, rompiendo el yugo de Castilla.

En las gradas de la por entonces catedral en fábrica y en el espacio en que más tarde se edificaron los portales, veíase un gentío compacto y que se arremolinaba, de rato en rato, como las olas de un mar embravecido.

En el patio de palacio hallábase la compañía de lanzas, escolta de su excelencia el virrey marqués de Salinas, con los caballos enjaezados; un tercio de infantería con mosquetes, y cuatro morteros servidos por soldados de artillería, con mecha azufrada o candelilla en mano. Decididamente, el gobierno no las tenía todas consigo.

Algunos frailes y cabildantes abríanse paso por entre los grupos, dirigiendo palabras tranquilizadoras a la muchedumbre, en las que las mujeres eran las que mayor clamoreo levantaban. ¡Y cosa rara!, azuzando a las hembras de medio pelo, veíanse varias damas de basquiña, con soplillo (abanico) de filigrana, chapín con virillas de perlas, y falda de gorgorán verde marino con ahuecados o faldellín de campana.

—¡Juicio, juicio y no vayan a precipitarse en la boca del lobo! —gritaba fray Antonio Pesquera, fraile que por lo rechoncho parecía un proyecto de apoplejía, comendador de la Merced; que en Lima, desde los tiempos de Pizarro, casi siempre anduvieron los mercedarios en esos trotes.

—Tengan un poquito de flema —decía en otro grupo don Damián Salazar, regidor de alcabalas—, que no todo ha de ser cata la gallina cruda, cátala cocida y menuda.

—No hay que afarolarse —peroraba más allá otro cabildante—, que todo se arreglará a pedir de boca, según acabo de oírselo decir al virrey. Esperemos, esperemos.

Oyendo lo cual, una mozuela con peineta de cornalina y aromas y jazmines en los cabellos rizos, murmuró:

"Muchos con la esperanza
viven alegres:
muchos son los borricos
que comen verde."

59

—La Real Audiencia —continuaba el comendador —se está ahora mismo ocupando del asunto, y tengo para mí que cuando la resolución demora, salvos somos.

—*Benedicamus Domine et benedictus sit Regem* —añadió en latín macarrónico el lego que acompañaba al padre Pesquera.

Las palabras del lego, por lo mismo que nadie las entendía, pesaron en la muchedumbre más que los dicursos del comendador y cabildantes. Los ánimos principiaron, pues, a aquietarse.

Ya es tiempo de que pongamos al lector al corriente de lo que motivaba el popular tumulto.

Era el caso que la víspera había echado anclas en El Callao una escuadra procedente de la Coruña y traído el *cajón de España,* como si dijéramos hoy las valijas de la mala real.

No porque la imprenta estuviera aún, relativamente con su desarrollo actual, en pañales, dejaban de llegarnos gacetas. A la sazón publicábase en Madrid un semanario titulado *El Aviso,* y que durante los reinados del tercero y cuarto Felipe, fue periódico con pespuntes de oficial, pero en el fondo una completa crónica callejera de la coronada villa del oso y el madroño.

Los *Avisos* recibidos aquel día traían entre diversas reales cédulas una pragmática promulgada por bando en todas las principales ciudades de España, en junio de 1600, pragmática que había bastado para alborotar aquí el gallinero. "Antes morir que obedecerla", dijeron a una las buenas mozas de mi tierra, recordando que se las habían tenido tiesas con Santo Toribio y su Concilio, cuando ambos intentaron legislar contra la saya y el manto.

Decía así la alarmadora pragmática:

"Manda el rey nuestro señor que ninguna mujer de cualquier estado y calidad que fuere pueda traer ni traiga guardainfante, por ser traje costoso y superfluo, feo y desproporcionado, lascivo y proporcionado a pecar, así a las que las llevan como a los hombres por causa de ellas, excepto las mujeres que públicamente son malas de su persona y ganan por ello. Y también se prohibe que ninguna mujer pueda traer jubones que llaman escotados, salvo las que de público ganen con su cuerpo. Y la que lo contrario hiciere, incurrirá en perdimiento del guardainfante y jubón y veinte mil maravedís de multa."

Precisamente no había entonces limeña que no usara faldellín con aro, lo que era una especie de guardainfante más exagerado que el de las españolas; y en materia de escotes, por mucho que los frailes sermonean contra ellos, mis paisanitas erre que erre.

Todavía prosigue la real pragmática:

"Y asimismo se prohibe que ninguna mujer que anduviese en zapatos, pueda usar ni traer verdugados, virillas claveteadas de piedras finas como esmeraldas y diamantes, ni otra invención ni cosa que haga ruido en las basquiñas, y que solamente pueda traer los dichos verdugados con chapines que no bajen de cinco dedos. Ítem, a las justicias negligentes en celar el cumplimiento de esta pragmática se les impone, entre otras, la pena de privación del oficio."

Y al demonche de las limeñas, que tenían (y tienen) su diablo en calzar remononamente, por aquello de que *por la patita bonita se calienta la marmita* (refrán de mi abuela), ¡venirles el rey con pragmáticas contra el zapatito de raso y la botina!... ¡Vaya un rey de baraja sucia!

¡A ver si hay hogaño padre o marido que se atreva a legislar en su casa contra el taquito a la Luis XV!

Con una rica media
y un buen zapato,
siempre harán las limeñas
pecar a un beato.

Afortunadamente, la Real Audiencia, después de discutirlo y alambicarlo mucho, acordó dejar la pragmática en la categoría de *hostia sin consagrar*. Es decir, que no se promulgó por bando en Lima, y que Felipe II encontró aceptables las observaciones que respetuosamente formularon los oidores, celosos de la tranquilidad de los hogares, quietud de la república y contentamiento de los vasallos y *vasallas*.

El día, que había empezado amenazando tempestad, terminó placenteramente y con general repique de campanas.

Por la noche hubo saraos aristocráticos, se quemaron voladores y se encendieron barriles de alquitrán, que eran las luminarias o iluminaciones de aquel atrasado siglo, en que habría sido despapuchado de febricitante soñar con la luz eléctrica.

LOS RATONES DE FRAY MARTÍN

Y comieron en un plato
perro, pericote y gato.

Con este pareado termina una relación de virtudes y milagros que en hoja impresa circuló en Lima, allá por los años de 1840, con motivo de celebrarse en nuestra culta y religiosa capital las solemnes fiestas de beatificación de fray Martín de Porres.

Nació este santo varón en Lima el 9 de diciembre de 1579, y fue hijo natural del español don Juan de Porres, caballero de Alcántara, en una esclava panameña. Muy niño Martincito, llevólo su padre a Guayaquil, donde en una escuela cuyo dómine hacía mucho uso de la cáscara de novillo, aprendió a leer y escribir. Dos o tres años más tarde, su padre regresó con él a Lima, y púsolo a aprender el socorrido oficio de barbero y sangrador, en la tienda de un rapista de la calle de Malambo.

Mal se avino Martín con la navaja y la lanceta, si bien salió diestro en su manejo, y optando por la carrera de santo, que en esos tiempos era una profesión como otra cualquiera, vistió a los veintiún años de edad el hábito de lego o donado en el convento de Santo Domingo, donde murió el 3 de noviembre de 1639 en olor de santidad.

Nuestro paisano Martín de Porres, en vida y después de muerto, hizo milagros por mayor. Hacía milagros con la facilidad con que otros hacen versos. Uno de sus biógrafos (no recuerdo si es el padre Manrique o el médico Valdés) dice que el prior de los dominicos tuvo que prohibirle que siguiera milagreando (dispénsenme el verbo). Y para probar cuán arraigado estaba en el siervo de Dios el espíritu de obediencia, refiere que en momentos de pasar fray Martín frente a un andamio, cayóse un albañil desde ocho o diez varas de altura, y que nuestro lego lo detuvo a medio camino gritando: —¡Espere un rato, hermanito! Y el albañil se mantuvo en el aire hasta que regresó fray Martín con la superior licencia.

Buenazo el milagro, ¿eh? Pues donde hay bueno hay mejor.

Ordenó el prior al portentoso donado que comprase, para consumo de la enfermería, un pan de azúcar. Quizá no le dio el dinero preciso para proveerse de la blanca y refinada, y presentósele fray Martín trayendo un pan de azúcar mascabada.

—¿No tiene ojos, hermano? —díjole el superior—. ¿No ha visto que por lo *prieta* más parece chancaca que azúcar?

—No se incomode su paternidad —contestó con cachaza el enfermero—. Con lavar ahora mismo el pan de azúcar se remedia todo.

Y sin dar tiempo a que el prior le arguyese, metió en el agua de la pila el pan de azúcar, sacándolo blanco y seco.

¡Ea!, no me hagan reír, que tengo partido un labio.

Creer o reventar. Pero conste que yo no le pongo al lector puñal al pecho para que crea. La libertad ha de ser libre, como dijo un periodista de mi tierra. Y aquí noto que, habiéndome propuesto sólo hablar de los ratines sujetos a la jurisdicción de fray Martín, el santo se me estaba yendo al cielo. Punto con el introito y al grano, digo, a los ratones.

*
*   *

Fray Martín de Porres tuvo especial predilección por los pericotes, incómodos huéspedes que nos vinieron casi junto con la Conquista, pues hasta el año de 1552 no fueron esos animalejos conocidos en el Perú. Llegaron de España en uno de los buques que, con cargamento de bacalao, envió a nuestro puerto un don Gutierre, obispo de Palencia. Nuestros indios bautizaron a los ratones con el nombre de *hucuchas*, esto es, salidos del mar.

En los tiempos barberiles de Martín, un pericote era todavía casi una curiosidad, pues, relativamente, la familia ratonesca empezaba a multiplicar. Quizá desde entonces encariñóse con los roedores, y viendo en ellos una obra del Señor, es de presumir que diría, estableciendo comparación entre su persona y la de esos chiquitines seres, lo que dijo un poeta:

<blockquote>
El mismo tiempo malgastó en mí Dios
que en hacer un ratón, o a lo más dos.
</blockquote>

Cuando ya nuestro lego desempeñaba en el convento las funciones de enfermero, los ratones campaban como moros sin señor en celdas, cocina y refectorio. Los gatos, que se conocieron en el Perú desde 1537 andaban escasos en la ciudad. Comprobada noticia histórica es la de que los primeros gatos fueron traídos por Montenegro, soldado español, quien vendió uno, en el Cuzco y en doscientos pesos, a don Diego de Almagro el Viejo.

Aburridos los frailes con la invasión de roedores, inventaron diversas trampas para cazarlos, lo que rarísima vez lograban. Fray Martín puso también en la enfermería una ratonera, y un ratonzuelo bisoño, atraído por el tufillo del queso, se dejó atrapar en ella. Libertólo el lego, y colocándolo en la palma de la mano, le dijo:

—Váyase, hermanito, y diga a sus compañeros que no sean molestos ni nocivos en las celdas; que se vayan a vivir en la huerta, y que yo cuidaré de llevarles alimento cada día.

El embajador cumplió con la embajada, y desde ese momento la ratoneril muchitanga abandonó el claustro y se trasladó a la huerta. Por supuesto que fray Martín los visitó todas las mañanas, llevando un cesto de desperdicios o provisiones y que los pericotes acudían como llamados con campanilla.

Mantenía en su celda nuestro buen lego un perro y un gato, y había logrado que ambos animales viviesen en fraternal concordia... Y tanto, que comían juntos en la misma escudilla o plato.

Mirábalos una tarde comer en sana paz, cuando de pronto el perro gruñó y encréspose el gato. Era que un ratón, atraído por el olorcillo, había osado asomar el hocico fuera de su agujero. Descubriólo fray Martín, y volviéndose hacia perro y gato, les dijo:

—Cálmense, criaturas del Señor, cálmense.

Acercóse en seguida al agujero del muro, y dijo:

—Vaya, hijos, denle siempre un lugarcito al convidado, que Dios da para los tres.

Y el ratón, sin hacerse rogar, aceptó el convite, y desde ese día, comió en amor y compañía con perro y gato.

Y... y... y... ¿Pajarito con cola? ¡Mamola!

EL ALCALDE DE PAUCARCOLLA

*De cómo el diablo, cansado de gobernar en los infiernos,
vino a ser alcalde en el Perú*

La tradición que voy a contar es muy conocida en Puno, donde nadie osará poner en duda la realidad del sucedido. Aún recuerdo haber oído algo sobre este tema en uno de los cronistas religiosos del Perú. Excúseseme que altere el nombre del personaje, porque, en puridad de verdad, he olvidado el verdadero. Por lo demás, mi relato difiere poco del popular.

Es preciso convenir en que lo que llaman civilización, luces y progresos del siglo, nos ha hecho un flaco servicio al suprimir el diablo. En los tiempos coloniales, en que su merced andaba corriendo cortes, gastando más prosopopeya que el cardenal Camarlengo, y departiendo familiarmente con la prole del padre Adán, apenas si se ofrecía cada cincuenta años un caso de suicidio o de amores incestuosos. Por respeto a los tizones y al plomo derretido, los pecadores se miraban y remiraban para cometer crímenes que hogaño son moneda corriente. Hoy el diablo no se mete, para bueno ni para malo, con los míseros mortales; ya el diablo pasó de moda, y ni en el púlpito lo zarandean los frailes; ya el diablo se murió, y lo enterramos.

Cuando yo vuelva, que de menos nos hizo Dios, a ser diputado a Congreso, tengo que presentar un nuevo proyecto de ley resucitando al diablo y poniéndolo en pleno ejercicio de sus antiguas funciones. Nos hace falta el diablo; que nos lo devuelvan. Cuando vivía el diablo y había infierno, menos vicios y picardías imperaban en mi tierra.

Protesto contra la supresión del enemigo malo, en nombre de la historia *pirotécnica* y de la literatura *fosforescente*. Eliminar al diablo es matar la tradición.

I

Paucarcolla es un pueblecito ribereño del Titicaca, que fue en el siglo XVII capital del corregimiento de Puno, y de cuya ciudad dista sólo tres leguas.

In diebus illis (creo que cuando Felipe III tenía la sartén por el mango) fue alcalde de Paucarcolla un tal don Ángel Malo..., y no hay que burlarse, porque éste es un nombre como otro cualquiera, y hasta aristocrático por más señas. ¿No tuvimos, ya en tiempo de la República un don Benigno Malo, estadista notable del Ecuador? ¿Y no hubo, en época del coloniaje, un don Melchor Malo, primer conde de Monterrico, que dio su nombre a la calle que aún hoy se llama Melchor Malo? Pues

5

entonces, ¿por qué el alcalde de Paucarcolla no había de llamarse don Ángel Malo? Quede zanjada la cuestión del nombre, y adelante con los faroles.

Cuentan que un día apareció se en Paucarcolla, y como vomitado por el Titicaca, un joven andaluz, embozado en una capa grana con fimbria de chinchilla.

No llegaban por entonces a una docena los españoles avecinados en el lugar, y así éstos como los indígenas acogieron con gusto al huésped que, amén de ser simpático de persona, rasgueaba la guitarra primorosamente y cantaba seguidillas con muchísimo salero. Instáronlo para que se quedara en Paucarcolla, y aceptando él el partido, diéronle terrenos, y echóse nuestro hombre a trabajar con tesón, siéndole en todo y por todo propicia la fortuna.

Cuando sus paisanos lo vieron hecho ya un potentado, empezaron las hablillas, hijas de la envidia, y no sabemos con qué fundamento decíase de nuestro andaluz que era moro converso y descendiente de una de las familias que, después de la toma de Granada por los Reyes Católicos, se refugiaron en las crestas de las Alpujarras.

Pero a él se le daba un rábano de que lo llamasen cristiano nuevo, y dejando que sus émulos esgrimiesen la lengua, cuidaba sólo de engordar la hucha y de captarse el afecto de los naturales.

Y diose tan buena maña, que, a los tres años de avecindado en Paucarcolla, fue por general aclamación nombrado alcalde del lugar.

Los paucarcollanos fueron muy dichosos bajo el gobierno de don Ángel Malo. Nunca la vara de la justicia anduvo menos torcida ni rayó más alto la moral pública. Con decir que abolió el monopolio de *lanas*, está todo dicho en elogio de la autoridad.

El alcalde no toleraba holgazanes, y obligaba a todo títere a ganarse el pan con el sudor de su frente, que, como reza el refrán, en esta tierra caduca, el que no trabaja no manduca. Prohibió jaranas y pasatiempos, y recordando que Dios no creó al hombre para que viviese solitario como el hongo, conminó a los solteros para que, *velis nolis*, tuviesen legítima costilla y se dejasen de merodear en propiedad ajena. Él decía:

> Nadie pele la pava,
> porque está visto
> que de pelar la pava
> nacen pavitos.

Lo curioso es que el alcalde de Paucarcolla era como el capitán Araña, que decía: —¡Embarca, embarca! —y él se quedaba en tierra de España.

Don Ángel Malo casaba gente que era una maravilla; pero él se quedaba soltero. Verdad es también que por motivo de faldas no dio nunca el más ligero escándalo, y que no se le conoció ningún arreglillo o trapicheo.

Más casto que su señoría, ni el santo aquel que dejó a su mujer, la reina Edita, muchacha de popa redonda y de cara como unas pascuas, morir en estado de doncellez.

Los paucarcollanos habían sido siempre un tanto retrecheros para ir, en los días de precepto, a la misa del cura o al sermón de cuaresma. El alcalde, que era de los que sostienen que no hay moralidad posible en pueblo que da al traste con las prácticas religiosas, plantábase el sombrero, cubríase con la capa grana, cogía la vara, echábase a recorrer el lugar a caza de remolones, y a garrotazos los conducía hasta la puerta de la iglesia.

Lo notable es que jamás se le vio pisar los umbrales del templo, ni persignarse, ni practicar actos de devoción. Desde entonces quedó en el Perú como refrán el decir por todo aquel que no practica lo que aconseja u ordena: —Alcalde de Paucarcolla, nada de real y todo bambolla.

Un día en que, cogido de la oreja, llevaba un indio a la parroquia, díjole éste en tono de reconvención:

—Pero si es cosa buena la iglesia, ¿cómo es que tú nunca oyes el sermón de *taita* cura?

La pregunta habría partido por el eje a cualquier prójimo que no hubiera tenido el *tupé* del señor alcalde.

—Cállate, mastuerzo —le contestó—, y no me vengas con filosofías ni dingolodangos que no son para zamacucos como tú. Mátenme cuerdos, y no me den vida necios. ¡Si ahora hasta los escarabajos empinan la cola! Haz lo que te mando y no lo que yo hago, que una cosa es ser tambor y otra ser tamborilero.

Sospecho que el alcalde de Paucarcolla habría sido un buen presidente constitucional. ¡Qué lástima que no se haya exhibido su candidatura en los días que corremos! Él sí que nos habría traído bienandanzas y sacado a esta patria y a los patriotas de atolladeros.

II

Años llevaba ya don Ángel Malo de alcalde de Paucarcolla cuando llegó al pueblo, en viaje de Tucumán para Lima, un fraile conductor de pliegos importantes para el provincial de su orden. Alojóse el reverendo en casa del alcalde, y hablando con éste sobre la urgencia que tenía de llegar pronto a la capital del virreinato, díjole don Ángel:

—Pues tome su paternidad mi mula, que es más ligera que el viento para tragarse leguas, y le respondo que en un abrir y cerrar de ojos, como quien dice, llegará al término de la jornada.

Aceptó el fraile la nueva cabalgadura, púsose en marcha, y, ¡prodigioso suceso!, veinte días después entraba en su convento de Lima.

Viaje tan rápido no podía haberse hecho sino por arte del diablo. A revientacaballos habíalo realizado en mes y medio un español en los tiempos de Pizarro.

Aquello era asunto de Inquisición, y para tranquilizar su conciencia fuese el fraile a un comisario del Santo Oficio y le contó el romance, haciéndole formal entrega de la mula. El hombre de la cruz verde principió por destinar la mula para que le tirase la calesa, y luego envió a Puno un familiar, provisto de cartas para el corregidor y otros cristianos rancios, a fin de que le prestasen ayuda y brazo fuerte para conducir a Lima al alcalde de Paucarcolla.

Paseábase éste una tarde a orillas del lago Titicaca cuando, después de haber apostado sus lebreles o alguaciles en varias encrucijadas, acercósele el familiar, y poniéndole la mano sobre la espalda, le dijo:

—¡Aquí de la Santa Inquisición! Dése preso vuesa merced.

No bien oyó el morisco mentar a la Inquisición, cuando recordando sin duda las atrocidades que ese tribunal perverso hiciera un día con sus antepasados, metióse en el lago y escondióse entre la espesa *totora* que crece a las márgenes del Titicaca. El familiar y su gente echáronse a perseguirle; pero, poco o nada conocedores del terreno, perdieron pronto la pista.

Lo probable es que don Ángel andaría fugitivo y de Ceca en Meca hasta llegar a Tucumán o Buenos Aires, o que se refugiaría en el Brasil o Paraguay, pues nadie volvió en Puno a tener noticias de él.

Ésta es mi creencia, que vale tanto como otra cualquiera. Por lo menos, así me parece.

Pero los paucarcollanos, que motivos tienen para saber lo positivo, afirman con juramento que fue el diablo en persona el individuo que con capa colorada salió del lago, para hacerse después nombrar alcalde, y que se hundió en el agua y con la propia capa cuando, descubierto el trampantojo, se vio en peligro de que la Inquisición le pusiera la ceniza en la frente.

Sin embargo, los paucarcollanos son gente honradísima y que sabe hacer justicia hasta al *enemigo malo*.

¡Cruz y Ave María Purísima por todo el cuerpo!

Desde los barrabasados tiempos del rey nuestro señor don Felipe III, hasta los archifelices de la *república práctica*, no ha tenido el Perú un gobernante mejor que el alcalde de Paucarcolla.

Esto no lo digo yo; pero te lo dirá, lector, hasta el diputado por Paucarcolla, si te viene en antojo preguntárselo.

FRANCISCANOS Y JESUITAS

CUENTO TRADICIONAL

(A Simón Martínez Izquierdo)

I

Dice la historia que dominicos, franciscanos y mercedarios anduvieron al morro, durante un cuarto de siglo, disputándose la antigüedad de fundación en el Perú.

Los dominicos sostenían que a ellos les correspondía tal honor, no sólo porque tal dijo fray Reginaldo Pedraza, que vino al Perú junto con fray Vicente Valverde, de siniestra recordación, sino porque el marqués Pizarro así lo reconoció, cuando fundara la cofradía de la Veracruz.

Los mercedarios argüían que habiendo sido el padre Antonio Bravo quien celebró en Lima la primera misa, claro era como el agua que ú ellos tocaba la antigüedad; y que si Pizarro no había querido reconocerlo así, su voto no pesaba en la balanza; pues cometió tamaña injusticia por vengarse de los hijos de Nolasco, que no pertenecieron a su parcialidad sino a la de Almagro el Viejo.

En cuanto a los franciscanos no hacían más que sonreír y, sin armar alboroto, enseñaban a los fieles una bula pontificia que les otorgaba la tan reñida antigüedad, atendiendo a que fray Marcos de Niza, sacerdote seráfico, se encontró en Cajamarca cuando la captura de Atahualpa y contribuyó a su conversión al cristianismo. Y pues lo dijo el Papa, que no puede engañarse ni engañarnos, punto en boca y san se acabó.

Al fin cansáronse dominicos, mercedarios y franciscanos de tan pueril quisquilla y, echando tierra sobre ella, se confabularon para impedir que otras religiones fundasen convento en Lima. Los primeros con quienes tuvieron que romper lanzas fueron los agustinos; pero ¡con buenos gallos se las habían! Los discípulos del santo Obispo de Hipona se ampararon de tales padrinos, y diéronse tan buenas trazas, y manejaron las cosas al pespunte y con tanta reserva, que *todo fue para ellos soplar y hacer limetas*. Los adversarios, no hallando por dónde hincarles diente, tuvieron que tragar saliva y resignarse.

En 1568, año en que hubo peste de langostas, nos cayeron como llovidos de las nubes los jesuítas, que apoyados por el virrey y por los agustinos y combatidos por la demás frailería, empezaron a levantar templo y *pian piano* se adueñaron de las conciencias y de grandes riquezas temporales.

La rivalidad entre dominicos y jesuítas era de antigua data en el orbe cristiano, y muchos libros se escribieron por ambas partes en pro y en contra de la manera como los dominicos definían la Concepción de María, declarada recientemente dogma de fe. La guerra de epigramas era también sostenida con habilidad, aunque en ella, si hemos de ser justos, alcanzaron ventaja los jesuítas. Los dominicos compusieron este epigramático juego de palabras:

Si cum jesuitis itis, nunquam cum Jesu itis: al que contestaron los hijos de San Francisco de Borja con este ingeniosísimo retruécano:

Si cum dominicanis canis, nunquam cum Domino canis.

Cuentan que el padre Esteban Dávila (que fue uno de los cinco enviados por San Francisco de Borja, tercer general de la Compañía, para fundar convento en Lima bajo la dirección del padre Ruiz de Portillo) tenía una de dimes y diretes con fray Diego Angulo, comendador de la Merced y sucesor del famoso fray Miguel Orenes en su tercer periodo de mando. El comendador Angulo tenía el cabello de un rubio azafranado, y fijándose en esta circunstancia, le dijo el jesuíta:

—*Rubicundus erat Judas.*

A lo que el mercedario contestó sin retardo:

—*Et de societate Jesu.*

Agudísima respuesta que dejó aliquebrado al padre Dávila.

En cuanto a la enemistad entre franciscanos y jesuitas en América, la causa era que ambas órdenes aspiraban al predominio en la reducción de infieles y establecimiento de misiones.

De repente se vio con sorpresa que ratón y gato comían en un plato; o lo que es lo mismo, que jesuítas y franciscanos se pusieron a partir de un confite, y que se visitaban, y había entre ellos comercio de finezas y cortesías, a la par que alianza ofensiva y defensiva contra las otras comunidades.

Mucho, muchísimo he rebuscado en cronistas y papeles viejos la causa de tan súbito cambio; y cuando ya desesperanzado de saberla hablé anoche sobre el particular con mi amigo don Adeodato de la Mentirola, aquel que de historia patria sabe cómo y dónde el diablo perdió el poncho, el buen señor soltó el trapo a reír diciéndome: —¡Hombre! ¡En qué poca agua se ahoga usted! Pues sobre el punto en cuestión, oiga lo que me contó mi abuela que Dios haya entre santos.

—¿Es cuento o sucedido histórico?

—Llámelo usted como quiera; pero ello ha de ser verdad, que mi abuela no supo inventar ni mentir, que no era la bendita señora de la pasta de que se hacen hogaño periodistas y ministros.

Armé un cigarrillo, repantiguéme en la butaca y fui todo oídos para no perder sílaba del relato que van ustedes a conocer.

II

Erase que se era, que en buena hora sea; el bien que se venga, a pesar de Menga; y si viene el mal, sea para la manceba del abad; frío y calentura para la moza del cura, y gota coral para el rufo tal por cual, como diz que dio comienzo Avellaneda o el mexicano Alarcón a un libro, que, valgan verdades, no he tenido coraje para leer, que allá por los años de 1605 existía a la entrada de un publecito, en la jurisdicción de Huamanga, una doña Pacomła, vieja que pasar podía por contemporánea de las cosquillas, la cual vieja ejercía los importantísimos y socorridos cargos de *tambera* (léase dueña de posada), bruja y (con perdón sea dicho) zurcidora de voluntades.

Hacíanla compañía sus hijas, cuatro mozas de regular ver y mediano palpar, hembras de equívoca honestidad, y tan entendidas como la que las llevó en el vientre en preparar filtros amorosos con grasa de culebra, sangre de chivo, sesos de lechuza, enjundia de sapo y zumo de cebollas estrujadas a la hora que la luna entra en conjunción. Para decirlo todo, sépase que las mozuelas eran para los mozalbetes del villorrio cuatro pilitas de agua bendita... envenenada.

Las tales pécoras pasaban sus ratos de ocio tan alegremente como era posible pasarlos en un lugarejo de la sierra, cantando *yavavíes* y bailando *cachua* al son de un pésimo rabel, tocado por un indio viejo, sacristán de la parroquia y compadre de doña Pacomia.

Hallábanse así entretenidas, a la caída de una tarde de verano, en la sala de la posada, cuando llegaron al corredor o patiecillo, caballeros en guapas mulas tucumanas, dos frailes y un lego franciscano, salidos de Lima con destino al convento del Cuzco.

La vieja, que en ese momento se ocupaba de clavetear con alfileres un muñequito de trapo dentro del cual había puesto, a guisa de alma, un trozo de rabo de lagartija, abandonó tan interesante faena y, después de guardar el maniquí bajo una olla de la cocina, salió presurosa a recibir a los huéspedes.

—Apéense sus reverencias que en esta su casa, aunque me esté mal decirlo, serán tratados como obispos.

—Dios le pague, hermanita, la caridad —contestó el lego.

Desmontaron los frailes, y las muchachas cesaron el jaleo, revelando en un mohín nada mono, el disgusto que las causaba verse interrumpidas en el jolgorio. Notólo el más caracterizado de los franciscanos, y las dijo —Prosigan, hijitas, sin *acholarse* por nosotros, que no a turbar tan honesta diversión somos venidos.

—Pues con permiso de su paternidad —contestó la más ladina de las hembras —siga la cuerda, *ño* Cotagaita.

Y las cuatro aprendizas de brujerías y malas artes continuaron *cachuando* con mucho desparpajo, mientras Pacomia atendía a los huéspedes con algunos *matecillos de gloriado* bien cargadito.

Como aderezado por la bruja, pronto empezó a hacerles efecto el *gloriadito*. Sus paternidades reverendas sintieron calorcillo en la sangre, los pies les bailaban solos y la cabeza se les alborotó por completo. Uno de ellos, no pudiendo resistir más al maligno tentador que con el licor se le metiera en el cuerpo, lanzóse entre las mozas y cogió pareja, diciendo:

—¡Ea, muchachas! También el santo rey David echaba una cana al aire, que en el danzar no hay pecado si la intención no es libidinosa.

El otro franciscano, por no ser menos que su compañero, se entusiasmó también y echóse a bailar gritando:

—¡Escobille, padre maestro, escobille como yo!

El lego, que voluntariamente se había dado de alta en la banda de música, tamborileaba sobre la puerta.

De pronto advirtió éste que tres jinetes se dirigían a la posada.

Reconociólos y dio aviso a sus superiores, que abandonaron en el acto las parejas y raspahilando se escondieron en otra habitación.

Los huéspedes eran tres padres de la compañía de Jesús que, como los franciscanos, iban también camino del Cuzco. A fuer de corteses, dijeron a las bailarinas que no eran venidos a aguar la fiesta y que podían continuar, mientras ellos en un rinconcito de la sala leían su breviario.

Ellas no eran sordas para hacerse repetir la autorización y siguió la *cachua,* sin que los padres alzasen ojo del libro.

Entre tanto, doña Pacomia hacía beber a los jesuítas del mismo brebaje que administrara a los franciscanos, y tan sabroso hubieron de encontrarlo que menudearon tragos hasta perder los estribos del juicio y tomar pareja. Y tanto y tanto se entusiasmaron los hijos de Loyola que, al poner fin a un *cachete,* exclamaron en coro:

—¡Viva Jesús! ¡Viva Jesús! ¡Viva Jesús!

Cuando los franciscanos oyeron grito tan subversivo, se les sulfuró la bilis y resolvieron echarlo todo a doce si volvía a repetirse.

Santo y bueno es vivar a Dios Hijo —se dijeron—. ¡Pero qué! ¿San Francisco es nadie? ¿No es también persona? Estos jesuítas son unos egoístas de marca, y es imposible que transija con ellos un buen franciscano que tenga sangre en el ojo.

Por desgracia, o por fortuna, bailóse otro *cachete,* y al repetir los jesuítas su acostumbrada exclamación de: —¡Viva Jesús! ¡Viva Jesús! ¡Viva Jesús!, agotóse la humildad y paciencia de los franciscanos que, abandonando el escondite, se lanzaron en mitad del corro gritando como poseídos. —¡Y el Seráfico también! ¡Y el Seráfico también!

*

*

Y aquí tiene usted, mi amigo, el cómo y el por qué jesuítas y franciscanos echaron pelillos al agua y se unieron como uña y dedo; pues cuando se desvaneció en sus cerebros el *gloriado* de la bruja, entraron en cuentas con la conciencia y sacaron en limpio que les convenía dejarse de rivalidades y ser grandes amigotes, única manera de impedir que alguna de las partes contrincantes soltase lengua, llegando así a imponerse el mundo de que, como humanos, habían tenido su cuartito de hora de fragilidad.

LA SANDALIA DE SANTO TOMAS

Si ustedes se echan a leer cronistas e historiadores brasileros, no podrán dejar de creer a pie juntillas que Santo Tomás recorrió la América del Sur, predicando el Evangelio. Tan auténticos son los datos y documentos en que se apoyan esos caballeros, que no hay flanco por donde meterles el diente.

En Ceara, en San Luis de Maranhao, en Pernambuco y en otras provincias del vecino imperio, existen variadas pruebas de la visita apostólica.

Al que esto escribe le enseñaron en Belén del Pará una piedra, tenida en suma veneración, sobre la cual se había parado el discípulo de Cristo. Si fue o no fue cierto, es averiguación en que no quiero meterme, que Dios no me creó para juez instructor de procesos.

Además, el asunto no es dogma de fe ni a nadie se le ha puesto dogal al cuello para que crea o reviente.

Los peruleros no podíamos quedarnos atrás en lo de la evangélica visita. ¡Pues no faltaba otra cosa sino que hallándose Santo Tomás de tertulia por la vecindad, nos hubiera hecho ascos o andado con melindres para venir a echar una cana al aire por esta su casa el Perú!

En Calango, a deciséis leguas de Lima y cerca de Mala, existe sobre una ladera una piedra blanca, y muy lisa y bruñida. Yo no la he visto; pero quien la vio y palpó me lo ha contado. Nótase en ella, y hundida como en blanda cera, la huella de un pie de catorce puntos y alrededor caracteres griegos y hebreos. El Padre Calancha dice, en su *Crónica agustina*, que en 1615 examinó él esta peña y que, diez años más tarde, el licenciado Duarte Fernández, recorriendo la diócesis por encargo del arzobispo don Gonzalo de Ocampo, mandó destruir los caracteres, porque los indios idólatras les daban significación diabólica. ¡Digo, que es lástima y grande!

Siendo tan corta la distancia de Calango a Lima y nada áspero el camino, no es aventurado asegurar que tuvimos un día de huésped y bebiendo agua del Rimac, uno de los doce queridos discípulos del Salvador. Y si esto no es para Lima un gran título de honor, como las recientes visitas del Duque de Génova y don Carlos de Borbón, que no valga.

—Pero, señor tradicionista ¿por dónde vino, desde Galilea hasta Lima, Santo Tomás? —Eso qué sé yo; vayan al cielo a preguntárselo a él. Sería por globo aerostático, a nado, o *pedibus andando*. Lo que yo afirmo, y conmigo escritores de copete, así sagrados como profanos, es que su merced estuvo por estos trigos y san se acabó, y no hay que gerundiarme el alma con preguntas impertinentes.

Pero todavía hay más chicha. Otros pueblos del Perú reclaman idéntica felicidad.

En Frías, departamento de Piura, hay una peña que conserva la huella de la planta del Apóstol. En Cajatambo se ve otra igual; y cuando Santo Toribio hizo su visita a Chachapoyas, concedió indulgencias a los que orasen delante de cierta piedra; pues su ilustrísima estaba convencido de que sobre ella había predicado el Evangelio tan esclarecido personaje.

A muchos marivilló lo gigantesco de la huella, que catorce puntos o pulgadas no son para pie de los pecadores hijos de Adán. Pero a esto responde sentenciosamente un cronista religioso que, para tan gran varón, aun son poco catorce puntos.

¡Varajolines! ¡Y qué pata!

Pero como hasta en Bolivia y el Tucumán dejó rastros el Apóstol, según lo comprueba un libro en que se habla muy largamente sobre la cruz de Carabuco, venerada como prenda que perteneció al santo viajero, los peruanos quisimos algo más; y cata que cuando el volcán de Omate o Huaina-Putina se le antojó, en 1601, hacer una de las suyas, encontraron los padres dominicos de un convento de Parinacochas, entre la ceniza o lava, nada menos que una sandalia de Santo Tomás.

No dicen las crónicas si fue la del pie derecho o la del izquierdo, olvido indisculpable en tan sesudos escritores.

La sandalia era de un tejido que jamás se usó entre indios ni españoles; lo que prueba que venía directamente del taller de Ashaverus o Juan-Espera-en-Dios (el Judío Errante), famoso zapatero de Jerusalén, como si dijéramos el Frasinetti de nuestros días.

El padre fray Alonso de Ovalle, superior del convento, la metió con mucha ceremonia en una caja de madera de rosa con broches de oro, y por lo años de 1603, poco más o menos, la trajo a Lima, donde fue recibida en procesión bajo el palio y con grandes fiestas a las que asistió el virrey marqués de Salinas.

Dicen eruditos autores de aquel siglo que la bendita sandalia hizo en Lima muchos, muchísimos milagros, y que fue tenida en gran devoción por los dominicos.

Calancha afirma que, satisfecha la curiosidad de los limeños, el padre Ovalle se volvió con la reliquia a Parinacochas; pero otros sostienen que la sandalia no salió de Lima.

La verdad quede en su lugar. Yo ni quito ni pongo, ni altero ni comento, ni niego ni concedo.

Apunto sencillamente la tradición, *poniendo el asunto en consejo para que unos digan blanco y otros bermejo.*

LOS DUENDES DEL CUZCO

Crónica que trata de cómo el virrey poeta entendía la justicia

Esta tradición no tiene otra fuente de autoridad que el relato del pueblo. Todos la conocen en el Cuzco tal como hoy la presento. Ningún cronista hace mención de ella, y sólo en un manuscrito de rápidas apuntaciones, que abarca desde la época del virrey marqués de Salinas hasta el del duque de la Palata, encuentro las siguientes líneas:

"En este tiempo del gobierno del príncipe de Squillace murió malamente en el Cuzco, a manos del diablo, el almirante de Castilla conocido por el descomulgado."

Como se ve, muy poca luz proporcionan estas líneas, y me afirman que en los *Anales del Cuzco*, que posee inéditos el señor obispo Ochoa, tampoco se avanza más, sino que el misterioso suceso está colocado en época diversa a la que yo le asigno.

Y he tenido en cuenta para preferir los tiempos de don Francisco de Borja y Aragón, no sólo la apuntación ya citada, sino la especialísima circunstancia de que, conocido el carácter del virrey poeta, son propias de él las espirituales palabras con que termina esta leyenda.

Hechas las salvedades anteriores, en descargo de mi conciencia de cronista, pongo punto redondo y entro en materia.

I

Don Francisco de Borja y Aragón, príncipe de Esquilache y conde de Mayalde, natural de Madrid y caballero de las Ordenes de Santiago y Montesa, contaba treinta y dos años cuando Felipe III, que lo estimaba en mucho, lo nombró virrey del Perú. Los cortesanos criticaron el nombramiento, porque don Francisco sólo se había ocupado hasta entonces en escribir versos, galanteos y desafíos. Pero Felipe III, a cuyo regio oído, y contra la costumbre, llegaron las murmuraciones, dijo: —En verdad que es el más joven de los virreyes que hasta hoy han ido a Indias; pero en Esquilache hay cabeza, y más que cabeza, brazo fuerte.

El monarca no se equivocó. El Perú estaba amagado por flotas filibusteras; y por muy buen gobernante que hiciese don Juan de Mendoza y Luna, marqués de Montesclaros, faltábale los bríos de la juventud. Jorge Spitberg, con una escuadra holandesa, después de talar las costas de Chile, se dirigió al Callao. La escuadra española le salió al encuentro el 22 de julio de 1615, y después de cinco horas de reñido y feroz combate frente a Cerro Azul o Cañete, se incendió la capitana, se fueron a pique varias naves, y los piratas, vencedores, pasaron a cuchillo los prisioneros.

El virrey marqués de Montesclaros se constituyó en el Callao para dirigir la resistencia, más por llenar el deber, que porque tuviese la esperanza de impedir, con los pocos y malos elementos de que disponía, el desembarque de los piratas y el consiguiente saqueo de Lima. En la ciudad de los Reyes dominaba un verdadero pánico; y las iglesias no sólo se hallaban invadidas por débiles mujeres, sino por hombres que, lejos de pensar en defender como bravos sus hogares, invocaban la protección divina contra los herejes holandeses. El anciano y corajudo virrey disponía escasamente de mil hombres en el Callao, y nótese que, según el censo de 1614, el número de habitantes de Lima ascendía a 25,454.

Pero Spitberg se conformó con disparar algunos cañonazos, que le fueron débilmente contestados, e hizo rumbo para Paita. Peralta en su *Lima fundada,* y el conde de la Granja en su poema de *Santa Rosa,* traen detalles sobre esos luctuosos días. El sentimiento cristiano atribuye la retirada de los piratas a milagro que realizó la Virgen limeña, que murió dos años después, el 24 de agosto de 1617.

Según unos, el 18, y según otros, el 23 de diciembre de 1615, entró en Lima el príncipe de Esquilache, habiendo salvado providencialmente, en la travesía de Panamá al Callao, de caer en manos de los piratas.

El recibimiento de este virrey fue suntuoso, y el Cabildo no se paró en gastos para darle esplendidez.

Su primera atención fue crear una escuadra y fortificar el puerto, lo que mantuvo a raya la audacia de los filibusteros hasta el gobierno de su sucesor, en que el holandés Jacobo L'Heremite acometió su formidable empresa pirática.

Descendiente del Papa Alejandro VI (Rodrigo Borgia) y de San Francisco de Borja, duque de Gandía, el príncipe de Esquilache, como años más tarde su sucesor y pariente el conde de Lemos, gobernó el Perú bajo la influencia de los jesuitas.

Calmada la zozobra que inspiraban los amagos filibusteros, don Francisco se contrajo al arreglo de la hacienda pública, dictó sabias ordenanzas para los minerales de Potosí y Huancavelica, y en 20 de diciembre de 1619 erigió el tribunal del Consulado de Comercio.

Hombre de letras, creó el famoso colegio del Príncipe, para educación de los hijos de caciques, y no permitió la representación de comedias ni autos sacramentales que no hubieran pasado antes por su censura. "Deber del que gobierna —decía— es ser solícito por que no se pervierta el gusto."

La censura que ejercía el príncipe de Esquilache era puramente literaria, y a fe que el juez no podía ser más autorizado. En la pléyade de poetas del siglo XVII, siglo que produjo a Cervantes, Calderón, Lope, Quevedo, Tirso de Molina, Alarcón y Moreto, el príncipe de Esquilache es uno de los más notables, si no por la grandeza de la idea, por la lozanía y corrección de la forma. Sus composiciones sueltas y su poema histórico *Nápoles recuperada,* bastan para darle lugar preeminente en el español Parnaso.

No es menos notable como prosador castizo y elegante. En uno de los volúmenes de la obra *Memorias de los virreyes* se encuentra la *Relación* de su época de mando, escrito que entregó a la Audiencia para que ésta lo pasase a su sucesor don Diego Fernández de Córdoba, marqués de Guadalcázar. La pureza de dicción y la claridad del pensamiento resaltan en este trabajo, digno, en verdad, de juicio menos sintético.

Para dar idea del culto que Esquilache rendía a las letras, nos será suficiente apuntar que, en Lima, estableció una academia o *club* literario, como hoy decimos, cuyas sesiones tenían lugar los sábados en una de las salas de palacio. Según un escritor amigo mío y que cultivó el ramo de crónicas, los asistentes no pasaban de doce, personajes los más caracterizados en el foro, la milicia o la Iglesia. "Allí asistía el profundo teólogo y humanista don Pedro de Yarpe Montenegro, coronel de ejército; don Baltasar de Lara y Rebolledo, oidor de la Real Audiencia; don Luis de la Puente, abogado insigne; fray Baldomero Illescas, religioso franciscano, gran conocedor de los clásicos griegos y latinos; don Baltasar Moreyra, poeta, y otros cuyos nombres no han podido atravesar los dos siglos y medio que nos separan de su época. El virrey los recibía con exquisita urbanidad; y los bollos, bizcochos de garapiña, chocolate y sorbetes distraían las conferencias literarias de sus convidados. Lástima que no se hubieran extendido actas de aquellas sesiones, que seguramente serían preferibles a las de nuestros Congresos."

Entre las agudezas del príncipe de Esquilache, cuentan que le dijo a un sujeto muy cerrado de mollera, que leía mucho y ningún fruto sacaba de la lectura: —Déjese de libros, amigo, y persuádase que el huevo mientras más cocido, más duro.

Esquilache, al regresar a España en 1622, fue muy considerado del nuevo monarca Felipe IV, y murió en 1658 en la coronada villa del oso y el madroño.

Las armas de la casa de Borja eran un toro de gules en campo de oro, bordura de sinople y ocho brezos de oro.

Presentado el virrey poeta, pasemos a la tradición popular.

II

Existe en la ciudad del Cuzco una soberbia casa conocida por la del *Almirante:* y parece que el tal almirante tuvo tanto de marino como alguno que yo me sé y que sólo ha visto el mar en pintura. La verdad es que el título era hereditario y pasaba de padres a hijos.

La casa era obra notabilísima. El acueducto y el tallado de los techos, en uno de los cuales se halla modelado el busto del almirante que la fabricó, llaman preferentemente la atención.

Que vivieron en el Cuzco cuatro almirantes lo comprueba el árbol genealógico que en 1861 presentó ante el Soberano Congreso del Perú el señor don Sixto Laza, para que se le declarase legítimo y único representante del Inca Huáscar, con derecho a una parte de las huaneras, al ducado de Medina de Rioseco, al marquesado de Oropesa y varias otras gollerías. ¡Carilla iba a costarnos el gusto de tener príncipe en casa! Pero conste, para cuando nos cansemos de la república, teórica o práctica, y proclamemos, por variar de plato, la monarquía, absoluta o constitucional que todo puede suceder, Dios mediante y el trotecito trajinero que llevamos.

Refiriéndose a ese árbol genealógico, el primer almirante fue don Manuel de Castilla, el segundo don Cristóbal de Castilla Espinosa y

Lugo, al cual sucedió su hijo don Gabriel de Castilla Vázquez de Vargas, siendo el cuarto y último don Juan de Castilla y González, cuya descendencia se pierde en la rama femenina.

Cuéntase de los Castilla, para comprobar lo ensoberbecidos que vivían de su alcurnia, que cuando rezaban el Avemaría usaban esta frase: *Santa María, Madre de Dios, parienta y señora nuestra, ruega por nos*.

Las armas de los Castilla eran: escudo tronchado; el primer cuartel en gules y castillo de oro aclarado de azur; el segundo en plata, con león rampante de gules y banda de sinople con dos dragantes también de sinople.

Aventurado sería determinar cuál de los cuatro es el héroe de la tradición, y en esta incertidumbre puede el lector aplicar el mochuelo a cualquiera, que de fijo no vendrá del otro barrio a querellarse de calumnia.

El tal almirante era hombre de más humos que una chimenea, muy pagado de sus pergaminos y más tieso que su almidonada gorguera. En el patio de la casa ostentábase una magnífica fuente de piedra, a la que el vecindario acudía para proveerse de agua, tomando al pie de la letra el refrán de que agua y candela a nadie se niegan.

Pero una mañana se levantó su señoría con un humor de todos los diablos y dio orden a sus fámulos para que moliesen a palos a cualquier bicho de la canalla que fuese osado a atravesar los umbrales en busca del elemento refrigerador.

Una de las primeras que sufrió el castigo fue una pobre vieja, lo que produjo algún escándalo en el pueblo.

Al otro día el hijo de ésta, que era un joven clérigo que servía la parroquia de San Jerónimo, a pocas leguas del Cuzco, llegó a la ciudad y se impuso del ultraje inferido a su anciana madre. Dirigióse inmediatamente a casa del almirante; y el hombre de los pergaminos lo llamó hijo de cabra y vela verde, y echó verbos y gerundios, sapos y culebras por esa aristocrática boca, terminando por darle una soberana paliza al sacerdote.

La excitación que causó el atentado fue inmensa. Las autoridades no se atrevían a declararse abiertamente contra el magnate, y dieron tiempo al tiempo, que a la postre todo lo calma. Pero la gente de iglesia y el pueblo declararon excomulgado al orgulloso almirante.

El insultado clérigo, pocas horas después de recibido el agravio, se dirigió a la Catedral y se puso de rodillas a orar ante la imagen de Cristo, obsequiada a la ciudad por Carlos V. Terminada su oración, dejó a los pies del Juez Supremo un memorial exponiendo su queja y demandando la justicia de Dios, persuadido que no había de lograrla de los hombres. Diz que volvió al templo al siguiente día, y recogió la querella proveída con un decreto marginal de *Como se pide; se hará justicia*. Y así pasaron tres meses, hasta que un día amaneció frente a la casa una horca, y pendiente de ella el cadáver del excomulgado, sin que nadie alcanzara a descubrir los autores del crimen, por mucho que las sospechas recayeron sobre el clérigo, quien supo, con numerosos testimonios, *probar la coartada*.

En el proceso que se siguió declararon dos mujeres de la vecindad que habían visto un grupo de hombres *cabezones y chiquirriticos*, vulgo duendes, preparando la horca; y que cuando ésta quedó alada, llamaron por tres veces a la puerta de la casa, la que se abrió al tercer aldabonazo. Poco después el almirante, vestido de gala salió en medio de los duentes, que sin más ceremonia lo suspendieron como un racimo.

Con tales declaraciones la justicia se quedó a oscuras, y no pudiendo proceder contra los duendes, pensó que era cuerdo el sobreseimiento.

Si el pueblo cree como artículo de fe que los duendes dieron fin del excomulgado almirante no es un cronista el que ha de meterse en atolladeros para convencerlo de lo contrario, por mucho que la gente descreída de aquel tiempo murmurara por lo bajo que todo lo acontecido era obra de los jesuítas, para acrecer la importancia y respeto debidos al estado sacerdotal.

III

El intendente y los alcaldes del Cuzco dieron cuenta de todo al virrey, quien después de oír leer el minucioso informe le dijo a su secretario:

—¡Pláceme el tema para un romance moruno! ¿Qué te parece de esto, mi buen Estúñiga?

—Que vuecelencia debe echar una mónita a esos sandios golillas que no han sabido hallar la pista de los fautores del crimen.

—Y entonces se pierde lo poético del sucedido —repuso el de Esquilache sonriéndose.

—Verdad, señor; pero se habrá hecho justicia.

El virrey se quedó algunos segundos pensativo; y luego, levantándose de su asiento, puso la mano sobre el hombro de su secretario:

—Amigo mío, lo hecho está bien hecho; y mejor andaría el mundo si, en casos dados, no fuesen leguleyos trapisondistas y demás cuervos de Temis, sino duendes, los que administrasen justicia. Y con esto, buenas noches y que Dios y santa María nos tengan en su santa guarda y nos libren de duendes y remordimientos.

DOS PALOMITAS SIN HIEL

(A Domingo Vivero)

I

Doña Catalina de Chaves era la viudita más apetitosa de Chuquisaca. Rubia como un caramela, con una boquita de guinda y unos ojos que más que ojos eran alguaciles que cautivaban al prójimo. Suma y sigue. Veintidós años muy frescos, y un fortunón en casas y haciendas de pan llevar.

Háganse ustedes cargo si con sumandos tales habría pocos aritméticos cristianamente encalabrinados en realizar la operación y en que nuestra viuda cambiase las tocas por las galas de novia.

Pero así como no hay cielo sin nubes, no hay belleza tan perfecta que no tenga su defectillo, y el de doña Catalina era tener dislocada una pierna, lo que al andar le daba el aire de goleta balanceada por mar boba.

Como diz que el amor es ciego, los aspirantes no desesperanzados afirmaban que aquella era una cojera graciosa y que constituía un hechizo más en dama que los tenía por almudes y para dar y prestar; a lo que, como la despechada zorra que no alcanzó al racimo, contestaban los galanes desahuciados:

> Si hasta la que no cojea,
> de vez en cuando falsea
> y pega unos tropezones...
> concertadme esas razones.

A pesar de todo, era mi señora doña Catalina una de las reinas de la moda; y no digo la reina, porque habitaba también en la ciudad doña Francisca Marmolejo, esposa de don Pedro de Andrade, caballero del hábito de Santiago y de la casa y familia de los condes de Lemos.

Doña Francisca, aunque menos joven que doña Catalina y de opuesto tipo, pues era morena como Cristo nuestro bien, era igualmente hermosa y vestía con idéntica elegancia, porque a ambas las traían trajes y adornos, no desde París, pero sí desde Lima, que era por entonces el cogollito del buen gusto.

Hija de un minero de Potosí, llevó al matrimonio una dote de medio millón de pesos ensayados, sin que faltara por eso quien tildara de roñoso al suegro, comparándolo con otros que, según el cronista Martínez Vela, daban dos o tres millonejos a cada muchacha al casarlas con hidalgos sin blanca, pero provistos de pergaminos; que la gran aspiración de mineros era, comprar para sus hijas maridos titulados y del riñón de Asturias y Galicia, que eran los de nobleza más y mejor cuartelada.

El diablo, que en todo mete la cola, hizo que doña Francisca tuviera aviso de que su dichoso marido era uno de los infinitos que hacían la corte a la viuda, y el comején de los celos empezó a labrar en su corazón como polilla en pergamino. En guarda de la verdad y a fuer de honrado tradicionista, debo también consignar que doña Catalina encontraba en el de Andrade olor, no a palillo, que es perfume de solteros, sino a papel quemado, y maldito el caso que hacía de sus requiebros.

Al principio la rivalidad entre las dos señoras no pasó de competir en lujo; pero constantes chismecillos de villorrio llegaron a producir completa ruptura de hostilidades. En el estrado de doña Francisca se desollaba viva a la *Catuja,* y en el salón de doña Catalina trataban a la *Pancha* como a parche de tambor.

En esta condición de ánimos las encontró el Jueves Santo de 1616.

El monumento del templo de San Francisco estaba adornado con mucho primor, y allí se había congregado toda la primera sociedad de Chuquisaca. Por supuesto, que en el paso de la cena y en el del prendimiento figuraban el rubio Judas, con un ají en la boca, y los sayones de renegrido rostro.

Apoyadas en la balaustrada que servía de barra al monumento, encontráronse a las tres de la tarde nuestras dos heroínas. Empezaron por medirse de arriba abajo y esgrimir los ojos como si fuesen puñales buídos. Luego, a guisa de guerrillas, cambiaron toses y sonrisas despreciativas, y adelantando la escaramuza se pusieron a cuchichear con sus dueñas.

Doña Francisca se resolvió a comprometer batalla en toda la línea, y simulando hablar con su dueña, dijo en voz alta:

—No pueden negar las *catiris* (rubias) que descienden de Judas, y por eso son tan *traicioneras.*

Doña Catalina no quiso dejar sin respuesta el cañonazo, y contestó:

—Ni las *cholas* que penden de los sayones judíos, y por eso tienen la cara tan ahumada como el alma.

—Calle la coja zaramullo, que ninguna señora se rebaja a hablar con ella —replicó doña Francisca.

¡Zapateta! ¿Coja dijiste? ¡Téngame Dios de su mano! La nerviosa viudita dejó caer la mantilla, y uñas en ristre se lanzó sobre su rival. Esta resistió con serenidad la furiosa embestida, y abrazándose con doña Catalina, la hizo perder el equilibrio y besar el suelo. En seguida se descalzó el diminuto chapín, levantó las enaguas de la caída poniendo a expectación pública los promontorios occidentales, y la plantó tres soberbios zapatazos, diciéndola:

—Toma, *cochina,* para que aprendas a respetar a quien es más *persona* que tú.

Todo aquello pasó, como se dice, en un abrir y cerrar de ojos, con gran escándalo y gritería de la multitud reunida en el templo. Arremolináronse las mujeres y hubo más cacareo que en corral de gallinas. Las amigas de las contendientes lograron con mil esfuerzos separarlas y llevarse a doña Catalina.

No hubo lágrimas ni soponcios, sino injuria y más injuria, lo que me prueba que las hembras de Chuquisaca tienen bien puestos los menudillos.

Mientras tanto, los varones acudían a informarse del suceso, y en el atrio de la iglesia se dividieron en grupos. Los partidarios de la rubia estaban en mayoría.

Doña Francisca, temiendo de éstos un ultraje, no se atrevía a salir de la iglesia, hasta que, a las ocho de la noche, vino su marido con el corregidor don Rafael Ortiz de Sotomayor, caballero de la Orden de Malta, y una jauría de ministriles para escoltarla hasta su casa.

Aproximábanse a la Plaza Mayor, cuando el choque de espadas y la algazara de una pendencia entre los amigos de la rubia y los de la morena pusieron al corregidor en el compromiso de ir con sus corchetes a meter paz, abandonando la custodia de la dama.

Los curiosos corrían en dirección a la plaza, y apenas podía caminar doña Francisca apoyada en el brazo de su marido.

En este barullópolis un indio pasó a todo correr, y al enfilar con la señora levantó el brazo armado de una navaja e hízola en la cara un chirlo como una Z, cortándola mejilla, nariz y barba.

Entre la obscuridad, tropel y confusión se volvió humo el infame corta-rostro.

II

Como era natural, la justicia se echó a buscar al delincuente, que fue como buscar un ochavo en un arenal, y el alcalde del crimen se presentó el lunes de Pascua en casa de doña Catalina, presunta instigadora del crimen.

Después de muchos rodeos y de pedirla excusa por la misión que traía y a la que sólo sus deberes de juez lo compelieran, la preguntó si sabía quienes eran los que en la noche del Jueves Santo habían acuchillado a doña Francisca Marmolejo.

—Sí lo sé, señor alcalde, y también lo sabe su señoría —contestó la viuda sin inmutarse.

—¿Cómo que yo lo sé? ¿Es decir, que yo soy cómplice del delito? —interrumpió amostazado el alcalde don Valentín Trucíos.

—No digo tanto, señor mío —repuso sonriendo doña Catalina.

—Pues concluyamos: ¿quién ha herido a esa señora?

—Una navaja manejada por un brazo.

—¡Eso lo sabía yo! —murmuró el juez.

—Pues eso es también lo que yo sé.

La justicia no pudo avanzar más. Sobre doña Catalina no recaían sino presunciones, y no era posible condenarla sin pruebas claras.

Sin embargo, las dos rivales siguieron pleito mientras les duró la vida; y aun creo que algo quedó por espulgar en el proceso para sus hijos y nietos.

Esto no lo dice don Joaquín María Ferrer, capitán del regimiento Concordia de Lima y más tarde ministro de Relaciones exteriores en España, bajo la regencia de Espartero, que es quien en un curioso libro que publicó en 1828, garantiza la verdad de esta tradición; pero es una sospecha mía, y muy fundada, teniendo en cuenta que muchos litigan más por el fuero que por el huevo.

Entretanto, doña Catalina decía a sus amigos y comadres de la vecindad que con las faldas tapaba los cardenales de los zapatazos, si es que con paños de agua alcanforada no se habían borrado; pero que doña Francisca no tendría nunca cómo esconder el costurón que le afeaba el rostro.

De todo lo dicho resulta que las dos señoras de Chuquisaca fueron... un par de palomitas sin hiel.

UNA AVENTURA DEL VIRREY POETA

I

El bando de los *vicuñas,* llamado así por el sombrero que usaban sus afiliados, llevaba la peor parte en la guerra civil de Potosí. Los vascongados dominaban por el momento, porque el corregidor de la imperial villa, don Rafael Ortiz de Sotomayor, les era completamente adicto.

Los vascongados se habían adueñado de Potosí, pues ejercían los principales cargos públicos. De los veinticuatro regidores del Cabildo, la mitad eran vascongados, y aun los dos alcaldes ordinarios pertenecían a esa nacionalidad, no embargante expresa prohibición de una real pragmática. Los criollos, castellanos y andaluces formaron alianza para destruir, o equilibrar por lo menos, el predominio de aquéllos, y tal fue el origen de la lucha que durante muchos años ensangrentara esa región, y a la que el general de los *vicuñas,* don Francisco Castillo, puso término en 1624, casando a su hija doña Eugenia con don Pedro de Oyanume, uno de los principales vascongados.

En 1617 el virrey, príncipe de Esquilache, escribió a Ortiz de Sotomayor una larga carta sobre puntos de gobierno, en la cual, sobre poco más o menos, se leía lo siguiente: "E catad, mi buen don Rafael, que los bandos potosinos trascienden a rebeldía que es un pasmo, y venida es la hora del rigor extremo y de dar remate a ellos; que toda blandura resultaría en deservicio de su majestad, en agravio de Dios Nuestro Señor y en menosprecio de estos reinos. Así nada tengo que encomendar a la discreción de vuesa merced que, como hombre de guerra, valeroso y mañero, pondrá el cauterio allí donde aparezca la llaga; que con estas cosas de Potosí anda suelto el diablo y cundir puede el escándalo como aceite en pañizuelo. Contésteme vuesa merced que ha puesto buen término a las turbulencias y no de otra guisa; que ya es tiempo de que esas parcialidades hayan fin antes que, cobrando aliento, sean en estas Indias otro tanto que los comuneros en Castilla."

Los *vicuñas* se habían juramentado a no permitir que sus hijas o hermanas casasen con vascongados; y uno de éstos, a cuya noticia llegó el formal compromiso del bando enemigo, dijo en plena plaza de Potosí: —Pues de buen grado no quieren ser nuestras las *vicuñitas,* hombres somos para conquistarlas con la punta de la espada.

Esta baladronada exaltó más los odios, y hubo batalla diaria en las calles de Potosí.

No era Ortiz de Sotomayor hombre para conciliar los ánimos. Partidario de los vascongados, creyó que la carta del virrey lo autorizaba para cometer una barrabasada; y una noche hizo apresar, secreta y trai-

84

doramente, a don Alfonso Yáñez y a ocho o diez de los principales *vicuñas*, mandándoles dar muerte y poner sus cabezas en el rollo.

Cuando al amanecer se encontraron los *vicuñas* con este horrible espectáculo, la emprendieron a cuchilladas con las gentes del corregidor, quien tuvo que tomar asilo en una iglesia. Mas recelando la justa venganza de sus enemigos, montó a caballo y vínose a Lima, propalando antes que no había hecho sino cumplir al pie de la letra instrucciones del virrey, lo que, como hemos visto, no era verdad, pues su excelencia no lo autorizaba en su carta para decapitar a nadie sin sentencia previa.

Tras de Ortiz de Sotomayor viniéronse a Lima muchos de los *vicuñas*.

II

Celebróse en Lima el Jueves Santo del año de 1618 con toda la solemnidad propia de aquel ascético siglo. Su excelencia don Francisco de Borja y Aragón, príncipe de Esquilache, con una lujosa comitiva, salió de palacio a visitar siete de las principales iglesias de la ciudad.

Cuando se retiraba de Santo Domingo, después de rezar la primera estación tan devotamente cual cumplía a un deudo de San Francisco de Borja, duque de Gandía, encontróse con una bellísima dama seguida de una esclava que llevaba la indispensable alfombrilla. La dama clavó en el virrey una de esas miradas que despiden magnéticos efluvios, y don Francisco, sonriendo ligeramente, la miró también con fijeza, llevándose la mano al corazón, como para decir a la joven que el dardo había llegado a su destino.

> A la mar, por ser honda,
> se van los ríos,
> y detrás de tus ojos
> se van los míos.

Era su excelencia muy gran galanteador, y mucho se hablaba en Lima de sus buenas fortunas amorosas. A una arrogantísima figura y a un aire marcial y desenvuelto unía el vigor del hombre en la plenitud de la vida, pues el de Esquilache apenas frisaba en los treinta y cinco años. Con una imaginación ardiente, donairoso en la expresión, valiente hasta la temeridad, y generoso hasta rayar en el derroche, era don Francisco de Borja y Aragón el tipo más cabal de aquellos caballerosos hidalgos que se hacían matar por su rey o por su dama.

Hay cariños históricos, y en cuanto a mí confieso que me lo inspira, y muy entusiasta, el virrey poeta, doblemente noble por sus heredados pergaminos de familia y por los que él borroneara con su elegante pluma de prosador y de hijo mimado de las musas. Cierto es que acordó en su gobierno demasiada influencia a los jesuítas; pero hay que tener en cuenta que el descendiente de un general de la Compañía, canonizado por Roma, mal podía estar exento de preocupaciones de raza. Si en ello pecaba, la culpa era de su siglo, y no se puede exigir de los hombres que sean superiores a la época en que les cupo en suerte vivir.

En las demás iglesias, el virrey encontró siempre al paso a la dama, y se repitió cautelosamente el mismo cambio de sonrisas y miradas.

> Por Dios, si no me quieres
> que no me mires;
> ya que no me rescates,
> no me cautives.

En la última estación, cuando un paje iba a colocar sobre el escabel un cojinillo de terciopelo carmesí con flecadura de oro, el de Esquilache, inclinándose hacia él, le dijo rápidamente:

—Jeromillo, tras de aquella pilastra hay caza mayor. Sigue la pista.

Parece que Jeromillo era diestro en cacerías tales, y que en él se juntaba olfato de perdiguero y ligereza de halcón; pues cuando su excelencia, de regreso a palacio, despidió la comitiva, ya lo esperaba el paje en su camerín.

—Y bien, Mercurio, ¿quién es ella? —le dijo el virrey, que, como todos los poetas de su siglo, era aficionado a la mitología.

—Este papel, que trasciende a sahumerio, se lo dirá a vuecencia —contestó el paje, sacando del bolsillo una carta.

—¡Por Santiago de Compostela! ¿Billetico tenemos? ¡Ah galopín! Vales más de lo que pesas, y tengo de inmortalizarte en unas octavas reales que dejen atrás a mi poema de *Nápoles*.

Y acercándose a una lamparilla, leyó:

> Siendo el galán cortesano
> y de un santo descendiente,
> que haya ayunado es corriente
> como cumple a un buen cristiano.
> Pues besar quiere mi mano,
> según su fina expresión,
> le acuerdo tal pretensión,
> si es que a más no se propasa ,
> y honrada estará mi casa
> si viene a hacer colación.

La misteriosa dama sabía bien que iba a habérselas con un poeta, y para más impresionarlo recurrió al lenguaje de Apolo.

—¡Hola, hola! —murmuró don Francisco—. Marisabidilla es la niña; como quien dice, Minerva encarnada en Venus. Jeromillo, estamos de aventura. Mi capa, y dame las señas del Olimpo de esa diosa.

Media hora después el virrey, recatándose en el embozo, se dirigía a casa de la dama.

III

Doña Leonor de Vasconcelos, bellísima española y viuda de Alonso Yáñez, el decapitado por el corregidor de Potosí, había venido a Lima resuelta a vengar a su marido, y ella era la que, tan mañosamente y poniendo en juego la artillería de Cupido, atraía a su casa al virrey del Perú. Para doña Leonor era el príncipe de Esquilache el verdadero matador de su esposo.

Habitaba la viuda de Alonso Yáñez una casa con fondo al río en la calle de Polvos Azules, circunstancia que, unida a frecuente ruido de pasos varoniles en el patio e interior de la casa, despertó cierta alarma en el espíritu del aventurero galán.

Llevaba ya don Francisco media hora de ceremoniosa plática con la dama, cuando ésta le reveló su nombre y condición, procurando traer la conferencia al campo de las explicaciones sobre los sucesos de Potosí; pero el astuto príncipe esquivaba el tema, lanzándose por los vericuetos de la palabrería amorosa.

Un hombre tan avisado como el de Esquilache no necesitaba de más para comprender que se le había tendido una celada, y que estaba en una casa que probablemente era por esa noche el cuartel general de los *vicuñas,* de cuya animosidad contra su persona tenía ya algunos barruntos.

Llegó el momento de dirigirse al comedor para tomar la colación prometida. Consistía ella en ese agradable revoltijo de frutas que los limeños llamamos *ante,* en tres o cuatro conservas preparadas por las monjas, y en el clásico *pan de dulce.* Al sentarse a la mesa cogió el virrey una garrafa de cristal de Venecia que contenía un delicioso málaga, y dijo:

—Siento doña Leonor, no honrar tan excelente málaga, porque tengo hecho voto de no beber otro vino que un soberbio pajarete, producto de mis viñas en España.

—Por mí no se prive el señor virrey de satisfacer su gusto. Fácil es enviar uno de mis criados donde el mayordomo de vuecencia.

—Adivina vuesa merced, mi gentil amiga, el propósito que tengo.

Y volviéndose a un criado, le dijo:

—Mira, tunante. Llégate a palacio, pregunta por mi paje Jeromillo, dale esta llavecita, y dile que me traiga las dos botellas de pajarete que encontrará en la alacena de mi dormitorio. No olvides el recado, y guárdate esa onza para pan de dulce.

El criado salió, prosiguiendo el de Esquilache con aire festivo:

—Tan exquisito es mi vino, que tengo que encerrarlo en mi propio cuarto; pues el bellaco de mi secretario Estúñiga tiene, en lo de catar, propensión de mosquito, e inclinación a escribano en no dejar botella de la que no se empeñe en dar fe. Y ello ha de acabar en que me amosque un día y le rebane las orejas para escarmiento de borrachos.

El virrey fiaba su salvación a la vivacidad de Jeromillo y no desmayaba en locuacidad y galantería. Para librarse de lazos, antes cabeza que brazos, dice el refrán.

Cuando Jeromillo, que no era ningún necio de encapillar, recibió el recado, no necesitó de más apuntes para sacar en limpio que el príncipe de Esquilache corría grave peligro. La alacena del dormitorio no encerraba más que dos pistoletes con incrustaciones de oro, verdadera alhaja regia que Felipe III había regalado a don Francisco el día en que éste se despidiera del monarca para venir a América.

El paje hizo arrestar al criado de doña Leonor, y por algunas palabras que se le escaparon al fámulo en medio de la sorpresa, acabó Jeromillo de persuadirse que era urgente volar en socorro de su excelencia.

Por fortuna, la casa de la aventura sólo distaba una cuadra del palacio; y pocos minutos después el capitán de la escolta con un piquete de alabarderos sorprendía a seis de los *vicuñas* conjurados para matar al virrey o para arrancarle por la fuerza alguna concesión en daño de los vascongados.

Don Francisco, con su burlona sonrisa, dijo a la dama:

—Señora mía, las mallas de vuestra red eran de seda, y no extrañéis
que el león las haya roto. ¡Lástima es que no hayamos hecho hasta el
fin vos el papel de Judit, y yo el de Holofernes!

Y volviéndose al capitán de la escolta, añadió:

—Don Jaime, dejad en libertad a esos hombres, y ¡cuenta con que
se divulgue el lance y ande mi nombre en lenguas! Y vos, señora mía,
no me toméis por un felón, y honrad más al príncipe de Esquilache,
que os jura, por los cuarteles de su escudo, que si ordenó reprimir con
las armas de la ley los escándalos de Potosí, no autorizó a nadie para
cortar cabezas que no estaban sentenciadas.

IV

Un mes después doña Leonor y los *vicuñas* volvían a tomar el camino
de Potosí; pero la misma noche en que abandonaron Lima, una ronda
encontró en una calleja el cuerpo de Ortiz de Sotomayor con un puñal
clavado en el pecho.

LOS ALCALDES DE ARICA

Grave litigio habia, por los años de 1619, entre el Corregidor y Cabildo de Arica de un lado, y del otro el capitán don Antonio de Aguilar Belicia, alguacil mayor de la ciudad.

Era el don Antonio hombre díscolo y de muchos humillos aristocráticos. Acusábanlo de pretender que todos los cargos públicos habían de estar desempeñados por personas de su familia. Cierta o calumniosa la acusación, ello es que el vecindario lo veía de mal ojo.

Vacado habían dos varas de alcalde en el Cabildo de Arica y antojósele a don Antonio codiciarlas para dos de sus deudos. Aunque mal avenido con el Corregidor, fuese a él nuestro Capitán y solicitó su auxilio para salir airoso del empeño; pero su señoría que, no sabemos el por qué, le tenía tirria o enemiga, lo desahució *claris verbis*. El alguacil mayor dio rienda suelta a su despecho y dijo:

—Pues, opóngase quien se opusiere, entienda su señoría que he de ver lograda mi demanda y que dineros me sobran para comprar el voto de los cabildantes.

—Pues dígole a vuesamerced, contestó con sorna el Corregidor, que, antes que tal vea, tendrán la vara dos negros con un jeme de geta. Y no me ande descomedido y con recancanillas el señor alguacil mayor, que hombre soy para hacerlo como lo digo.

Chismes y hablillas enconaban cada día más los ánimos de nuestros personajes.

Llegó el 1º de enero de 1620 y reunióse el Cabildo para elegir dos alcaldes ordinarios. Sabido es que las atribuciones de estos funcionarios eran más judiciales que administrativas y que el cargo se consideraba honorífico en sumo grado. Dígalo el tratamiento que se daba a los alcaldes, a quienes el pueblo debía hablar con la cabeza descubierta, a riesgo de constipados y pulmonías.

El alguacil mayor iba y venía formando capítulo: pero los cabildantes, cuyo penacho había insultado creyéndolos capaces de comerciar con el voto, se concertaron con el Corregidor y dieron con el expediente más a propósito para humillar la soberbia de don Antonio.

Contábanse entonces cerca de mil esclavos africanos, en Arica y el valle de Azapa, y excedía de ciento el número de negros libres. Algunos de estos habían alcanzado a crearse una modesta fortuna y merecían afectuosas consideraciones de los blancos.

Distinguíanse entre los negros, naturales de Arica, por su buen porte, religiosidad, riqueza, despejo de ingenio y prendas personales, uno apellidado Anzures y otro, compadre de éste, cuyo nombre no nos ha trasmitido la tradición.

Hecha la votación, los deudos del alguacil mayor sólo merecieron cinco votos; y Anzures y su compadre fueron proclamados por una inmensa mayoría de cabildantes, con no poco regocijo de los criollos. La democracia enseñaba la punta de la oreja. Los ariqueños se adelantaban en dos siglos a la República. "En ninguna parte —dice don Simón Rodríguez, ayo de Bolívar— se han visto las disensiones y los pleitos que en la América española sobre colores y sobre ejecutorias. El descendiente de un moro de Africa venía de España diciendo que en su familia no se habían conocido negros; y el hombre más soez se presentaba con un cartucho de papeles, llenos de arabescos y garabatos, para probar que descendía de la casa más noble de Asturias o de Vizcaya."

Anzures y su compañero tomaron en el acto posesión de las varas y se echaron a administrar justicia. Añade la tradición que fueron jueces rectos como camino real y entendidos como Salomón.

El alguacil mayor, humillado por la derrota y temiendo la rechifla popular, se puso inmediatamente en camino para Lima y, ya en la capital del virreinato, no escusó diligencia para obtener un desagravio. Y tan activo anduvo y tales trazas diose, que el 24 de junio regresó a Arica y al llegar a la casa del Cabildo, apeóse de la mula, descalzóse las espuelas y, con aire ceremonioso, entregó un pliego que a la letra así decía:

"DON FRANCISCO DE BORJA Y ARAGÓN, PRÍNCIPE DE ESQUILACHE, CONDE DE MAYALDE, VIRREY DE ESTOS REINOS DEL PERÚ Y CHILE, ETC., ETC.

Por cuando ante mí se presentó un memorial del tenor siguiente:

Excelentísimo señor:

El capitán Antonio de Aguilar Belicia, alguacil mayor propietario de la ciudad de Arica, dice: Que el Corregidor y Cabildo de aquella ciudad han nombrado dos alcaldes negros, con color de que haya más justicia, y antes son en perjuicio de la república, porque se aúnan con los negros cimarrones y delincuentes, y con la libertad de la vara hacen muchos agravios. Y para que esto cese —A Vuestra Excelencia pide y suplica mande darle provisión para que luego se quiten las varas a los negros que las trujeren y que no nombre otros hasta que por el gobierno otra cosa se les mande.

E por mí visto lo susodicho, di la presente por la cual revoco, doy por ninguno cualquier nombramiento que de alcaldes negros se hubiere hecho en la dicha ciudad de Arica, sin provisión y orden del gobierno, para que no se use de él en manera alguna. Y mando al Corregidor y Cabildo de dicha ciudad no se entrometan en elegir y nombrar más los dichos alcaldes, sin la dicha orden del gobierno; y los que tuviere nombrados los quite luego, so pena de mil pesos de oro para la Cámara de Su Majestad—.Fecha en los Reyes a veintidós días del mes de mayo de mil y seiscientos veinte años.—*El Príncipe don Francisco de Borja.*— Por mandato del virrey, *don Joseph de Cáceres y Ulloa.*"

Ya supondrán mis lectores el rifirrafe que armaría el decreto o provisión del virrey. En el pueblo cundió una especie de somatén con asomos de rebeldía; pues se habló de levantar bandera y de venirse a paso de carga hasta Lima, convertir en picadillo al virrey y a su complaciente secretario, ahorcar al capitán Aguilar Belicia y hacer, en fin, barrabasada y media. Por fortuna, Anzures y su compadre eran hombres de buen juicio y lograron calmar la exaltación pública.

El Cabildo, después de acaloradísima discusión, se resignó a obedecer; pero no sin entablar querella ante el Rey y el Consejo de Indias.

¿Cuál fue el éxito de ésta?

He aquí lo que, a pesar de prolijas investigaciones, nos ha sido imposible descubrir. Los libros de actas del Cabildo de Arica o fueron llevados a Chucuito (por pertenecer aquella ciudad a la intendencia de Puno) donde habrán servido de sabroso manjar a los ratones, o en la catástrofe del 13 de agosto de 1868 pasaron al vientre de algún tiburón. Gracias al erudito escritor bonaerense don Ricardo Trelles, hemos podido conseguir el documento del Príncipe de Esquilache que dejamos consignado.

Por lo demás, lo seguro es que la corona desecharía la apelación de los cabildantes; pues otra conducta habría sido dar alas a pamplinadas republicanas y a que, chiquitines aun y en andadores, le hubiésemos sobado la barba a nuestra madre la metrópoli.

¡BIEN HECHA MUERTE!

ORIGEN TRADICIONAL DE UN REFRÁN PERUANO

I

Principiemos... por el principio.

En septiembre de 1542, e inmediatamente después de pacificado el Perú con la sangrienta batalla de Chupas, quiso el gobernador Vaca de Castro premiar los servicios de los vencedores; y como éstos fuesen muchos y las mercedes pocas, echóse el buen licenciado a cavilar hasta que, dándose una palmada en la frente, exclamó: —¡Albricias, padre, que el obispo es chantre! ¡Mi expediente es tan bueno como el milagro de los cinco panes. Ahítense, golosos!

Cierto que el fruto de las cavilaciones de su señoría iba a dejar satisfechas todas las aspiraciones. Consistía en convertir en algo, así como en señores feudales, a sus ochocientos soldados.

Siete años llevaba Lima de fundada, y todo el mundo pedía solares, y pretendía repartimientos, y mitayos, y conquista en tierra de infieles.

Halagó, pues, el Gobernador a unos enviándolos al descubrimiento del Dorado o país de la Canela, y a otros con empresas tan fabulosas como aquélla.

Pedro Puelles, Gonzalo Díaz de Pineda, su yerno, y diez o doce capitanes más, hidalgos todos, no ambicionaron aventuras lejanas, sino terrenos y mando en el riñón del país y a poca distancia de la capital. Eso se quería la mona, piñoncitos mondados.

El gobernante accediendo a sus exigencias, encomendóles la fundación y población de una ciudad que se llamó y llama Ciudad de los Caballeros del León de Huánuco. —No es poco rimbombo.

La planta de la ciudad es hermosa, excelente el clima y fertilísimo el terreno. El virrey marqués de Cañete dándola, años más tarde, escudo de armas, la ennobleció con el título de muy noble y muy leal; y otros de sus sucesores honraron a su Cabildo con varias preeminencias. Para dar idea de la importancia que en breve conquistara la ciudad, bastaríanos apuntar que franciscanos, dominicos, mercedarios, agustinos y juandedianos tuvieron en ella conventos.

No conozco Huánuco, y pésame como hay Dios; pero dícenme que se la puede ogaño aplicar lo de:

> Ayer maravilla fui
> Y hoy sombra mía no soy.

En cuanto al fundador Pedro de Puelles, tengo referido en otra leyenda que murió desastrosamente, y que los historiadores lo presentan como un pícaro de cuenta, traidor, avaricioso y feroz con ribetes de cobarde.

Sea de ello lo que fuere, impórtame consignar que si bien los fundadores principales llegaron al Perú hechos unos pelambres, la casualidad hizo que todos fueran segundones de familias hidalgas en Castilla, Andalucía, Valencia y otros reinos de España. Andando los años, sus descendientes desplegaron más orgullo que don Rodrigo en la horca y miraban muy por encima del hombro al resto de la nobleza colonial. Los huanuqueños llegaron a imaginarse que Dios los había formado de distinto limo, y casi casi decían como el finchado portugués: —No descendemos de Noé; que cuando este borracho salvó del Diluvio en su Arca, nosotros, los Braganzas, salvamos también... pero en bote propio.

En ningún pueblo del Perú, durante el gobierno monárquico, estuvo tan marcado como en Huánuco el prestigio de la aristocracia de sangre azul. La chusma, la muchitanga, el pueblo, en fin, se prosternaba ante los descendientes de los conquistadores que se avecindaron en la ciudad. Decir huanuqueño era lo mismo que decir noble *a nativitate*. En una palabra, sin tener una sagrada peña de Covadonga, eran los vizcaínos y asturianos de la América.

Lo que escrito llevo, a Dios gracias, no puede herir la susceptibilidad de los huanuqueños de hoy, que asaz republicanos son y harto saben dónde les ajusta el zapato, para no dárseles un pepinillo en escabeche de pergaminos y títulos de Castilla y lanzas y medias-annatas, y escudos y demás pamplinadas heráldicas.

Pero ¿a qué viene tanta parola? —me dirá el lector— ¿qué tienen que ver las bragas con la alcabala de las habas? ¿A qué hora asoma la historia del refrán? Sin duda, señor cronista, que el chocolate está *chirle* y bate usted el molinillo para hacer espuma.

No, lector amigo. Esas líneas no son escritas a humo de pajas: pues sin ellas acaso quedaría un poco oscura la tradición popular. Y ahora, vamos al cuento sin más rodeos, antes que alguno diga que me parezco al gaitero de Bujalance, a quien le dieron un maravedí porque tocase y le pagaron diez porque acabase.

II

Cuentan que, por los años de 1620, vivía en la muy noble y muy leal ciudad de los Caballeros del León de Huánuco, don Fermín Gorrochano, noble, por supuesto, más que el Cid Campeador y los siete infantes de Lara.

Habitaba nuestro hidalgo en el segundo piso de la casa contigua a la que hoy ocupa la Prefectura. La fábrica no estaba aún terminada y en el salón existía un balconcillo sin balaustrada ni celosía.

Este balconcillo es hoy mismo, en Huánuco, un monumento histórico; como en París la famosa ventana a la que se asomara el sandio predecesor de Enrique IV para hacer la señal de dar principio a la matanza de hugonotes, en la tremenda noche de la Saint-Barthélemy.

Era el don Fermín lo que se llama un pisaverde muy pagado de su personita. Rico y noble, no pensaba más que en aventuras amorosas, y parece que en ellas lo acompañaba la fortuna de César o de Alejandro para otro género de conquistas.

En cierto día traíalo preocupado una cita, de aquellas a las que no puede enviarse un *alter ego*, para la hora en que nuestros abuelos acostumbraban echar la siesta.

Desde las ocho de la mañana andaba su criado persiguiendo al barbero Higinio, que quien va a cosechar los primeros pámpanos, mirtos y laureles en la heredad de Venus ha de presentarse limpio de pelos y bien acicalado. La forma entra por mucho en las cuestiones de Estado y en las del dios Cupido.

Pero al maldito barbero habíale acudido aquel día más obra que a escribano de hacienda en tiempo de crisis y quiebras mercantiles.

Tenía que poner sanguijuelas a un fraile, sinapismos a una damisela, sacar un raigón a la mujer del corregidor, afeitar a un cabildante, hacer la corona a un monago y cortar las trenzas a una muchacha mal inclinada. ¡Vaya si tenía trajín!

—Dígale a su merced que, en acabando de plantarle unas ventosas a la sobrina del cura, me tendrá a su mandado —contestó el barberillo a una de las requisitorias del fámulo.

Más tarde dijo: —En cuanto termine de rapar al fiel de fechos y al veedor, soy con su merced.

Y en éstas y las otras, y en idas y venidas como en el juego de la corregüela, cátalo dentro, cátalo fuera, dieron las tres de la tarde y se pasó para don Fermín la hora de la suspirada cita.

Era Higinio un indiecito bobiculto y del codo a la mano, y aunque hubiera sido un Goliat injerto en Séneca para el caso daba lo mismo. Mayor honorario sacaba el infeliz de aplicar un parche o un clíster que de jabonar una barba. Además, no podía sospechar que le corriera tanta prisa al hidalgo, que a barruntarlo acaso no habría andado remolona la navaja.

Cuando, sonadas ya las tres, no le quedó lavativa por echar ni parroquiano a quien servir, se encaminó muy suelto de huesos a casa de Gorrochano.

Esperábalo éste más furioso que berrendo en el redondel. Daba precipitados paseos por el salón y, de vez en cuando, se detenía, creyendo sentir por la escalera al rehacio Fígaro.

—¡Sí vendrá ese gorgojo, murmuraba, el día en que orinen las gallinas! ¡Por mi santo patrón, que se ha de acordar de mí el muy arrapiezo!

Al cabo, presentóse Higinio con el saco en que llevaba los trebejos del oficio. No bien estuvo al alcance de don Fermín cuando éste, sin decir *allá te lo espeto, pericote prieto,* le arrimó una de coces y bofetones. El rapa-barbas, aquí caigo, allá levanto, dio la vuelta al salón, danzando el baile macabeo, hasta hallarse junto a la entornada puerta que comunicaba al desmantelado balconcillo.

En su conflicto, imaginóse el pobrete que esa puerta comunicaría a otra habitación y lanzóse por ella, a tiempo que le alcanzaba en la rabadilla un soberano puntapié.

Higinio cayó como pelota a la calle y se descalabró, y quedó tendido como camisa al sol.

Una aristocrática española, vieja y desdentada, que a la sazón pasaba, lejos de desmayarse como lo habría hecho cualquiera hembra de estos tiempos, exclamó:

Bien hecha muerte. ¡Feliz barbero,
Que muere a manos de un caballero!

¡Para mi santiguada! ¡Buen consuelo de tripas! digo yo.
¡La perra que te jaló las patas! ¡bruja encorozada! ¡boca de lobo
afambrido! ¡arsenal de pecados! ¡diabla afeitada! ¡celestina embauca-
dora! —esto habría dicho, a oírla, el señor de la torre de Juan de Abad.
Y el muerto fue al hoyo, y la justicia ni chistó ni mistó, y los hidalgos del León de Huánuco dijeron pavoneándose: —Así aprenderá esta
canalla a tener respeto con sus amos.
Y desde entonces quedó en el Perú, como refrán, la frase de la
vieja:

Bien hecha muerte. ¡Feliz barbero,
Que muere a manos de un caballero!

LAS TRES PUERTAS DE SAN PEDRO

Que las iglesias catedrales luzcan tres puertas en su frontis es cosa en que nadie para mientes. Pero ¿por qué San Pedro de Lima, que no es Catedral, ni con mucho, se ha engalanado con ellas?

Aunque digan que me meto en libros de caballerías o en lo que no me va ni me viene conveniencia, he de echarme hoy a borronear un pliego sobre tan importante tema. ¡Así saque con mi empresa una alma del purgatorio!

Confieso que, por más que he buscado, en crónicas y archivos, la solución del problema, me ha sido imposible encontrar datos y documentos que mi empeño satisfagan; y aténgome a lo que me contó un viejo, gran escudriñador de antiguallas y que sabía cuántos pelos tiene el diablo en el testuz, y cuáles fueron las dos torres de Lima en las que, por falta de maravedises para hacerlas de bronce, hubo campanas de madera, no para repicar sino para satisfacer la vanidad de los devotos y engañar a los bobos con apariencias. Creo que esas torres fueron las de Santa Teresa y el Carmen.

Volviendo a mis carneros, o lo que es lo mismo a las tres puertas de San Pedro, he aquí sin muchos perfiles lo que cuenta la tradición.

Fue San Francisco de Borja, tercer general de la Compañía de Jesús, quien por los años de 1568 mandó a Lima al padre Jerónimo Ruiz del Portillo con cinco *adláteres,* para que fundasen esa institución sobre la que tanto de bueno como de malo se ha dicho. Yo ni quito ni pongo y, por esta vez, dejo en paz a los jesuítas, sin hacer de ellos giras y capirotes.

Poco después de llegados a la ciudad de los Reyes, dieron principio a la fábrica de la iglesia y claustros llamados entonces Colegio Máximo de San Pablo y que, después de la expulsión de los jesuítas en 1767, tomaron el nombre de templo y convento de San Pedro con que hoy se les conoce.

Este templo cuya fábrica se principió en 1623 y duró 15 años, es, entre todos los de Lima, el de más sólida construcción, y mide sesenta y seis varas de largo por treinta y tres de ancho. Todo en él es severo a la par que valioso. Altares tiene, como el de San Ignacio, que son maravilla de arte. El templo fue solemnemente consagrado el 3 de julio de 1638, con asistencia del virrey Conde de Chinchón y de ciento sesenta jesuítas. El mismo día se bendijo la campana por el obispo Villarroel, bautizándola con el nombre de la *Agustina.* La campana pesa cien quintales, es la más sonora que posee Lima, y las paredes que forman la torre fueron construidas después de colocada esa gran mole; de manera que para bajar la campana sería preciso empezar por destruir la torre.

Las fiestas de consagración duraron tres días y fueron espléndidas.

La custodia, obsequio de varias familias adeptas a la Compañía de Jesús, se estimó en valor de doce mil ducados.

Principiada la fábrica exhibieron los jesuítas un plano en el que se veía la iglesia dividida en tres naves, dejando presumir a los curiosos que la nave central era para dar entrada al templo. Entre tanto, el Superior de Lima había enviado un memorial a Roma pidiendo a Su Santidad *licencia para una puerta.*

Aquéllos eran los tiempos en que el Vaticano cuidaba de halagar a las comunidades religiosas que se fundaban en el Perú. Así otorgó a la monumental iglesia de San Francisco de Lima los mismos honores y prerrogativas de que disfruta San Juan de Letrán en Roma. Esto explica el por qué sobre la puerta principal de San Francisco se ven la tiara y las llaves del Pontífice. Los franciscanos, para manifestar su gratitud a la Santa Sede, grabaron desde entonces en su coro, en letras como el puño, esta curiosa inscripción anagramática, en la que hay tal ingenio en la combinación de letras que, leídas al derecho o al revés, de arriba para abajo y al contrario, resultan siempre las mismas palabras:

R A R O
A M O R
R O M A
O R A R

Al recibir el Papa la solicitud de los jesuítas, no supo por el momento si tomar a risa o a lo serio la pretensión: —¿Es humildad la de los hijos de Loyola, candor o malicia? ¿Quieren dar una prueba de acatamiento al representante de Cristo sobre la tierra, buscando su apostólica aquiescencia hasta para lo más trivial? Todo esto y mucho más se preguntaba Su Santidad. "Sea de ello lo que fuere —concluyó el Santo Padre—, allá va el permiso, que por más que alambico el asunto no alcanzo a descubrir el entripado."

Por algo se dijo lo de que *un jesuíta y una suegra saben más que una culebra,* y en esta ocasión los sucesos se encargaron de comprobar la exactitud del refrán.

Cuando los jesuítas de Lima tuvieron bajo los ojos la licencia pontificia, construyeron tres arcos y plantaron puerta en cada uno de ellos.

El Cabildo Eclesiástico armó un tole-tole de todos los diablos y ocurrió al poder civil para que hiciese por la fuerza quitar una puerta. —¡Cómo! ¡Cómo! ¿De cuándo acá (gritaban los canónigos) se arroga la Compañía privilegios de catedral? ¡Eso no puede soportarse!

Entonces los jesuítas, que contaban con amigos en el gobierno y con gran partido en el vencidario, sacaron a lucir el consabido permiso pontificio. Arguyeron los canónigos que ese documento necesitaba más notas explicatorias que un epigrama latino de Marcial, y que todo podía significar menos autorización expresa para abrir tres puertas.

A esto contestaban los jesuítas con mucha sorna: —¡Miren qué gracia! Ya nos sabíamos que para dos puertas no necesitábamos venia de alma viviente. Con que, dos puertas a que tenemos derecho y una que nos concede el Papa, son tres puertas. Esto, señores canónigos, no tiene vuelta de hoja y es de una lógica de chaquetilla ajustada.

El Cabildo no se dio por convencido con el argumento, un si es no es sofístico y rebuscado, y para poner fin a la controversia ambos contrincantes ocurrieron a Roma.

Su Santidad no pudo dejar de reconocer *in pectore* que los jesuítas le habían hecho una jugada limpia y de mano maestra; pero como no era digno del sucesor de Pedro confesar la burla, *urbi et orbi* con escándalo de la cristiandad, adoptó un expediente que conciliaba todos los caprichos o vanidades de sotana.

El Papa expidió no sé si bula o rescripto concediendo, por especial privilegio y razones reservadas, tres puertas a la nueva iglesia de San Pablo; pero prohibía bajo severas penas canónicas que se abriese la tercera, salvo casos de incendio, terremoto y aseo o refacción de la fábrica.

¿Han visto ustedes, lectoras mías, ni el Sábado de Gloria que es el día en que San Pedro se convierte en rinconcito del cielo con ángeles y serafines y música y perfumes, que se hayan abierto las tres puertas? ¿No lo han visto ustedes? —Pues yo tampoco.

Un cerrojo, cubierto de moho, prueba que en San Pedro hay una puerta por adorno, por lujo, por fantasía, por *chamberinada,* como decimos los criollos, y que esa puerta no sirve para lo que han servido todas las puertas desde la del arca de Noé, la más antigua de que hacen mención las historias, hasta la de la jaula de mi loro.

LOS POLVOS DE LA CONDESA

Crónica de la época del decimocuarto virrey del Perú

(Al doctor Ignacio La-Puente)

I

En una tarde de junio de 1631 las campanas todas de las iglesias de Lima plañían fúnebres rogativas, y los monjes de las cuatro órdenes religiosas que a la sazón existían, congregadas en pleno coro, entonaban salmos y preces.

Los habitantes de la tres veces coronada ciudad cruzaban por los sitios en que, sesenta años después, el virrey conde de la Monclova debía construir los portales de Escribanos y Botoneros, deteniéndose frente a la puerta lateral de palacio.

En éste todo se volvía entradas y salidas de personajes, más o menos caracterizados.

No se diría sino que acababa de dar fondo en el Callao un galeón con importantísimas nuevas de España, ¡tanta era la agitación palaciega y popular!, o que, como en nuestros democráticos días, se estaba realizando uno de aquellos golpes de teatro a que sabe dar pronto término la justicia de cuerda y hoguera.

Los sucesos, como el agua, deben beberse en la fuente; y por esto, con venia del capitán de arcabuceros que está de facción en la susodicha puerta, penetraremos, lector, si te place mi compañía, en un recamerín de palacio.

Hallábanse en él el excelentísimo señor don Luis Jerónimo Fernández de Cabrera Bobadilla y Mendoza, conde de Chinchón, virrey de estos reinos del Perú por S. M. don Felipe IV, y su íntimo amigo el marqués de Corpa. Ambos estaban silenciosos y mirando con avidez hacia una puerta de escape, la que al abrirse dio paso a un nuevo personaje.

Era éste un anciano. Vestía calzón de paño negro a media pierna, zapatos de pana con hebillas de piedra, casaca y chaleco de terciopelo, pendiendo de este último una gruesa cadena de plata con hermosísimos sellos. Si añadimos que gastaba guantes de gamuza, habrá el lector conocido el perfecto tipo de un esculapio de aquella época.

El doctor Juan de Vega, nativo de Cataluña y recién llegado al Perú, en calidad de médico de la casa del virrey, era una de las lumbreras de la ciencia que enseña a matar por medio de un *récipe*.

—¿Y bien, don Juan? —le interrogó el virrey, más con la mirada que con la palabra.

—Señor, no hay esperanza. Sólo un milagro puede salvar a doña Francisca.

Y don Juan se retiró con aire compungido.

Este corto diálogo basta para que el lector menos avisado conozca de qué se trata.

El virrey había llegado a Lima en enero de 1639, y dos meses más tarde su bellísima y joven esposa doña Francisca Henríquez de Ribera, a la que había desembarcado en Paita, para no exponerla a los azares de un probable combate naval con los piratas. Algún tiempo después se sintió la virreina atacada de esa fiebre periódica que se designa con el nombre de terciana, y que era conocida por los Incas como endémica en el valle del Rimac.

Sabido es que cuando, en 1378, Pachacutec envió un ejército de treinta mil cuzqueños a la conquista de Pachacamac, perdió lo más florido de sus tropas a estragos de la terciana. En los primeros siglos de la dominación europea, los españoles que se avecindaban en Lima pagaban también tributo a esta terrible enfermedad, de la que muchos sanaban sin específico conocido, y a no pocos arrebataba el mal.

La condesa de Chinchón estaba desahuciada. La ciencia, por boca de su oráculo don Juan de Vega, había fallado.

—¡Tan joven y tan bella! —decía a su amigo el desconsolado esposo—. ¡Pobre Francisca! ¿Quién te habría dicho que no volverías a ver tu cielo de Castilla ni los cármenes de Granada? ¡Dios mío! ¡Un milagro, Señor, un milagro!...

—Se salvará la condesa, excelentísimo señor —contestó una voz en la puerta de la habitación.

El virrey se volvió sorprendido. Era un sacerdote, un hijo de Ignacio de Loyola, el que había pronunciado tan consoladoras palabras.

El conde de Chinchón se inclinó ante el jesuita. Éste continuó:

—Quiero ver a la virreina, tenga vuecencia fe, y Dios hará el resto.

El virrey condujo al sacerdote al lecho de la moribunda.

II

Suspendamos nuestra narración para trazar muy a la ligera el cuadro de la época del gobierno de don Luis Jerónimo Fernández de Cabrera, hijo de Madrid, comendador de Criptana entre los caballeros de Santiago, alcaide del alcázar de Segovia, tesorero de Aragón y cuarto conde de Chinchón, que ejerció el mando desde 14 de enero de 1629 hasta el 18 del mismo mes de 1639.

Amenazado el Pacífico por los portugueses y por la flotilla del pirata holandés *Pie de palo,* gran parte de la actividad del conde de Chinchón se consagró a poner el Callao y la escuadra en actitud de defensa. Envió además a Chile mil hombres contra los araucanos, y tres expediciones contra algunas tribus de Puno, Tucumán y Paraguay.

Para sostener el caprichoso lujo de Felipe IV y sus cortesanos tuvo la América que contribuir con daño de su prosperidad. Hubo exceso de impuestos y gabelas, que el comercio de Lima se vio forzado a soportar.

Data de entonces la decadencia de los minerales de Potosí y Huancavelica, a la vez que el descubrimiento de las vetas de Bombón y Caylloma.

Fue bajo el gobierno de este virrey cuando, en 1635, aconteció la famosa quiebra del banquero Juan de la Cueva, en cuyo Banco —dice Lorente— tenían suma confianza así los particulares como el Gobierno. Esa quiebra se conmemoró, hasta hace poco, con la mojiganga llamada *Juan de la Cova, coscoroba*.

El conde de Chinchón fue tan fanático como cumplía a un cristiano viejo. Lo comprueban muchas de sus disposiciones. Ningún naviero podía recibir pasajeros a bordo si previamente no exhibían una cédula de constancia de haber confesado y comulgado la víspera. Los soldados estaban también obligados, bajo severas penas, a llenar cada año este precepto, y se prohibió que en los días de Cuaresma se juntasen hombres y mujeres en un mismo templo.

Como lo hemos escrito en nuestros *Anales de la Inquisición de Lima*, fue ésta la época en que más víctimas sacrificó el implacable tribunal de la fe. Bastaba ser portugués y tener fortuna para verse sepultado en las mazmorras del Santo Oficio. En uno solo de los tres autos de fe a que asistió el conde de Chinchón fueron quemados once judíos portugueses, acaudalados comerciantes de Lima.

Hemos leído en el librejo del duque de Frías que en la primera visita de cárceles a que asistió el conde se le hizo relación de una causa seguida a un caballero de Quito, acusado de haber pretendido sublevarse contra el monarca. De los autos, dedujo el virrey que todo era calumnia, y mandó poner en libertad al preso, autorizándolo para volver a Quito y dándole seis meses de plazo para que sublevase el territorio; entendiéndose que si no lo conseguía, pagarían los delatores las costas del proceso y los perjuicios sufridos por el caballero.

¡Hábil manera de castigar envidiosos y denunciantes infames!

Alguna quisquilla debió tener su excelencia con las limeñas, cuando en dos ocasiones promulgó bando contra las *tapadas:* las que, forzoso es decirlo, hicieron con ellos papillotas y tirabuzones. Legislar contra las mujeres ha sido y será siempre sermón perdido.

Volvamos a la virreina, que dejamos moribunda en el lecho.

III

Un mes después se daba una gran fiesta en palacio en celebración del restablecimiento de doña Francisca.

La virtud febrífuga de la *cascarilla* quedaba descubierta.

Atacado de fiebres un indio de Loja llamado Pedro de Leyva, bebió, para calmar los ardores de la sed, del agua de un remanso, en cuyas orillas crecían algunos árboles de *quina*. Salvado así, hizo la experiencia de dar a beber a otros enfermos del mismo mal cántaros de agua, en los que depositaba raíces de cascarilla. Con su descubrimiento vino a Lima y lo comunicó a un jesuita, el que, realizando la feliz curación de la virreina, prestó a la Humanidad mayor servicio que el fraile que inventó la pólvora.

Los jesuitas guardaron por algunos años el secreto, y a ellos acudía todo el que era atacado de tercianas. Por eso, durante mucho tiempo, los polvos de la corteza de quina se conocieron con el nombre de *polvos de los jesuitas*.

El doctor Scrivener dice que un médico inglés, Mr. Talbot, curó con la quinina al príncipe de Condé, al delfín, a Colbert y otros personajes,

0102 RICARDO PALMA

vendiendo el secreto al gobierno francés por una suma considerable y una pensión vitalicia.

Linneo, tributando en ello un homenaje a la virreina condesa de Chinchón, señaló a la quina el nombre que hoy le da la ciencia: *Chinchona*.

Mendiburu dice que, al principio, encontró el uso de la quina fuerte oposición en Europa, y que en Salamanca se sostuvo que caía en pecado mortal el médico que la recetaba, pues sus virtudes eran debidas a pacto de los peruanos con el diablo.

En cuanto al pueblo de Lima, hasta hace pocos años conocía los polvos de la corteza de este árbol maravilloso con el nombre de *polvos de la condesa*.[1]

---

[1] La primera esposa del conde de Chinchón llamóse doña Ana de Osorio, y por muchos se ha creído que fue ella la salvada por las virtudes de la quina. Un interesante estudio histórico publicado por don Félix Cipriano Zegarra en la *Revista Peruana,* en 1879, nos ha convencido de que la virreina que estuvo en Lima se llamó doña Francisca Henríquez de Ribera. Rectificamos, pues, con esta nota la grave equivocación en que habíamos incurrido.

LA CASA DE PILATOS

Frente a la capilla de la Virgen del Milagro hay una casa de especial arquitectura, casa *sui géneris* y que no ofrece punto de semejanza con ninguna otra de las de Lima. Sin embargo de ser anchuroso su patio, la casa es húmeda y exhala húmedo vapor. Tiene un no sé qué de claustro, de castillo feudal y de casa de ayuntamiento.[1]

Que la casa fue de un conquistador, compañero de Pizarro, lo prueba el hecho de estar la escalera frente a la puerta de la calle; pues tal era una de las prerrogativas acordadas a los conquistadores. Hoy no llegan a seis las casas que conservan la escalera fronteriza.

El extranjero que pasa por la calle del Milagro se detiene involuntariamente en su puerta y lanza al interior mirada escudriñadora. Y lo particular es que a los limeños nos sucede lo mismo. Es una casa que habla a la fantasía. Ni el Padre Santo de Roma le hará creer a un limeño que esa casa no ha sido teatro de misteriosas leyendas.

Y luego la casa misteriosa fue conocida, desde hace cuatro o cinco generaciones, con nombre a propósito para que la imaginación se eche a retozar. Nuestros abuelos y nuestros padres la llamaron la *casa de Pilatos* y así la llamamos nosotros y la llaman nuestros hijos. ¿Por qué? ¿Acaso Poncio Pilatos fue propietario en el Perú?

Entre mis manos y bajo mis espejuelos he tenido los títulos que el actual dueño, compadeciendo acaso mi manía de embelesarme con antiguallas, tuvo la amabilidad de permitirme examinar; y de ellos no aparece que el pretor de Jerusalén hubiera tenido arte ni parte en la fábrica del edificio, cuya área mide cuarenta varas castellanas de frente por sesenta y cinco de fondo.

Y sin embargo, la casa se llama de Pilatos. ¿Por qué?

Voy a satisfacer la curiosidad del extranjero, contando lo mismo que las viejas cuentan y nada más. Se pela la frente el lector limeño que piense que sobre la casa de Pilatos voy a decirle algo que él no se tenga sabido.

La casa se fabricó en 1590, esto es, medio siglo después de la fundación de Lima y cuando los jesuitas acababan de tomar cédula de vecindad en esta tierra de cucaña. Fue el padre Ruiz del Portillo, superior de ellos, quien delineó el plano, pues ligábalo estrecha amistad con un rico mercader español apellidado Esquivel, propietario del terreno.

Con maderas y ladrillos sobrantes de la fábrica de San Francisco, y que Esquivel compró a ínfimo precio, se encargó el mismo arquitecto que edificaba el colegio máximo de San Pablo de construir la casa mis-

---

[1] En los últimos cuarenta años ha sufrido el edificio tales y tantas reparaciones que, modernizado, como hoy se halla, no es ni sombra del que yo conocí.

teriosa, edificio sólido y a prueba de temblores, que no pocos ha resistido sin experimentar desperfecto.

Por medio de una ancha galería, sótano o bóveda subterránea, de seis cuadras de longitud, está la fábrica en comunicación con el convento de San Pedro que habitaron los jesuitas.

Ese subterráneo que, previo permiso del actual propietario de la casa, puede visitar el curioso que de mis afirmaciones dude, les vendrá de perilla a los futuros escritores de novelas patibularias. En el sótano pueden hacer funcionar holgadamente contrabandistas y conspiradores y monederos falsos, y caballeros aherrojados, y doncellas tiranizadas, y todo el arsenal romántico romancesco. ¡Cuando yo digo que la casa de Pilatos está llamada a dar en el porvenir mucha tela que cortar!

¿Para qué se hizo este subterráneo? Ni lo sé ni me interesa saberlo.

La casa, hasta 1635, sirvió de posada y lonja a mineros y comerciantes portugueses. Treinta y siete mil pesos de a ocho había invertido Esquivel en la fábrica, y los arrendamientos le producían un interés más que decente del capital empleado. Época hubo también en que, hallándose la plaza del mercado situada en San Francisco, fue el patio de la casa de Pilatos ocupado por los vendedores de fruta.

Heredó la casa doña María de Esquivel y Járava, esposa de un general español; y muerta ella, la Inquisición, que por censos tenía un crédito de ochocientos pesos, y otros acreedores, formaron concurso. Duró tres años la tramitación del expediente, y en 1694 se decretó el remate de la finca para satisfacer acreencias que subían a doce mil pesos.

Don Diego de Esquivel y Járava, natural del Cuzco, caballero de Santiago, y que en 1687 obtuvo título de marqués de San Lorenzo de Valleumbroso, no quiso consentir en que la casa de su tía abuela pasara a familia extraña; y después de pagar acreedores, dio a los herederos veintiocho mil pesos.

Después de la Independencia cesó la casa de formar parte del mayorazgo de Valleumbroso y pasó a otros propietarios, circunstancia muy natural y sin importancia para nosotros.

Olvidaba apuntar que en tiempo del virrey Amat, a propósito de la expulsión de los jesuitas, se dijo que del sótano de la casa se había sacado un tesoro. No afirmo, consigno el rumor.

Pero a todo esto, ¿por qué se llama ésa la casa de Pilatos? No digas, lector, que se me ha ido el santo al cielo. Ten paciencia, que allá vamos.

Cuenta el pueblo que por agosto de 1635 y cuando la casa estaba arrendada a mineros y comerciantes portugueses, pasó por ella, un viernes a media noche, cierto mozo truhán que llevaba alcoholizados los aposentos de la cabeza. El portero habría probablemente olvidado echar el cerrojo, pues el postigo de la puerta estaba entornado. Vio el borrachín luces en los altos, sintió algún ruido o murmullo de gente, y confiando hallar allí jarana y *moscorrofio,* atrevióse a subir la escalera de piedra, que es, dicho sea de paso, otra de las curiosidades que el edificio tiene.

El intruso adelantó por los corredores hasta llegar a una ventana, tras cuya celosía se colocó, y pudo a sus anchas examinar un espacioso salón iluminado, y cuyas paredes estaban cubiertas por tapices de género negro.

Bajo un dosel vio sentado a uno de los hombres más acaudalados de la ciudad, el portugués don Manuel Bautista Pérez, y hasta cien compatriotas de éste en escaños, escuchando con reverente silencio el discurso que les dirigía Pérez y cuyos conceptos no alcanzaba a percibir con claridad el espía.

Frente al dosel, y entre blandones de cera, había un hermoso crucifijo de tamaño natural.

Cuando terminó de hablar Pérez, todos los circunstantes, menos éste, fueron por riguroso turno levantándose del asiento, avanzaron hacia el Cristo y descargaron sobre él un fuerte ramalazo.

Pérez, como Pilatos, autorizaba con su impasible presencia el escarnecedor castigo.

El espía no quiso ver más profanaciones, escapó como pudo y fue con el chisme a la Inquisición, que pocas horas después echó la zarpa encima a más de cien judíos portugueses.

Al judío Manuel Bautista Pérez le pusieron los católicos limeños el apodo de *Pilatos,* y la casa quedó bautizada con el nombre de *casa de Pilatos.*

Tal es la leyenda que el pueblo cuenta. Ahora veamos lo que dicen los documentos históricos.

En la Biblioteca de Lima existe original del proceso de los portugueses, y de él sólo aparece que en la calle del Milagro existió la sinagoga de los judíos, cuyo rabino o *capitán grande* (como dice el fiscal del Santo Oficio) era Manuel Bautista Pérez. El fiscal habla de profanación de imágenes; pero ninguna minuciosidad refiere en armonía con la popular conseja.

El juicio duró tres años. Quien pormenores quiera, búsquelos en mis *Anales de la Inquisición de Lima.*

Pérez y diez de sus correligionarios fueron quemados en el auto de fe de 1639, y penitenciados cincuenta portugueses más, gente toda de gran fortuna. Parece que al portugués pobre no le era lícito ni ser judío, o que la Inquisición no daba importancia a descamisados.

Y no sé más sobre Pilatos ni sobre su casa.[1]

(1868)

---

[1] Sólo me resta añadir que en el siglo xix, cuando en toda América alboreaba la Independencia, fue en esa casa donde funcionó la primera logia masónica, preparatoria del arribo de San Martín. Los enciclopedistas franceses habían puesto a la moda la masonería, que en nuestro siglo xx reposa en el panteón de las antiguallas. (Nota agregada por el autor en 1917).

UNA VIDA POR UNA HONRA

Crónica de la época del decimoquinto virrey del Perú

I

Doña Claudia Orriamún era, por los años de 1640, el más lindo pimpollo de esta ciudad de los Reyes. Veinticuatro primaveras, sal de las salinas de Lima y un palmito angelical, han sido siempre más de lo preciso para volver la boca agua a los golosos. Era una limeña de aquellas que cuando miran parece que premian, y cuando sonríen parece que besan. Si a esto añadimos que el padre de la joven, al pasar a mejor vida, en 1637, la había dejado bajo el amparo de una tía sesentona y achacosa, legándola un decente caudal, bien podrá creérsenos, sin juramento previo, y como si lo testificaran gilitos descalzos, que no eran pocos los niños que andaban tras del trompo, hostigando a la muchacha con palabras del almíbar, besos hipotéticos, serenatas, billetes y demás embolismos con los que, desde que el mundo empezó a civilizarse, sabemos los del sexo feo dar guerra a las novicias y hasta a las catedráticas en el *ars amandi*.

Parece que para Claudia no había sonado aún el cuarto de hora memorable en la vida de la mujer, pues a ninguno de los galanes alentaba ni con la más inocente coquetería. Pero, como cuando menos se piensa salta la liebre, sucedió que la niña fue el Jueves Santo con su dueña y un paje a visitar estaciones, y del paseo a los templos volvió a casa con el corazón perdido. Por sabido se calla que la tal alhaja debió encontrársela un buen mozo.

Así era, en efecto. Claudia acertó a entrar en la iglesia de Santo Domingo a tiempo y sazón que salía de ella el virrey con gran séquito de oidores, cabildantes y palaciegos, todos de veinticinco alfileres y cubiertos de relumbrones. La joven, para mirar más despacio la lujosa comitiva, se apoyó en la famosa pila bautismal que, forrada en plata, forma hoy el orgullo de la comunidad dominica; pues, como es auténtico, en la susodicha pila se cristianaron todos los nacidos en Lima durante los primeros años de la fundación de la ciudad. Terminado el desfile, Claudia iba a mojar en la pila la mano más pulida que han calzado guantecitos de medio punto, cuando la presentaron con galantería extremada una ramita de verbena empapada en el agua bendita. Alzó ella los ojos, sus mejillas se tiñeron de carmín y... ¡Dios la haya perdonado!, se olvidó de hacer la cruz y santiguarse. ¡Cosas del demonio!

Había llegado el cuarto de hora para la pobrecita. Tenía por delante al más gallardo capitán de las tropas reales. El militar la hizo un saludo

106

cortesano, y aunque su boca permaneció muda, su mirada habló como un libro. La declaración de amor quedaba hecha y la ramita de verbena en manos de Claudia. Por esos tiempos a ningún desocupado se le había ocurrido inventar el lenguaje de las flores, y éstas no tenían otra significación que aquella que la voluntad estaba interesada en darla.

En las demás estaciones que recorrió Claudia encontró siempre, a respetuosa distancia, al gentil capitán, y esta tan delicada reserva acabó de cautivarla. Podía aplicarse a los recién flechados por Cupido esta conceptuosa seguidilla:

> no me mires, que miran
> que nos miramos;
> miremos la manera
> de no mirarnos.
> No nos miremos,
> y cuando no nos miren
> nos miraremos.

Ella, para tranquilizar las alarmas de su pudibunda conciencia, podía decirse, como la beata de cierta conseja:

> conste, Señor, que yo no lo he buscado;
> pero en tu casa santa lo he encontrado.

Dos Cristóbal Manrique de Lara era un joven hidalgo español llegado al Perú junto con el marqués de Mancera y en calidad de capitán de su escolta. Apalabrado para entrar en su familia, pues cuando regresase a España debía casarse con una sobrina de su excelencia, era nuestro oficial uno de los favoritos del virrey.

Bien se barrunta que tan luego como llegó el sábado, y resucitó Cristo, y las campanas repicaron gloria, varió de táctica el galán y estrechó el cerco de la fortaleza, sin andarse con curvas ni paralelas. Como el bravo Córdova en la batalla de Ayacucho, el capitancito se dijo: "¡Adelante! ¡Paso a los vencedores!".

Y el ataque fue tan esforzado y decisivo, que Claudia entró en capitulaciones, se declaró vencida y en total derrota, que

> es la mujer lo mismo
> que leña verde;
> resiste, gime y llora,
> y al fin se enciende.

Por supuesto que el primer artículo, el *sine qua non* de las capitulaciones, pues como dice la copla:

> hasta para ir al cielo
> se necesita
> una escalera grande
> y otra chiquita,

fue que debían recibir la bendición del cura tan pronto como llegasen de España ciertos papeles de familia que él se encargaba de pedir por el primer galeón que zarpase para Cádiz. La promesa de matrimonio sirvió aquí de escalerita, que la gran escalera fue el mucho querer de la dama. Eso de largo noviazgo, y más si se ha aflojado prenda, tiene tres pares de perendengues. El matrimonio ha de ser como el huevo frito: de la sartén a la boca.

Y corrían los meses, y los para ella anhelados pergaminos no llegaban, hasta que, aburrida, amenazó a don Cristóbal con dar una campanada que ni la de Mari-Angola; y estrechólo tanto, que asustado el hidalgo, se espontaneó con su excelencia, y le pidió consejo salvador para su crítica situación.

La conversación que medió entre ambos no ha llegado a mi noticia ni a la de cronista alguno que yo sepa; pero lo cierto es que, como consecuencia de ella ,entre gallos y media noche desapareció de Lima el galán, llevándose, probablemente en la maleta, el honor de doña Claudia.

Mientras don Cristóbal va galopando y tragándose leguas por endiablados caminos, echaremos un párrafo de historia.

El excelentísimo señor don Pedro de Toledo y Leyva, marqués de Mancera, señor de las Cinco Villas, comendador de Esparragal en la Orden y caballería de Alcántara, gentilhombre de cámara de su majestad, llegó a Lima, para relevar al virrey conde de Chinchón, en 18 de enero de 1639.

Las armas del de Leyva eran castillo de oro sobre campo de sinople, bordadura de gules con trece estrellas de oro.

Las fantasías y la mala política de Felipe IV y de su valido el condeduque de Olivares se dejaban sentir hasta en América. Por un lado, los brasileños, apoyando la guerra entre Portugal y España, hacían aprestos bélicos contra el Perú, y por otro, una fuerte escuadra holandesa, armada por Guillermo de Nassau y al mando de Enrique Breant, amenazaba apoderarse de Valdivia y Valparaíso. El marqués de Mancera tomó enérgicas y acertadas medidas para mantener a raya a los vecinos, que desde entonces, sea de paso dicho, miraban al Paraguay con ojos de codicia; y aunque los corsarios abandonaron la empresa por desavenencias que entre ellos surgieron y por no haber obtenido, como lo esperaban, la alianza con los araucanos, el prudente virrey no sólo amuralló y fortificó el antiguo Callao, haciendo para su defensa fundir artillería en Lima, sino que dio a su hijo don Antonio de Toledo el mando de la flotilla conocida después por *la de los siete viernes*. Nació este mote de que cuando el hijo de su excelencia regresó de Chiloé sin haber quemado pólvora, hizo constar en su relación de viaje que en viernes había zarpado del Callao, arribado en viernes a Arica para tomar lenguas, llegado a Valdivia en viernes y salido en viernes, sofocado en viernes un motín de marineros jugadores, libertándose una flota de sus naves de naufragar en viernes y, por fin, fondeando en el Callao en viernes.

Como hemos referido en nuestros *Anales de la Inquisición,* los portugueses residentes en Lima eran casi todos acaudalados e inspiraban recelos de estar en connivencia con el Brasil para minar el poder español. El 1º de diciembre de 1640 se había efectuado el levantamiento de Portugal. El Santo Oficio había penitenciado y aun consumido en el brasero a muchos portugueses, convictos o no convictos de practicar la religión de Moisés.

En 1642 dispuso el virrey que los portugueses se presentasen en palacio con las armas que tuvieran y que saliesen luego del país, disposición que también se comunicó a las autoridades del Río de la Plata. Presentáronse en Lima más de seis mil; pero dícese que consiguieron la revocatoria de la orden de expulsión mediante un crecido obsequio de dinero que hicieron al marqués. En el juicio de residencia que, según costumbre, se siguió a don Pedro de Toledo y Leyva, cuando en 1647 entregó el mando al conde de Salvatierra, figura una acusación de cohecho. El virrey fue absuelto de ella.

Los enemigos del marqués contaban que, cuando más empeñado estaba en perseguir a los judíos portugueses, le anunció un día su mayordomo que tres de ellos estaban en la antesala solicitando audiencia, y que el virrey contestó: "No quiero recibir a esos canallas que crucificaron a Nuestro Señor Jesucristo." El mayordomo le nombró entonces a los solicitantes, que eran de los más acaudalados mercaderes de Lima, y dulcificándose el ánimo de su excelencia, dijo: "¡Ah! Deja entrar a esos pobres diablos. Como hace tanto tiempo que pasó la muerte de Cristo, ¡quién sabe si no son más que exageraciones y calumnias las cosas que se refieren de los judíos!" Con este cuentecillo explican los maldicientes el general rumor de que el virrey había sido comprado por el oro de los portugueses.

Bajo el gobierno del marqués de Mancera quedó concluido el socavón mineral de Huancavelica, y en 1641 se introdujo, para desesperación de los litigantes, el uso del papel sellado, con lo que el real tesoro alcanzó nuevos provechos.

Una erupción del Pichincha, en 1645, que causó grandes estragos en Quito y casi destruyó Riobamba, y un espantoso temblor que en 1647 sepultó más de mil almas en Santiago de Chile, hicieron que los habitantes de Lima, temiendo la cólera celeste, dejasen de pensar en fiestas y devaneos para consagrarse por entero a la vida devota. El sentimiento cristiano se exaltó hasta el fanatismo, y raro era el día en que no cruzara por las calles de Lima una procesión de penitencia. A los soldados se les impuso la obligación de asistir a los sermones del padre Alloza, y en tan luctuosos tiempos vivían en predicamento de santidad y reputados por facedores de milagros el mercedario Urraca, el jesuita Castillo, el dominico Juan Masías y el agustino Vadillo. A santo por comunidad, para que ninguna tuviese que envidiarse.

Este virrey fue el que en 1645 restauró, con gran ceremonia, el mármol que infama la memoria del maestre de campo Francisco de Carbajal.

*

III

Gobernaba la imperial villa de Potosí, como su decimoctavo corregidor, el general don Juan Vázquez de Acuña, de la Orden de Calatrava, cuando a principios de 1642 se le presentó el capitán don Cristóbal Manrique de Lara con pliegos en que el virrey le confería el mando de las milicias que se organizaban para guarnición del Tucumán, y a la vez lo recomendaba mucho a la particular estimación de su señoría.

Era ésta una de las épocas de auge para el mineral, pues el bando de los *vicuñas* había celebrado una especie de armisticio con la parcialidad contraria, y la gente no pensaba sino en desentrañar plata para gastarla sin medida. Tal era la opulencia, que la dote que llevaban al matrimonio las hijas de minero rara vez bajaba de medio milloncejo, y lecho nupcial hubo al que el suegro hizo poner barandilla de oro macizo. Si aquello no era lujo, que venga Creso y lo diga.

Tenemos a la vista muchos e irrefutables documentos que revelan que la riqueza sacada del cerro de Potosí desde 1545, fecha del descubrimiento de las vetas argentíferas, hasta 31 de diciembre de 1800, fue de tres mil cuatrocientos millones de pesos fuertes, y un pico que ni el de un alcatraz, y que ya lo querría este sacristán para cigarros y guantes. Y no hay que tomarlo a fábula, porque los comprobantes se hallan en toda regla y sin error de suma o pluma.

Sólo una mina conocemos que haya producido más plata que todas las de Potosí. Esa mina se llama el Purgatorio. Desde que la Iglesia inventó o descubrió el Purgatorio, fabricó también un arcón sin fondo y que nunca ha de llenarse, para echar en él las limosnas de los fieles por misas, indulgencias, responsos y demás golosinas de que tanto se pagan las ánimas benditas.

El juego, las vanidosas competencias, los galanteos y desafíos formaban la vida habitual de los mineros; y don Cristóbal, que llevaba el pasaporte de su nobleza y marcial apostura, se vio pronto rodeado de obsequiosos amigos que lo arrastraron a esa existencia de disipación y locura constante. En Potosí se vivía hoy por hoy, y nadie se cuidaba del mañana.

Hallábase una noche nuestro capitán en uno de los más afamados garitos, cuando entró un joven y tomó asiento cerca de él. La fortuna no sonreía en esa ocasión a don Cristóbal, que perdió hasta la última moneda que llevaba en la escarcela.

El desconocido, que no había arriesgado un real en la partida, parece que esperaba tal emergencia, pues sin proferir una palabra le alargó la bolsa. Hallábase ésta bien provista, y entre las mallas relucía el oro.

—Gracias, caballero —dijo el capitán, aceptando la bolsa y contando las cincuenta onzas que ella contenía.

Con este refuerzo se lanzó el furioso jugador tras el desquite, pero el hombre no estaba de vena, y cuando hubo perdido toda la suma se volvió hacia el desconocido:

—Y ahora, señor caballero, pues tal merced me ha hecho, dígame, si es servido, dónde está su posada para devolverle su generoso préstamo.

—Pasado mañana, al alba, espero al hidalgo en la plaza del Regocijo.

—Allí estaré —contestó el capitán, no sin sorprenderse por lo inconveniente de la hora fijada.

Y el desconocido se embozó en la capa, y salió del garito sin estrechar la mano que don Cristóbal le tendía.

IV

Hacía un frío siberiano, capaz de entumecer al mismísimo rey del fuego, y los primeros rayos del sol doraban las crestas del empinado cerro, cuando don Cristóbal, envuelto en su capa, llegó a la solitaria plaza del Regocijo, donde ya le esperaba su acreedor.

—Huélgome de la exactitud, señor capitán.

—Jáctome de ser cumplido siempre que se trata de pagar deudas.

—¿Y eslo también el señor don Cristóbal para hacer honor a su palabra empeñada? —preguntó el desconocido dando a su acento el tono de impertinente ironía.

—Si otro que vuesamerced, a quien estoy obligado, se permitiese dudarlo, buena hoja llevo al cinto, que ella y no la lengua diera cabal respuesta.

—Pues ahórrese palabras el hidalgo sin hidalguía, y empuñe.

Y el desconocido desenvainó rápidamente su espada y dio con ella un cintarazo a don Cristóbal, antes de que éste hubiera alcanzado a ponerse en guardia. El capitán arremetió furioso a su adversario, que paraba las estocadas con destreza y sangre fría. El combate duraba ya algunos minutos, y don Cristóbal, ciego de coraje, olvidaba la defensa, cuidando de no flaquear en el ataque; pero, de pronto, su antagonista le hizo saltar el acero, y viéndole desarmado, le hundió la espada en el pecho, gritándole:

—¡Tu vida por mi honra! Claudia te mata.

V

El poeta Juan Sobrino que, a imitación de Peralta en su *Lima fundada,* escribió en verso la historia de Potosí, trae una ligera alusión a este suceso.

Bartolomé Martínez Vela, en su curiosa *Crónica potosina,* dice: "En este mismo año de 1642, doña Claudia Orriamún mató con un golpe de alfange a don Cristóbal Manrique de Lara, caballero de los reinos de España, porque la sedujo con varias promesas y la dejó burlada. Fue presa doña Claudia, y sacándola a degollar, la quitaron los criollos con muchas muertes y heridas de los que se opusieron; y metiéndola en la iglesia mayor, de allí la pasaron a Lima. Ya en el año anterior había sucedido aquella batalla tan celebrada de los poetas de Potosí y cantada por sus calles, en la cual salieron al campo doña Juana y doña Lucía Morales, doncellas nobles, de la una parte, y de la otra don Pedro y don Graciano González, hermanos, como también lo eran ellas. Diéronse la batalla en cuatro feroces caballos con lanza y escudo, donde fueron muertos miserablemente don Graciano y don Pedro, quizá por la mucha razón que asistía a las contrarias, pues era caso de honra."

Que las damas potosinas eran muy quisquillosas en cuanto con la negra honrilla se relacionase, quiero acabar de comprobarlo copiando de otro autor el siguiente relato: "Aconteció en 1663 que riñendo en un templo doña Magdalena Téllez, viuda rica, con doña Ana Rosén, el marido de ésta, llamado don Juan Salas de Varea, dio una bofetada a doña Magdalena, la cual contrajo a poco matrimonio con el contador don Pedro Arechua, vizcaíno, bajo la condición de que la vengaría del agravio. Arechua fue aplazando su compromiso y acabó por negarse a cumplirlo, lo cual ofendió a doña Magdalena hasta el punto de resolverse una noche a asesinar a su marido; y agrega un cronista que todavía tuvo ánimo para arrancarle el corazón. Ella fue encarcelada y sufrió la pena de garrote, a pesar de los ruegos del obispo Villarroel, que fueron rechazados por la Audiencia de Chuquisaca, lo mismo que la oferta de doscientos mil pesos que los vecinos de Potosí hicieron para salvarle la vida."

¡Zambomba con las mujercitas de Potosí!

Concluyamos con doña Claudia.

En Lima, el virrey no creyó conveniente alborotar el cotarro, y mandó echar tierra sobre el proceso. Motivos de conciencia tendría el señor marqués para proceder así.

Claudia tomó el velo en el monasterio de Santa Clara, y fue su padrino de hábito el arzobispo don Pedro Villagómez, sobrino de Santo Toribio.

Por fortuna, su ejemplo y el de las hermanitas Morales no fue contagioso; pues si las hijas de Eva hubieran dado en la flor de desafiar a los pícaros que, después de engatusarlas, salen con *paro medio*, fijamente que se quedaba este mundo despoblado de varones.

MONJA Y CARTUJO

TRADICIÓN

En que se prueba que del odio al amor hay poco trecho.

I

Don Alonso de Leyva era un arrogante mancebo castellano que, por los años de 1640, se avecindó en Potosí en compañía de su padre, nombrado por el rey corregidor de la imperial villa.

Cargo fue este tan apetitoso que, en 1590, lo pretendió nada menos que el inmortal Miguel de Cervantes Saavedra, aunque no recuerdo dónde he leído que no fue éste sino el corregimiento de La Paz el codiciado por el ilustre vate español. ¡Cuestión de nombre! A haber recompensado el rey los méritos del manco de Lepanto, enviándolo al Perú como él anhelaba, es seguro que el *Quijote* se habría quedado en el tintero y no tendrían las letras castellanas un título de legítimo orgullo en libro tan admirable. Véase, pues, cómo hasta los reyes con pautas torcidas hacen renglones derechos, que si ingrato e injusto anduvo el monarca en no premiar como debiera al honrado servidor, agradecerle hemos la mezquindad e injusticia, por los siglos de los siglos, los que amamos al galano y conceptuoso escritor y lo leemos y releemos con entusiasmo constante.

Era el don Alonso un verdadero hijo mimado; y por ello es de colegirse que andaría siempre por caminos torcidos. Camorrista, jugador y enamoradizo, ni dejaba enmohecer el hierro, ni desconocía garito, ni era moro de paz de muy voraz apetito y afectado de lo que se llama ginecomanía.

Así, nadie se maravilló de saber que andaba como goloso tras cierta doña Elvira, esposa de don Martín Figueras, acaudalado vizcaíno, caballero de Santiago y veinticuatro de la villa, hombre del cual decíase lo que cuentan de un don Lope que no era miel, ni hiel, ni vinagre, ni arrope.

Que doña Elvira tenía belleza y discreción para dar y prestar no hay para qué apuntarlo, que a ser fea y tonta no habría dado asunto a los historiadores. Algo ha de valer el queso para que lo vendan por el peso. Además, don Alonso de Leyva era mozo de paladar muy delicado, y no había de echar su fama al traste por una hembra de poco más o menos.

En puridad de verdad, fue para Elvirita para quien un coplero, entre libertino y devoto, escribió esta redondilla:

Mis ojos fueron testigos
Que te vieron persignar:
¡Quién te pudiera besar
Donde dices *enemigos!*

Pero es el caso que doña Elvira era mujer de mucho penacho y blasonaba de honrada. Palabras y billetes del galán quedaron sin respuesta y en vano pasaba él las horas muertas, hecho un hesicate, dando vueltas en torno de la dama de sus pensamientos y rondando por esas aceras, en acecho de ocasión oportuna para atreverse a un atrevimiento.

Al cabo persuadióse don Alonso de que no rendiría la fortaleza si no ponía de su parte ejército auxiliar, y acertó a propiciarse la tercería de una amiga de doña Elvira. Dádivas quebrantan peñas, o lo que es lo mismo, no hay cerradura donde es de oro la ganzúa; y el de Leyva, que tenía empeñada su vanidad en el logro de la conquista, supo portarse con tanto rumbo, que la amiga empezó por sondear el terreno encareciendo ante doña Elvira las cualidades, gentileza y demás condiciones del mancebo. La esposa de Figueras comprendió a dónde iba a parar tanta recomendación, e interrumpiendo a la oficiosa panegirista la dijo:

—Si vuelves a hablarme de ese hombre *cortamos pajita,* que oídos de mujer honrada se lastiman con conceptos de galanes.

A santo enojado, con no rezarle más está acabado. Pasaron meses y la amiga no volvió a tomar en boca el nombre del galán. La muy marrullera concertaba con don Alonso el medio de tender una red a la virtud de la orgullosa dama, que donde no valen cuñas aprovechan uñas, y no era el de Leyva hombre de soportar desdenes.

Una mañana recibió doña Elvira este billetito, que copiamos subrayando los provincialismos:

"*Elvirucha, viditay:* sabrás cómo el dolor de *ijada* me tiene sin "salir de mi *dormida.* Por eso no puedo llevarte, como te ofrecí ayer, "las ricas blondas y demás *porquerías* que me han traído de Lima, y que "están haciendo *raya* entre las mazamorreras. Pero si quieres verlas, ven, "que te espero, y de paso harás una obra de misericordia visitando a tu "*Manuelay.*"

Doña Elvira, sin la menor desconfianza, fue a casa de Manuela. Precisamente eso queríamos los de a caballo... ¡que saliese el toro a la plaza!

Era Manuela una mujercita obesa, como aquella por quien escribió un poeta:

Muchacha, tu cuerpo es tal,
que dicen cuantos lo ven
que en lo chico es como el bien
y en lo gordo como el mal.

Presumimos que, más que el deseo de ver a la doliente amiga, fue la curiosidad que en todas las hijas de Eva inspiran los cintajos, telas y joyas, lo que impulsó a la visitante. De seguro que la simbólica manzana del Paraíso fue un traje de seda u otra *porquería* por el estilo.

Y a propósito de esta palabra que se usa muy criollamente. ¿Háceles a ustedes gracia oírla en lindísimas bocas?

Va una limeña a tiendas, encuentra una amiga y es de cajón esta frase:
—Hija, estoy gastando la plata en porquerías.

Se atraganta una niña de dulces, hojaldres y pastas, y no faltan labios de caramelo que digan:

—¡Cómo no se ha de enfermar esta muchacha, si no vive más que comiendo porquerías! ¡Uf! ¡qué asco!

Lectoras mías, llévense de mi consejo y destierren la palabrita mal sonante. Perdonen el sermoncito cuaresmal y, dejándonos de mondar nísperos, sigamos con el interrumpido relato.

Manuela recibió la visita, acostada en su lecho, y después de un rato de charla femenil, sobre la eficacia de los remedios caseros, dijo aquélla:

—Si quieres ver esas *maritatas,* las hallarás sobre la mesa del otro cuarto.

Doña Elvira pasó a la habitación contigua y la puerta se cerró tras ella.

Ni yo ni el santo sacerdote que consignó en sus libros esta historia fuimos testigos de lo que pasaría a puerta cerrada; pero una sirviente, larga de lengua, contó en secreto al sacristán de la parroquia y a varias comadres del barrio, que fue como publicarlo en la gaceta, que doña Elvira salió echando chispas y que, al llegar a su domicilio, sufrió tan horrible ataque de nervios que hubo necesidad de que la asistiesen médicos.

Barrunto que por esta vez había resultado sin sentido el refrancito aquel que dice: *A olla que hierve ninguna mosca se atreve.*

II

La esposa de don Martín Figueras juró solemnemente vengarse de los que la habían agraviado; y para asegurar el logro de su venganza, principió por disimular su enojo para con la desleal amiga, y fingió reconciliarse con ella y olvidar su felonía.

Una tarde, en que Manuela estaba ligeramente enferma, doña Elvira la envió un plato de natillas. Afortunadamente para la proxeneta no pudo comerlas en el acto, por no contrariar los efectos de un medicamento que acababan de propinarla, y guardó el obsequio en la alacena.

A las diez de la noche sacó Manuela al consabido dulce, resuelta a darse un hartazgo, y quedó helada de espanto. En las natillas se veía la nauseabunda descomposición que produce un tósigo. De buena gana habría la tal alborotado el cotarro; pero, como la escarabajeaba un gusanillo la conciencia, resolvió callar y vivir sobre aviso.

En cuanto a don Alonso de Leyva, tampoco las tenía todas consigo y andaba más escamado que un pez.

Hallábase una noche en un garito, cuando entraron dos matones y él, instintivamente, concibió algún recelo. Los dados le habían sido favorables y, al terminarse la partida, se volvió hacia los individuos sospechosos y, alargándoles un puñado de monedas, les dijo:

—¡Vaya, muchachos! Reciban *barato* y diviértanse a mi salud.

Los malsines acompañaron al de Leyva y le confesaron que doña Elvira los había comisionado para que lo cosiesen a puñaladas; pero que ellos no tenían entrañas para hacer tamaña barbaridad con tan rumboso mancebo.

Desde ese momento, don Alonso los tomó a su servicio para que le guardasen las espaldas y le hiciesen en la calle compañía, marchando a regular distancia de su sombra. Era justo precaucionarse de una celada.

Item, escribió a su víctima una larga y expresiva carta, rogándola perdonase la villanía a que lo delirante de su pasión lo arrastrara. Decíala además que si para desagravio necesitaba su sangre toda, no la hiciese verter por el puñal de un asesino; y terminaba con esta apasionada promesa: —Una palabra tuya, Elvira mía, y con mi propia espada me atravesaré el corazón.

Convengamos en que el don Alonso era mozo de todo juego y que sabía, por lo alto y por lo bajo, llevar a buen término una conquista.

III

Frustrada la doble venganza que se propuso doña Elvira, se la desencapotaron los ojos; lo que importa decir que pasó su alma a experimentar el sentimiento opuesto al odio. ¡Misterios del corazón!

Tal vez la apasionada epístola del galán sirvió de combustible para avivar la hoguera. Sea de ello lo que fuere, que yo no tengo para qué meterme en averiguarlo, la verdad es que el hidalgo y la dama tuvieron diaria entrevista en casa de Manuela y se juraron amarse hasta el último soplo de vida. Por eso, sin duda, se dijo *quien te dio la hiel te dará la miel.*

Por supuesto, que no volvió entre ellos a hablarse de lo pasado. *A cuentas viejas, barajas nuevas.*

Pero los entusiastas amantes se olvidaban de que en Potosí existía un hombre llamado don Martín Figueras, el cual la echaba de celoso quizá, como dice el refrán, *no tanto por el huevo sino por el fuero.* Al primer barrunto que éste tuvo de que un Cirineo pretendía ayudarlo a cargar la cruz, encerró a su mujer en casita, rodeóla de dueñas y rodrigones, prohibióla hasta la salida al templo en los días de precepto, y forzóla a que estuviese en el estrado mano sobre mano como mujer de escribano.

Decididamente, don Martín Figueras era el Nerón de los maridos, un tirano como ya no se usa. No era para él la resignación virtud con la que se gana el cielo. A él no le venía de molde esta copla:

> Un cazador famoso,
> poco advertido,
> por matar a un venado
> mató a un marido.

El hombre era de la misma pasta de aquel que fastidiado de oír a su conjunta gritar a cada triquitraque, y como quien en ello hace obra de santidad: "¡Soy muy honrada!, ¡soy muy honrada!, ¡como yo hay pocas!, ¡soy muy honrada!", la contestó: "Hija mía, a Dios que te lo pague, que a mi cuenta no está el premiarlo si lo eres, sino el castigarlo si lo dejares de ser."

Don Alonso no se conformó con la forzada abstinencia que le imponían los escrúpulos de un Orestes; y cierta noche, entre él y los dos matones, le plantaron a don Martín tres puñaladas que no debieron ser muy limpias; pues el moribundo tuvo tiempo para acusar como a su asesino al hijo del corregidor.

—Si tal se prueba —dijo irritado su señoría, que era hombre de no partir peras con nadie en lo tocante a su cargo—, no le salvará mi amor paternal de que la justicia llene su deber degollándolo por mano del verdugo, que *el que por su gusto se traga un hueso hácelo atenido a su pescuezo.*

Los ministriles se pusieron en movimiento, y apresado uno de los rufianes cantó de plano y pagó su crimen en la horca, que *la cuerda rompe siempre por lo más delgado.*

Entretanto, don Alonso escapó a uña de caballo; y doña Elvira se fue a Chuquisaca y se refugió en la casa materna.

Probablemente algún cargo serio resultaría contra ella en el proceso, cuando las autoridades de Potosí libraron orden de prisión, encomendando su cumplimiento al alguacil mayor de Chuquisaca.

Presentóse éste en la casa, con gran cortejo de esbirros, e impuesta la madre de lo que solicitaban, se volvió a doña Elvira y la dijo:

—Niña, ponte el manto y sigue a estos señores que, si inocente estás, Dios te prestará su amparo.

Entró Elvira a la recámara y habló rápidamente con su hermana. A poco salió una dama, cubierta la faz con el rebocillo, y los corchetes la dieron escolta de honor.

Así caminaron seis cuadras hasta que, al llegar a la puerta de la cárcel, la dama se descubrió y el alguacil mayor se mesó las barbas, reconociéndose burlado. La presa era la hermana de doña Elvira.

La viuda de don Martín Figueras no perdió minuto y, cuando regresó la gente de justicia en busca de la paloma, ésta se hallaba salva de cuitas en el monasterio de monjas, asilo inviolable en aquellos tiempos.

IV

Don Alonso pasó por Buenos Aires a España. Rico, noble y bien relacionado, defendió su causa con lengua de oro y, como era consiguiente, alcanzó cédula real que a la letra así decía:

"EL REY: —Por cuanto siéndonos manifiesto que don Alonso de "Leyva, hidalgo de buen solar, dio muerte con razón para ella a don "Martín Figueras, vecino de la imperial villa de Potosí, mandamos a "nuestro viso-rey, audiencias y corregimientos de los reinos del Perú, "den por quito y absuelto de todo cargo al dicho hidalgo don Alonso "de Leyva, quedando finalizado el proceso y anulado y casado por "esta nuestra real sentencia ejecutoria."

En seguida pasó a Roma; y haciendo uso de los mismos sonantes e irrefutables argumentos, obtuvo licencia para contraer matrimonio con la viuda del veinticuatro de Potosí.

Pero don Alonso no pudo hacer que el tiempo detuviese su carrera, y gastó tres años en viajes y pretensiones.

Doña Elvira ignoraba las fatigas que se tomaba su amante; pues aunque éste la escribió informándola de todo, o no llegaron a Chuquisaca las cartas, en esa época de tan difícil comunicación entre Europa y América, o como presume el religioso cronista que consignó esta historia, las cartas fueron interceptadas por la severa madre de doña Elvira, empeñada en que su hija tomase el velo, para acallar el escándalo a que su liviandad diera origen.

Don Alonso de Leyva llegó a Chuquisaca un mes después de que el solemne voto apartaba del mundo a su querida Elvira.

Añade el cronista que el desventurado amante se volvió a Europa y murió vistiendo el hábito de los cartujos.

¡Pobrecito! Dios lo haya perdonado... *Amén.*

LOS TESOROS DE CATALINA HUANCA

I

Los *huancas* o indígenas del valle de Huancayo constituían, a principios del siglo xv, una tribu independiente y belicosa a la que el Inca Pachacutec logró, después de fatigosa campaña, someter a su imperio; aunque reconociendo por cacique a Oto-Apu-Alaya y declarándole el derecho de transmitir título y mando a sus descendientes.

Prisionero Atahualpa, envió Pizarro fuerzas al riñón del país; y el cacique de Huancayo fue de los primeros en reconocer el nuevo orden de gobierno, a trueque de que se respetasen sus antiguos privilegios. Pizarro que, a pesar de los pesares, fue sagaz político, apreció la conveniencia del pacto; y para más halagar al cacique e inspirarle mayor confianza, se unió a él por un vínculo sagrado, llevando a la pila bautismal, en calidad de padrino, a Catalina Apu-Alaya, heredera del título y dominio.

El pueblo de San Jerónimo, situado a tres leguas castellanas de Huancayo, y a tres kilómetros del convento de Ocopa, era por entonces cabeza del cacicazgo.

Catalina Huanca, como generalmente es llamada la protagonista de esta leyenda, fue mujer de gran devoción y caridad. Calcúlase en cien mil pesos ensayados el valor de los azulejos y maderas que obsequió para la fábrica de la iglesia y convento de San Francisco; y asociada al arzobispo Loayza y al obispo de la Plata fray Domingo de Santo Tomás, edificó el hospital de Santa Ana. En una de las salas de este santo asilo contémplase el retrato de doña Catalina, obra de un pincel churrigueresco.

Para sostenimiento del hospital dio además la cacica fincas y terrenos de que era en Lima poseedora. Su caridad para con los pobres, a los que socorría con esplendidez, se hizo proverbial.

En la real caja de censos de Lima estableció una fundación, cuyo producto debía emplearse en pagar parte de la contribución correspondiente a los indígenas de San Jerónimo, Mito, Orcotuna, Concepción, Cincos, Chupaca y Sicaya, pueblecitos inmediatos a la capital del cacicazgo.

Ella fue también la que implantó en esos siete pueblos la costumbre, que aun subsiste, de que todos los ciegos de esa jurisdicción se congreguen en la festividad anual del patrón titular de cada pueblo, y sean vestidos y alimentados a expensas del mayordomo, en cuya casa se les proporciona además alojamiento. Como es sabido, en los lugares de la sierra, esas fiestas duran de ocho a quince días, tiempo en que los ciegos disfrutan de festines, en los que la *pacha-manca* de carnero y la *chicha de poiora* se consumen sin medida.

119

Murió Catalina Huanca en los tiempos del virrey marqués de Guadálcazar, de cerca de noventa años de edad, y fue llorada por grandes y pequeños.

Doña Catalina pasaba cuatro meses del año en su casa solariega de San Jerónimo, y al regresar a Lima lo hacía en una litera de plata y escoltada por trescientos indios. Por supuesto, que en todos los villorios y caseríos del tránsito era esperada con grandes festejos. Los naturales del país la trataban con las consideraciones debidas a una reina o dama de mucho cascabel, y aun los españoles la tributaban respetuoso homenaje.

Verdad es que la codicia de los conquistadores estaba interesada en tratar con deferencia a la cacica que anualmente, al regresar de su paseo a la sierra, traía a Lima (¡y no es chirigota!) cincuenta acémilas cargadas de oro y plata.

¿De dónde sacaba doña Catalina esa riqueza? ¿Era el tributo que la pagaban los administradores de sus minas y demás propiedades? ¿Era, acaso, parte de un tesoro que durante siglos, y de padres a hijos, habían ido acumulando sus antecesores? Esta última era la general creencia.

II

Cura de San Jerónimo, por los años de 1642, era un fraile dominico muy mucho celoso del bien de sus feligreses, a los que cuidaba así en la salud del alma como en la del cuerpo. Desmintiendo el refrán —*el abad de lo que canta yanta*— el buen párroco de San Jerónimo jamás hostilizó a nadie por el pago de diezmos y primicias, ni cobró pitanza por entierro o casamiento, ni recurrió a tanta y tanta socaliña de frecuente uso entre los que tienen cura de almas a quienes esquilmar como el pastor a los carneros.

¡Cuando yo digo que su paternidad era una *avis rara!*

Con tan evangélica conducta, entendido se está que el padre cura andaría siempre escaso de maravedises y mendigando bodigos, sin que la estrechez en que vivía le quitara un adarme de buen humor ni un minuto de sueño.

Pero llegó día en que, por primera vez, envidiara el fausto que rodeaba a los demás curas sus vecinos. Por esto se dijo sin duda lo de:

> Abeja y oveja
> Y parte en la igreja
> Desea a su hijo la vieja.

Fue el caso que, por un oficio del Cabildo Eclesiástico, se le anunciaba que el Ilustrísimo señor Arzobispo don Pedro Villagómez acababa de nombrar un Delegado o Visitador de la diócesis.

Y como acontece siempre en idéntico caso, los curas se prepararon para echar la casa por la ventana a fin de agasajar al Visitador y su comitiva.

Y los días volaban, y a nuestro vergonzante dominico le corrían letanías por el cuerpo y sudaba avellanas, cavilando en la manera de recibir dignamente la visita. Pero, por más que se devanaba la sesera, sacaba siempre en limpio que *donde no hay harina todo es mohína* y que *de los codos no salen lonjas de tocino.*

Reza el refrán que *nunca falta quien dé un duro para un apuro;* y por esta vez el hombre para el caso fue aquel en quien menos pudo pensar el cura, como si dijéramos el último triunfo de la baraja humana, que por tal ha sido siempre tenido el prójimo que ejerce los importantes oficios de sacristán y campanero de la parroquia.

Eralo de la de San Jerónimo un indio que apenas podía llevar a cuestas el peso de su partida de bautismo, arrugado como pasa, nada aleluyado y que apestaba miseria al través de sus harapos. Hízose en breve cargo de la congoja y atrenzos del buen dominico y una noche, después del toque de queda y cubre-fuego, acercóse a él y le dijo:

—*Taita cura,* no te aflijas. Déjate vendar los ojos y ven conmigo, que yo te llevaré adonde encuentres más plata que la que necesites.

Al principio pensó el reverendo que su sacristán había empinado el codo más de lo razonable; pero tal fue el empeño del indio y tales su seriedad y aplomo, que terminó el cura por dejarse poner un pañizuelo sobre los ojos, coger su bastón y, apoyado en el brazo del campanero, echóse a andar por el pueblo.

Los vecinos de San Jerónimo, entonces como hoy, se entregaban a Morfeo a la misma hora en que lo hacen las gallinas; así es que el pueblo estaba desierto como un cementerio y más oscuro que una madriguera. No había, pues, que temer importuno encuentro ni miradas curiosas.

El sacristán, después de las marchas y contramarchas necesarias para que el cura perdiera la pista, dio en una puerta tres golpecitos cabalísticos, abrieron y penetró con el dominico en un patio. Allí se repitió lo de las vueltas y revueltas, hasta que empezaron a descender escalones que conducían a un subterráneo.

El indio separó la venda de los ojos del cura, diciéndole:

—*Taita,* mira y coge lo que necesites.

El dominico se quedó alelado y como quien ve visiones; y a permitírselo sus achaques, hábito y canas se habría, cuando volvió en sí de la sorpresa, echado a hacer zapatetas y a cantar:

¡Uno, dos, tres y cuatro,
Cinco, seis, siete,
En mi vida he tenido
Gusto como éste!

Hallábase en una vasta galería, alumbrada por hachones de resina sujetos a las pilastras. Vio ídolos de oro, colocados sobre andamios de plata, y barras de este reluciente metal profusamente esparcidas por el suelo.

¡Pimpinela! ¡Aquel tesoro era para volver loco al Padre Santo de Roma!

III

Una semana después llegaba a San Jerónimo el Visitador, acompañado de un clérigo secretario y de varios monagos.

Aunque el propósito de su señoría era perder pocas horas en esa parroquia, tuvo que permanecer tres días, tales fueron los agasajos de que se vio colmado. Hubo toros, comilonas, danzas y demás festejos de estilo; pero todo con un boato y esplendidez que dejó maravillados a los feligreses.

¿De dónde su pastor, cuyos emolumentos apenas alcanzaban para un mal puchero, había sacado para tanta bambolla? Aquello era de hacer perder su latín al más despierto.

Pero desde que continuó viaje el Visitador, el cura de San Jerónimo, antes alegre, expansivo y afectuoso, empezó a perder carnes como si lo chuparan brujas y a ensimismarse y pronunciar frases sin sentido claro, como quien tiene el caletre fuera de su caja.

Llamó también y mucho la atención, y fue motivo de cuchicheo al calor de la lumbre para las comadres del pueblo, que desde ese día no se volvió a ver al sacristán ni vivo ni pintado, ni a tener noticia de él como si la tierra se lo hubiera tragado.

La verdad es que en el espíritu del buen religioso habíanse despertado ciertos escrúpulos, a los que daba mayor pábulo la repentina desaparición del sacristán. Entre ceja y ceja, clavósele al cura la idea de que el indio había sido el demonio en carne y hueso, y por ende, regalo del infierno el oro y plata gastados en obsequiar al Visitador y su comitiva. ¡Digo, si su paternidad tenía motivo, y gordo, para perder la chaveta!

Y a tal punto llegó su preocupación y tanto melancolizósele el ánimo, que se encaprichó en morirse y a la postre le cantaron *gori-gori*.

En el archivo de los frailes de Ocopa hay una declaración que prestó el moribundo sobre los tesoros que el diablo le hizo ver. El Maldito lo había tentado por la vanidad y la codicia.

Existe en San Jerónimo la casa de Catalina Huanca. El pueblo cree a pie juntillas que en ella deben estar, escondidas en un subterráneo, las fabulosas riquezas de la cacica; y aun en nuestros tiempos se han hecho excavaciones para impedir que las barras de plata se pudran o críen moho en el encierro.

LA FALTRIQUERA DEL DIABLO

TRADICIÓN

(A Acisclo Villarán)

I

Hay en Lima una calle conocida por la de la *Faltriquera del diablo*.

Mas, antes de entrar en la tradición, quiero consignar el origen que tienen los nombres con que fueron bautizadas muchas de las calles de ésta, republicana hoy y antaño aristocrática, ciudad de los Reyes del Perú. A pesar de que oficialmente se ha querido desbautizarlas, ningún limeño hace caso de nombres nuevos, y a fe que razón les sobra. De mí sé decir que jamás empleo la moderna nomenclatura: primero, porque el pasado merece algún respeto y a nada conduce abolir nombres que despiertan recuerdos históricos; y segundo, porque tales prescripciones de la autoridad son papel mojado y no alcanzarán, sino con el transcurso de siglos, a hacer olvidar lo que entró en nuestra memoria junto con la cartilla. Aunque ya no hay limeños de los de sombrero con cuña, limeños *pur sang,* échese usted a preguntar a los que recibimos en la infancia paladeo no de *racahout* sino de mazamorra, por la calle del Cuzco o de Arequipa, y perderá lastimosamente su tiempo. En cambio, pregúntenos usted dónde está el callejón del Gigante, el de los Cachos, o el de la Sirena y verá que no nos mordemos la lengua para darle respuesta.

Cuando Pizarro fundó Lima, dividióse el área de la ciudad en lotes o solares bastante espaciosos para que cada casa tuviese gran patio y huerta o jardín. Desde entonces, casi la mitad de las calles fueron conocidas por el nombre del vecino más notable. Bastará en prueba que citemos las siguientes: Argandoña, Aparicio, Azaña, Belaochaga, Beytia, Bravo, Baquíjano, Boza, Bojarano, Breña, Barraganes, Cháves, Concha, Calonge, Carrera, Cádices, Esplana, Fano, Granados, Hoyos, Ibarrola, Juan Pablo, Juan Simón, Lártiga, Lescano, La-Riva, León de Andrade, Llanos, Matienzo, Maurtua, Matavilela, Melchor Malo, Mestas, Miranda, Mendoza, Núñez, Negreyros, Ortiz, Ormeño, Otárola, Otero, Orejuelas, Pastrana, Padre Jerónimo, Pando, Queipo, Romero, Salinas, Tobal, Ulloa, Urrutia, Villalta, Villegas, Zárate, Zavala.

La calle de doña Elvira se llamó así por una famosa curandera que, en tiempo del virrey duque de la Palata, tuvo en ella su domicilio. Juan de Caviedes, en su *Diente del Parnaso,* nos da largas y curiosas noticias de esta mujer que inspiró agudísimos conceptos a la satírica vena del poeta limeño.

Sobre la calle de las Mariquitas cuentan que el alférez real don Basilio García Ciudad, guapo mancebo y donairoso poeta, que comía pan en Lima por los años de 1758, fue quien hizo popular el nombre. Vivían en dicha calle tres doncellas, bautizadas por el cura con el nombre de María, en loor de las cuales improvisó un día el galante alférez la espinela siguiente:

Mi cariño verdadero
Diera a alguna de las tres;
Mas, lo fuerte del caso es
Que yo no sé a cuál más quiero
Cada una es como un lucero,
Las tres por demás bonitas;
Congojas danme infinitas,
Y para hacer su elección
No atina mi corazón
Entre las tres Mariquitas.

La calle que impropiamente llaman muchos del Gato no se nombró sino de Gato, apellido de un acaudalado boticario.

Los bizcochitos de la Zamudio dieron tal fama a una pastelera de este apellido, que quedó por nombre de la calle.

La del Mármol de Carvajal lució la lápida infamatoria para el maese de campo de Gonzalo Pizarro.

De Polvos Azules llamóse la calle en donde se vendía añil.

Rastro de San Francisco y Rastro de San Jacinto nombráronse aquellas en donde estuvieron situados los primeros camales o mataderos públicos.

La calle de Afligidos se llamó así porque en un solar o corralón de ella se refugiaron muchos infelices, que quedaron sin pan ni hogar por consecuencia de un terremoto.

La calle de Juan de la Coba debió su nombre al famoso banquero Juan de la Cueva, cuya quiebra fraulenta conmemoran hoy mismo los muchachos de Lima en unas coplas que empiezan:

Juan de la Coba
Con joroba,
Niño bonito
Platanito, etc.

y quien quiera saber la vida y milagros de Juan de la Coba que lea el lindo artículo que le consagró Acisclo Villarán.

En tiempo del Virrey Conde de Superunda, y pocos meses después de la ruina del Callao, encontraron en un corral de gallinas un cascarón del que salió un basilisco o pollo fenomenal. Por novelería iba el pueblo a visitar el corral, y desde entonces tuvimos la que se llama calle del Huevo.

Cuando la Inquisición celebraba auto público de fe, colocábase en la esquina de la que, por ese motivo, se llamó calle de Judíos un cuadro con toscos figurones, que diz representaban la verdadera efigie de los reos, rodeados de diablos, diablesas, y llamas infernales.

Por no alargar demasiado este capítulo omitimos el origen de otros nombres de calles, y que fácilmente se explicará el lector. A este número pertenecen las que fueron habitadas por algún gremio de artesanos y las que llevan nombres de árboles o de santos. Pero ingenuamente confesamos que, a pesar de nuestras más prolijas investigaciones, nos ha sido imposible descubrir el de las diez calles siguientes: Malombo, Yaparió, Siete Jeringas, Contradicción, Penitencia, Suspiro, Expiración, Mandamientos, Come-sebo y Pilitricas. Sobre cuatro de estos nombres hemos oído explicaciones más o menos antojadizas y que no satisface nuestro espíritu de investigación.

Ahora volvamos a la calle de la Faltriquera del Diablo.

II

Entre las que hoy son estaciones de los ferrocariles del Callao y Chorrillos, había, por los años de 1651, una calleja solitaria: pues en ella no existía más que una casa de humilde aspecto y dos o tres tiendas. El resto de la calle lo formaba un solar o corralón, con pared poco elevada. Tan desdichada era la calleja que ni siquiera tenía nombre, y al extremo de ella veíase un nicho con una imagen de la Virgen (alumbrada de noche por una lamparilla de aceite), de cuyo culto cuidaban las canonesas del monasterio de la Encarnación.

Habitaba la casa un español, notable por su fortuna y por su libertinaje. Cayó éste enfermo de gravedad, y no había forma de convencerlo para que hiciera testamento y recibiese los últimos auxilios espirituales. En vano sus deudos llevaron junto al lecho del moribundo al padre Castillo, jesuíta de cuya canonización se ha tratado, al mercedario Urraca y al agustino Vadillo, muertos en olor de santidad. El empedernido pecador los colmaba de desvergüenzas y les tiraba a la cabeza el primer trasto que a manos le venía.

Habían ya los parientes perdido la esperanza de que el libertino arreglara cuentas de conciencia con un confesor, cuando tuvo noticia del caso un fraile dominico que era amigo y compañero de aventuras del enfermo. El tal fraile, que se encontraba a la sazón preso en el convento, en castigo de la vida licenciosa que con desprestigio de la comunidad traía, se comprometió a hacer apear de su asno al impenitente pecador. Acordóle licencia el prelado y nuestro dominico, después de proveerse de una limeta de *moscorrofio,* se dirigió sin más breviario a casa de su doliente amigo.

—¡Qué diablos, hombre! Vengo por ti para llevarte a una *parranda,* donde hay muchachos de arroz con leche y canela, y te encuentro en cama haciendo el chancho rengo. Vamos, pícaro, pon de punta los huesos y andandito que la cosa apura.

El enfermó lanzó un quejido, mas no dejó de relamerse ante el cuadro de libertinaje que le pintaba el fraile.

—¡Bien quisiera acompañarte! pero ¡ay! apenas puedo moverme... dicen que pronto doy las boqueadas.

—¡Qué has de dar, hombre! ¡Vaya! Prueba de este confortativo y ya verás lo que es rico.

Y acercando la botella de aguardiente a la boca del enfermo, le hizo apurar un buen sorbo.

—¡Eh! ¿Qué te parece?

—Cereza legítimo —contestó el doliente, haciendo sonar la lengua en el paladar—. En fin, siquiera tú no eres como esos frailes de mal agüero que, de día y de noche, me están con la cantaleta de que si no me confieso me van a llevar los diablos.

—¡Habrá bellacos! No les hagas caso y vuélvete a la pared. Pero aunque ello sea una candidez, hombre, sabes que se me ocurre creer que nada pierdes con confesarte. Si hay infierno, te has librado, y si no lo hay...

—¡Tú también me sermoneas...! —interrumpió el enfermo encolerizándose.

—¡Quiá, chico, es un decir...! No te afaroles y cortemos la bilis.

Nuevo ataque a la botella y prosiguió el español:

—Sobre que en mi vida me he confesado y no sabría por dónde empezar.

—Mira, ya que no puedes acompañarme a la jarana, tampoco quiero dejarte solo; y como en algo hemos de matar el tiempo, empleémosle en dejar vacía la limeta y ensayar la confesión.

Y así por este tono siguió el diálogo, y entre trago y trago fue suavizándose el enfermo.

Al día siguiente vino el padre Castillo y maravillóse mucho de no encontrar ya reacio al pecador.

Con el ensayo de la víspera había éste tomado gusto a la confesión.

Para él la gran dificultad había estado en comenzar, y diz que murió devotamente y edificando a todos con su contrición. La prueba es que legó la mitad de su hacienda a los conventos, lo que en esos tiempos bastaba para que a un cristiano le abriese San Pedro, de par en par, las puertas del cielo.

Entretanto, el dominico se jactaba de que exclusivamente era obra suya la salvación de esa alma y, para más encarecer su tarea, solía decir:

—He sacado a esa alma de la faltriquera del diablo.

Y popularizándose el suceso y el dicho del reverendo, tuvo desde entonces nombre la calle que todos los limeños conocemos.

UN VIRREY HEREJE Y UN CAMPANERO BELLACO

Crónica de la época del decimoséptimo virrey del Perú

I

AZOTES POR UN REPIQUE

El templo y el convento de los padres agustinos estuvieron primitivamente (1551) establecidos en el sitio que ahora es iglesia parroquial de San Marcelo, hasta que en 1573 se efectuó la traslación a la vasta área que hoy ocupan, no sin gran litigio y controversia de dominicos y mercedarios que se oponían al establecimiento de otras órdenes monásticas.

En breve los agustinianos, por la austeridad de sus costumbres y por su ilustración y ciencia, se conquistaron una especie de supremacía sobre las demás religiones. Adquirieron muy valiosas propiedades, así rústicas como urbanas, y tal fue el manejo y acrecentamiento de sus rentas, que, durante más de un siglo, pudieron distribuir anualmente, por Semana Santa, cinco mil pesos en limosnas. Los teólogos más eminentes y los más distinguidos predicadores pertenecían a esta comunidad, y de los claustros de San Ildefonso, colegio que ellos fundaron en 1606 para la educación de sus novicios, salieron hombres verdaderamente ilustres.

Por los años de 1656 un limeño llamado Jorge Escoiquiz, mocetón de veinte abriles, consiguió vestir el hábito; pero como manifestase más disposición para la truhanería que para el estudio, los padres, que no querían tener en su noviciado gente molondra y holgazana, trataron de expulsarlo. Mas el pobrete encontró valedor en uno de los caracterizados conventuales, y los religiosos convinieron caritativamente en conservarlo y darle el elevado cargo de campanero.

Los campaneros de los conventos ricos tenían por subalternos dos muchachos esclavos, que vestían el hábito de donados. El empleo no era, pues, tan despreciable, cuando el que lo ejercía, aparte de seis pesos de sueldo, casa, refectorio y manos sucias, tenía bajo su dependencia gente a quien mandar.

En tiempo del virrey conde de Chinchón creóse por el Cabildo de Lima el empleo de *campanero de la queda,* destino que se abolió medio siglo después. El campanero de la queda era la categoría del gremio, y no tenía más obligación que la de hacer tocar a las nueve de la noche campanadas en la torre de la Catedral. Era cargo honorífico y muy pretendido, y disfrutaba el sueldo de un peso diario.

Tampoco era destino para dormir a pierna suelta; pues si hubo y hay

127

en Lima oficio asendereado y que reclame actividad, es el de campanero; mucho más en los tiempos coloniales, en que abundaban las fiestas religiosas y se echaban a vuelo las campanas por tres días, lo menos, siempre que llegaba *el cajón* de España con la plausible noticia de que al infántico real le había salido la última muela o librado con bien el sarampión y la alfombrilla.

Que no era el de campanero oficio exento de riesgo nos lo dice bien claro la crucecita de madera que hoy mismo puede contemplar el lector limeño incrustada en la pared de la plazuela de San Agustín. Fue el caso que, a fines del siglo pasado, cogido un campanero por las aspas de la *Mónica*, o campana volteadora, voló por el espacio sin necesidad de alas, y no paró hasta estrellarse en la pared fronteriza a la torre.

Hasta mediados del siglo XVII no se conocían en Lima más carruajes que las carrozas del virrey y del arzobispo, y cuatro o seis calesas pertenecientes a oidores o títulos de Castilla. Felipe II, por real cédula de 24 de noviembre de 1577, dispuso que en América no se fabricaran carruajes ni se trajeran de España, dando por motivo para prohibir el uso de tales vehículos que, siendo escaso el número de caballos, éstos no debían emplearse sino en servicio militar. Las penas señaladas para los contraventores eran rigurosas. Esta real cédula, que no fue derogada por Felipe III, empezó a desobedecerse en 1610. Poco a poco fue cundiendo el lujo de hacerse arrastrar, y sabido es que ya en los tiempos de Amat pasaban de mil los vehículos que el día de la Porciúncula lucían en la Alameda de los Descalzos.

Los campaneros y sus ayudantes, que vivían de perenne atalaya en las torres, tenían orden de repicar siempre que por la plazuela de sus conventos pasasen el virrey o el arzobispo, práctica que se conservó hasta los tiempos del marqués de Castel-dos-Rius.

Parece que el virrey conde de Alba de Liste, que, como verá el lector más adelante, sus motivos tenía para andar escamado con la gente de iglesia, salió un domingo en coche y con escolta a pagar visitas. El ruido de un carruaje era en esos tiempos acontecimiento tal, que las familias, confundiéndolo con el que precede a los temblores, se lanzaban presurosas a la puerta de la calle.

Hubo el coche de pasar por la plazuela de San Agustín; pero el campanero y sus adláteres se hallarían probablemente de regodeo y lejos del nido, pues no se movió badajo en la torre. Chocóle esta desatención a su excelencia, y hablando de ella en su tertulia nocturna, tuvo la ligereza de culpar al prior de los agustinos. Súpolo éste, y fue al día siguiente a palacio a satisfacer al virrey, de quien era amigo personal; y averiguada bien la cosa, el campanero, por no confesar que no había estado en su puesto, dijo que aunque vio pasar el carruaje, no creyó obligatorio el repique, pues los bronces benditos no debían alegrarse por la presencia de un virrey hereje.

Para Jorge no era éste el caso del obispo don Carlos Marcelo Corni, que cuando en 1621, después de consagrarse en Lima, llegó a Trujillo, lugar de su nacimiento y cuya diócesis iba a regir, exclamó: "Las campanas que repican más alegremente lo hacen porque son de mi familia; como que las fundió mi padre nada menos." Y así era la verdad.

La falta, que pudo traer grave desacuerdo entre el representante del monarca y la comunidad, fue calificada por el definitorio como digna de severo castigo, sin que valiese la disculpa al campanero; pues no era un pajarraco de torre el llamado a calificar la conducta del virrey en sus querellas con la Inquisición.

Y cada padre, armado de disciplina, descargó un ramalazo penitencial sobre las desnudas espaldas de Jorge Escoiquiz.

II

EL VIRREY HEREJE

El excelentísimo señor don Luis Henríquez de Guzmán, conde de Alba de Liste y de Villaflor y descendiente de la casa real de Aragón, fue el primer grande de España que vino al Perú con el título de virrey, en febrero de 1655, después de haber servido igual cargo en México. Era tío del conde de Salvatierra, a quien relevó en el mando del Perú. Por Guzmán, sus armas eran escudo flanqueado, jefe y punta de azur y una caldera de oro, jaquelada de gules, con siete cabezas de sierpe, flancos de plata y cinco arminios de sable en sautor.

Magistrado de buenas dotes administrativas y hombre de ideas algo avanzadas para su época, su gobierno es notable en la historia únicamente por un cúmulo de desdichas. Los seis años de su administración fueron seis años de lágrimas, luto y zozobra pública.

El galeón que bajo las órdenes del marqués de Villarrubia conducía a España cerca de seis millones en oro y plata y seiscientos pasajeros, desapareció en un naufragio en los arrecifes de Chanduy, salvándose únicamente cuarenta y cinco personas. Rara fue la familia de Lima que no perdió allí algún deudo. Una empresa particular consiguió sacar del fondo del mar cerca de trescientos mil pesos, dando la tercera parte a la corona.

Un año después, en 1656, el marqués de Baides, que acababa de ser gobernador de Chile, se trasladaba a Europa con tres buques cargados de riquezas, y vencido en combate naval cerca de Cádiz por los corsarios ingleses, prefirió a rendirse pegar fuego a la santabárbara de su nave.

Y, por fin, la escuadrilla de don Pablo Contreras, que en 1652 zarpó de Cádiz conduciendo mercancías para el Perú, fue deshecha en un temporal, perdiéndose siete buques.

Pero, para Lima, la mayor de las desventuras fue el terremoto del 13 de noviembre de 1655. Publicaciones de esa época describen minuciosamente sus estragos, las procesiones de penitencia y el arrepentimiento de grandes pecadores; y a tal punto se aterrorizaron las conciencias, que se vio el prodigio de que muchos pícaros devolvieran a sus legítimos dueños fortunas usurpadas.

El 15 de marzo de 1657 otro temblor, cuya duración pasó de un cuarto de hora, causó en Chile inmensa congoja; y últimamente, la tremenda erupción del Pichinda, en octubre de 1660, son sucesos que bastan a demostrar que este virrey vino con aciaga estrella.

Para acrecentar el terror de los espíritus, apareció en 1660 el famoso cometa observado por el sabio limeño don Francisco Luis Lozano, que fue el primer cosmógrafo mayor que tuvo el Perú.

Y para que nada faltase a este sombrío cuadro, la guerra civil vino a enseñorearse de una parte del territorio. El indio Pedro Bohorques, escapándose del presidio de Valdivia, alzó bandera, proclamándose descendiente de los Incas, y haciéndose coronar, se puso a la cabeza de un ejército. Vencido y prisionero, fue conducido a Lima, donde lo esperaba el patíbulo.

Jamaica, que hasta entonces había sido colonia española, fue tomada por los ingleses y se convirtió en foco del filibusterismo, que durante siglo y medio tuvo en constante alarma a estos países.

El virrey conde de Alba de Liste no fue querido en Lima, por la despreocupación de sus ideas religiosas, creyendo el pueblo, en su candoroso fanatismo, que era él quien atraía sobre el Perú las iras del cielo. Y aunque contribuyó a que la Universidad de Lima, bajo el rectorado del ilustre Ramón Pinelo, celebrase con gran pompa el breve de Alejandro VII sobre la Purísima Concepción de María, no por eso le retiraron el apodo de *virrey hereje* que un egregio jesuita, el padre Alloza, había contribuido a generalizar; pues habiendo asistido su excelencia a una fiesta en la iglesia de San Pedro, aquel predicador lo sermoneó de lo lindo porque no atendía a la palabra divina, distraído en conversación con uno de los oidores.

El arzobispo Villagómez se presentó un año con quitasol en la procesión del Corpus, y como el virrey lo reprendiese, se retiró de la fiesta. El monarca los dejó iguales, resolviendo que ni virrey ni arzobispo usasen quitasol.

Opúsose el de Alba de Liste a que se consagrase fray Cipriano Medina, por no estar muy en regla las bulas que lo instituían obispo de Guamanga. Pero el arzobispo se dirigió a media noche al noviciado de San Francisco, y allí consagró a Medina.

Habiendo puesto presos los alcaldes de corte a los escribanos de la curia por desacato, el arzobispo excomulgó a aquéllos. El virrey, apoyado por la Audiencia, obligó a su ilustrísima a levantar la excomunión.

Sobre provisión de beneficios eclesiásticos, tuvo el de Alba de Liste infinitas cuestiones con el arzobispo, cuestiones que contribuyeron para que el fanático pueblo lo tuviese por hombre descreído y mal cristiano, cuando en realidad no era sino celoso defensor del patronato regio.

Don Luis Henríquez de Guzmán tuvo también la desgracia de vivir en guerra abierta con la Inquisición, tan omnipotente y prestigiosa entonces. El virrey, entre otros libros prohibidos, había traído de México un folleto escrito por el holandés Guillermo Lombardo, folleto que en confianza mostró a un inquisidor o familiar del Santo Oficio. Más éste lo denunció, y el primer día de Pascua de Espíritu Santo, hallándose su excelencia en la Catedral con todas las corporaciones, subió al púlpito un comisario del tribunal de la fe y leyó un edicto compeliendo al virrey a entregar el libelo y a poner a disposición del Santo Oficio a su médico César Nicolás Wandier, sospechoso de luteranismo. El virrey abandonó el templo con gran indignación, y elevó a Felipe IV una fundada queja. Surgieron de aquí serias cuestiones, a las que el monarca puso término reprobando la conducta inquisitorial, pero aconsejando amistosamente al de Alba de Liste que entregase el papelucho motivo de la querella.

En cuanto al médico francés, el noble conde hizo lo posible para libertarlo de caer bajo las garras de los feroces torniceros; pero no era cosa fácil arrebatarle una víctima a la Inquisición. En 8 de octubre de 1667, después de más de ocho años de encierro en las mazmorras del

Santo Oficio, fue penitenciado Wandier. Acusáronlo, entre otras quimeras, de que con apariencias de religiosidad tenía en su cuarto un crucifijo y una imagen de la Virgen, a la que prodigaba palabras blasfemas. Después del auto de fe, en el que, felizmente, no se condenó al reo a la hoguera, hubo en Lima tres días de rogativas, procesión de desagravio y otras ceremonias religiosas, que terminaron trasladando las imágenes de la Catedral a la iglesia del Prado, donde presumimos que existen hoy.

En agosto de 1661, y después de haber entregado el gobierno al conde de Santisteban, regresó a España el de Alba de Liste, muy contento de abandonar una tierra en la que corría el peligro de que lo convirtiesen en chicharrón, quemándolo por hereje.

III

LA VENGANZA DE UN CAMPANERO

Es probable que a Escoiquiz no se le pasara tan aína el escozor de los ramalazos, pues juró en sus adentros vengarse del melindroso virrey que tanta importancia diera a repique más o menos.

No había aún transcurrido una semana desde el día del vapuleo, cuando una noche, entre doce y una, las campanas de la torre de San Agustín echaron un largo y entusiasta repique. Todos los habitantes de Lima se hallaban a esa hora entre palomas y en lo mejor del sueño; y se lanzaron a la calle preguntándose cuál era la halagüeña noticia que con lenguas de bronce festejaban las campanas.

Su excelencia don Luis Henríquez de Guzmán, sin ser por ello un libertino, tenía su trapicheo con una aristocrática dama; y cuando, dadas las diez, no había ya en Lima quien se aventurase a andar por las aceras, el virrey salía de tapadillo por una puerta excusada que cae a la calle de los Desamparados, muy rebujado en el embozo, y en compañía de su mayordomo encaminábase a visitar a la hermosa que le tenía el alma en cautiverio. Pasaba un par de horitas en sabrosa intimidad, y después de media noche regresaba a palacio con la misma cautela y misterio.

Al día siguiente fue notorio en la ciudad que un paseo nocturno del virrey había motivado el importuno repique. Y hubo corrillos y mentidero largo en las gradas de la Catedral, y todo eran murmuraciones y conjeturas, entre las que tomó cuerpo y se abultó infinito la especie de que el señor conde se recataba para asistir a algún misterioso conciliábulo de herejes, pues nadie podía sospechar que un caballero tan seriote anduviese a picos pardos y con tapujos de contrabandista como cualquier mozalbete.

Mas su excelencia no las tenía todas consigo, y recelando una indiscreción del campanero, hízole secretamente venir a palacio, y encerrándose con él en su camarín, le dijo:

—¡Gran tunante! ¿Quién te avisó anoche que yo pasaba?

—Señor excelentísimo —respondió Escoiquiz sin turbarse—, en mi torre hay lechuzas.

—¿Y qué diablos tengo yo que ver con que las haya?

—Vuecencia, que ha tenido sus dimes y diretes con la Inquisición y que anda con ella al morro, debe saber que las brujas se meten en el cuerpo de las lechuzas.

—¿Y para ahuyentarlas escandalizaste la ciudad con tus cencerros? Eres un bribón de marca, y tentaciones me entran de enviarte a presidio.

—No sería digno de vuecencia castigar con tan extremo rigor a quien como yo es discreto, y que ni al cuello de su camisa le ha contado lo que trae a todo un virrey del Perú en idas y venidas nocturnas por la calle de San Sebastián.

El caballeroso conde no necesitó de más apunte para conocer que su secreto, y con él la reputación de una dama, estaba a merced del campanero.

—¡Bien, bien! —le interrumpió—. Ata corto la lengua y que el badajo de tus campanas sea también mudo.

—Lo que soy yo, callaré como un difunto, que no me gusta informar a nadie de vidas ajenas; pero en lo que atañe al de oro de *Mónica* y de mis otras campanas, no cedo ni el canto de una uña, que nos las fundió el herrero para rufianas y tapadoras de paseos pecaminosos. Si vuecencia no quiere que ellas den voces, facilillo es el remedio. Con no pasar por la plazuela salimos de compromisos.

—Convenido. Y ahora dime: ¿en qué puedo servirte?

Jorge Escoiquiz, que como se ve no era corto de genio, rogó al virrey que intercediese con el prior para volver a ser admitido en el noviciado. Hubo su excelencia de ofrecérselo, y tres o cuatro meses después el superior de los agustinianos relevaba al campanero. Y tanto hubo de valerle el encumbrado protector, que en 1660 fray Jorge Escoiquiz celebraba su primera misa, teniendo por padrino de vinajeras nada menos que al virrey hereje.

Según unos, Escoiquiz no pasó de ser un fraile de misa y olla; y según otros, alcanzó a las primeras dignidades de su convento. La verdad quede en su lugar.

Lo que es para mí punto formalmente averiguado es que el virrey, cobrando miedo a la vociglería de las campanas, no volvió a pasar por la plazuela de San Agustín cuando le ocurría ir de galanteo a la calle de San Sebastián.

Y aquí hago punto y rubrico,
sacando de esta conseja
la siguiente moraleja:
que no hay enemigo chico.

¡BEBA PADRE, QUE LA DA LA VIDA!...

Crónica de la época de mando de una virreina

Dama de mucho cascabel y de más temple que el acero toledano fue doña Ana de Borja, condesa de Lemos y virreina del Perú. Por tal la tuvo S.M. doña María Ana de Austria, que gobernaba la monarquía española durante la minoría de Carlos II; pues al nombrar virrey del Perú al marido, lo proveyó de real cédula, autorizándolo para que, en caso de que el mejor servicio del reino le obligase a abandonar Lima, pusiese las riendas del gobierno en manos de su consorte.

En tal conformidad, cuando su excelencia creyó indispensable ir en persona a apaciguar las turbulencias de Laycacota, ahorcando al rico minero Salcedo, quedó doña Ana en esta ciudad de los Reyes presidiendo la Audiencia, y su gobierno duró desde junio de 1668 hasta abril del año siguiente.

El conde de Bornos decía que la mujer de más ciencia sólo es apta para gobernar doce gallinas y un gallo. ¡Disparate! Tal afirmación no puede rezar con doña Ana de Borja y Aragón que, como ustedes verán, fue una de las infinitas excepciones de la regla. Mujeres conozco yo capaces de gobernar veinticuatro gallinas... y hasta dos gallos.

Así como suena, y mal que nos pese a los peruleros, hemos sido durante diez meses gobernados por una mujer..., y francamente que con ella no nos fue del todo mal, porque pandero estuvo en manos que lo sabían hacer sonar.

Y para que ustedes no digan que por mentir no pagan los cronistas alcabala, y que los obligo a que me crean bajo la fe de mi honrada palabra, copiaré lo que sobre el particular escribe el erudito señor de Mendiburu en su *Diccionario Histórico:* "Al emprender su viaje a Puno el conde de Lemos, encomendó el gobierno del reino a doña Ana, su mujer, quien lo ejerció durante su ausencia, resolviendo todos los asuntos, sin que nadie hiciese la menor observación, principiando por la Audiencia, que reconocía su autoridad. Tenemos en nuestro poder un despacho de la virreina nombrando un empleado del Tribunal de Cuentas, y está encabezado como sigue: 'Don Pedro Fernández de Castro y Andrade, conde de Lemos, y doña Ana de Borja, su mujer, condesa de Lemos, en virtud de la facultad que tiene para el gobierno de estos reinos, atendiendo a lo que representa el tribunal, he venido en nombrar y nombro de muy buena gana, etc., etc."

Otro comprobante: En la colección de *Documentos históricos,* de Odriozola, se encuentra una provisión de la virreina disponiendo aprestos marítimos contra los piratas.

Era doña Ana, en su época de mando, dama de veintinueve años, de gallardo cuerpo, aunque de rostro poco agraciado. Vestía con esplendidez y nunca se la vio en público sino cubierta de brillantes. De su carácter dicen que era en extremo soberbio y dominador, y que vivía muy enfatuada con su abalorio y pergaminos.

¡Si sería chichirinada la vanidad de quien, como ella, contaba entre los santos de la corte celestial nada menos que a su abuelo Francisco de Borja!

Las picarescas limeñas, que tanto quisieron a doña Teresa de Castro, la mujer del virrey don García, no vieron nunca de buen ojo a la condesa de Lemos, y la bautizaron con el apodo de la *Patona*. Presumo que la virreina sería mujer de mucha base.

Entrando ahora en la tradición, cuéntase de la tal doña Ana algo que no se le habría ocurrido al ingenio del más bragado gobernante, y que prueba, en substancia, cuán grande es la astucia femenina y que, cuando la mujer se mete en política o en cosas de hombre, sabe dejar bien puesto su pabellón.

Entre los pasajeros que en 1668 trajo al Callao el galeón de Cádiz, vino un fraile portugués de la orden de San Jerónimo. Llamábase el padre Núñez. Era su paternidad un hombrecito regordete, ancho de espaldas, barrigudo, cuellicorto, de ojos abotagados y de nariz roma y rubicunda. Imagínate, lector, un candidato para una apoplejía fulminante, y tendrás cabal retrato del jeronimita.

Apenas llegado éste a Lima, recibió la virreina un anónimo en que la denunciaban que el fraile no era tal fraile, sino espía o comisionado secreto de Portugal, quien, para el mejor logro de alguna maquinación política, se presentaba disfrazado con el santo hábito.

La virreina convocó a los oidores y sometió a su acuerdo la denuncia. Sus señorías opinaron por que, inmediatamente y sin muchas contemplaciones, se echase guante al padre Núñez y se le ahorcase *coram populo:* ¡Ya se ve! En esos tiempos no estaban de moda las garantías individuales ni otras candideces de la laya que hogaño se estilan, y que así garantizan al prójimo que cae debajo, como una cota de seda de un garrotazo en la espalda.

La sagaz virreina se resistió a llevar las cosas al estricote, y viniéndosele a las mientes algo que narra Garcilaso de Francisco de Carbajal, dijo a sus compañeros de Audiencia: —Déjenlo vueseñorías por mi cuenta que, sin necesidad de ruido ni de tomar el negocio por donde quema, yo sabré descubrir si es fraile o monago; que el hábito no hace al monje, sino el monje al hábito. Y si resulta preste tonsurado por barbero y no por obispo, entonces sin más kiries ni letanías llamamos a Gonzalvillo para que le cuelgue por el pescuezo en la horca de la plaza.

Este Gonzalvillo, negro, retinto y feo como un demonio, era el verdugo titular de Lima.

Aquel mismo día la virreina comisionó a su mayordomo para que invitase al padre Núñez a *hacer penitencia* en palacio.

Los tres oidores acompañaban a la noble dama en la mesa, y en el jardín esperaba órdenes el terrible Gonzalvillo.

La mesa estaba opíparamente servida, no con esas golosinas que hoy se usan y que son como manjar de monja, soplillo y poca substancia, sino con cosas suculentas, sólidas y que se pegan al riñón. La fruta de corral: pavo, gallina y hasta *chancho enrollado* lucía con profusión.

El padre Núñez no comía..., devoraba. Hizo cumplido honor a todos los platos.

La virreina guiñaba el ojo a los oidores como diciéndoles:

—¡Bien engulle! Fraile es.

Sin saberlo, el padre Núñez había salido bien de la prueba. Faltábale otra.

La cocina española es cargada de especias, que naturalmente despiertan la sed.

Moda era poner en la mesa grandes vasijas de barro de Guadalajara que tienen la propiedad de conservar más fresca el agua, prestándola muy agradable sabor.

Después de consumir, como postres, una muy competente ración de alfajores, pastas y dulces de las monjas, no pudo el comensal dejar de sentir imperiosa necesidad de beber; que seca garganta, ni gruñe ni canta.

—¡Aquí te quiero ver, escopeta! —murmuró la condesa.

Ésta era la prueba decisiva que ella esperaba. Si su convidado no era lo que por el traje revelaba ser, bebería con la pulcritud que no se acostumbra en el refectorio.

El fraile tomó con ambas manos el pesado cántaro de Guadalajara, lo alzó casi a la altura de la cabeza, recostó ésta en el respaldo de la silla, echóse a la cara el porrón y empezó a despacharse a su gusto.

La virreina, viendo que aquella sed era como la de un arenal y muy frailuno el modo de apaciguarla, le dijo sonriendo:

—¡Beba, padre, beba, que le da la vida!

Y el fraile, tomando el consejo como amistoso interés por su salud, no despegó la boca del porrón hasta que lo dejó sin gota. En seguida su paternidad se pasó la mano por la frente para limpiarse el sudor que le corría a chorros, y echó por la boca un regüeldo que imitaba el bufido de una ballena arponada.

Doña Ana se levantó de la mesa y salióse al balcón seguida de los oidores.

—¿Qué opinan vueseñorías?

—Señora, que es fraile y de campanillas —contestaron a una los interpelados.

—Así lo creo en Dios y en mi ánima. Que se vaya en paz el bendito sacerdote.

¡Ahora digan ustedes si no fue mucho hombre la mujer que gobernó el Perú!

BATALLA DE FRAILES

La fama de mansedumbre que disfrutan los hijos del seráfico nada tiene de legítima, si nos atenemos al relato de varios cronistas, así profanos como religiosos. Lean ustedes, y díganme después si los franciscanos han sido o no gente de pelo en pecho.

En 1680 llegó a Lima fray Marcos Terán, investido con el carácter de comisario general, a fin de poner en vigencia la real cédula que ordenaba la alternabilidad en la guardianía; es decir, que para un período había de nombrarse un fraile criollo o nacido en América, y para el siguiente un hijo de los reinos de España.

Esta justa y política disposición del monarca levantó entre los humildes franciscanos la misma polvareda que en las otras religiones. El padre Terán era hombre de no volverse atrás por nada, y en la noche del 10 de julio los seráficos penetraron tumultuosamente en su celda, y lo amenazaron de muerte si no daba por válida la elección que ellos por sí y ante sí acababan de hacer en la persona del padre Antonio Oserín. Revistióse el comisario de energía, pidió auxilio de tropa al arzobispo virrey Liñán de Cisneros, metió en la jaula al electo y a los principales motinistas, y sin dar moratorias los despachó desterrados a Chile en un navío que casualmente zarpaba al otro día para Valparaíso.

Con este golpe de autoridad creyó fray Marcos haber cortado la cabeza a la hidra de la anarquía, pero se equivocó de medio a medio. La revolución estaba latente en la frailería.

Llegó la nochebuena de la Pascua de diciembre, y los demagogos resolvieron dársela mala a su paternidad.

En efecto, después de las once se armó la gorda. Trescientos hombres, entre frailes, novicios, legos, devotos y demás muchitanga que en esos tiempos habitaba claustros, se encaminaron en tropel a la celda del comisario y pegaron fuego a las puertas, gritando desaforadamente:

> ¡Juez de patarata,
> quémate como rata!
> ¡Fraile de cuernos,
> anda a arder en los infiernos!

Afortunadamente para fray Marcos, un lego le dio aviso de la trama dos minutos antes de estallar la tempestad, y apenas si tuvo tiempo su paternidad para escapar a medio vestir por el techo y dejarse caer al patio de una casita en la calle de la Barranca, y de allí encaminarse a Palacio para poner en conocimiento de su excelencia lo que ocurría.

No tuvo igual dicha el fraile que, en calidad de secretario, acompañaba a Terán y que habitaba con él en la misma celda. El infeliz murió achicharrado.

Entretanto, el Gobierno había mandado tocar a rebato, y todo era carreras y laberinto por esas calles. Se mandó venir del Callao tres compañías de las encargadas de la custodia del presidio, y con ellas y la tropa existente en Lima ocupó el virrey la plazuela de San Francisco.

Las calles vecinas estaban invadidas por el pueblo, que abiertamente simpatizaba con los incendiarios.

Los frailes, encerrados en su convento o fortaleza, no se habían echado a dormir sobre sus laureles, sino que con gran actividad hacían aprestos de guerra, y armados de trabuquillos y piedras coronaban las torres.

Así las cosas, a las nueve de la mañana dispuso el gobierno que dos compañías escalasen el convento por las calles del Tigre y de la Soledad, mientras el grueso del ejército permanecía en la plazuela, llamando la atención del enemigo y listo para acudir al sitio donde las peripecias del combate lo reclamaran.

Aquella estrategia del virrey arzobispo habría dado envidia a Napoleón I.

Los frailes, bisoños en el arte de la guerra, que ciertamente no es mascullar el latín de un libro de horas, se hallaron, cuando menos lo esperaban, con el enemigo dentro de casa, a retaguardia y por un flanco; pero, lejos de alebronarse y rendirse como mandrias, rompieron el fuego sobre la tropa e hirieron a un oficial y tres soldados. Éstos contestaron, cayendo redondo un fraile e hiriendo a otro.

Entonces resolvieron los franciscanos abandonar las torres, y cargando con el muerto bajaron a la iglesia, abrieron la puerta, y en procesión, con cruz alta y ciriales, condujeron el cadáver hasta la Plaza Mayor.

Como el pueblo se había puesto del lado de los revolucionarios, temió el virrey arzobispo mayores conflictos y, a fuer de prudente, parlamentó con los frailes.

En buena lógica, éstos quedaron victoriosos; porque consiguieron no sólo que se ordenara el regreso de los desterrados, sino que el padre Terán se embarcara voluntariamente para Panamá.

EL SIGLO XVIII

UNA TRAMPA PARA CAZAR RATONES

(A Carlos Toribio Robinet)

I

Al capitán don Pedro Anzures Henríquez de Camporredondo, sobre cuyo ingenio, lealtad y bravura hablan con elogio los historiadores, encomendó Pizarro, en 1539, la fundación de Arequipa, así como las de Guamanga y Chuquisaca, ciudades que han alcanzado gran renombre. Decididamente, Pedro Anzures fue lo que se llama hijo de la dicha, aunque es probable que pocos recuerden su nombre en los pueblos que fundó.

Parece que los más notables entre los compañeros del marqués conquistador quisieron avecindarse en Arequipa; pues, en la lista de los primeros pobladores, vemos al caballero de espuela dorada don Juan de La-Torre. También figura entre ellos Miguel Cornejo, el Bueno, gran soldado y que, anciano ya y con el grado de maestre de campo, murió en las pampas de Villacurí, ahogado por el polvo, por no haberse podido levantar la visera del casco borgoñón, para tomar aliento, cuando Francisco Girón perseguía a los derrotados en esa jornada.

Pienso que Pedro Anzures de Camporredondo no anduvo muy atinado en la elección de sitio para fundar la ciudad; pues ésta se halla a la falda del Misti y no distante de otros volcanes que, como el de Ubinas y el Huayna-Putina, han hecho erupciones en los últimos siglos. Tal vez a tan peligrosa vecindad debe Arequipa el que en ella sean frecuentes los temblores.

Dando fe a don Ventura Travada, eclesiástico que en 1752 escribió un curioso libro que manuscrito existe en la Biblioteca de Lima, con el título: *El suelo de Arequipa convertido en cielo,* se encuentran en este territorio ciertas particularidades que valen bien la pena de ser aquí apuntadas.

Dice que en una ladera del valle de Majes hay una cueva en cuyo interior se siente el ruido del mar en borrasca, y que en el terremoto del 23 de enero de 1733 salió de ese agujero viento tan impetuoso que desarraigó árboles añosos y de grueso tronco.

Cuenta también que en Caylloma existían en una peña dos chorros de agua a los que llamaban Adán y Eva, porque respectivamente ofrecían a la vista la figura que distingue a un sexo del otro. El agua de estos manantiales era astringente y los que de ella bebían se tornaban mudos. Congresante conozco yo que probablemente ha bebido de aquella agua, sin embargo de que el autor agrega que, en su tiempo, fueron tapadas con muchas piedras tan peligrosas fuentes.

Este mismo cronista es quien refiere que en 1556 nació en Azapa, jurisdicción de Arica, un rábano tan portentoso que bajo sus ramas tomaban sombra cinco caballos. ¡Digo si sería pigricia el rabanito! Añade que, para agasajar al hijo del virrey marqués de Cañete, le presentaron en el almuerzo el rábano colosal, que fue muy sabroso de comer y alcanzó para dejar ahítos a los comensales y servidumbre.

Imagínome que don Ventura Travada debió ser andaluz; pues, no contento con hacernos tragar un rábano gigantesco, añade que en 1741 se encontró en el mineral de Huantajaya una *pepita* de plata pura que pesaba treinta y tres quintales, habiéndose empleado cables de navío y aparatos mecánicos para desprenderla de la roca.

Aquí era el caso de decirle al bueno de don Ventura lo de: —¿Y a eso llama usted *pepita?* Pues a eso, en toda tierra de cristianos, se llama *doña Josefa.* A propósito de pepitas dice don Cosme Bueno, en su interesante libro, que a Carlos V le obsequiaron una de oro, encontrada en Carabaya, que tenía la forma de una cabeza de caballo y que pesaba poco más de un quintal.

A Felipe II le enviaron también del Perú una pepita del tamaño de la cabeza de un hombre, la cual se perdió con otras riquezas en el canal de Bahama.

¡Vaya con las pepitas!

He traído a cuento todas estas noticias que he leído en el susodicho libro inédito, sólo porque en él se habla también de la tradición que voy a referir y que es muy popular en Arequipa. Ya ven ustedes que busco autoridad en que apoyarme para que nadie pueda decirme que miento sin temor de Dios.

II

Erase un viejecito macrobio, de un feo contra el hipo, con dos dientes ermitaños en las encías, con más arrugas que fuelle de órgano, que vivió en Arequipa por los años de mil setecientos y pico. Su nombre no ha pasado a la posteridad; pero los muchachos de la tierra del *mocontuyo* y del *misquiricheo* lo bautizaron con el de don Geripundio.

Nuestro hombre era hijo de los montes de Galicia, y en una tienda de los portales de San Agustín se le veía de seis a seis, tras el mostrador, vendiendo bayeta de Castilla y paño de San Fernando. La fortuna debió sonreírle mucho; porque fue de pública voz y fama que era uno de los más ricos comerciantes de la ciudad.

Don Geripundio jamás ponía los pies fuera del umbral de su tienda y con el último rayo de sol echaba tranca y cerrojo y no abría su puerta a alma viviente. Bien podía el Misti vomitar betún y azufre, seguro de que el vejete no asomaría el bulto.

Vestía gabardina color pulga, pantalón de pana a media pierna, medias azules y zapatones. Su boca hundida, de la que casi todos los dientes emigraron por falta de ocupación, su nariz torcida como el pico de una ave de rapiña, y un par de ojillos relucientes como los del gato, bastaban para que instintivamente repugnase su figura.

Las virtudes de don Geripundio eran negativas. Nunca dio más que los buenos días, y habría dejado morir de hambre al gallo de la pasión por no obsequiarle un grano de arroz. Su generosidad era larga como pelo de huevo. Decía que dar limosna era mantener holgazanes y buscones, y que sembrar beneficios era prepararse cosechas de ingratitudes. Quizá no iba en esto descaminado.

¿Pero este hombre tendría vicios? *Nequaquam.*

¿Jugar? Ni siquiera conocía el mus o la brisca.

¿Beber? ¡Ya ya! Con una botella de catalán en un litro de agua tenía de sobra para el consumo de la semana.

¿Le gustarían las nietas del padre Adán? ¡Quiá! Por lo mismo que por una mujer se perdió el mundo, las hacia la cruz como al enemigo malo. Para él las mujeres eran mercadería sin despacho en su aduana.

¿Cumplía tal vez con los preceptos de la Iglesia? ¡Quite usted allá! Adorador del becerro de oro, su Dios era el cincuenta por ciento. Ni siquiera iba a misa los domingos.

Eso sí, como el desesperado cuenta siempre con un cordel para ahorcarse, así un amigo podía contar con él para un apuro; se entiende, dejándole en prenda una alhaja que valiera el cuádruplo y reconociéndole un decente interés.

Cuentan de don Geripundio que una tarde llegó un mendigo a la puerta de su tienda y le dijo:

—Hermano, una limosna, que Dios y la Virgen Santísima se lo pagarán.

—¡Hombre! —contestó el avaro—, no me parece mal negocio. Tráeme *un pagaré* con esas dos firmas, y nos entenderemos.

Tanta era la avaricia del gallego que con medio real de pan y otro tanto de queso tenía para almuerzo, comida y cena. Así estaba escuálido como un espectro.

No tenía en Arequipa quien bien le quisiera. Ni sus huesos podían amarlo; porque, después de tenerlos de punta todo el santo día, los recostaba de noche sobre un duro jergón que tenía por alma algunos centenares de peluconas.

Este viejo era de la misma masa de un avaro que murió en Potosí en 1636, el cual dispuso en su testamento que su fortuna se emplease en hacer un excusado de plata maciza para uso del pueblo, y que el resto se enterrase en el corral de su casa, poniendo de guardianes a cuatro perros bravos. En ese original testamento, del que habla Martínez Vela en su *Crónica Potosina,* mandaba también aquel bellaco que a su entierro, y lujosamente ataviados a costa suya, concurriesen todos los jumentos de la población. Así dispuso el miserable de tesoros que en vida para nada le sirvieron.

Una mañana don Geripundio no abrió la tienda. Aquello era un acontecimiento y el vecindario empezó a alarmarse.

Por la tarde dieron aviso al corregidor don Ramón Vargas, caballero de hábito de Santiago, quien, seguido de escribano y ministriles, encaminóse a los portales de San Agustín. Rompióse la puerta y, por primera vez, penetraron profanos en la trastienda que servía de dormitorio al comerciante.

Allí lo hallaron rígido, difunto en toda regla. En torno de su cama se veían algunos mendrugos de pan duro y cortezas de queso rancio.

Don Geripundio había muerto ahogado de la manera más ridícula.

Atraído por el olorcillo del queso y aprovechando el profundo sueño del avaro, un pícaro ratón se le entró por la boca y fue a atragantársele en el pescuezo.

Convengamos en que hay peligro en cenar queso; porque se expone el prójimo a convertirse en trampa para cazar ratones.

MOSQUITA MUERTA

(Al poeta español Adolfo Llanos y Alcaraz)

El virrey marqués de Castelfuerte vino al Perú en 1724, precedido de gran reputación de hombre bragado y de malas pulgas.

Al día siguiente de instalado en Palacio, presentóse el capitán de guardia muy alarmado, y díjole que en la puerta principal había amanecido un cartel con letras gordas, injurioso para su excelencia. Sonrióse el marqués, y queriendo convencerse del agravio, salió seguido del oficial.

Efectivamente, en la puerta que da sobre la plaza Mayor leíase:

AQUÍ SE AMANSAN LEONES

El virrey llamó a su plumario, y le dijo: —Ponga usted debajo y con iguales letrones:

CUANDO SE CAZAN CACHORROS

Y ordenó que por tres días permaneciesen los letreros en la puerta.

Y pasaban semanas y meses, y apenas si se hacía sentir la autoridad del marqués. Empleaba sus horas en estudiar las costumbres y necesidades del pueblo, y en frecuentar la buena sociedad colonial. No perdía, pues, su tiempo; porque antes de echarla de gobierno quería conocer a fondo el país cuya administración le estaba encomendada. No le faltaba a su excelencia más que decir:

> Yo soy de esta parroquia,
> yo soy de Barquisimeto;
> nadie se meta conmigo,
> que yo con nadie me meto.

La fama que lo había precedido iba quedando por mentirosa, y ya se murmuraba que el virrey no pasaba de ser un memo, del cual se podía sin recelo hacer jiras y recortes.

¿La Audiencia acordaba un disparate? Armendáriz decía: —Cúmplase, sin chistar ni mistar.

¿El cabildo mortificaba a los vecinos con una injusticia? Su excelencia contestaba: —Amenemén, amén.

¿La gente de orgullo cometía un exceso? —Licencia tendrá de Dios, murmuraba el marqués.

Aquel gobernante no quería quemarse la sangre por nada ni armar camorra con nadie. Era un *pánfilo,* un bobalicón de tono y lomo.

Así llegó a creerlo el pueblo, y tan general fue la creencia, que apareció un nuevo pasquín en la puerta de palacio que decía:

ESTE CARNERO NO TOPA

El de Castelfuerte volvió a sonreír, y como en la primera vez, hizo poner debajo esta contestación:

A SU TIEMPO TOPARÁ

Y ¡vaya si topó!... Como que de una plumada mandó a ahorcar ochenta bochincheros en Cochabamba; y lanza en mano, se le vio en Lima, a la cabeza de su escolta, matar frailes de San Francisco. Se las tuvo tiesas con clero, audiencia y cabildantes, y es fama que hasta a la misma Inquisición le metió resuello.

Sin embargo, los rigores del de Castelfuerte tuvieron su época de calma. Descubiertos algunos gatuperios de un empleado de la real hacienda, el virrey anduvo con *paños* tibios y dejó sin castigo al delincuente. Los pasquinistas le pusieron entonces el cartel que sigue:

ESTE GALLO YA NO CANTA
SE LE SECÓ LA GARGANTA

Y, como de costumbre, su excelencia no quiso dejar sin respuesta el pasquín, y mandó escribir debajo:

PACIENCIA, YA CANTARÁ,
Y A ALGUNOS LES PESARÁ

Y se echó a examinar cuentas y a hurgar en la conducta de los que manejaban fondos, metiendo en la cárcel a todos los que resultaron con las manos sucias.

La verdad es que no tuvo el Perú un virrey más justiciero, más honrado, ni más enérgico y temido que el que principió haciéndose la mosquita muerta.

Lo que pinta por completo su prestigio y el miedo que llegó a inspirar es la siguiente décima, muy conocida en Lima, y que se atribuye a un fraile agustino:

> Ni a descomunión mayor,
> ni a vestir el sambenito,
> tiene pena ese maldito
> durecido pecador.
>   Mandinga, que es embaidor,
> lo sacó de su caldero:
> vino con piel de cordero
> teniéndola de león...
> Mas ¡chitón, chitón, chitón!
> la pared tiene agujero.

CAPRICHO DE LIMEÑA

Yo no sé, lector, si conoces una de mis leyendas tradicionales titulada *Pepe Bandos,* en la cual procuré pintar el carácter enérgico hasta rayar en arbitrario del virrey don José de Armendáriz, marqués de Castelfuerte. Hoy, como complemento de aquélla, se me antoja referirte uno de los arranques de su excelencia, arranque que me dejé olvidado en el tintero.

I

Don Alvaro de Santiponce, maestro en todas las artes y aprendiz de cosa ninguna, era por los años de 1727 un joven hidalgo andaluz, avecindado en Lima, buen mozo y gran trapisondista. Frecuentador de garitos y rondador de ventanas, tenía el genio tan vivo, que, a la menor contradicción, echaba mano por el estoque y armaba una de mil diablos. De sus medios de fortuna podía decirse aquello de presunción y pobreza, todo en una pieza, y aplicarle, sin temor de incurrir en calumnia, la redondilla:

Del hidalgo montañés
don Pascual Pérez Quiñones
eran las camisas nones
y no llegaban a tres.

Con motivo de la reciente ejecución de Antequera, la ciudad estaba amagada de turbulencias, y el virrey había hecho publicar bando para que después de las diez de la noche no anduviesen los vecinos por las calles; y a fin de que su ordenanza no fuese letra muerta, multiplicó las rondas, y aun él mismo salía a veces al frente de una a recorrer la ciudad.

Nuestro andaluz no era hombre de sacrificar un galanteo a la obediencia del bando, y una noche pillólo la ronda departiendo de amor al pie de una reja.

—¡Hola, hola, caballerito, dése usted preso! —le dijo el jefe de la ronda.

—¡Un demonio! —contestó Santiponce, y desenvainando el fierro, empezó a repartir estocadas, hiriendo a un alguacil y logrando abrirse paso.

Corría el hidalgo, tras él los ministriles, hasta que, dos o tres calles adelante, viendo abierta la puerta de una casa, colóse en ella, y sin aflojar el paso penetró en el salón.

Hallábase la familia de gran tertulia, celebrando el cumpleaños de uno de sus miembros, cuando nuestro hidalgo vino con su presencia a aguar la fiesta.

La señora de la casa era una aristocrática limeña, llamada doña Margarita de **, muy pagada de lo azul de su sangre, como descendiente de uno de los caballeros de espuela dorada ennoblecidos por la reina doña Juana la Loca por haber acompañado a Pizarro en la conquista. La engreída limeña era esposa de uno de los más ricos hacendados del país que, si bien no era de cuartelada nobleza, tenía en alta estima los pergaminos de su mujer.

Impúsola el hidalgo de la cuita en que se hallaba, pidiéndola mil perdones por haber turbado el sarao, y la señora le condujo al interior de la casa.

Entraba en las quijotescas costumbres de la época, y como rezago del feudalismo, el no negar asilo ni al mayor criminal, y los aristócratas tenían a orgullo comprometer la negra honrilla defendiendo hasta la pared del frente la inmunidad del domicilio. Había en Lima casas que se llamaban de cadena y en las cuales, según una real cédula, no podía penetrar la justicia sin previo permiso del dueño, y aun esto en casos determinados y después de llenarse ciertas tramitaciones. Nuestra historia colonial está llena de querellas sobre asilo, entre los poderes civil y eclesiástico, y aun entre los gobiernos y los particulares. Hoy, a Dios gracias, hemos dado de mano a esas antiguallas, y al pie del altar mayor se le echa la zarpa encima al prójimo que se descantilla: y aunque en la Constitución reza escrito no sé qué artículo o paparrucha sobre inviolabilidad del hogar doméstico, nuestros gobernantes hacen tanto caso de la prohibición legal como de los mostachos del gigante Culiculiambro. Y aquí, pues la ocasión es calva, voy a aprovechar la oportunidad para referir el origen de un refrancito republicano.

Cierto presidente, de cuyo nombre me acuerdo, pero no se me antoja apuntarlo, veía un conspirador en todos los que no éramos partidarios de su política, y daba gran trajín a la autoridad de policía, encargándole echar guante y hundir en un calabozo a los oposicionistas.

Medianoche era por filo cuando un agente de la prefectura con un cardumen de ministriles, escalando paredes, se sopló de rondón en una casa donde recelábase que estuviera escondido un demagogo de cuenta. Asustóse la familia, que estaba ya en brazos de Morfeo, ante tan repentina irrupción de vándalos y el dueño de casa, hombre incapaz de meterse en barullos de política, pidió al seide que le enseñara la orden escrita, y firmada por autoridad competente, que lo facultara para allanar su domicilio.

—¡Qué orden ni que niño muerto! —contestó el agente—. Aquí no hay más Dios que Mahoma, y yo que soy su profeta.

—Pues sin orden no le permito a usted que atropelle mi casa.

—¡Qué chocheces! No parece usted peruano. ¡Ea, muchacho, a registrar la casa!

—Las garantías individuales amparadas por la Constitución...

El esbirro no dejó continuar su discurso al leguleyo ciudadano, porque le interrumpió exclamando:

—¿Constitución y a estas horas? Que lo amarren al señor.

Y no hubo tu tía, y desde esa noche nació el refrancito con que el buen sentido popular expresa lo inútil que es protestar contra las arbitrariedades, a que tan inclinados son los que tienen un cachito de poder.

La casa de doña Margarita era conocida por casa de cadena, y así lo comprobaban los gruesos eslabones de la que se extendía a la entrada del zaguán. Había en la casa un sótano o escondite, cuya entrada era un secreto para todo el mundo, menos para la señora y una de sus criadas de confianza, y bien podía echarse abajo el edificio sin que se descubriese el misterioso rincón.

El jefe de la ronda dio su espada en la puerta de la calle a un alguacil; y así desarmado llegó al salón, y con muy corteses palabras reclamó la persona del delincuente.

Doña Margarita se subió de tono; contestó al representante de la autoridad que ella no era de la raza de Judas para entregar a quien se había puesto bajo la salvaguardia de su nobleza, y que así se lo dijese a Pepe Bandos, que en cuanto a ella, se le daba una higa de sus rabietas.

Y como cuando la mujer da rienda a la sin hueso, echa y echa palabras y no se agotan éstas, como si brotaran de un manantial, trató al pobre guardián del orden de corchete y esbirro vil, y a su excelencia de perro y excomulgado, aludiendo a la carga de caballería dada contra los frailes de San Francisco el día de la ejecución de Antequera.

Palabra y piedra suelta no tienen vuelta. El de la ronda soportó impasible la andanada, retiróse mohino y, después de rodear la calle de alguaciles, encaminóse a palacio, hizo despertar al virrey, y lo informó, de canto a canto y sin omitir letra, de lo que acontecía y de cómo la noble señora había puesto de oro y azul, dejándolo para agarrado con tenacillas, el respeto debido al que en estos reinos del Perú aspiraba a ser mirado como la persona misma de su majestad don Felipe V.

II

Conocido el carácter del de Castelfuerte, es de suponer que se le subió la mostaza a las narices. En el primer momento estuvo tentado de saltar por sobre la cadena y los privilegios, aprehender a la insolente limeña, y con sus pergaminos nobiliarios encerrarla en la *cochera*, que así se llamaba un cuarto de la cárcel de corte destinado para arresto de mujeres de vida airada.

Pero, calmándose un tanto, reflexionó que haría mal en extremarse con una hija de Eva, y que su proceder sería estimado como indigno de un caballero. Aindamáis, pensó, la mujer esgrime la lengua, arma ofensiva y defensiva que le dio naturaleza; pero cuando la mujer tiene editor responsable, lo más llano es irse derecho a éste y entenderse de hombre a hombre.

Y, pensado y hecho, llamó a un oficial y enviólo a las volandas donde el marido de doña Margarita, que se encontraba en la hacienda, a pocas leguas de Lima, con una carta en la que después de informarle de los sucesos, concluía diciéndole:

"Tiempo es, señor mío, de saber quién lleva en su casa los greguescos. Si es vuesa merced, me lo probará poniendo en manos de la justicia, antes de doce horas, al que se ha amparado de faldas; y si es la irrespetuosa compañera que le dio la Iglesia, dígamelo en puridad para ajustar mi conducta a su respuesta.

"Dé Dios Nuestro Señor a vuesa merced la entereza de fundar buen gobierno en su casa, que bien lo ha menester, y no me quiera mal por el deseo. *El marqués de Castelfuerte."*

A la burlona y amenazadora carta del virrey contestó el marido muy lacónicamente:

"Duéleme, señor marqués, el desagrado de que me habla; y en él interviniera si la carta de vuecencia no encerrara más de agravio a mi honra y persona que de amor a los fueros de la justicia. Haga vuecencia lo que su buen consejo y prudencia le dicten, que en ello no habré enojo; advirtiendo que el marido que ama y respeta a su compañera de tálamo y madre de sus hijos, deja a ésta por entero el gobierno del hogar, en el resguardo de que no ha de desdecir de lo que debe a su fama y nombre.

"Guarde Dios los días de vuecencia para bien de estos pueblos y mejor servicio de su majestad.—*Carlos de **"*

Como se ve, las dos epístolas eran dos cantáridas, chispeantes de ironía.

Al recibir Armendáriz la contestación de don Carlos, lo mandó traer preso a Lima.

—¡Y bien, señor mío —le dijo el virrey—. Conmigo no hay cháncharras máncharras. Doce horas de plazo le acordé para que entregase al reo. ¿En qué quedamos? ¿Han de ser mangas, o tijeretas?

—Será lo que plazca a vuecencia, que aunque me acordara un siglo, no haría yo fuerza a mi mujer para que entregue al que sufre persecuciones por la justicia.

—¡Que no!... —exclamó furioso el marqués—. Pues esta misma noche va usted con títeres y petacas desterrado a Valdivia; que, ¡por mi santo patrón el de las azucenas!, no ha de decirse de mí que un maridillo linajudo me puso la ceniza en la frente. ¡Bonito hogar es el de vuesa merced, en donde canta la gallina y no cacarea el gallo!

Pero como en palacio las paredes se vuelven oídos, súpose en el acto por todo Lima que en la fragata *María de los Ángeles,* lista para zarpar esa noche del Callao, iba a ser embarcado el opulento don Carlos. Doña Margarita cogió el manto, y acompañada de su dueña, rodrigón y paje, salió a poner la ciudad en movimiento. El arzobispo y varios canónigos, oidores, cabildantes y caballeros titulados fueron a palacio para pretender que el marqués cejase en lo relativo al destierro; pero su excelencia, después de dar órdenes al capitán de su escolta, se había encerrado a dormir, previniendo al mayordomo que, aunque ardiese Troya, nadie osara despertarlo.

Cuando al otro día asistió el virrey al acuerdo de la Real Audiencia, ya la *María de los Ángeles* había desaparecido del horizonte. Uno de los oidores se atrevió a insinuarse, y el marqués le contestó:

—Que doña Margarita entregue al delincuente, y volverá de Valdivia su marido.

Pero doña Margarita era de un temple de alma como ya no se usa. Amaba mucho a su esposo; mas creía envilecerlo y envilecerse accediendo a la exigencia del marqués.

En punto a tenacidad, dama y virrey iban de potencia a potencia.

III

Y pasaron los años.

Y doña Margarita enviaba por resmas cartas y memoriales a la corte de Madrid, y se gastaba un dineral en misas, cirios y lámparas, para que los santos hiciesen el milagro de que Felipe V le echase una filípica a su representante.

Y en éstas y las otras, don Carlos murió en el destierro.

Y Armendáriz regresó a España en 1731, donde fue agraciado con el Toisón de Oro.

Bajo el gobierno de su sucesor, el marqués de Villagarcía, salió don Álvaro de Santiponce a respirar el aire libre; y para quitar a la justicia la tentación de ocuparse de su persona, se embarcó sin perder minuto para una de las posesiones portuguesas.

El marqués de Castelfuerte se disculpaba de este abuso de autoridad, diciendo: —Cometílo para que los maridos aprendan a no permitir a sus mujeres desacatos contra la justicia y los que la administran; pero dudo que aproveche el ejemplo: pues, por más que se diga en contrario, los hijos de Adán seremos siempre unos bragazas, y ellas llevarán la voz de mando y harán de nosotros cera y pabilo.

DESDICHAS DE PIRINDÍN

Conseja tradicional

DE CÓMO LE DIERON AL DIABLO UNA PALIZA
Y LO METIERON EN LA CÁRCEL

Tradicional es que cuando, en el siglo pasado, principió a explotarse la riqueza mineral del Cerro de Pasco, afluyó al asiento gran número de aventureros entre los que se hallaba el diablo nada menos. Dice la tradición que el demonio *fue allí por lana y salió trasquilado;* porque se encontró con la horma de su zapato, esto es, con gente que sabía más que él y que le puso las peras a cuarto. Añaden las viejas, que el *Uñas-largas* guarda desde entonces tirria y murria por el Cerro de Pasco y agregan que don Enrique Meiggs es hombre al agua si, antes de llevar a cabo su colosal proyecto de desaguar minas, no logra hacer cejar al Patudo en su ojeriza y que celebre un tratado de paz, amistad y comercio con los cerreños.

Cumple a mi honradez de cronista declarar que, poco o nada hay de mi cosecha en la conseja que va a leerse y que ella no es más que un relato popular. Agregaré también que anda muy lejos de mi propósito herir susceptibilidad alguna y que si hay prójimo a quien el cuentecito haga cosquillas, lo dé por no escrito y san se acabó, que yo soy moro de paz y no quiero camorra con nadie y menos con los que le metieron el resuello al mismo diablo. Ni juego ni doy barato, que no soy más que humilde ropavejero de romances.

I

Por los años de 17... declaróse en *boya* el, hasta entonces casi desconocido, mineral de Pasco, y no fue poca la gente que con títeres y petacas se domiciliara en él.

Como Potosí, en sus días de esplendor, pronto convirtióse Pasco en lugar donde todos los vicios se dieron cita. El vino, las mozas de partido y el juego constituyeron la existencia de los mineros.

Dueños de las minas más poderosas eran tres hermanos, mozos de vaina abierta, a quienes, por razones que me callo, llamaremos los Izquietas. Influyentes en la población por su generosidad y llaneza para con todos, así como por su gran fortuna y relaciones de familia, cada uno de ellos era también el prototipo de un vicio.

Juan Izquieta, que chupaba más que esponja, jamás hizo ascos a un pellejo de mosto ni encontró bebedor que lo derrotase. *A mata cama, colchón de vino,* era su máxima favorita.

Pedro Izquieta, en punto a libertinaje, podía dar tres tantos y salida al mismo Don Juan Tenorio.

Antonio Izquieta era el jugador más bravo y afortunado del mineral, no pareciendo sino que traía magnetizados a los cubículos.

Entre la multitud de aventureros llamaba la atención un don Lesmes Pirindín, mancebo cuya buena suerte en el juego, desparpajo para con las hijas de Eva y serenidad para vaciar botellas, empezaron a hacer sombra en la fama y nombre de los Izquieta.

¡Buena lezna era don Lesmes!

Los Izquietas rehuyeron entrar en competencias con don Lesmes; pero éste tomó a capricho atravesárseles siempre en su camino.

A Pedro Izquieta le dio una noche con la puerta en los hocicos una muchacha rabisalsera y muy llena de dengues y perendengues, tras la que él andaba bebiendo los vientos. A la muy bribona se le había entrado don Lesmes por el ojo derecho que, la verdad sea dicha, era el mozo como unas perlas, garboso, decidor y pendenciero. Izquieta se consoló del desaire cantando:

> Yo sembré un perejilar
> y se me volvió culantro,
> que hay mujeres muy capaces
> de pegarle un palo a un santo.

Juan Izquieta se puso con Pirindín a copa va y copa viene de un vinillo de pulso y él hasta entonces invencible bebedor cayó beodo debajo de la mesa, lo mismo que un lord inglés.

En cuanto a Antonio Izquieta, don Lesmes lo desvalijó en un par de horas de una suma morrocotuda; y por primera vez en su vida tuvo que retirarse sin blanca del tapete, mohino y mal pergeñado.

Los Izquietas estaban derrotados en toda la línea como unos peleles. Su popularidad vino por tierra y no se hablaba más que de Pirindín.

Lo de siempre: *cedacito nuevo, tres días en estaca.*

Nada más voltario que la popularidad. Reniego de ella.

II

Los tres hermanos pasaron varios días sin que se les viera la estampa en la calle. Sentíanse humillados en su orgullo, y tanto platicaron entre ellos y dieron tales vueltas y tornas al lance que llegaron a esta disyuntiva:

O don Lesmes tiene pacto con el diablo o es Satanás en persona.

Y mientras más saliva gastaban y más se devanaban los sesos, más se arraigaba en ellos esta convicción.

Entonces decidieron entablar nueva lucha y aunque no eran leales las armas de que iban a valerse, acá en mi fuero interno les encuentro disculpa. ¿No ha sido siempre el diablo un tramposo de cuenta? Pues *a fullero, fullero y medio* ¡qué canario!

Entrada la noche, encaminóse Pirindín a casa de la querida de Pedro Izquieta, que como hemos dicho era mujer de poco tono y mucho escándalo. Iba muy sí señor y muy en ello a pisar el umbral cuando, de improviso y como mordido de víbora, dio un brinco hasta la pared del frente. Había tropezado en el quicio de la puerta con una ramita de olivo, bendecida por el cura el Domingo de Ramos. La cosa no era para menos que para dar un salto como el de Alvarado en México.

La muchacha se picó con el desaire y puesta en jarras, porque era hembra de mucho reconcomio y pujavante, empezó a apostrofar al galán. Este, que no se mordía la lengua, la dijo el sol por salir y le cantó la cartilla y aun me cuentan (yo me lavo las manos) que la llamó por las cuatro letras. Al escándalo que se armó asomaron las vecinas y un mocosuelo, que pasaba por hijo del sacristán de la parroquia, se puso a cantar con mucha desvergüenza y a repicar con unas piedrecitas:

Calabazas y pepinos
Para los niños zangolotinos.
¡Y eche usted, eche,
Café con leche!
Calabazas y melones
Para los hombres bobalicones.
¡Y eche usted, eche,
Café con leche!

Corrido don Lesmes abandonó el terreno, tosiendo gordo y refunfuñando, y en dos zancadas colóse en el primer garito que encontró al paso.

Allí lo esperaba Antonio Izquieta y suponemos que, al encontrarse con él, murmuraría don Lesmes: —¡Vamos! hoy todas son desgracias.

Al cabo de un rato se *amarró* partido entre ambos. Cada vez que Pirindín tiraba los dados, hacia Antonio la cruz por debajo de la mesa y nuestro aventurero echaba ases o cuadras. Pasaban las muelas de Santa Apolonia a manos de Izquieta, quien, haciendo con la izquierda una cruz bajo el tapete, aflojaba senas o quinas que era un primor. Rojo de berrinche y mesándose las barbas estaba el perdidoso, mientras su adversario le decía con aire zumbón:

—Vuesamerced lo ha querido. ¿Quién lo metió a habérselas con los Izquietas? Guárdese vuesamerced para cigarros esa última onza que le queda.

Decididamente la fortuna se le había vuelto suegra a don Lesmes, y ya se sabe *que suegra ni de caramelo.*

Como las emociones del juego despiertan la sed, entróse Pirindín a la taberna de la esquina y pidió al pulpero una botella no sé si de catalán o cariñena. *Vino puro y ajo crudo* —dice el refrán— *hacen al hombre agudo.* Pero hasta en ese sitio perseguía a nuestro hombre la desdicha; porque, mientras el pulpero traía lo pedido, sentósele al lado Juan Izquieta y brindóle una copita de manzanilla, en la cual había vertido antes una gotita de óleo sagrado. Como *lo valiente no quita lo cortés,* apuró la copa don Lesmes e hízole el propio efecto de un vomitivo y salió dando traspiés, con la bilis sublevada y la cabeza como una devanadera, echando sapos y culebras por la boca.

Acertó a pasar la ronda y, hallándose con borracho tan impertinente y escandaloso, sobre si dijo pares o dijo nones, dispuso el alcalde que los alguaciles lo amarrasen codo con codo y lo llevasen a la cárcel a dormir la mona. El se resistió comó un energúmeno; pero unos cuantos garrotazos lo hicieron *cabrestiar* e ir a chirona.

Cuando al día siguiente lo pusieron en libertad, reflexionó Pirindín, como hombre de mundo y de buen cacumen, que, desprestigiado como estaba, no podía continuar viviendo en el Cerro de Pasco sin hacer papel ridículo y exponerse a la general rechifla y a que hasta los muchachos se le subiesen a las barbas.

Resuelto, pues, a irse con sus petates a otra parte, dirigióse a la acequia de la cárcel, rompió la escarcha, lavóse cara y brazos con agua helada, pasóse los dedos, a guisa de peine, por la enmarañada guedeja, lanzó un regüeldo que, por el olor a azufre, se sintió en todo Pasco y veinte leguas a la redonda, y paso entre paso, cojitabundo y maltrecho, llegó al sitio denominado *Uliachi*.

Si vas, lector, de paseo al Cerro de Pasco, cuando el ferrocarril sea realidad y no proyecto, pregunta a cualquiera cuál es la peña sobre la que estuvo parado el diablo y no dudo que hallarás un complaciente indígena que te la haga conocer.

La tradición añade que en Uliachi volvió el diablo la cara hacia el pueblo y pronunció el siguiente *speech*, maldición, apóstrofe o lo que sea:

—¡Tierra ingrata! No eres digna de mí. Verdad que tampoco te hago falta porque llevas en tu seno tres pecados capitales, y ya vendrán los restantes. ¡Abur! ¡Hasta nunca! (Alguien me ha contado que como el diablo no puede decir *¡adiós!*, es invención suya la palabra ¡abur! con que muchos acostumbran saludar o despedirse. Así, tengan ustedes por sospechoso al que diga ¡abur! y, por lo que *potest*, échenle una rociada de agua bendita.) ¡Abur! ¡Abur! Te dejo berrueco, joroba y sarna que rascar... ¡porque te dejo a los Izquietas!

EL DIVORCIO DE LA CONDESITA

I

Si nuestros abuelos volvieran a la vida, a fe que se darían de calabazadas para convencerse de que el Lima de hoy es el mismo que habitaron los virreyes. Quizá no se sorprenderían de los progresos materiales tanto como del completo cambio en las costumbres.

El salón de más lujo ostentaba entonces larguísimos canapés forrados en vaqueta, sillones de cuero de Córdoba adornados con tachuelas de metal y, pendiente del techo, un farol de cinco luces con los vidrios empañados y las candilejas cubiertas de sebo. En las casi siempre desnudas paredes se veía un lienzo, representando a San Juan Bautista o a Nuestra Señora de las Angustias, y el retrato del jefe de la familia con peluca, gorguera y espadín. El verdadero lujo de las familias estaba en las alhajas y vajilla.

La educación que se daba a las niñas era por demás extravagante. Un poco de costura, un algo de lavado, un mucho de cocina y un nada de trato de gentes. Tal cual viejo, amigo ítimo de los padres, y el reverendo confesor de la familia eran los únicos varones a quienes las chicas veían con frecuencia. A muchas no se las enseñaba a leer para que no aprendiesen en libros prohibidos cosas pecaminosas, y a la que alcanzaba a decorar el *Año Cristiano* no se le permitía hacer sobre el papel patitas de mosca o garrapatos anárquicos por miedo de que, a la larga, se cartease con el *percunchante*.

Así, cuando llegaba un joven a visitar al dueño de la casa, las muchachas emigraban del salón como palomas a vista del gavilán. Esto no impedía que por el ojo de la llave, a hurtadillas de señora madre, hicieran minucioso examen del visitante. Las muchachas protestaban, *in pecto*, contra la tiranía paternal; que, al fin, Dios creó a ellas para ellos y al contrario. Así, todas rabiaban por marido; que el apetito se les avivaba con la prohibición de atravesar palabra con los hombres, salvo con los primos, que para nuestros antepasados eran tenidos por seres del género neutro y que de vez en cuando daban el escándalo de cobrar primicias o hacían otras primadas minúsculas. A las ocho de la noche la familia se reunía en la sala para rezar el rosario, que por lo menos duraba una hora, pues le adicionaban un trisagio, una novena y una larga lista de oraciones y plegarias por las ánimas benditas de toda la difunta parentela. Por supuesto, que el gato y el perro también asistían al rezo.

La señora y las niñas, después de cenar su respectiva taza de *champuz de agrio* o de mazamorra de la mazamorrería, pasaban a ocupar la cama, subiendo a ella por una escalerita. Tan alto era el lecho que, en caso de temblor, había peligro de descalabrarse al dar un brinco.

En los matrimonios no se había introducido la moda francesa de que los cónyuges ocupasen lechos separados. Los matrimonios eran a la antigua española, a usanza patriarcal, y era preciso muy grave motivo de riña para que el marido fuese a cobijarse bajo otra colcha.

En esos tiempos era costumbre dejar las sábanas a la hora en que cacarean las gallinas, causa por la que entonces no había tanta muchacha tísica o clorótica como en nuestros días. De nervios no se hable. Todavía no se habían inventado las pataletas que hoy son la desesperación de padres y novios, y, a lo sumo, si había alguna prójima atacada de *gota coral,* con impedirla comer *chancaca* o casarla con un pulpero catalán se curaba como con la mano, pues parece que un marido robusto era santo remedio para femeniles dolamas.

No obstante la paternal vigilancia, a ninguna muchacha le faltaba su chichisbeo amoroso; que sin necesidad de maestro, toda mujer, aun la más encogida, sabe en esa materia más que un libro y que San Agustín y San Jerónimo y todos los santos padres de la Iglesia que, por mi cuenta, debieron ser en sus mocedades duchos en marrullerías. Toda limeña encontraba minuto propicio para pelar la pava tras la celosía de la ventana o del balcón.

Lima, con las construcciones modernas, ha perdido por completo su original fisonomía entre cristiana y morisca. Ya el viajero no sospecha una misteriosa beldad tras las rejillas, ni la fantasía encuentra campo para poetizar las citas y aventuras amorosas. Enamorarse hoy en Lima es lo mismo que haberse enamorado en cualquiera de las ciudades de Europa.

Volviendo al pasado, era señor padre, y no el corazón de la hija, quien daba a ésta marido. Esos bártulos se arreglaban entonces autocráticamente. Toda familia tenía en el jefe de ella un zar más despótico que el de la Rusia. ¡Y guay de la demagoga que protestara! Se la cortaba el pelo, se la encerraba en el cuarto obscuro o iba con títeres y petacas a un claustro, según la importancia de la rebeldía. El gobierno reprimía la insurrección con brazo de hierro y sin andarse con paños tibios.

En cambio, la autoridad de un marido era menos temible, como van ustedes a convencerse por el siguiente relato histórico.

II

Marianita Belzunce contaba (según lo dice Mendiburu en su *Diccionario Histórico*) allá por los años de 1755 trece primaveras muy lozanas. Huérfana y bajo el amparo de su tía, madrina y tutora doña Margarita de Murga y Muñatones, empeñóse ésta en casarla con el conde de Casa Dávalos, don Juan Dávalos y Ribera, que pasaba de sesenta octubres y que era más feo que una excomunión. La chica se desesperó; pero no hubo remedio. La tía se obstinó en casar a la sobrina con el millonario viejo, y vino el cura y *laus tibi Christi.*

Para nuestros abuelos eran frases sin sentido las de la copla popular:

No te cases con viejo
por la moneda:
la moneda se gasta
y el viejo queda.

Cuando la niña se encontró en el domicilio conyugal, a solas con el conde, le dijo:

—Señor marido, aunque vuesa merced es mi dueño y mi señor, jurado tengo, en Dios y en mi ánima, no ser suya hasta que haya logrado hacerse lugar en mi corazón; que vuesa merced ha de querer compañera y no sierva. Haga méritos por un año, que tiempo es sobrado para que vea yo si es cierto lo que dice mi tía: que el amor se cría.

El conde gastó súplicas y amenazas, y hasta la echó de marido; pero no hubo forma de que Marianita apease de su ultimátum.

Y su señoría (¡Dios le tenga entre santos!) pasó un año haciendo méritos, es decir, compitiendo con Job en cachaza y encelándose hasta del vuelo de las moscas, que en sus mocedades había oído el señor conde este cantarcillo:

El viejo que se casa
con mujer niña,
él mantiene la cepa
y otro vendimia.

La víspera de vencerse el plazo desapareció la esposa de la casa conyugal y púsose bajo el patrocinio de su prima, la abadesa de Santa Clara. El de Casa Dávalos tronó, y tronó gordo. Los poderes eclesiástico y civil tomaron parte en la jarana, gastóse, y mucho, en papel sellado, y don Pedro Bravo de Castilla, que era el mejor abogado de Lima, se encargó de la defensa de la prófuga.

Sólo la causa de divorcio que, en tiempo de Abascal, siguió la marquesa de Valdelirios (causa de cuyos principales alegatos poseo copia y que no exploto porque toda ella se reduce a misterios de alcoba subiditos de color), puede hacer competencia a la de Marianita Belzunce. Sin embargo, apuntaré algo para satisfacer curiosidades exigentes.

Doña María Josefa de Salazar, esposa de su primo hermano el marqués de Valdelirios, don Gaspar Carrillo, del orden de San Carlos y coronel del regimiento de Huaura, se quejaba en 1809 de que su marido andaba en relaciones subversivas con las criadas; refiere muy crudamente los pormenores de ciertas sorpresas, y termina pidiendo divorcio, porque su libertino consorte hacía años que, ocupando el mismo lecho que ella, la volvía la espalda.

El señor marqués de Valdelirios niega el trapicheo con las domésticas; sostiene que su mujer, si bien antes de casarse rengueaba ligeramente, después de la bendición echó a un lado el disimulo y dio en cojear de un modo horripilante; manifiéstase celoso de un caballero de capa colorada, que siempre se aparecía con oportunidad para dar la mano a la marquesa al bajar o subir al carruaje, y concluye exponiendo que él, aunque la Iglesia lo mande, no puede hacer vida común con mujer que *chupa* cigarro de Cartagena de Indias.

Por este apunte imagínense el resto los lectores maliciosos. En ese proceso hay *mirabilia* en declaraciones y careos.

Sigamos con la causa de la condesita de Casa Dávalos.

Fue aquélla uno de los grandes sucesos de la época. Medio Lima patrocinaba a la rebelde, principalmente la gente moza, que no podía ver de buen ojo que tan linda criatura fuera propiedad de un vejestorio.

¡Pura envidia! Estos pícaros hombres son, a veces, de la condición del perro del hortelano.

Constituyóse un día el provisor en el locutorio del monasterio, y entre él, que aconsejaba a la rebelde volviese al domicilio conyugal, y la traviesa limeña se entabló este diálogo:

—Dígame con franqueza, señor provisor, ¿tengo yo cara de papilla?

—No, hijita, que tienes cara de ángel.

—Pues si no soy papilla, no soy plato para viejo, y si soy ángel, no puedo unirme al demonio.

El provisor cerró el pico. El argumento de la muchacha era de los de chaquetilla ajustada.

Y ello es que el tiempo corría, y alegatos iban y alegatos venían, y la validez o nulidad del matrimonio no tenía cuándo declararse. Entretanto, el nombre del buen conde andaba en lenguas y dando alimento a coplas licenciosas, que costumbre era en Lima hacer versos a porrillo sobre todo tema que a escándalo se prestara. He aquí unas redondillas que figuran en el proceso y de las que se hizo mérito para acusar de impotencia al pobre conde:

Con una espada mohosa
y ya sin punta ni filo,
estáte conde tranquilo:
no pienses en otra cosa.

Toda tu arrogancia aborta
cuando la pones a prueba:
tu espada, como no es nueva,
conde, ni pincha ni corta.

Lo mejor que te aconsejo
es que te hagas ermitaño;
que el buen manjar hace daño
al estómago de un viejo.

Para que acate Mariana
de tus privilegios parte,
necesitabas armarte
de una espada toledana.

Convengamos en que los poetas limeños, desde Juan de Caviedes hasta nuestros días, han tenido chispa para la sátira y la burla.

Cuando circularon manuscritos estos versos, amostazóse tanto el agraviado, que fuese por desechar penas o para probar a su detractor que era un hombre capaz de quemar incienso en los altares de Venus, echóse a la vida airada y a hacer conquistas, por su dinero se entiende, ya que no por la gentileza de sus personales atractivos.

Tal desarreglo lo llevó pronto al sepulcro, y puso fin al litigio.

Marianita Belzunce salió entonces del claustro, virgen y viuda. Joven, bella, rica e independiente, presumo que (esto no lo dicen mis papeles) encontraría prójimo que, muy a gusto de ella, entrase en el pleno ejercicio de las funciones maritales, felicidad que no logró el difunto.

*   *   *

En efecto; casó con don Hipólito Landáburu, acaudalado caballero que, en los tiempos de Amat, edificó la plaza de Acho, invirtiendo en la fábrica su dinero y el de la conjunta.

GENIALIDADES DE LA "PERRICHOLI"

*(Al señor Enrique de Borges, ministro de Francia en el
Perú, y traductor de mis* TRADICIONES)

I

Micaela Villegas (la *Perricholi*) fue una criatura ni tan poética como
la retrató José Antonio de Lavalle en el *Correo del Perú,* ni tan pro-
saica como la pintara su contemporáneo el autor anónimo del *Drama
de los palanganas,* injurioso opúsculo de 100 páginas en 4º, que contra
Amat se publicó en 1776, a poco de salido del mando, y del que existe
un ejemplar en el tomo XXV de *Papeles varios* de la Biblioteca Nacional. Así de ese opúsculo como de los titulados *Conversata y narración
exegética* se declaró, por decreto de 3 de marzo de 1777, prohibida la
circulación y lectura, imponiéndose graves penas a los infractores.

No es cierto que Miquita Villegas naciera en Lima. Hija de pobres
y honrados padres, su humilde cuna se meció en la noble ciudad de los
Caballeros del León de Huánuco allá por los años de 1739. A la edad
de cinco años trájola su madre a Lima, donde recibió la escasa educación que en aquel siglo se daba a la mujer.

Dotada de imaginación ardiente y de fácil memoria, recitaba con
infantil gracejo romances caballerescos y escenas cómicas de Alarcón,
Lope y Moreto; tañía con habilidad el arpa, y cantaba con donaire al
compás de la guitarra las tonadillas de moda.

Muy poco más de veinte años contaba Miquita en 1760 cuando
pisó por primera vez el proscenio de Lima, siendo desde esa noche
el hechizo de nuestro público.

II

¿Fue la *Perricholi* una belleza? No, si por belleza entendemos la re-
gularidad de las facciones y armonía del conjunto; pero si la gracia es
la belleza, indudablemente que Miquita era digna de cautivar a todo
hombre de buen gusto.

"De cuerpo pequeño y algo grueso, sus movimientos eran llenos de
vivacidad; su rostro oval y de un moreno pálido lucía no pocas *cacarañas*
u hoyitos de viruelas, que ella disimulaba diestramente con los primores
del tocador; sus ojos eran pequeños, negros como el *chorolque* y animadísimos; profusa su cabellera, y sus pies y manos microscópicos; su
nariz nada tenía de bien formada, pues era de las que los criollos llamamos *ñatas;* un lunarcito sobre el labio superior hacía irresistible su
boca, que era un poco abultada, en la que ostentaba dientes menudos y

con el brillo y limpieza del marfil; cuello bien contorneado, hombros incitantes y seno turgente. Con tal mezcla de perfecciones e incorrecciones podía pasar hoy mismo por bien laminada o buena moza." Así nos la retrató, hace ya fecha, un imparcial y prosaico anciano que alcanzó a conocerla en sus tiempos de esplendor, retrato que dista no poco del que con tan espíritual como galana pluma hizo Lavalle.

Añádase a esto que vestía con elegancia extrema y refinado gusto, y que sin ser limeña tenía toda la genial travesura y salpimentado chiste de la limeña.

III

Acababa Amat de encargarse del gobierno del Perú cuando, en 1762, conoció en el teatro a la Villegas, que era la actriz mimada y que se hallaba en el apogeo de su juventud y belleza. Era Miquita un fresco pimpollo, y el sexagenario virrey, que por sus canas se creía ya asegurado de incendios amorosos, cayó de hinojos ante las plantas de la huanuqueña, haciendo por ella durante catorce años más calaveradas que un mozalbete, con no poca murmuración de la almidonada aristocracia limeña, que era un mucho estirada y mojigata.

El enamorado galán no tenía escrúpulo para presentarse en público con su querida; y en una época en que Amat iba a pasar el domingo en Miraflores, en la quinta de su sobrino el coronel don Antonio Amat y Rocaberti, veíasele en la tarde del sábado salir de palacio en la dorada carroza de los virreyes, llevando a la *Perricholi* a caballo en la comitiva, vestida a veces de hombre, y otras con lujoso faldellín celeste recamado de franjas de oro y con sombrerillo de plumas, que era Miquita muy gentil equitadora.

Amat no fue un virrey querido en Lima, y eso que contribuyó bastante al engrandecimiento de la ciudad. Acaso por esa prevención se exageraron sus pecadillos, llegando la maledicencia de sus contemporáneos hasta inventar que si emprendió la fábrica del Paseo de Aguas fue sólo por halagar a su dama, cuya espléndida casa era la que hoy conocemos vecina a la Alameda de los Descalzos y al pie del muro del río. También proyectó la construcción de un puente en la Barranca en el sitio que hoy ocupa el puente Balta.

Un librejo de esa época, destrozando a Amat en su vida, ya pública, ya privada, lo pinta como el más insaciable de los codiciosos y el más cínico defraudador del real tesoro.

Dice así: "La renta anual de Amat, como virrey, era de sesenta mil pesos, y más de doce mil por las gratificaciones de los ramos de Cruzada, Estanco y otros, que en catorce años y nueve meses de gobierno hacen un millón ochenta mil pesos. Calculo también en trescientos mil pesos, más bien más que menos, cada año, lo que sacaría por venta de los sesenta y seis corregimientos, veintiuna oficialías reales y demás innumerables cargos, pues por el más barato recibía un obsequio de tres mil duros, y empleo hubo por el que guardó veinte mil pesos. De estas granjerías y de las *hostias sin consagrar* no pudo, en catorce años, sacar menos de cinco millones, amén de las onzas de oro con que por *cuelgas* lo agasajaba el Cabildo el día de su santo."

El mismo maldiciente escritor dice que si Amat anduvo tan riguroso y justiciero con los ladrones **Ruda** y **Pulido**, fue porque no quería tener competidores en el oficio.

No poca odiosidad concitóse también nuestro virrey por haber intentado reducir el área de los monasterios de monjas, vender los terrenos sobrantes, y aun abrir nuevas calles cortando conventos que ocupan más de una manzana; pero fue tanta la gritería que se armó, que tuvo Amat que desistir del saludable propósito.

Y no se diga que fue hombre poco devoto el que gastó cien mil pesos en reedificar la torre de Santo Domingo, el que delineó el camarín de la Virgen de las Mercedes, costeando la obra de su peculio, y el que hizo el plano de la iglesia de las Nazarenas y personalmente dirigió el trabajo de albañiles y carpinteros.

Como más tarde contra Abascal, cundió contra Amat la calumnia de que, faltando a la lealtad jurada a su rey y señor, abrigó el proyecto de independizar el Perú y coronarse. ¡Calumnia sin fundamento!

Pero observo aquí que por dar alimento a mi manía de las murmuraciones históricas, me voy olvidando que las genialidades de la *Perricholi* son el tema de esta tradición. Pecado reparado, está casi perdonado.

IV

Empresario del teatro de Lima era, en 1773, un actor apellidado Maza, quien tenía contratada a Miquita con ciento cincuenta pesos al mes, que en esos tiempos era sueldo más pingüe que el que podríamos ofrecer hoy a la Ristori o a la Patti. Cierto que la Villegas, querida de un hombre opulento y generoso, no necesitaba pisar la escena; pero el teatro era su pasión y su deleite, y antes de renunciar a él habría roto sus relaciones con el virrey.

Parece que el cómico empresario dispensaba en el reparto de papeles ciertas preferencias a una nueva actriz conocida por la *Inesilla,* preferencias que traían a Miquita con la bilis sublevada.

Representábase una noche la comedia de Calderón de la Barca *¡Fuego de Dios en el querer bien!,* y estaban sobre el proscenio Maza, que desempeñaba el papel de galán, y Miquita el de la dama, cuando a mitad de un parlamento o tirada de versos murmuró Maza en voz baja:

—¡Más alma, mujer, más alma! Eso lo declamaría mejor la Inés.

Desencadenó Dios sus iras. La Villegas se olvidó de que estaba delante del público, y alzando un chicotillo que traía en la mano, cruzó con él la cara del impertinente.

Cayó el telón. El respetable público se sulfuró y armó la gran grita: ¡A la cárcel la cómica, a la cárcel!

El virrey, más colorado que cangrejo cocido, abandonó el palco; y para decirlo todo de un golpe, la función concluyó a capazos.

Aquella noche, cuando la ciudad estaba ya en profundo reposo, embozóse Amat, se dirigió a casa de su querida, y la dijo:

—Después del escándalo que has dado, todo ha concluido entre nosotros, y debes agradecerme que no te haga mañana salir al tablado a pedir, de rodillas, perdón al público. ¡Adiós, Perri-choli!

Y sin atender a lloriqueo ni a soponcio, Amat volteó la espalda y regresó a palacio, muy resuelto a poner en práctica el consejo de un poeta:

Si se te apaga el cigarro,
no lo vuelvas a encender:
si riñes con una moza,
no la vuelvas a querer.

Como en otra ocasión lo hemos apuntado, Amat hablaba con muy marcado acento de catalán, y en sus querellas de amante lanzaba a su concubina un ¡perra-chola!, que, al pasar por su boca sin dientes, se convertía en perri-choli. Tal fue el origen del apodo.

Lástima que no hubiéramos tenido en tiempos de Amat periódicos y gacetilla. ¡Y cómo habrían retozado cronistas y graneleros al poner a sus lectores en autos de la rebujina teatral! ¡Paciencia! Yo he tenido que conformarme con lo poco que cuenta el autor anónimo.

Amat pasó muchos meses sin visitar a la iracunda actriz, la que tampoco se atrevía a presentarse en el teatro, recelosa de la venganza del público.

Pero el tiempo que todo lo calma; los buenos oficios de un corredor de oreja, llamado Pepe Estacio; las cenizas calientes que quedan donde fuego ha habido, y más que todo el amor de padre...

¡Ah! Olvidaba apuntar que los amores de la Perricholi con el virrey habían dado fruto. En el patio de la casa de la Puente-Amaya se veía a veces un precioso chiquillo vestido con lujo y llevando al pecho una bandita roja, imitando la que usan los caballeros de la real orden de San Jenaro. A ese nene solía gritarle su abuela desde el balcón:

—¡Quítate del sol, niño, que no eres un cualquiera, sino hijo de cabeza grande!

Conque decíamos que al fin se reconciliaron los reñidos amantes, y si no miente el cronista del librejo, que se muestra conocedor de ciertas interioridades, la reconciliación se efectuó el 17 de septiembre de 1775.

Yo no sé qué demonios
los dos tenemos:
mientras más regañamos,
más nos queremos.

Pero es preciso reconciliar también a la Perricholi con el público, que por su parte había casi olvidado lo sucedido año y medio antes. El pueblo fue siempre desmemoriado, y tanto, que hoy recibe con palmas y arcos a quien ayer arrojó del solio entre silbos y poco menos que a mojicones.

Casos y casos de éstos he visto yo... y aún espero verlos; que los hombre públicos de mi tierra tienen muchos Domingos de Ramos y muchos Viernes Santos, en lo cual aventajan a Cristo. Y hago punto, que no estoy para belenes de política.

Maza se había curado, con algunos obsequios que le hiciera la huanuqueña, el verdugón del chicotillazo; el público, engatuzado como siempre por agentes diestros, ardía en impaciencia para volver a aplaudir a su actriz favorita.

En efecto, el 4 de noviembre, es decir, mes y medio después de hechas las paces entre los amantes, se presentó la Perricholi en la escena, cantando antes de la comedia una tonadilla nueva, en la que había una copla de satisfacción para el público.

Aquella noche recibió la *Perricholi* la ovación más espléndida de que hasta entonces dieran noticias los fastos de nuestro vetusto gallinero o coliseo.

Agrega el pícaro autor del librejo que Miquita apareció en la escena revelando timidez; pero que el virrey la comunicó aliento, diciéndola desde su palco:

—¡Eh! No hay que *acholarse*, valor y cantar bien.

Pero a quien supo todo aquello a chicharrones de sebo fue a la Inesilla, que durante el año y medio de eclipse de su rival había estado funcionando de primera dama. No quiso resignarse ya a ser segunda de la *Perricholi,* y se escapó para Lurín, de donde la trajeron presa. Ella, por salir de la cárcel, rompió su contrato, y con él... su porvenir.

Relevado Amat en 1776 con el virrey Guirior, y mientras arreglaba las maletas para volver a España, circularon en Lima coplas a porrillo, lamentándose en unas y festejándose en otras la separación del mandatario.

Las más graciosas de esas versainas son las tituladas *Testamento de Amat, Conversata entre Guarapo y Champa, Tristes de doña Estatira* y *Diálogo entre la Culebra y la Ráscate con vidrio.*

Entre los manuscritos de la Biblioteca de Lima se encuentra el siguiente romancillo, que copio por referirse a nuestra actriz:

LAMENTOS Y SUSPIROS DE LA "PERRICHOLI" POR LA AUSENCIA DE SU AMANTE EL SEÑOR DON MANUEL DE AMAT A LOS REINOS DE ESPAÑA

Ya murió la esperanza
de mis deseos,
pues se ausentan las luces
del mejor Febo.
Ya no logran las tablas
cadencia y metro,
pues el compás les falta
a los conciertos.
Mi voz está perdida
y sin aliento
mas ¿qué mucho si el alma
le falta al pecho?
Estatua seré fría
o mármol yerto,
sin que amor en mí labre
aras ni templos

Lloren las ninfas todas
del coliseo,
que Apolo se retira
de los festejos;
aquel grande caudillo
del galanteo,
que al dios de los amores
ofrece inciensos.
Mirad si con justicia
yo me lamento,

que tutelar no tienen
ya nuestros huertos.
No gozarán las flores
verdes recreos,
por faltar el cultivo
del jardineo.

¡Ay! Yo fijé la rueda
de sus afectos,
y otras fueron pavesas
de sus incendios.
Ya no habrá Miraflores
ni más paseos,
en que Júpiter quiso
ser mi escudero.
Mas ¡ay de mí! infelice
que hago recuerdo
de glorias que han pasado
a ser tormento.
Negras sombras rodean
mis pensamientos,
cual cometa que anuncia
tristes sucesos.

¡Oh fortuna inconstante!
Ya considero
que mi suerte se vuelve
al ser primero.

Aunque injurias me causen
crudos los tiempos,
mi fineza y cariño
serán eternos.
Mi carroza luciente
que fue su obsequio
sirva al dolor de tumba,
de mausoleo.

Pero en tan honda pena,
para consuelo
me queda un cupidillo
vivo y travieso.
Es su imagen, su imagen,
y según veo,

original parece,
aunque pequeño.
Hijo de mis amores,
Adonis bello,
llora tanta desgracia,
llora y lloremos.
Si es preciso que sufras
golpe tan fiero,
mis ojos serán mares,
mis quejas remos.

Navega, pues, navega,
mi dulce sueño,
y Tetis te acompañe
con mis lamentos.

Bien chabacana, en verdad, es la mitológica musa que dio vida a estos versos; pero gracias a ella podrá el lector formarse cabal concepto de la época y de los personajes.

VI

Así Lavalle como Radiguet en *L'Amérique Espagnole,* y Mérimée en su comedia *La Carrose du Saint Sacrement,* refieren que cuando el rey de Nápoles, que después fue Carlos III de España, concedió a Amat la gran orden de San Jenaro (gracia que fue celebrada en Lima con fiestas regias, pues hasta se lidiaron toros en la plaza Mayor), la *Perricholi* tuvo la audacia de concurrir a ellas en carroza arrastrada por doble tiro de mulas, privilegio especial de los títulos de Castilla.

"Realizó su intento —dice Lavalle— con grande escándalo de la aristocracia de Lima; recorrió las calles y la Alameda en una soberbia carroza cubierta de dorados y primorosas pinturas, arrastrada por cuatro mulas conducidas por postillones brillantemente vestidos con libreas galoneadas de plata, iguales a las de los lacayos que montaban en la zaga. Mas, cuando volvía a su casa, radiante de hermosura y gozando el placer que procura la vanidad satisfecha, se encontró por la calle de San Lázaro con un sacerdote de la parroquia que conducía a pie el sagrado Viático. Su corazón se desgarró al contraste de su esplendor de cortesana con la pobreza del Hombre-Dios, de su orgullo humano con la humildad divina; y descendiendo rápidamente de su carruaje, hizo subir a él al modesto sacerdote que llevaba en sus manos el cuerpo de Cristo.

"Anegada en lágrimas de ternura, acompañó al Santo de los Santos, arrastrando por las calles sus encajes y brocados y no queriendo profanar el carruaje que había sido purificado con la presencia de su Dios, regaló en el acto carruaje y tiros, lacayos y libreas a la parroquia de San Lázaro."

El hecho es cierto tal como lo relata Lavalle, excepto en un pormenor. No fue en los festejos dados a Amat por haber recibido la banda y cruz de San Jenaro, sino en la fiesta de la Porciúncula (que se celebraba en la iglesia de los padres descalzos, y a cuya Alameda concurría esa tarde, en lujosísimos coches, toda la aristocracia de Lima), cuando la *Perricholi* hizo a la parroquia tan valioso obsequio.

No hace aún veinte años que en el patio de una casa-huerta, en la Alameda, se enseñaba como curiosidad histórica el carruaje de la *Perricholi,* que era de forma tosca y pesada, y que las inclemencias del tiempo habían convertido en mueble inútil para el servicio de la parroquia. El que esto escribe tuvo entonces ocasión de contemplarlo.

VII

Al retirarse Amat para España, donde a la edad de ochenta años contrajo en Cataluña matrimonio con una de sus sobrinas, la *Perricholi* se despidió para siempre del teatro, y vistiendo el hábito de las carmelitas hizo olvidar, con la austeridad de su vida y costumbres, los escándalos de su juventud. "Sus tesoros los consagró al socorro de los desventurados, y cuando —dice Radiguet— cubierta de las bendiciones de los pobres, cuya miseria aliviara con generosa mano, murió en 1812 en la casa de la Alameda Vieja, la acompañó el sentimiento unánime y dejó gratos recuerdos al pueblo limeño."

LA CAMISA DE MARGARITA

Probable es que algunos de mis lectores hayan oído decir a las viejas de Lima, cuando quieren ponderar lo subido de precio de un artículo:

—¡Qué! Si esto es más caro que la camisa de Margarita Pareja.

Habríame quedado con la curiosidad de saber quién fue esa Margarita, cuya camisa anda en lenguas, si en *La América,* de Madrid, no hubiera tropezado con un artículo firmado por don Ildefonso Antonio Bermejo (autor de un notable libro sobre el Paraguay), quien, aunque muy a la ligera, habla de la niña y de su camisa, me puso en vía de desenredar el ovillo, alcanzando a sacar en limpio la historia que van ustedes a leer.

I

Margarita Pareja era (por los años de 1765) la hija más mimada de don Raimundo Pareja, caballero de Santiago y colector general del Callao.

La muchacha era una de esas limeñitas que, por su belleza, cautivan al mismo diablo y lo hacen persignarse y tirar piedras. Lucía un par de ojos negros que eran como dos torpedos cargados con dinamita y que hacían explosión sobre las entretelas del alma de los galanes limeños.

Llegó por entonces a España un arrogante mancebo, hijo de la coronada villa del oso y del madroño, llamado don Luis Alcázar. Tenía éste en Lima un tío solterón y acaudalado, aragonés rancio y linajudo, y que gastaba más orgullo que los hijos del rey Fruela.

Por supuesto que, mientras le llegaba la ocasión de heredar al tío, vivía nuestro don Luis tan pelado como una rata y pasando la pena negra. Con decir que hasta sus trapicheos eran al fiado y para pagar cuando mejorase de fortuna, creo que digo lo preciso.

En la procesión de Santa Rosa conoció Alcázar a la linda Margarita. La muchacha le llenó el ojo y le flechó el corazón. La echó flores, y aunque ella no le contestó ni sí ni no, dio a entender con sonrisitas y demás armas del arsenal femenino que el galán era plato muy de su gusto. La verdad, como si me estuviera confesando, es que se enamoraron hasta la raíz del pelo.

Como los amantes olvidan que existe la aritmética, creyó don Luis que para el logro de sus amores no sería obstáculo su presente pobreza, y fue al padre de Margarita y, sin muchos perfiles, le pidió la mano de su hija.

A don Raimundo no le cayó en gracia la petición, y cortésmente despidió al postulante, diciéndole que Margarita era aún muy niña

166

para tomar marido, pues, a pesar de sus dieciocho mayos, todavía jugaba a las muñecas.

Pero no era ésta la verdadera madre del ternero. La negativa nacía de que don Raimundo no quería ser suegro de un *pobretón;* y así hubo de decirlo en confianza a sus amigos, uno de los que fue con el chisme a don Honorato, que así se llamaba el tío aragonés. Éste, que era más altivo que el Cid, trinó de rabia y dijo:

—¡Cómo se entiende! ¡Desairar a mi sobrino! Muchos se darían con un canto en el pecho por emparentar con el muchacho, que no lo hay más gallardo en toda Lima. ¡Habráse visto insolencia de la laya! Pero ¿adónde ha de ir conmigo ese colectorcillo de mala muerte?

Margarita, que se anticipaba a su siglo, pues era nerviosa como una damisela de hoy, gimoteó, y se arrancó el pelo, y tuvo pataleta, y si no amenazó con envenenarse fue porque todavía no se habían inventado los fósforos.

Margarita perdía colores y carnes, se desmejoraba a vista de ojos, hablaba de meterse monja y no hacía nada en concierto.

—¡O de Luis o de Dios! —gritaba cada vez que los nervios se le sublevaban, lo que acontecía una hora sí y otra también.

Alarmóse el caballero santiagués, llamó físicos y curanderas, y todos declararon que la niña tiraba a tísica y que la única *melecina* salvadora no se vendía en la botica.

O casarla con el varón de su gusto, o encerrarla en el cajón de palma y corona. Tal fue el *ultimátum* médico.

Don Raimundo (¡al fin padre!), olvidándose de coger capa y bastón, se encaminó como loco a casa de don Honorato, y le dijo:

—Vengo a que consienta usted en que mañana mismo se case su sobrino con Margarita, porque si no la muchacha se nos va por la posta.

—No puede ser —contestó con desabrimiento el tío—. Mi sobrino es un *pobretón,* y lo que usted debe buscar para su hija es un hombre que varee la plata.

El diálogo fue borrascoso. Mientras más rogaba don Raimundo, más se subía el aragonés a la parra, y ya aquél iba a retirarse desahuciado, cuando don Luis, terciando en la cuestión, dijo:

—Pero tío, no es de cristianos que matemos a quien no tiene la culpa.

—¿Tú te das por satisfecho?

—De todo corazón, tío y señor.

—Pues bien, muchacho, consiento en darte gusto; pero con una condición, y es ésta: don Raimundo me ha de jurar ante la Hostia consagrada que no regalará un ochavo a su hija ni la dejará un real en la herencia.

Aquí se entabló nuevo y más agitado litigio.

—Pero, hombre —arguyó don Raimundo—, mi hija tiene veinte mil duros de dote.

—Renunciamos a la dote. La niña vendrá a casa de su marido nada más que con lo encapillado.

—Concédame usted entonces obsequiarla los muebles y el ajuar de novia.

—Ni un alfiler. Si no acomoda, dejarlo y que se muera la chica.

—Sea usted razonable, don Honorato. Mi hija necesita llevar siquiera una camisa para reemplazar la puesta.

—Bien; paso por esa funda para que no se me acuse de obstinado. Consiento en que le regale la camisa de novia, y sanseacabó.

Al día siguiente don Raimundo y don Honorato se dirigieron muy de mañana a San Francisco, arrodillándose para oír misa, y, según lo pactado, en el momento en que el sacerdote elevaba la Hostia divina, dijo el padre de Margarita:

—Juro no dar a mi hija más que la camisa de novia. Así Dios me condene si perjurase.

II

Y don Raimundo Pareja cumplió *ad pedem litterae* su juramento, porque ni en vida ni en muerte dio después a su hija cosa que valiera un maravedí.

Los encajes de Flandes que adornaban la camisa de la novia costaron dos mil setecientos duros, según lo afirma Bermejo, quien parece copió este dato de las *Relaciones secretas* de Ulloa y don Jorge Juan. Ítem, el cordoncillo que ajustaba al cuello era una cadeneta de brillantes, valorizada en treinta mil *morlacos*.

Los recién casados hicieron creer al tío aragonés que la camisa a lo más valdría una onza; porque don Honorato era tan testarudo, que, a saber lo cierto, habría forzado al sobrino a divorciarse.

Convengamos en que fue muy merecida la fama que alcanzó la camisa nupcial de Margarita Pareja.

EL LATÍN DE UNA LIMEÑA

(A José Rosendo Gutiérrez)

Sabido es que en el sistema de educación antiguo entraba por mucho el hacer perder a los muchachos tres o cuatro años en el estudio de la lengua de Cicerón y Virgilio, y a la postre se quedaban sin saber a derechas el latín ni el castellano.

Preguntábale un chico al autor de sus días:

—Papá, ¿qué cosa es latín?

—Una cosa que se aprende en tres años y se olvida en tres semanas.

Heinecio con su *Metafísica* en latín, Justiniano con su *Instituta* en latín e Hipócrates con sus *Aforismos* en latín, tengo para mí que debían dejar poco jugo en la inteligencia de los escolares. Y no lo digo porque piense, ¡Dios me libre de tal barbaridad!, que en los tiempos que fueron no hubo entre nosotros hombres eminentes en letras y ciencias, sino porque me escarabajea el imaginarme una actuación universitaria en la cual se leía durante sesenta minutos una tesis doctoral, muy aplaudida siempre, por lo mismo que el concurso de damas y personajes no conocía a Nebrija ni por el forro, y que los mismos catedráticos de Escoto y Digesto Viejo se quedaban a veces tan a obscuras como el último motillón.

Así, no era extraño que los estudiantes saliesen de las aulas con poca sustancia en el meollo, pero muy cargados de ergotismo y muy pedantes de lengua.

En medicina, los galenos, a fuerza de latinajos, más que de recetas, enviaban al prójimo a pudrir tierra.

Los enfermeros preferían morirse en castellano; y de esta preferencia en el gusto nació el gran prestigio de los remedios caseros y de los charlatanes que los propinaban. Entre los medicamentos de aquella inocentona edad, ninguno me hace más gracia, por lo barato y expeditivo, que la virtud atribuida a las oraciones de la doctrina cristiana. Así, al atacado de un tabardillo le recetaban una *salve,* que, en el candoroso sentir de nuestros abuelos, era cosa más fresca y desirritante que una horchata de pepitas de melón. En cambio, el *credo* se reputaba como remedio cálido, y era mejor sudorífico que el agua de borrajas y el *gloriado.* Y dejo en el tintero que los *evangelios* aplicados sobre el estómago eran una excelente cataplasma; y nada digo de los panecillos benditos de San Nicolás, ni de las jaculatorias contra el mal de siete días, ni de los globulillos de cristal que vendían ciertos frailes para preservar a los muchachos de encanijamiento o de que los chupasen brujas.

En los estrados de los tribunales, la gente de toga y garnacha zurcía los alegatos mitad en latín y mitad en castellano; con lo cual, amén del batiborillo, la justicia, que de suyo es ciega, sufría como si le batieran las cataratas.

Tan a la orden del día anduvo la lengua del Lacio, que no sólo había latín de sacristía, sino latín de cocina; y buena prueba de ello es lo que se cuenta de un Papa que, fastidiado de la *polenta* y de los *macarroni*, aventuróse un día a comer cierto plato de estas tierras de América, y tan sabroso hubo de parecerle a Su Santidad, que perdió la chaveta, y olvidándose del toscano, exclamó en latín: *Beati indiani qui manducant pepiani.*

Reprendiendo cierto obispo a un clérigo que andaba armado de estoque, disculpóse éste alegando que lo usaba para defenderse de los perros.

—Pues para eso —replicó su ilustrísima— no necesitas de estoque, que con rezar el Evangelio de San Juan, libre estarás de mordeduras.

—Está bien, señor obispo; pero, ¿y si los perros no entienden latín, cómo salvo del peligro?

En literatura el gongorismo estaba de moda, y los escritores se disputaban a cuál rayaría más alto en la extravagancia. Ahí están para no dejarme de mentiroso las obras de dos ilustres poetas limeños: el jesuita Rodrigo Valdez y el enciclopédico Peralta, muy apreciables desde otro punto de vista. Y nada digo del Lunarejo, sabio cuzqueño que, entre otros libros, publicó uno titulado *Apologético de Góngora.*

Por los tiempos del virrey conde de Superunda tuvimos una poetisa, hija de este vergel limano, llamada doña María Manuela Carrillo de Andrade y Sotomayor, dama de muchas campanillas, la cual no sólo martirizó a las musas castellanas, sino a las latinas. Y digo que las martirizó y sacó a vergüenza pública, porque (y perdóneseme la falta de galantería) los versos que de mi paisana he leído son de lo malo lo mejor. La de Andrade y Sotomayor borroneó por resmas papel de Cataluña, y hasta escribió loas y comedias que se representaron en nuestro coliseo.

Y me dejo en el tintero hablar, entre otras cosas limeñas que tuvieron relaciones íntimas con las traviesas ninfas que en el Parnaso moran, de doña Violante de Cisneros; de doña Rosalía Astudillo y Herrera; de sor Rosa Corbalán, monja de la Concepción; de doña Josefa Bravo de Lagunas, abadesa de Santa Clara; de la capuchina sor María Juana; de la monja catalina sor Juana de Herrera y Mendoza; de doña Manuela Orrantía, y de doña María Juana Calderón y Vadillo, hija del marqués de Casa Calderón y esposa de don Gaspar Ceballos, caballero de Santiago y también aficionado a las letras. Doña María Juana, que murió en 1809, a los ochenta y tres años de edad, tuvo por maestro de literatura al obispo del Cuzco Gorrochátegui, y era muy hábil traductora del latín, francés e italiano.

Muchas de esas damas no sólo conocían el latín, sino hasta el griego; y húbolas, como doña Isabel de Orbea, la denunciada ante la Inquisición por filósofa, y la monja trinitaria doña Clara Fuentes, que podían dar triunfo y baza a todos los teólogos, juristas y canonistas de la cristiandad.

He traído a cuento esto de doña Manuela Carrillo de Andrade y Sotomayor y demás compañeras mártires para hacer constar que hasta las mujeres dieron en la flor de latinizar, y que muchas traducían al dedillo las *Metamorfosis* y el *Ars amandi,* de Ovidio, con lo que está dicho que hubo hasta latín de alcoba.

Ahora, con venia de ustedes, voy a sacar a la luz un cuentecito que oí muchas veces cuando era muchacho... ¡y ya ha llovido de entonces para acá!

Pues, señor, había en Lima, por los tiempos de Amat, una chica llamada Mariquita Castellanos, muchacha de muchas entradas y salidas, de la cual tuve ocasión de hablar largo en mi primer libro de TRADICIONES. Como que ella fue la autora del dicho que se transformó en refrán: —¡Bonita soy yo, la Castellanos!

Parece que Mariquita pasó sus primeros años en el convento de Santa Clara, hasta que le llegó la edad del *chivateo* (que así llamaban nuestros antepasados a la pubertad) y abandonó rejas y se echó a retozar por esta nobilísima ciudad de los Reyes. La mocita era linda como un ramilletico de flores, y más que esto aguda de ingenio, como lo prueba la fama que tuvieron en Lima sus chistosas ocurrencias.

Había a la sazón un poetastro, gran latinista, cuyo nombre no hace al cuento, a quien la Castellanos traía como un zarandillo prendido al faldellín. Habíale el galán ofrecido llevarla de regalo una saya de raso cuyo importe era de tres ojos de buey, vulgo onzas de oro. Pero estrella es de los poetas abundar en consonantes y no en dinero, y corrían días y días y la prometida prenda allí se estaba, corriendo peligro de criar moho, en el escaparate del tendero.

Mariquita se picó con la burla y resolvió poner término a ella despidiendo al informal cortejo, tan largo en el prometer como corto en el cumplir. Llegó a visitarla el galán, y como por entonces no se habían inventado los *nervios* y el *spleen,* que son dos achaques muy socorridos para hacer o decir una grosería, la ninfa lo recibió con aire de displicencia, esquivando la conversación y aventurando uno que otro monosílabo. El poeta perdió los estribos, y la lengua se le *enlatinó,* diciendo a la joven:

—Háblame, niña, con pausa.
¿Estás triste? *Qua re causa?*

Y Mariquita, recordando el latín que había oído al capellán de las clarisas, le contestó rápidamente:

—*Tristis est ánima mea,*
hasta que la saya vea.

El amartelado poeta, viendo que la muchacha ponía el dedo en la llaga, tuvo que formular esta excusa, que, en situaciones tales, basta para cortar el nudo gordiano:

—*Et qua re conturbas me*
si sabes que no hay con qué?

A lo que la picaruela demoledora de corazones, mostrándole el camino de la puerta, le dijo:

—Entonces, *fúgite in allia,*
que otro gato dará algalia.

Y arroz crudo para el diablo rabudo, y arroz de munición para el diablo rabón, y arroz de Calcuta para el diablo hijo de ... perra, y colorín colorado, que aquí el cuento se ha acabado.

¡PUES BONITA SOY YO, LA CASTELLANOS!

(A Simón y Juan Vicente Camacho)

Mariquita Castellanos era todo lo que se llama una real moza, bocado de arzobispo y golosina de oidor. Era como para cantarla esta copla popular:

> Si yo me viera contigo
> la llave a la puerta echada,
> y el herrero se muriera,
> y la llave se quebrara...

¿No la conociste, lector?

Yo tampoco; pero a un viejo, que alcanzó los buenos tiempos del virrey Amat, se me pasaban las horas muertas oyéndole referir historias de la Marujita, y él me contó la del refrán que sirve de título a este artículo.

Mica Villegas era una actriz del teatro de Lima, quebradero de cabeza del excelentísimo señor virrey de estos reinos del Perú por S. M. Carlos III, y a quien su esclarecido amante, que no podía sentar plaza de académico por su corrección en eso de pronunciar la lengua de Castilla, apostrofaba en los ratos de enojo, frecuentes entre los que bien se quieren, llamándola *Perricholi*. La *Perricholi*, de quien pluma mejor cortada que la de este humilde servidor de ustedes ha escrito la biografía, era hembra de escasísima belleza. Parece que el señor virrey no fue hombre de paladar muy delicado.

María Castellanos, como he tenido el gusto de decirlo, era la más linda morenita limeña que ha calzado zapaticos de cuatro puntos y medio.

> Como una y una son dos,
> por las morenas me muero:
> lo blanco, lo hizo un platero;
> lo moreno, lo hizo Dios.

Tal rezaba una copla popular de aquel tiempo, y a fe que debió ser Marujilla la musa que inspiró al poeta. Decíame, relamiéndose, aquel súbdito de Amat que hasta el sol se quedaba bizco y la luna boquiabierta cuando esa muchacha, puesta de veinticinco alfileres, salía a *dar un verde* por los portales.

Pero, así como la Villegas traía al retortero nada menos que al virrey, la Castellanos tenía prendido a sus enaguas al empingorotado conde de..., viejo millonario, y que, a pesar de sus lacras y diciembres, conservaba afición por la fruta del paraíso. Si el virrey hacía locuras por la una, el conde no le iba en zaga por la otra.

La Villegas quiso humillar a las ramas de la aristocracia, ostentando sus equívocas hechizos en un carruaje y en el paseo público. La nobleza toda se escandalizó y arremolinó contra el virrey. Pero la cómica, que había satisfecho ya su vanidad y capricho, obsequió el carruaje a la parroquia de San Lázaro para que en él saliese el párroco conduciendo el Viático. Y téngase presente que, por entonces, un carruaje costaba un ojo de la cara, y el de la *Perricholi* fue el más espléndido entre los que lucieron en la Alameda.

La Castellanos no podía conformarse con que su rival metiese tanto ruido en el mundo limeño con motivo del paseo en carruaje.

—¡No! Pues como a mí se me encaje entre ceja y ceja, he de confundir el orgullo de esa *pindonga*. Pues mi querido no es ningún mayorazgo de perro y escopeta, ni aprendió a robar como Amat de su mayordomo, y lo que gasta es suyo y muy suyo, sin que tenga que dar cuenta al rey de dónde salen esas misas. ¡Venirme a mí con orgullitos y fantasías, como si no fuera mejor que ella, la muy cómica! ¡Miren el charquito de agua que quiere ser brazo de río! ¡Pues bonita soy yo, la Castellanos!

Y va de digresión. Las maldicientes decían en Lima que, durante los primeros años de su gobierno, el excelentísimo señor virrey don Manuel de Amat y Juniet, caballero del hábito de Santiago y condecorado con un cementerio de cruces, había sido un dechado de moralidad y honradez administrativas. Pero llegó un día en que cedió a la tentación de hacerse rico merced a una casualidad que le hizo descubrir que la provisión de corregimientos era una mina más poderosa y boyante que las de Pasco y Potosí. Véase cómo se realizó tan portentoso descubrimiento.

Acostumbraba Amat levantarse con el alba (que, como dice un escritor amigo mío, el madrugar es cualidad de buenos gobernantes), y envuelto en una zamarra de paño burdo descendía al jardín de palacio, y se entretenía hasta las ocho de la mañana en cultivarlo. Un pretendiente al corregimiento de Saña o Jauja, los más importantes del virreinato, abordó al virrey en el jardín, confundiéndolo con su mayordomo, y le ofreció algunos centenares de peluconas porque emplease su influjo todo con su excelencia a fin de conseguir que él se calzase la codiciada prebenda.

—¡Por vida de Santa Cebollina, virgen y mártir, abogada de los callos! ¿Esas teníamos, señor mayordomo? —dijo para sus adentros el virrey; y desde ese día se dio tan buenas trazas para hacer su agosto sin necesidad de acólito, que en breve logró contar con fuertes sumas para complacer en sus dispendiosos caprichos a la *Perricholi,* que, dicho sea de paso, era lo que se entiende por manirrota y botarate.

Volvamos a la Castellanos. Era moda que toda mujer que algo valía tuviese predilección por un faldero. El de Marujita era un animalito muy mono, un verdadero dije. Llegó a la sazón la fiesta del Rosario, y asistió a ella la querida del conde muy pobremente vestida, y llevando tras sí una criada que conducía en brazos al chuchito. Ello dirás, lector, que nada tenía de maravilloso; pero es el caso que el faldero traía un collarín de oro macizo con brillantes como garbanzos.

Mucho dio que hablar durante la procesión la extravagancia de exhibir un perro que llevaba sobre sí tesoro tal; pero el asombro subió de punto cuando, terminada la procesión, se supo que *Cupido,* con todos sus valiosos adornos, había sido obsequiado por su ama a uno de los hospitales de la ciudad, que por falta de rentas estaba poco menos que al cerrarse.

La Mariquita ganó desde ese instante, en las simpatías del pueblo y de la aristocracia, todo lo que había perdido su orgullosa rival Mica Villegas; y es fama que siempre que la hablaban de este suceso, decía con énfasis, aludiendo a que ninguna otra mujer de su estofa la excedería en arrogancia y lujo: —¡Pues no faltaba más! ¡Bonita soy yo, la Castellanos!

Y tanto dio en repetir el estribillo, que se convirtió en refrán popular, y como tal ha llegado hasta la generación presente.

(1870)

ALTIVEZ DE LIMEÑA

Entre el señor conde de San Javier y Casa-Laredo y la cuarta hija del conde de la Dehesa de Velayos existían, por los años de 1780, los más volcánicos amores.

El de la Dehesa de Velayos, fundadas o infundadas, sus razones tenía para no ver de buen ojo la afición del de San Javier por su hija doña Rosa, y esta terquedad paterna no sirvió sino para aumentar combustible a la hoguera. Inútil fue rodear a la joven de dueñas y rodrigones, argos y cerberos, y aun encerrarla bajo siete llaves, que los amantes hallaron manera para comunicarse y verse a hurtadillas, resultando de aquí algo muy natural y corriente entre los que bien se quieren. Las cuentas claras y el chocolate espeso... Doña Rosa tuvo un hijo de secreto.

Entre tanto corría el tiempo como montado en velocípedo, y fuese que en el de San Javier entrara el resfriamiento, dando albergue a nueva pasión, o que motivos de conveniencia y de familia pesaran en su ánimo, ello es que, de la mañana a la noche, salió el muy ingrato casándose con la marquesita de Casa-Manrique. Bien dice el cantarcillo:

No te fíes de un hombre
(de mí el primero),
y te lo digo, niña,
porque te quiero.

Doña Rosa tuvo la bastante fuerza de voluntad para ahogar en el pecho su amor y no darse para con el aleve por atendida del agravio, y fue a devorar sus lágrimas en el retiro de los claustros de Santa Clara, donde la abadesa, que era muy su amiga, la aceptó como seglar pensionista, corruptela en uso hasta poco después de la Independencia. Raras veces se llenaba la fórmula de solicitar la aquiescencia del obispo o del vicario para que las rejas de un monasterio se abriesen, dando libre entrada a las jóvenes o viejas que, por limitado tiempo, decidían alejarse del mundo y sus tentaciones.

Algo más. En 1611 concedióse a la sevillana doña Jerónima Esquivel que profesase solemnemente en el monasterio de las descalzas de Lima sin haber comprobado en forma su viudedad. A poco llegó el marido, a quien se tenía por difunto, y encontrando que su mujer y su hija eran monjas descalzas, resolvió él meterse fraile franciscano, partido que también siguió su hijo. Este cuaterno monacal pinta con elocuencia el predominio de la Iglesia en aquellos tiempos y el afán de las comunidades por engrosar sus filas, haciendo caso omiso de enojosas formalidades.

No llevaba aún el de San Javier un año de matrimonio, cuando aconteció la muerte de la marquesita. El viudo sintió renacer en su alma su antigua pasión por doña Rosa, y solicitó de ésta una entrevista, la que después de alguna resistencia, real o disimulada, se le acordó por la noble reclusa.

El galán acudió al locutorio, se confesó arrepentido de su gravísima falta, y terminó solicitando la merced de repararla casándose con doña Rosa. Ella no podía olvidar que era madre, y accedió a la demanda del condesito; pero imponiendo la condición *sine qua non* de que el matrimonio se verificase en la portería del convento, sirviendo de madrina la abadesa.

No puso el de San Javier reparos, desató los cordones de la bolsa, y en una semana estuvo todo allanado con la curia y designado el día para las solemnes ceremonias de casamiento y velación.

Un altar portátil se levantó en la portería, el arzobispo dio licencia para que penetrasen los testigos y convidados de ambos sexos, gente toda de alto coturno; y el capellán de las monjas, luciendo sus más ricos ornamentos, les echó a los novios la inquebrantable lazada.

Terminada la ceremonia, el marido, que tenía coche de gala para llevarse a su costilla, se quedó hecho una estantigua al oír de labios de doña Rosa esta formal declaración de hostilidades:

—Señor Conde, la felicidad de mi hijo me exigía un sacrificio, y no he vacilado para hacerlo. La madre ha cumplido con su deber. En cuanto a la mujer, Dios no ha querido concederla que olvide que fue vilmente burlada. Yo no viviré bajo el mismo techo del hombre que despreció mi amor, y no saldré de este convento sino después de muerta.

El de San Javier quiso agarrar las estrellas con la mano izquierda, y suplicó y amenazó. Doña Rosa se mantuvo terca.

Acudió la madrina, y el marido, a quien se le hacía muy duro no dar un mordisco al pan de la boda, le expuso su cuita, imaginándose encontrar en la abadesa persona que abogase enérgicamente en su favor. Pero la madrina, aunque monja, era mujer, y como tal comprendía todo lo que de altivo y digno había en la conducta de su ahijada.

—Pues, señor mío —le contestó la abadesa—, mientras estas manos empuñen el báculo abacial no saldrá Rosa del claustro sino cuando ella lo quiera.

El conde tuvo a la postre que marcharse desahuciado. Apeló a todo género de expedientes e influencias para que su mujer amainase, y cuando se convenció de la esterilidad de su empeño por vías pacíficas y conciliatorias acudió a los tribunales civiles y eclesiásticos.

Y el pleito duró años y años, y se habría eternizado si la muerte del de San Javier no hubiera venido a ponerle término.

El hijo de doña Rosa entró entonces en posesión del título y hacienda de su padre; y la altiva limeña, libre ya de escribanos, procuradores, papel de sello y demás enguinfingalfas que trae consigo un litigio, terminó tranquilamente sus días en los tiempos de Abascal, sin poner pie fuera del monasterio de las clarisas.

¡Vaya una limeñita de carácter!

LA GATITA DE MARI-RAMOS, QUE HALAGA CON LA COLA Y ARAÑA CON LAS MANOS

Crónica de la época del trigesimocuarto virrey del Perú

(A Carlos Toribio Robinet)

Al principiar la Alameda de Acho y en la acera que forma espalda a la capilla de San Lorenzo, fabricada en 1834, existe una casa de ruinoso aspecto, la cual fue, por los años de 1788, teatro no de uno de esos cuentos de entre dijes y babador, sino de un drama que la tradición se ha encargado de hacer llegar hasta nosotros con todos sus terribles detalles.

I

Veinte abriles muy galanos; cutis de ese gracioso moreno aterciopelado que tanta fama dio a las limeñas, antes de que cundiese la maldita moda de adobarse el rostro con menjurjes, y de andar a la rebatiña y como albañil en pared con los polvos de rosa y arroz; ojos más negros que noche de trapisonda y velados por rizadas pestañas; boca incitante, como un azucarillo amerengado; cuerpo airoso, si los hubo, y un pie que daba pie para despertar en el prójimo tentación de besarlo; tal era, en el año de gracia de 1776, Benedicta Salazar.

Sus padres, al morir, la dejaron sin casa ni canastilla y al abrigo de una tía entre bruja y celestina, como dijo Quevedo, y más gruñona que mastín piltrafero, la cual tomó a capricho casar a la sobrina con un su compadre, español que de a legua revelaba en cierto tufillo ser hijo de Cataluña, y que aindamáis tenía las manos callosas y la barba más crecida que deuda pública. Benedicta miraba al pretendiente con el mismo fastidio que a mosquito de trompetilla, y no atreviéndose a darle calabazas como melones, recurrió al manoseado expediente de hacerse archidevota, tener padre de espíritu y decir que su aspiración era a monjío y no a casorio.

El catalán, atento a los repulgos de la muchacha, murmuraba:

> Niña de los muchos novios,
> que con ninguno te casas;
> si te guardas para un rey,
> cuatro tiene la baraja.

De aquí surgían desazones entre sobrina y tía. La vieja la trataba de gazmoña y papahostias, y la chica rompía a llorar como una bendita de Dios, con lo que enfureciéndose más aquella megera, la gritaba:

177

—¡Hipócrita! A mí no me engatusas con purisimitas. ¿A qué vienen esos lloriqueos? Eres como el perro de Juan Molleja, que antes que le caiga el palo ya se queja. ¿Conque monjío? Quien no te conozca que te compre, saquito de cucarachas. Cualquiera diría que no rompe plato, y es capaz de sacarle los ojos al verdugo Grano de Oro. ¿Si no conoceré yo las uvas de mi majuelo? ¿Conque te apestan las barbas? ¡Miren a la remilgada de Jurquillos, que lavaba los huevos para freírlos! ¡Pues has de ver toros y cañas como yo pille al alcance de mis uñas al barbilampiño que te baraja el juicio! ¡Miren, miren a la gatita de Mari-Ramos, que hacía ascos a los ratones y engullía los gusanos! ¡Malhaya la niña de la media almendra!

Como estas peloteras eran pan cotidiano, las muchachas de la vecindad, envidiosas de la hermosura de Benedicta, dieron en bautizarla con el apodo de *Gatita de Mari-Ramos;* y pronto en la parroquia entera los mozalbetes y demás niños zangolotinos que la encontraban al paso, saliendo de misa mayor, la decían:

—¡Qué modosita y qué linda que va la Gatita de Mari-Ramos!

La verdad del cuento es que la tía no iba descaminada en sus barruntos. Un petimetre, don Aquilino de Leuro, era el quebradero de cabeza de la sobrina; y ya fuese que ésta se exasperara de andar siempre al morro por un quítame allá esas pajas, o bien que su amor hubiese llegado a extremo de atropellar por todo respeto, dando al diablo el hato y el garabato, ello es que una noche sucedió... lo que tenía que suceder. La gatita de Mari-Ramos se escapó por el tejado, en amor y compañía de un gato pizpireto, que olía a almizcle y que tenía la mano suave.

II

Demos tiempo al tiempo y no andemos con lilailas y recancanillas. Es decir, que mientras los amantes apuran la luna de miel para dar entrada a la de hiel, podemos echar, lector carísimo, el consabido parrafillo histórico.

El excelentísimo señor don Teodoro de Croix, caballero de Croix, comendador de la muy distinguida orden teutónica en Alemania, capitán de guardias valonas y teniente general de los reales ejércitos, hizo su entrada en Lima el 6 de abril de 1784.

Durante largos años había servido en México bajo las órdenes de su tío (el virrey marqués de Croix), y vuelto a España, Carlos III lo nombró su representante en estos reinos del Perú. "Fue su excelencia —dice un cronista— hombre de virtud eminente, y se distinguió mucho por su caridad, pues varias veces se quedó con la vela en la mano porque el candelero de plata lo había dado a los pobres, no teniendo de pronto moneda con que socorrerlos; frecuentaba sacramentos y era un verdadero cristiano."

La administración del caballero de Croix, a quien llamaban el *Flamenco,* fue de gran beneficio para el país. El virreinato se dividió en siete intendencias, y éstas en distritos o subdelegaciones. Estableciéronse la Real Audiencia del Cuzco y el tribunal de Minería, repobláronse los valles de Víctor y Acobamba, y el ejemplar obispo Chávez de la Rosa fundó en Arequipa la famosa casa de huérfanos, que no pocos hombres ilustres ha dado después de la república.

Pero entonces llegó al Callao, consignado al conde de San Isidro, el primer navío de la Compañía de Filipinas; y para comprobar el gran desarrollo del comercio en los cinco años del gobierno de Croix, bastará consignar que la importación subió a cuarenta y dos millones de pesos y la exportación a treinta y seis.

Las rentas del Estado alcanzaron a poco más de cuatro y medio millones, y los gastos no excedieron de esta cifra, viéndose por primera y única vez entre nosotros realizado el fenómeno del equilibrio en el presupuesto. Verdad es que, para lograrlo, recurrió el virrey al sistema de economías, disminuyendo empleados, cercenando sueldos, licenciando los batallones de Soria y Extremadura, y reduciendo su escolta a la tercera parte de la fuerza que mantuvieron sus predecesores desde Amat.

La querella entre el marqués de Lara, intendente de Huamanga, y el señor López Sánchez, obispo de la diócesis, fue la piedra de escándalo de la época. Su ilustrísima, despojándose de la mansedumbre sacerdotal, dejó desbordar su bilis hasta el extremo de abofetear al escribano real que le notificaba una providencia. El juicio terminó, desairosamente para el iracundo prelado, por fallo del Consejo de Indias.

Lorente, en su *Historia*, habla de un acontecimiento que tiene algunas semejanzas con el proceso del falso nuncio de Portugal. "Un pobre gallego —dice— que había venido en clase de soldado y ejercido después los poco lucrativos oficios de mercachifle y corredor de muebles, cargado de familia, necesidades y años, se acordó que era hijo natural de un hermano del cardenal patriarca, presidente del Consejo de Castilla, y para explotar la necedad de los ricos, fingió recibir cartas del rey y de otros encumbrados personajes, las que hacía contestar por un religioso de la Merced. La superchería no podía ser más grosera, y sin embargo, engañó con ella a varias personas. Descubierta la impostura y amenazado con el tormento, hubo de declararlo todo. Su farsa se consideró como crimen de Estado, y por circunstancias atenuantes salió condenado a diez años de presidio, enviándose para España, bajo partida de registro, a su cómplice el religioso."

El sabio don Hipólito Unanue, que con el seudónimo de *Aristeo* escribió eruditos artículos en el famoso *Mercurio peruano;* el elocuente mercedario fray Cipriano Jerónimo Calatayud, que firmaba sus escritos en el mismo periódico, con el nombre de *Sofronio;* el egregio médico Dávalos, tan ensalzado por la Universidad de Montpellier; el clérigo Rodríguez de Mendoza, llamado por su vasta ciencia el *Bacón del Perú* y que durante treinta años fue rector de San Carlos; el poeta andaluz Terralla y Landa, y otros hombres no menos esclarecidos, formaban la tertulia de su excelencia, quien, a pesar de su ilustración y del prestigio de tan inteligente círculo, dictó severas órdenes para impedir que se introdujesen en el país las obras de los enciclopedistas.

Este virrey, tan apasionado por el cáustico y libertino *poeta de las adivinanzas,* no pudo soportar que el religioso de San Agustín fray Juan Alcedo le llevase personalmente y recomendase la lectura de un manuscrito. Era éste una sátira, en medianos versos, sobre la conducta de los españoles en América. Su excelencia calificó la pretensión de desacato a su persona, y el pobre hijo de Apolo fue desterrado a la metrópoli para escarmiento de frailes murmuradores y de poetas de aguachirle.

El caballero de Croix se embarcó para España el 7 de abril de 1790, y murió en Madrid en 1791 a poco de su llegada a la patria.

III

¿Hay huevos?
—A la otra esquina por ellos.

(Popular)

Pues, señores, ya que he escrito el resumen de la historia administrativa del gobernante, no dejaré en el tintero, pues con su excelencia se relaciona, el origen de un juego que conocen todos los muchachos de Lima. Nada pondré de mi estuche, que hombre verídico es el compañero de *La Broma* [1] que me hizo el relato que van ustedes a leer.

Es el caso que el excelentísimo señor don Teodoro de Croix tenía la costumbre de almorzar diariamente cuatro huevos frescos, pasados por agua caliente; y era sobre este punto tan delicado, que su mayordomo, Julián de Córdova y Soriano, estaba encargado de escoger y comprar él mismo los huevos todas las mañanas.

Mas si el virrey era delicado, el mayordomo llevaba la cansera y la avaricia hasta el punto de regatear con los pulperos para economizar un piquillo en la compra; pero al mismo tiempo que esto intentaba había de escoger los huevos más grandes y más pesados, para cuyo examen llevaba un anillo y ponía además los huevos en la balanza. Si un huevo pasaba por el anillo o pesaba un adarme menos que otro, lo dejaba.

Tanto llegó a fastidiar a los pulperos de la esquina del Arzobispo, esquina de Palacio, esquina de las Mantas y esquina de Judíos, que encontrándose éstos un día reunidos en Cabildo para elegir balanceador, recayó la conversación sobre el mayordomo don Julián de Córdova y Soriano, y los susodichos pulperos acordaron no venderle más huevos.

Al día siguiente al del acuerdo presentóse don Julián en una de las pulperías, y el mozo le dijo: —No hay huevos, señor don Julián. Vaya su merced a la otra esquina por ellos.

Recibió el mayordomo igual contestación en las cuatro esquinas, y tuvo que ir más lejos para hacer su compra. Al cabo de poco tiempo, los pulperos de ocho manzanas a la redonda de la plaza estaban fastidiados del cominero don Julián y adoptaron el mismo acuerdo de sus cuatro camaradas.

No faltó quien contara al virrey los trotes y apuros de su mayordomo para conseguir huevos frescos, y un día que estaba su excelencia de buen humor le dijo:

—Julián, ¿en dónde compraste hoy los huevos?

—En la esquina de San Andrés.

—Pues mañana irás a la otra esquina por ellos.

—Segurito, señor, y ha de llegar día en que tenga que ir a buscarlos a Jetafe.

Contado el origen del infantil juego de los *huevos,* paréceme que puedo dejar en paz al virrey y seguir con la tradición.

---

[1] *La Broma* fue un periódico humorístico que se publicaba en Lima en 1878.

IV

Dice un refrán que la mula y la paciencia se fatigan si hay apuro, y lo mismo pensamos del amor. Benedicta y Aquilino se dieron tanta prisa que, medio año después de la escapatoria, hastiado el galán se despidió a la francesa, esto es, sin decir abur y ahí queda el queso para que se lo almuercen los ratones, y fue a dar con su humanidad en el Cerro de Pasco, mineral boyante a la sazón. Benedicta pasó días y semanas esperando la vuelta del humo o, lo que es lo mismo, la del ingrato que la dejaba más desnuda que cerrojo; hasta que, convencida de su desgracia, resolvió no volver al hogar de la tía, sino arrendar un entresuelo en la calle de la Alameda.

En su nueva morada era por demás misteriosa la existencia de nuestra gatita. Vivía encerrada y evitando entrar en relaciones con la vecindad. Los domingos salía a misa de alba, compraba sus provisiones para la semana y no volvía a pisar la calle hasta el jueves, al anochecer, para entregar y recibir trabajo. Benedicta era costurera de la marquesa de Sotoflorido, con sueldo de ocho pesos semanales.

Pero por retraída que fuese la vida de Benedicta y por mucho que al salir rebujase el rostro entre los pliegues del manto, no debió la tapada parecerle costal de paja a un vecino del cuarto de reja, quien dio en la flor, siempre que la atisbaba, de dispararla a quemarropa un par de chicoleos, entremezclados con suspiros, capaces de sacar de quicio a una estatua de piedra berroqueña.

Hay nombres que parecen una ironía, y uno de ellos era el del vecino Fortunato, que bien podía, en punto a femeniles conquistas, pasar por el más infortunado de los mortales. Tenía hormiguillo por todas las muchachas de la feligresía de San Lázaro, y así se desmerecían y ocupaban ellas de él como del gallo de la Pasión que, con arroz graneado, ají mirasol y culantrillo, debió ser guiso de chuparse los dedos.

Era el tal —no el gallo de la Pasión, sino Fortunato— lo que se conoce por un pobre diablo, no mal empatillado y de buena cepa, como que pasaba por hijo natural del conde de Pozosdulces. Servía de amanuense en la escribanía mayor del gobierno, cuyo cargo de escribano mayor era desempeñado entonces por el marqués de Salinas, quien pagaba a nuestro joven veinte duros al mes, le daba por pascua del Niño Dios un decente aguinaldo y se hacía de la vista gorda cuando era asunto de que el mocito agenciase lo que en tecnicismo burocrático se llama *buscas legales.*

Forzoso es decir que Benedicta jamás paró mientes en los arrumacos del vecino, ni lo miró a hurtadillas y ni siquiera desplegó los labios para desahuciarlo, diciéndole: "Perdone, hermano, y toque a otra puerta, que lo que es en ésta no se da posada al peregrino."

Mas una noche, al regresar la joven de hacer entregas de costura, halló a Fortunato bajo el dintel de la casa, y antes de que éste la endilgase uno de sus habituales piropos, ella, con voz dulce y argentina, como una lluvia de perlas y que al amartelado mancebo debió parecerle música celestial, le dijo:

—Buenas noches, vecino.

El plumario, que era mozo muy socarrón y amigo de donaires, díjose para el cuello de su camisa: —Al fin ha arriado bandera esta prójima y quiere parlamentar. Decididamente tengo mucho aquél y mucho gara-

bato para con las hembras, y a la que le guiño el ojo izquierdo, que es
el del corazón, no le queda más recurso que darse por derrotada.

Yo domino de todas la arrogancia
conmigo no hay Sagunto ni Numancia...

Y con airecillo de terne y de conquistador, siguió sin más circunlo-
quios a la costurera hasta la puerta del entresuelo. La llave era dura,
y el mocito, a fuer de cortés, no podía permitir que la niña se maltratase
la mano. La gratitud por tan magno servicio exigía que Benedicta, entre
ruborosa y complacida, murmurase un —Pase usted adelante, aunque
la casa no es como para la persona.

Suponemos que esto o cosa parecida sucedería, y que Fortunato no
se dejó decir dos veces que le permitían entrar en la gloria, que tal es para
todo enamorado una mano de conversación a solas con una chica como
un piñón de almendra. Él estuvo apasionado y decidor:

Las palabras amorosas
son las cuentas de un collar;
en saliendo la primera
salen todas las demás.

Ella, con palabritas cortadas y melindres, dio a entender que su corazón no era de cal y ladrillo; pero que como los hombres son tan pícaros
y reveseros, había que dar largas y cobrar confianza antes de aventurarse
en un juego en que casi siempre todos los naipes se vuelven malillas. Él
juró, por un calvario de cruces, no sólo amarla eternamente, sino las
demás paparruchas que es de práctica jurar en casos tales, y para festejar
la aventura añadió que en su cuarto tenía dos botellas del riquísimo
moscatel que había venido de regalo para su excelencia el virrey. Y rápido
como un cohete descendió y volvió a subir, armado de las susodichas
limetas.

Fortunato no daba la victoria por un ochavo menos. La familia que
habitaba en el principal se encontraba en el campo, y no había que temer
ni el pretexto del escándalo. Adán y Eva no estuvieron más solos en el
paraíso cuando se concertaron para aquella jugarreta cuyas consecuencias, sin comerlo ni beberlo, está pagando la prole, y siglos van y siglos
vienen sin que la deuda se finiquite. Por otra parte, el galán contaba
con el refuerzo del moscatelillo, y como reza el refrán, de menos hizo
Dios a Cañete y lo deshizo de un puñete.

Apuraba ya la segunda copa, buscando en ella bríos para emprender
un ataque decisivo, cuando en el reloj del Puente empezaron a sonar
las campanadas de las diez, y Benedicta, con gran agitación y congoja,
exclamó:

—¡Dios mío! ¡Estamos perdidos! Entre usted en este cuarto y suceda
lo que sucediere, ni una palabra, ni intente salir hasta que lo yo busque.

Fortunato no se distinguía por la bravura, y de buena gana habría
querido tocar de suela; pero sintiendo pasos en el patio, la carne se le
volvió de gallina, y con la docilidad de un niño se dejó encerrar en la
habitación contigua.

V

Abramos un corto paréntesis para referir lo que había pasado pocas horas antes.

A las siete de la noche, cruzando Benedicta por la esquina de Palacio, se encontró con Aquilino. Ella, lejos de reprocharle su conducta, le habló con cariño, y en gracia de la brevedad diremos que, como donde hubo fuego siempre quedan cenizas, el amante solicitó y obtuvo una cita para las diez de la noche.

Benedicta sabía que el ingrato la había abandonado para casarse con la hija de un rico minero; y desde entonces juró en Dios y en su ánima vivir para la venganza. Al encontrarse aquella noche con Aquilino y acordarle una cita, la fecunda imaginación de la mujer trazó rápidamente su plan. Necesitaba un cómplice, se acordó del plumario, y he aquí el secreto de su repentina coquetería para con Fortunato.

Ahora volvamos al entresuelo.

VI

Entre los dos reconciliados amantes no hubo quejas ni recriminaciones, sino frases de amor. Ni una palabra sobre lo pasado, nada sobre la deslealtad del joven que nuevamente la engañaba, callándola que ya no era libre y prometiéndole no separarse más de ella. Benedicta fingió creerlo y lo embriagaba de caricias para mejor afianzar su venganza.

Entre tanto, el moscatel desempeñaba una función terrible. Benedicta había echado un narcótico en la copa de su seductor. Aquí cabe el refrán: más mató la cena que curó Avicena.

Rendido Leuro al soporífero influjo, la joven lo ató con fuertes ligaduras a las columnas de su lecho, sacó un puñal y esperó impasible durante una hora a que empezara a desvanecerse el poder narcótico.

A las doce mojó su pañuelo en vinagre, lo pasó por la frente del narcotizado, y entonces principió la horrible tragedia.

Benedicta era tribunal y verdugo.

Enrostró a Aquilino la villanía de su conducta, rechazó sus descargos y luego le dijo:

—¡Estás sentenciado! Tienes un minuto para pensar en Dios.

Y con mano segura hundió el acero en el corazón del hombre a quien tanto había amado...

. . . .

El pobre amanuense temblaba como la hoja en el árbol. Había oído y visto todo por un agujero de la puerta.

Benedicta, realizada su venganza, dio vuelta a la llave y lo sacó del encierro.

—Si aspiras a mi amor —le dijo— empieza por ser mi cómplice. El premio lo tendrás cuando este cadáver haya desaparecido de aquí. La calle está desierta, la noche es lóbrega, el río corre enfrente de la casa... Ven y ayúdame.

Y para vencer toda vacilación en el ánimo del acobardado mancebo, aquella mujer, alma de demonio encarnada en la figura de un ángel, dio un salto como la pantera que se lanza sobre una presa y estampó un beso de fuego en los labios de Fortunato.

La fascinación fue completa. Ese beso llevó a la sangre y a la conciencia del joven el contagio del crimen.

Si hoy, con los faroles de gas y el crecido personal de agentes de policía, es empresa de guapos aventurarse después de las ocho de la noche por la Alameda de Acho, imagínese el lector lo que sería ese sitio en el siglo pasado y cuando sólo en 1776 se había establecido el alumbrado para las calles centrales de la ciudad.

La oscuridad de aquella noche era espantosa. No parecía sino que la naturaleza tomaba su parte de complicidad en el crimen.

Entreabrióse el postigo de la casa y por él salió cautelosamente Fortunato, llevando al hombro, cosido en una manta, el cadáver de Aquilino. Benedicta lo seguía, y mientras con una mano lo ayudaba a sostener el peso, con la otra, armada de una aguja con hilo grueso, cosía la manta a la casaca del joven. La zozobra de éste y las tinieblas servían de auxiliares a un nuevo delito.

Las dos sombras vivientes llegaron al pie del parapeto del río.

Fortunato, con su fúnebre carga sobre los hombros, subió el tramo de adobes y se inclinó para arrojar el cadáver.

¡Horror!... El muerto arrastró en su caída al vivo.

VII

Tres días después unos pescadores encontraron en las playas de Bocanegra el cuerpo del infortunado Fortunato. Su padre, el conde de Pozosdulces, y su jefe, el marqués de Salinas, recelando que el joven hubiera sido víctima de algún enemigo, hicieron aprehender a un individuo sobre el que recaían no sabemos qué sospechas de mala voluntad para con el difunto.

Y corrían los meses y la causa iba con pies de plomo, y el pobre diablo se encontraba metido en un dédalo de acusaciones, y el fiscal veía pruebas clarísimas en donde todos hallaban el caos, y el juez vacilaba, para dar sentencia, entre horca y presidio.

Pero la Providencia, que vela por los inocentes, tiene resortes misteriosos para hacer la luz sobre el crimen.

Benedicta, moribunda y devorada por el remordimiento, reveló todo a un sacerdote, rogándole que para salvar al encarcelado hiciese pública su confesión; y he aquí cómo en la forma de proceso ha venido a caer bajo nuestra pluma de cronista la sombría leyenda de la *Gatita de Mari-Ramos*.

UN PREDICADOR DE LUJO

El padre Samamé, de la Orden dominica, en treinta años que tuvo de conventual no predicó más que una vez; pero ésta bastó para su fama. De lo bendito, lo poquito.

Lo que voy a contar pasó en la tierra donde el diablo se hizo cigarrero, y no le fue del todo mal en el oficio.

Huacho era, en el siglo anterior, un villorrio de pescadores y labriegos, gente de letras gordas o de poca sindéresis, pero vivísima para vender gato por liebre. Ellos, por arte de birlibirloque o con ayuda de los polvos de pirlimpimpim, que no sabemos se vendan en la botica, transformaban un robalo en corvina y aprovechaban la cáscara de la naranja para hacer naranjas hechizas.

Los huachanos de ahora no sirven, en cuanto a habilidad e industria, ni para descalzar a sus abuelos. Decididamente las razas degeneran.

A los huachanos de hoy no les atañe ni les llega a la pestaña mi cuento. Hablo de gente del otro siglo y que ya está criando malvas con el cogote. Y hago esta salvedad para que no brinque alguno y me arme proceso, que de esas cosas se han visto, y ya estoy escamado de humanas susceptibilidades y tonterías.

Aconteció por entonces que, aproximándose la Semana Santa, el cura del lugar hallábase imposibilitado para predicar el sermón de tres horas por causa de un pícaro reumatismo. En tal conflicto, escribió a un amigo de Lima, encargándole que le buscase para el Viernes Santo un predicador que tuviese siquiera dos *bes,* es decir, bueno y barato.

El amigo anduvo hcho un trotaconventos sin encontrar fraile que se decidiera a hacer por poca plata viaje de cincuenta leguas, entre ida y regreso.

Perdida ya toda esperanza, dirigióse el comisionado al padre Samamé, cuya vida era tan licenciosa que casi siempre estaba preso en la cárcel del convento y suspenso en el ejercicio de sus funciones sacerdotales. El padre Samamé tenía fama de molondro y, no embargante ser de la orden de predicadores, jamás había subido al púlpito. Pero si no entendía jota de lugares teológicos ni de oratoria sagrada, era en cambio eximio catador de licores, y váyase lo uno por lo otro.

Abocóse con él el comisionado, lo contrató entre copa y copa, y sin darle tiempo para retractarse lo hizo cabalgar, y sirviéndole él mismo de guía y acompañante salieron ambos caminito de Chacay.

Llegados a Huacho, alborotóse el vecindario con la noticia de que iba a haber sermón de tres horas, y predicado por un fraile de muchas campanillas, y traído al propósito de Lima. Así es que el Viernes Santo no quedó en Lauriama, Huaura y demás pueblos de cinco leguas a la

185

redonda bicho viviente que no se trasladara a Huacho para oír a aquel pico de oro de la comunidad dominica.

El padre Samamé subió al sagrado púlpito; invocó como pudo al Espíritu Santo, y se despachó como a Dios plugo ayudarle.

Al ocuparse de aquellas palabras de Cristo, *hoy serás conmigo en el paraíso,* dijo su reverencia sobre poco más o menos: —A Dimas, el buen ladrón, lo salvó su fe; pero a Gestas, el mal ladrón, lo perdió su falta de fe. Mucho me temo, queridos huachanos y oyentes míos, que os condenéis por malos ladrones.

Un sordo rumor de protesta levantóse en el católico auditorio. Los huachanos se ofendieron, y con justicia, de oírse llamar malos ladrones. Lo de ladrones, por sí solo, era una injuria, aunque podía pasar como floreo de retórica; pero aquel apéndice, aquel calificativo de *malos,* era para sublevar el amor propio de cualquiera.

El reverendo, que notó la fatal impresión que sus palabras habían producido, se apresuró a rectificar: —Pero Dios es grande, omnipotente y misericordioso, hijos míos, y en Él espero que con su ayuda soberana y vuestras felices disposiciones, llegaréis a tener fe y a ser todos, sin excepción, buenos, muy buenos ladrones.

A no estar en el templo, el auditorio habría palmoteado; pero tuvo que limitarse a manifestar su contento con una oleada que parecía un aplauso. Aquella dedada de miel fue muy al gusto de todos los paladares.

Entre tanto, el cura estaba en la sacristía echando chispas, y esperando que descendiese el predicador para reconvenirlo por la insolencia con que había tratado a sus feligreses.

—Es mucha desvergüenza, reverendo padre, decirles en su cara lo que les ha dicho.

—¿Y qué les dije? —preguntó el fraile sin inmutarse.

—Que eran malos ladrones...

—¿Eso les dije? Pues, señor cura, ¡me los *mamé!*

—Gracias a que después tuvo su paternidad el tino suficiente para dorarles la píldora.

—¿Y qué les dije?

—Que andando los tiempos, y Dios mediante, serían buenos ladrones...

—¿Eso les dije? Pues, señor cura, ¡me los volví a *mamar!*

Y colorín, colorado, aquí el cuento ha terminado.

(1870)

EL MANCHAY-PUITO

(A la distinguida escritora señora Mercedes Cabello de Carbonera)

I

No sabré decir con fijeza en qué año del pasado siglo era cura de Yanaquihua, en la doctrina de Andaray, perteneciente a la diócesis del Cuzco, el doctor don Gaspar de Angulo y Valdivieso; pero sí diré que el señor cura era un buen pastor, que no esquilmaba mucho a sus ovejas, y que su reputación de sabio iba a la par de su moralidad. Rodeado siempre de infolios con pasta de pergamino, disfrutaba de una fama de hombre de ciencia, tal como no se reconoció entonces sino en gente que peinara canas. Gran latinista y consumado teólogo, el obispo y su cabildo no desperdiciaban ocasión de consultarlo en los casos difíciles y su dictamen era casi siempre acatado.

El doctor Angulo y Valdivieso vivía en la casa parroquial, acompañado del sacristán y un *pongo* o muchacho de servicio. Su mesa rayaba en frugal, y por lo que atañe al cumplimiento de los sagrados deberes de su ministerio, daba ejemplo a todos sus compañeros de la diócesis.

Aunque sólo contaba treinta y cuatro años de edad y era bello de rostro, vigoroso de cuerpo, hábil músico e insinuante y simpático en la conversación, nunca había dado pábulo a la maledicencia ni escandalizado a los feligreses con un pecadillo venial de esos que un faldellín de bandera, vestido por cuerpo de buena moza, ha hecho y hace aún cometer a más de cuatro ministros del altar. El estudio absorbía por completo el alma y los sentidos del cura de Yanaquihua, y así por esta circunstancia como por la benevolencia de su carácter era la idolatría de la parroquia.

Pero llegó un día fatal, probablemente el de San Bartolomé, en el que el diablo anda suelto y tentando al prójimo. Una linda muchacha de veinte pascuas muy floridas, con una boquita como un azucarillo, y unos ojos como el lucero del alba, y una sonrisita de *Gloria in excelsis Deo,* y una cintura cenceña, y un piececito como el de la emperatriz de la Gran China, y un todo más revolucionario que el Congreso, se atravesó en el camino del doctor Angulo, y desde ese instante anduvo con la cabeza a pájaros y hecho un memo. Anita Sielles, que así se llamaba la doncella, lo traía hechizado. El pastor de almas empezó a desatender el rebaño, y los libros allí se estaban sin abrir y cubiertos de polvo y telarañas.

Decididamente, el cuerpo le pedía jarana y... ¡vamos! no todo ha de ser rigor. Alguna vez se le ha de dar gusto al pobrecito, sin que raye en vicioso, que *ni un dedo hace mano ni una golondrina verano.*

Y es el caso que como amor busca correspondencia y el platonicismo es manjar de poetas melenudos y de muchachas desmelenadas, el doctor Angulo no se anduvo con muchos dibujos y fuese a Anita y la cantó de firme y al oído la letanía de Cupido. Y tengo para mí que la tal letanía debió llegarla al pericardio del corazón y a las entretelas del alma; porque la muchacha abandonó una noche el hogar materno y fuese a hacer las delicias de la casa parroquial, con no poca murmuración de las envidiosas comadres del pueblo.

Medio año llevaban ya los amantes de arrullos amorosos, cuando el doctor Angulo recibió una mañana carta en que se exigía su presencia en Arequipa para realizar la venta de un fundo que en esa ciudad poseía. Fiarse de apoderados era, amén de pérdidas de tiempo y de tener que soportar embustes, socaliñas y traba-cuentas, exponerse a no recibir un cuarto. Nuestro cura se dijo:

> al agua patos,
> no se coman el grano los gurupatos,

y decidióse a emprender el viajecito.

La despedida fue de lo más romántico que cabe. No se habría dicho sino que el señor cura iba de viaje al fabuloso país de la Canela.

Dos semanas era el tiempo mayor que debía durar la ausencia. Hubo llanto y soponcio y... ¡qué sé yo! Allá lo sabrán los que alguna vez se han despedido de una querida.

El doctor Angulo entró a Arequipa con ventura, porque todo fue para él llegar y besar. En un par de días terminó sin gran fatiga el asunto, y después de emplear algún dinerillo en arracadas de brillantes, gargantilla de perlas, vestidos y otras frioleras para emperejilar a su sultana, enfrenó la mula, calzóse espuelas y volvió grupa camino de Yanaquihua.

Iba nuestro enamorado tragándose leguas, y hallábase ya dos jornadas distante del curato, cuando le salió al encuentro un indio y puso en sus manos este lacónico billete:

¡Ven! El cielo o el infierno quieren separarnos. Mi alma está triste y mi cuerpo desfallece. ¡Me muero! ¡Ven, amado mío! Tengo sed de un último beso.

II

Al otro día, a la puesta del sol, se apeaba el doctor Angulo en el patio de la casa parroquial, gritando como un frenético:

—¡Ana! ¡Ana mía!

Pero Dios había dispuesto que el infeliz no escuchase la voz de la mujer amada.

Hacía pocas horas que el cadáver de Ana había sido sepultado en la iglesia.

Don Gaspar se dejó caer sobre una silla y se entregó a un dolor mudo. No exhaló una imprecación, ni una lágrima se desprendió de sus ojos.

Esos dolores silenciosos son insondables como el abismo.

Parecía que su sensibilidad había muerto y que Ana se había llevado su alma.

Pero cerrada la noche, y cuando todo el pueblo estaba entregado al reposo, abrió una puertecilla que comunicaba a la sacristía del templo, penetró en él con una linterna en la mano, tomó un azadón, dirigióse a la fosa y removió la tierra.

¡Profanación! El cadáver de Ana quedó en breve sobre la superficie, don Gaspar lo cogió entre sus brazos, lo llevó a su cuarto, lo cubrió de besos, rasgó la mortaja, lo vistió con un traje de raso carmesí, echóle al cuello el collar de perlas y engarzó en sus orejas las arracadas de piedras preciosas.

Así adornado, sentó el cadáver   en un sillón cerca de la mesa, preparó dos tazas de yerba del Paraguay y se puso a tomar *mate*, como en las noches felices en que Ana lo acompañaba.

Después tomó su *quena*, ese instrumento misterioso al que mi amigo el poeta Manuel Castillo llamaba

> Flauta sublime de una voz extraña
> Que llena el corazón de amarga pena,

la colocó dentro de un cántaro y la hizo producir sonidos lúgubres, verdaderos ecos de una angustia sin nombre e infinita. Luego, acompañado de esas armonías indefinibles, solemnemente tristes, improvisó el *yaraví* que el pueblo del Cuzco conoce con el nombre del *Manchay-Puito* (Infierno aterrador).

He aquí dos de sus estrofas que traducimos del *quichua*, sin alcanzar, por supuesto, a darles el sentimiento que las presta la índole de aquella lengua, en la que el poeta o *haravicu* desconoce la música del consonante o asonante, hallando la armonía en solo el eufonismo de las palabras.

> Abreme, infierno, tus puertas
> Para sepultar mi espíritu
> En tus cavernas.
> Aborrezco la existencia,
> Sin la que era la delicia
> ¡Ay! de mi vida.

> Sin mi dulce compañera,
> Mil serpientes me devoran
> Las entrañas.
> No es Dios bueno el Dios que manda
> Al corazón estas penas
> ¡Ay! del infierno.

El resto del *Manchay-Puito hampuy ñihuay* contiene versos nacidos de una alma desesperada hasta la impiedad, versos que estremecen por los arrebatos de la pasión y que escandalizan por la desnudez de las imágenes. Hay en ese *yaraví* todas las gradaciones del amor más delicado y todas las extravagancias del sensualismo más grosero.

Los perros aullaban lastimosa y siniestramente alrededor de la casa parroquial, y aterrorizados los indios de Yanaquihua abandonaban sus chozas.

Y las dolientes notas de la *quena* y las palabras tremendas del *haravicu* seguían impresionando a los vecinos, como las lamentaciones del Profeta de Babilonia.

Y así pasaron tres días sin que el cura abriese la puerta de su casa.

Al cabo de ellos enmudeció la *quena,* y entonces un vecino español atrevióse a escalar paredes y penetrar en el cuarto del cura.

¡Horrible espectáculo!

La descomposición del cadáver era completa y don Gaspar, abrazado al esqueleto, se arrastraba en las convulsiones de la agonía.

III

Tal es la popularísima tradición.

La Iglesia fulminó excomunión mayor contra los que cantasen el *Manchay-Puito* o tocasen *quena* dentro de cántaro.

Esta prohibición es hoy mismo respetada por los indios del Cuzco, que por ningún tesoro de la tierra consentirían en dar el alma al demonio.

EL SIGLO XIX

LOS ESCRÚPULOS DE HALICARNASO

I

No hay antiguo colegial del Convictorio de San Carlos en quien el nombre de Halicarnaso no despierte halagüeños recuerdos de los alegres, juveniles días.

¡Halicarnaso!... ¿Era esta palabra apodo o apellido? No sabré decirlo, porque los colegiales jamás se cuidaron de averiguarlo.

Halicarnaso era un zapatero remendón que tenía establecidos sus reales en un tenducho fronterizo a la portería del colegio, tenducho que, allá por los tiempos de rectorado del ilustre don Toribio Rodríguez de Mendoza, había sido ocupado por aquel vendedor de golosinas a quien el poeta Olmedo, colegial a la sazón, inmortalizó en esta décima:

> A las diez llegó Estenós,
> muy peripuesto y ligero,
> y le dijo al chinganero:
> —Déme usted, ño Juan de Dios,
> medio de jamón en dos
> pedazos grandes, sin hueso;
> y no le compro a usted queso
> porque experimento tal
> *arranquitis* de metal,
> que no me alcanza para eso.

Halicarnaso tenía vara alta con los carolinos.

En la trastienda guardaba los tricornios y los *comepavo,* vulgo fraques, con que el domingo salían los alumnos hasta la portería, y de cuyas prendas se despojaban en la vecindad, cambiándolas por el sombrero redondo y la levita.

El zapatero disfrutaba del privilegio de tener, a las horas de recreo, entrada franca al patio de *Naranjos,* al patio de *Jazmines* y al patio de *Chicos,* nombres con que desde tiempo inmemorial fueron bautizados los claustros del Convictorio.

En cuanto al patio de *Machos,* ocupado por los *manteístas* y *copistas* o externos, era el lugar donde nuestro hombre se pasaba las horas muertas, alcanzando a aprender de memoria algunos latinajos y dos o tres problemas matemáticos.

Halicarnaso desempeñaba con puntualidad las comisiones que los estudiantes le daban para sus familias; los proveía, a espaldas del bedel, de frutas y bizcochos; y era tal su cariño y abnegación por los futuros ciudadanos, que se habría dejado hacer añicos en defensa del buen nombre de San Carlos.

En las procesiones y fiestas oficiales a que concurrían los alumnos del Convictorio, con su rector y profesores, luciendo éstos la banda azul, colmo de las aspiraciones de un joven, era de cajón la presencia de Halicarnaso.

Las tapadas pertenecientes a las feligresías del Sagrario, San Sebastián y San Marcelo sostenían el tiroteo de agudezas y galanterías con los carolinos, y las muchachas de Santa Ana y San Lázaro militaban bajo la bandera de los fernandinos.

¡Ah tiempos aquéllos! La boca se me hace agua al recordarlos.

Los colegiales no formábamos *meetings* políticos, ni entrábamos en *clubs* eleccionarios, ni pretendíamos dar la ley y gobernar al Gobierno Estudiábamos, cumplíamos o no cumplíamos con el precepto por la Cuaresma, y los domingos nos dábamos un hartazgo de *muchacheo* o mascadura de lana.

En muchas de las travesuras o colegialadas de los carolinos tomó parte Halicarnaso como simple testigo; pero, al referirlas en el vecindario, dábase por actor en ellas, y llenábase los carrillos diciendo:

—Nosotros, los colegiales, somos unos diablos. El otro día, entre Pancho Moreyra, Cucho Puente, Pepe Aliaga, Bachito Correa, Manongo Morales, el *curcuncho* Navarrete y yo, hicimos torería y media en la huerta del *Noviciado*.

En lo único que jamás consiguieron los colegiales utilizar los servicios y el afecto de Halicarnaso fue en hacerlo correveidile cerca de sus Dulcineas. Por ningún interés divino o humano quiso el zapatero usurpar sus funciones a Mercurio. Halicarnaso era en este punto de una moralidad a toda prueba.

Pero lo que no alcanzaron los colegiales lo consiguió en tres minutos una limeña vivaracha, de esas que el teólogo inventor de los tres enemigos del alma colocó tras del mundo y del demonio. Ahí verán ustedes.

II

Los estudiantes de Derecho canónico, o sea del último año de leyes, eran conocidos con el nombre de *cónsules,* y gozaban de la prerrogativa de salir a pasear los jueves, desde las tres o cuatro de la tarde hasta las siete de la noche.

Una tarde, jueves por más señas, presentóse en la puerta del zapatero una tapada de saya y manto, que, a sospechar por el único ojo descubierto, lo regordete del brazo, las protuberancias de oriente y occidente, el velamen y el *patiteo,* debía ser una limeña de *rechupete* y *palillo.*

—Maestro —le dijo—, tenga usted buenas tardes.

—Así se las dé Dios, señorita —contestó Halicarnaso inclinándose hasta dar a su cuerpo la forma de acento circunflejo.

—Maestro —continuó la tapada—, tengo que hablar con un *cónsul* que vendrá luego. Tome usted un par de pesos para cigarros, y déjeme entrar en la trastienda.

Halicarnaso, que hacía tiempo no veía dos pesos juntos, rechazó indignado las monedas, y contestó:

—¡Niña! ¡Niña! ¿Por quién me ha tomado usted? ¡Vaya un atrevimiento! Para tercerías busque a Margarita *la Gata*, o a Ignacia *la Perjuicio*. ¡Pues no faltaba más!

—No se incomode usted, maestrito. ¡Jesús y qué genio tan cascarrabias había usted tenido! —insistió la muchacha sin desconcertarse—. Como yo lo creía a usted amigo de don Antonio..., por eso me atreví a pedirle este servicio.

—Sí, señorita. Amigo y muy amigo soy de ese caballerito.

—Pues lo disimula usted mucho, cuando se niega a que tenga con él una entrevista en la trastienda.

—Con mi lesna y mi persona soy amigo del colegial y de usted, señorita. Zapatero soy, y no conde de *Alca* ni marqués de *Huete*. Ocúpeme usted en cosas de mi profesión, y verá que la sirvo al pespunte y sin andarme con *tiquis miquis*.

—Pues, maestro, zúrzame ese zapato.

Y en un abrir y cerrar de ojos la espiritual tapada rompió con la uña la costura de un remonono zapatico de raso blanco.

Como no era posible que Halicarnaso la dejase pisando el santo suelo, sin más resguardo que la media de borloncillo, tuvo que darla paso libre a la trastienda.

Por supuesto que el galán se apareció con más oportunidad que fraile llamado a refectorio.

El zapatero se puso inmediatamente a la obra, que le dio tarea para media horita.

Mientras palomo y paloma disertaban probablemente sobre si la luna tenía cuernos y demás temas de que, por lo general, suelen ocuparse a solas los enamorados, el buen Halicarnaso decía, entre puntada y puntada:

—En ocupándome en cosas de mi arte... nada tengo que oponer... Conversen ellos y zurza yo, que no hay motivo de escrúpulo.

Y luego, al clavar estaquillas canturreaba:

> La pulga y el piojo
> se quieren casar
> por falta de trigo
> no lo han hecho ya.

III

Estos escrúpulos de Halicarnaso nos traen a la memoria los del conquistador Alonso Ruiz, a quien tocó buena partija en el rescate de Atahualpa, y que hizo barbaridad y media con los pobres indios del Perú, desvalijándolos a roso y velloso. Vuelto a España, con cincuenta mil duros de capital, asaltóle el escrúpulo de si esa fortuna era bien o mal habida, y fuese a Carlos V y le expuso sus dudas, terminando por regalar al monarca los cincuenta mil. Carlos V admitió el apetitoso obsequio, concedió el uso del *Don* a Alonso Ruiz y le asignó una pensión vitalicia de mil ducados al año, que fue como decirle: —Come, que de lo tuyo comes.

LA TRADICIÓN DEL HIMNO NACIONAL

I

Por los años de 1810, existía en el convento de los dominicos de Lima, y también en el de los agustinos, una Academia de música, dirigida por fray Pascual Nieves, buen tenor y mejor organista. El padre Nieves era en su época la gran reputación artística que los peruleros nos sentíamos orgullosos de poseer.

El primer pasante de la Academia era un muchacho de doce años de edad, como que nació en Lima en 1798. Llamábase José Bernardo Alcedo y vestía el hábito de donado, que lo humilde de su sangre le cerraba las puertas para aspirar a ejercicio de sacerdotales funciones.

A los dieciocho años de edad, los motetes compuestos por Alcedo, que era entusiasta apasionado de Haydn y de Mozart, y una misa en *re* mayor sirvieron de base a su reputación como músico.

Jurada en 1821 la Independencia del Perú, el protector don José de San Martín expidió decreto convocando concurso o certamen musical, del que resultaría premiada la composición que se declarase digna de ser adoptada por himno nacional de la República.

Seis fueron los autores que entraron en el concurso, dice el galano escritor a quien extractamos para zurcir este artículo.

El día prefijado fueron examinadas todas las composiciones y ejecutadas en el orden siguiente:

1. La del músico mayor del batallón Numancia.
2. La del maestro Huapaya.
3. La del maestro Tena.
4. La del maestro Filomeno
5. La del padre fray Cipriano Aguilar
6. La del maestro Alcedo.

Apenas terminaba la ejecución de la última, cuando el general San Martín, poniéndose de pie, exclamó:

—¡He aquí el himno nacional de Perú!

Al día siguiente un decreto confirmaba esta opinión, expresada por el gobernante en un arranque de entusiasmo.

El himno fue estrenado en el teatro la noche del 24 de septiembre de 1821, en que se festejó la capitulación de las fortalezas del Callao, ajustada por el general La Mar el 21. Rosa Merina, la bella y simpática cantatriz a la moda cantó las estrofas en medio de interminables aplausos.

La ovación de que, en esa noche, fue objeto el humilde maestro Alcedo es indescriptible para nuestra pluma.

Mejores versos que los de don José de la Torre Ugarte merecía el magistral y solemne himno de Alcedo. Las estrofas, inspiradas en el

196

patriotismo que por esos días dominaba, son pobres como pensamiento y desdichadas en cuanto a corrección de forma. Hay en ellas mucho de fanfarronería portuguesa, y poco de verdadera altivez republicana. Pero con todos sus defectos, no debemos consentir jamás que la letra de la canción nacional se altere o cambie. Debemos acatarla como sagrada reliquia que nos legaron nuestros padres, los que con su sangre fecundaron la libertad y la república. No tenemos derecho, que sería sacrílega profanación, a corregir una sílaba de esas estrofas, en las que se siente a veces palpitar el varonil espíritu de nuestros mayores.

II

Concluyamos compendiando en breves líneas la biografía del maestro Alcedo.

Todos los cuerpos del ejército solicitaron del Protector que les destinase al autor del himno como músico mayor, y en la clase de subteniente; pero Alcedo optó por el batallón número 4 de Chile, en el que concurrió a las batallas de Torata y Moquegua y a otras acciones de guerra.

Cuando se dispuso, en 1823, que el batallón regresase a Chile, Alcedo pasó con él a Santiago, separándose a poco del servicio.

El canto llano era casi ignorado entre los monjes de Chile, y franciscanos, dominicos y agustinos comprometieron a nuestro músico para que les diese lecciones, a la vez que el Gobierno lo contrataba como director de las bandas militares.

Cuarenta años pasó en la capital chilena nuestro compatriota, siendo en los veinte último maestro de capilla en la Catedral, hasta 1864, en que el gobierno del Perú lo hizo venir para confiarle la dirección y organización de un conservatorio de música, que no llegó a establecerse por la instabilidad de nuestros hombres públicos. Sin embargo, Alcedo, como director general de las bandas militares, disfrutó hasta su muerte, acaecida en 1879, el sueldo de doscientos soles.

Muchos pasodobles, boleros, valses y canciones forman el repertorio del maestro Alcedo, sobresaliendo, entre todo lo que compuso, su música sagrada.

Alcedo fue también escritor, y testimonio de ello da un notable libro, *Filosofía de la música,* impreso en Lima en 1869.

CON DÍAS Y OLLAS VENCEREMOS

A principios de junio de 1821, y cuando acababan de iniciarse las famosas negociaciones o armisticio de Punchauca entre el virrey La Serna y el general San Martín, recibió el ejército patriota, acantonado en Huaura, el siguiente santo, seña y contraseña: *Con días —y ollas— venceremos.*

Para todos, exceptuando Monteagudo, Luzuriaga, Guido y García del Río, el santo y seña era una charada estúpida, una frase disparatada; y los que juzgaban a San Martín más cristiana y caritativamente se alzaban de hombros murmurando: "¡Extravagancias del general!"

Sin embargo, el santo y seña tenía malicia o entripado, y es la síntesis de un gran suceso histórico. Y de eso es de lo que me propongo hoy hablar, apoyando mi relato, más que en la tradición oral que he oído contar al amanuense de San Martín y a otros soldados de la patria vieja, en la autoridad de mi amigo el escritor bonaerense don Mariano Pelliza, que a vuela pluma se ocupa del santo y seña en uno de sus interesantes libros.

I

San Martín, por juiciosas razones que la historia consigna y aplaude, no quería deber la ocupación de Lima al éxito de una batalla, sino a los manejos y ardides de la política. Sus impacientes tropas, ganosas de habérselas cuanto antes con los engreídos realistas, rabiaban mirando la aparente pachorra del general; pero el héroe argentino tenía en mira, como acabamos de apuntarlo, pisar Lima sin consumo de pólvora y sin, lo que para él importaba más, exponer la vida de sus soldados, pues en verdad no andaba sobrado de ellos.

En correspondencia secreta y constante con los patriotas de la capital, confiaba en el entusiasmo y actividad de éstos para conspirar, empeño que había producido ya, entre otros hechos de importancia para la causa libertadora, la defección del batallón Numancia.

Pero con frecuencia los espías y las partidas de exploración o avanzadas lograban interceptar las comunicaciones entre San Martín y sus amigos, frustrando no pocas veces el desarrollo de un plan. Esta contrariedad, reagravada con el fusilamiento que hacían los españoles de aquellos a quienes sorprendían con cartas en clave, traía inquieto y pensativo al emprendedor caudillo. Era necesario encontrar a todo trance un medio seguro y expedito de comunicación.

Preocupado con este pensamiento, paseaba una tarde el general, acompañado de Guido y un ayudante, por la larga y única calle de Huaura, cuando, a inmediaciones del puente, fijó su distraída mirada en un caserón viejo que en el patio tenía un horno para fundición de ladrillos y obras de alfarería. En aquel tiempo, en que no llegaba por acá la porcelana hechiza, era éste lucrativo oficio; pues así la vajilla de uso diario, como los utensilios de cocina, eran de barro cocido y calcinado en el país, salvos tal cual jarrón de Guadalajara y las escudillas de plata, que ciertamente figuraban sólo en la mesa de gente acomodada.

San Martín tuvo una de esas repentinas y misteriosas inspiraciones que acuden únicamente al cerebro de los hombres de genio, y exclamó para sí: —¡Eureka! Ya está resuelta la X del problema.

El dueño de la casa era un indio entrado en años, de espíritu despierto y gran partidario de los insurgentes. Entendióse con él San Martín, y el alfarero se comprometió a fabricar una olla con doble fondo, tan diestramente preparada que el ojo más experto no pudiera descubrir la trampa.

El indio hacía semanalmente un viajecito a Lima, conduciendo dos mulas cargadas de platos y ollas de barro, que aun no se conocían por nuestra tierra las de peltre o cobre estañado. Entre estas últimas, y sin diferenciarse ostensiblemente de las que componían el resto de la carga, iba la *olla revolucionaria,* llevando en su doble fondo importantísimas cartas en cifra. El conductor se dejaba registrar por cuanta partida de campo encontraba, respondía con naturalidad a los interrogatorios, se quitaba el sombrero cuando el oficial del piquete pronunciaba el nombre de Fernando VII, nuestro amo y señor, y lo dejaban seguir su viaje, no sin hacerle gritar antes ¡Viva el rey! ¡Muera la patria! ¿Quién demonios iba a imaginarse que ese pobre indio viejo andaba tan seriamente metido en belenes de política?

Nuestro alfarero era, como cierto soldado, gran repentista o improvisador de coplas que, tomado prisionero por un coronel español, éste, como por burla o para hacerlo renegar de su bandera, le dijo:

—Mira, palangana, te regalo un peso si haces una cuarteta con el pie forzado que voy a darte:

Viva el séptimo Fernando
con su noble y leal nación.

—No tengo el menor *conveniente,* señor coronel —contestó el prisionero—. Escuche usted:

Viva el séptimo Fernando
con su noble y leal nación;
pero es con la condición
de que en mí no tenga mando...
y venga mi patacón.

II

Vivía el señor don Francisco Javier de Luna Pizarro, sacerdote que ejerció desde entonces gran influencia en el país, en la casa fronteriza a la iglesia de la Concepción, y él fue el patriota designado por San Martín para entenderse con el *ollero.* Pasaba éste a las ocho de la mañana por la calle de la Concepción pregonando con toda la fuerza de sus pulmones: ¡Ollas y platos! ¡Baratos! ¡Baratos!, que, hasta hace pocos años, los vendedores de Lima podían dar tema para un libro por la especialidad de sus pregones. Algo más. Casas había en que para saber la hora no se consultaba reloj, sino el pregón de los vendedores ambulantes.

Lima ha ganado en civilización; pero se ha despoetizado, y día por día pierde todo lo que de original y típico hubo en sus costumbres.

Yo he alcanzado esos tiempos en los que parece que, en Lima, la ocupación de los vecinos hubiera sido tener en continuo ejercicio los molinos de masticación llamados dientes y muelas. Juzgue el lector por el siguiente cuadrito de cómo distribuían las horas en mi barrio, allá cuando yo andaba haciendo novillos por huertas y murallas, y muy distante de escribir tradiciones y *dragonear* de poeta, que es otra forma de matar el tiempo o hacer novillos.

La *lechera* indicaba las seis de la mañana.

La *tisanera* y la *chichera* de Terranova daban su pregón a las siete en punto.

El *bizcochero* y la vendedora de *leche-vinagre*, que gritaba ¡a la cuajadita!, designaba las ocho, ni minuto más ni minuto menos.

La vendedora de *zanguito de ñajú* y *choncholíes* marcaba las nueve, hora de canónigos.

La *tamalera* era anuncio de las diez.

A las once pasaba la *melonera* y la mulata de convento vendiendo *ranfañote, cocada, bocado de rey, chancaquitas de cancha* y de *maní, y fréjoles colados.*

A las doce aparecían el *frutero* de canasta llena y el proveedor de empanaditas de picadillo.

La una era indefectiblemente señalada por el vendedor de *ante con ante*, la *arrocera* y el *alfajorero*.

A las dos de la tarde la *picaronera*, el *humitero* y el de la *rica causa de Trujillo* atronaban con sus pregones.

A las tres el *melcochero*, la *turronera* y el anticuchero o vendedor de *bisteque en palito* clamoreaban con más puntualidad que la Mari-Angola de la Catedral.

A las cuatro gritaban la *picantera* y el de la *piñita de nuez*.

A las cinco chillaban el *jazminero*, el de las *caramanducas* y el vendedor de flores de trapo, que gritaba: ¡Jardín, jardín! ¿Muchacha, no hueles?

A las seis canturreaba el *raicero* y el *galletero*.

A las siete de la noche pregonaban el *caramelero*, la *mazamorrera* y la *champucera*.

A las ocho el *heladero* y el *barquillero*.

Aun a las nueve de la noche, junto con el toque de cubrefuego, el *animero* o sacristán de la parroquia salía con capa colorada y farolito en mano pidiendo para las ánimas benditas del purgatorio o para la cera de Nuestro Amo. Este prójimo era el terror de los niños rebeldes para acostarse.

Después de esa hora, era el *sereno* del barrio quien reemplazaba a los relojes ambulantes, cantando, entre piteo y piteo: —¡Ave María Purísima! ¡Las diez han dado! ¡Viva el Perú, y sereno! Que eso sí, para los serenos de Lima, por mucho que el tiempo estuviese nublado o lluvioso, la consigna era declararlo ¡sereno! Y de sesenta en sesenta minutos se repetía el canticio hasta el amanecer.

Y hago caso omiso de innumerables pregones que se daban a una hora fija.

¡Ah tiempos dichosos! Podía en ellos ostentarse por pura *chamberinada* un cronómetro; pero para saber con fijeza la hora en que uno vivía, ningún reloj más puntual que el pregón de los vendedores. Ese sí que no discrepaba pelo de segundo ni había para qué limpiarlo o enviarlo a la enfermería cada seis meses. ¡Y luego la baratura! Vamos; si cuando empiezo a hablar de antiguallas se me va el santo al cielo y corre la pluma sobre el papel como caballo desbocado. Punto a la digresión, y sigamos con nuestro insurgente *ollero.*

Apenas terminaba su pregón en cada esquina, cuando salían a la puerta todos los vecinos que tenían necesidad de utensilios de cocina.

Pedro Manzanares, mayordomo del señor Luna Pizarro, era un negrito retinto, con toda la lisura criolla de los *budingos* y mataperros de Lima, gran decidor de desvergüenzas, *cantador,* guitarrista y navajero, pero muy leal a su amo y muy mimado por éste. Jamás dejaba de acudir al pregón y pagar un real por una olla de barro; pero al día siguiente volvía a presentarse en la puerta, utensilio en mano, gritando: —Oiga usted, so *cholo* ladronazo, con sus ollas que se *chirrean* toditas... Ya puede usted cambiarme ésta que le compré ayer, antes de que se la rompa en la *tutuma* para enseñarlo a no engañar al marchante. ¡Pedazo de pillo!

El alfarero sonreía como quien desprecia injurias, y cambiaba la olla.

Y tanto se repitió la escena de compra y cambio de ollas y el agasajo de palabrotas, soportadas siempre con paciencia por el indio, que el barbero de la esquina, andaluz muy entrometido, llegó a decir una mañana:

—¡Córcholis! ¡Vaya con el cleriguito para cominero! Ni yo, que soy un pobre de hacha, hago tanto alharaca por un miserable real. ¡Recórcholis! Oye, *macuito.* Las ollas de barro y las mujeres que también son de barro, se toman sin lugar a devolución, y el que se lleva chasco ¡contracórcholis! se mama el dedo meñique, y ni chista ni mista y se aguanta el clavo, sin molestar con gritos y lamentaciones al vecindario.

—Y a usted, so godo de cuernos, cascabel sonajero, ¿quién le dio vela en este entierro? —contestó con su habitual insolencia el negrito Manzanares—. Vaya usted a desollar barbas y cascar liendres, y no se meta en lo que no le va ni le viene, so adefesio en misa de una, so chapetón embreado y de ciento en carga...

Al oírse apostrofar así, se le avinagró al andaluz la mostaza, y exclamó ceceando:

—¡María Zantícima! Hoy me pierdo... ¡Aguárdate, gallinazo de muladar!

Y echando mano al puñalito o limpiadientes, se fue sobre Perico Manzanares, que sin esperar la embestida se refugió en las habitaciones de su amo. ¡Quién sabe si la camorra entre el barbero y el mayordomo habría servido para despertar sospechas sobre las ollas, que de pequeñas causas han surgido grandes efectos! Pero, afortunadamente, ella coincidió con el último viaje que hizo el alfarero trayendo olla contrabandista; pues el escándalo pasó el 5 de julio, y al amanecer del siguiente día abandonaba el virrey La Serna la ciudad, de la cual tomaron posesión los patriotas en la noche del 9.

Cuando el indio, a principios de junio, llevó a San Martín la primera olla devuelta por el mayordomo del señor Luna Pizarro, hallábase el general en su gabinete dictando la orden del día. Suspendió la ocupación, y después de leer las cartas que venían en el doble fondo, se volvió a sus ministros García del Río y Monteagudo y les dijo sonriendo:

—Como lo pide el suplicante.

Luego se aproximó al amanuense y añadió:

—Escribe, Manolito, santo, seña y contraseña para hoy: *Con días —y ollas— venceremos.*

La victoria codiciada por San Martín era apoderarse de Lima sin quemar pólvora; y merced a las ollas que llevaban en el vientre ideas más formidables siempre que los cañones modernos, el éxito fue tan espléndido, que el 28 de julio se juraba en Lima la Independencia y se declaraba la autonomía del Perú. Junín y Ayacucho fueron el corolario.

EL PADRE PATA

A viejos y viejas oí relatar, allá en los días de mi infancia, como acaecido en Chancay, el mismo gracioso lance a que un ilustre escritor argentino da por teatro la ciudad de Mendoza. Como no soy de los que se ahogan en poca agua, y como en punto a cantar homilías a tiempos que fueron, tanto da un teatro como otro, ahí va la cosa tal como me la contaron.

Cuando el general San Martín desembarcó en Pisco con el ejército patriota, que venía a emprender la ardua faena complementaria de la Independencia americana, no faltaron ministros del Señor que, como el obispo Rangel, predicasen atrocidades contra la causa libertadora y sus caudillos.

Que vociferen los que están con las armas en la mano y arriesgando la pelleja es cosa puesta en razón; pero no lo es que los ministros de un Dios de paz y de concordia, que en medio de los estragos de la guerra duermen bien y comen mejor, sean los que más aticen el fuego. Parécense a aquel que en la catástrofe de un tren daba alaridos: ¿Por qué se queja usted tanto? —Porque al brincar se me ha desconcertado un pie. —Cállese usted, so marica. ¡Quejarse por un pie torcido cuando ve tanto muerto que no chilla!

Desempeñando interinamente el curato de Chancay estaba el franciscano fray Matías Zapata, que era un godo de primera agua, el cual, después de la misa dominical, se dirigía a los feligreses, exhortándolos con calor para que se mantuviesen fieles a la causa del rey, nuestro amo y señor. Refiriéndose al generalísimo, lo menos malo que contra él predicaba era lo siguiente:

—Carísimos hermanos: Sabed que el nombre de ese pícaro insurgente San Martín es por sí solo una blasfemia, y que está en pecado mortal todo el que lo pronuncie, no siendo para execrarlo. ¿Qué tiene de santo ese hombre malvado? Llamarse San Martín ese sinvergüenza, con agravio del caritativo santo San Martín de Tours, que dividió su capa entre los pobres? Confórmese con llamarse sencillamente Martín, y le estará bien, por lo que tiene de semejante con su colombroño el pérfido hereje Martín Lutero, y porque, como éste, tiene que arder en los profundos infiernos. Sabed, pues, hermanos, y oyentes míos, que declaro excomulgado votando a todo el que gritare ¡Viva San Martín!, porque es lo mismo que mofarse impíamente de la santidad que Dios acuerda a los buenos.

No pasaron muchos domingos sin que el generalísimo trasladase su ejército al Norte y sin que fuerzas patriotas ocuparan Huacho y Chancay. Entre los tres o cuatro vecinos que por amigos de la justa causa, como decían los realistas, fue preciso poner en chirona, encontróse el energúmeno frailuco, el cual fue conducido ante el excomulgado caudillo. —Conque, señor godo —le dijo San Martín—, ¿es cierto que me ha comparado usted con Lutero y que le ha quitado una sílaba a mi apellido?

Al infeliz le entró temblor de nervios, y apenas si pudo hilvanar la excusa de que había cumplido órdenes de sus superiores, y añadir que estaba llano a predicar devolviéndole a su señoría la sílaba. —No me devuelva usted nada y quédese con ella —continuó el general—; pero sepa usted que yo, en castigo de su insolencia, le quito también la primera sílaba de su apellido, y entienda que lo fusilo sin misericordia el día que se le ocurra firmar Zapata. Desde hoy no es usted más que el Padre Pata; y téngalo muy presente, padre Pata.

*   *   *

Y cuentan que, hasta 1823, no hubo en Chancay partida de nacimiento, defunción u otro documento parroquial que no llevase por firma fray Matías Pata. Vino Bolívar, y le devolvió el uso y el abuso de la sílaba eliminada.

EL CORONEL FRAY BRUNO

APUNTES HISTÓRICOS

(A mi amigo el doctor don Mariano Felipe Paz-Soldán)

> *¿Fraile y Coronel?*
> *Líbreme Dios de él.*

Entre los españoles del ejército realista, que sucumbió en la batalla de Ayacucho, eran muy repetidas, y alcanzaron autoridad de refrán, estas palabras: *¿Fraile y Coronel? Líbreme Dios de él.* Voy, pues, a emprender un ligero estudio biográfico del personaje que motivó el dicho, apoyándome en noticias que contemporáneos suyos me han proporcionado y en documentos oficiales, que a la vista tengo sobre mi mesa de trabajo.

I

Por los años de 1788 nació en el pueblo de Mito, a pocas leguas de Jauja, un muchacho, hijo de india y de español, a quien inscribieron en el libro parroquial con el nombre de Bruno Terreros.

Despejado era el rapaz, y cobrándole afición uno de los religiosos de Ocopa llevólo al convento, hízole vestir la jerga de novicio y, cuando le vio expedito en el latín de Nebrija y en la filosofía de Heinecio, envióle a Lima muy recomendado al guardián de San Francisco.

En breve Bruno Terreros, en cuya moralidad no hubo pero que poner, y cuya aplicación era ejemplar, se aprendió de coro un tratado de teología dogmática, y en 1810 recibió la orden del subdiaconado.

Años más tarde, el arzobiso Las Heras lo nombró coadjutor del curato de Chupaca, y en esa condición se hallaba cuando estalló la guerra de independencia. Fray Bruno se distinguía por la austeridad de sus costumbres y por llenar, conforme al espíritu del Evangelio, los deberes de su sagrado ministerio. Con esto dicho está que fue muy querido de sus feligreses.

En la plática dominical fray Bruno se mostraba más realista que el rey y decía que la revolución americana era cosa de herejes, fracmasones y gentes pervertida por la lectura de libros excomulgados. Añadía que eso de derechos del hombre y de patria y libertad eran pampiroladas sin pies ni cabeza, y que pues el rey nació para mandar y la grey para obedecer, lo mejor era no meterse a descomponer el tinglado ni en barullos que comprometen la pelleja en este mundo y la vida eterna en el otro. Y con esto, amados oyentes míos, que viva el rey y viva la religión y viva la gallina, aunque sea con su pepita.

Vino el año de 1822 y con él la causa de la monarquía se echó a dar manotadas de ahogado. Los realistas cometieron extorsiones parecidas a las que un año después ejecutara Carratalá en Cangallo. Hubo templos incendiados, la soldadesca se entregó sin freno al pillaje de alhajas y objetos sagrados; se escarneció a los sacerdotes, hasta el punto de que el jefe español Barandalla hiciera fusilar al cura Cerda.

Un capitán realista, al mando de veinte soldados, llegó a Chupaca y amenazó a fray Bruno con darle de patadas, si no le entregaba un cáliz de oro. Nuestro humilde franciscano convirtióse en irritado león, amotinó a los indios y la tropa escapó a descalza-perros.

Desde ese día fray Bruno colgó los hábitos, se plantó al cinto sable y pistolas y, trabuco en mano, se puso a la cabeza de doscientos montoneros, lanzando antes este original documento, que así puede pasar por proclama como por sermón o pastoral:

"Compatriotas y hermanos muy amados: Penetrado de los sen-
"timientos naturales y revestido con las sagradas vestiduras de mi carácter,
"os anuncié muchas veces desde la cátedra del Espíritu Santo, la felicidad
"de los peruanos, que ha de resultar después de las guerras. Y ahora,
"poseído de dolor, me veo precisado a tomar el sable desnudo, como
"defensor de la religión, sólo con el objeto de derribar esas felicidades
"lisonjeras, con que los tiranos nos tienen engañados, por saciar sus
"codiciosas ambiciones. Testigos los templos sagrados destruidos, violados
"los santos Evangelios de Jesucristo y sus miembros perseguidos. Sa-
"cerdotes del Altísimo, llorad con lágrimas de sangre, al ver convertidas
"en cenizas las casas de oración y los tabernáculos en astillas, por llevarse
"los vasos sagrados y las custodias con la Majestad colocada. Esos sacrí-
"legos españoles, plegue a Dios y hago testigos a los ángeles y a toda
"la corte celestial, que a todo trote caminan al extremo de su total
"ruina. Jamás levantó el brazo Jesucristo, sino cuando vio su templo in-
"famado con ventas y comercios. Yo jamás hubiera tomado el sable,
"si no hubiera visto los santuarios servir de pesebreras de caballos.
"Separaos, verdaderos y fieles patriotas; dejad solos a los contumaces
"en su desgraciada obstinación."

Este curioso documento nos revela el temple de alma del francis-
cano. Invistióse inmediatamente de un título militar, sin desdeñar por eso el que le correspondía por su condición religiosa. Así sus proclamas y órdenes generales iban encabezadas con estas palabras: *El Coronel Fray Bruno Terreros.*

En el ejército argentino que San Martín condujo al Perú, vinieron también algunos frailes que colgaron los hábitos para vestir el uniforme militar. El más notable entre ellos fue fray Félix Aldao, de la orden de la Merced, capellán de un regimiento, que sable en mano se metía siempre en lo más reñido del combate. Aldao ganó en el Perú una fuerte suma al juego y llevándose, con disfraz de paje, a una linda muchacha a quien sedujo, alcanzó durante la época de Rosas la clase de General. El fraile Aldao se entregó furiosamente a la embriaguez y a la lascivia, no dejó crimen por cometer como seide del tirano argentino y murió (ejer-
ciendo el cargo de Gobernador o autócrata de Mendoza), devorado por un cáncer en la cara, blasfemando como un poseído.

Como se ve, el fraile Aldao fue un apóstata y su conducta no admite disculpa. Por el contrario, si el franciscano Terreros tomó las armas lo hizo, como lo revela su proclama, impulsado por un sentimiento religioso, exagerado acaso pero sincero.

Ni Vidal, ni Guavique, ni *Agustín el largo*, ni el famoso *Cholofuerte*, jefes de los guerrilleros, que tanto hostilizaron a las tropas realistas, igualaron en coraje, actividad y astucia al coronel fray Bruno Terreros. Para él la guerra tenía el carácter de guerra religiosa y sabía inflamar el ánimo de sus montoneros, arengándoles con el Evangelio en una mano y el trabuco en la otra, como lo hicieron en Francia los sacerdotes de la Vendée. Los hombres que lo seguían asistían a la misa que su caudillo celebraba, en los días de precepto, y algunos se hacían administrar por él el sacramento de la Eucaristía. Aquellos guerrilleros más que por su patria, se batían por su Dios. Morir en el combate era para ellos conquistarse la salvación eterna.

Vive aún [1878] en el convento de San Francisco un respetable sacerdote (el padre Cepeda) que recuerda haber visto llegar a caballo a la plazuela de la iglesia a fray Bruno, seguido de sus guerrilleros, y que apeándose con gran agilidad se dirigió a la sacristía, de donde salió revestido y celebró misa en el altar de la Purísima, con no poca murmuración de beatas y conventuales.

Cuentan que fray Bruno Terreros trataba sin misericordia a los españoles que tomaba prisioneros después de alguna escaramuza, y que su máxima era: De los enemigos los menos. Pero esta aseveración no la encontramos suficientemente comprobada en los boletines y gacetas de aquella época.

Lo positivo es que el nombre del franciscano llegó a inspirar pánico a los realistas, dando origen al refrán que dejamos apuntado.

Papel no menos importante que Terreros hizo en la guerra de independencia otro sacerdote de la orden seráfica. El teniente coronel fray Luis Beltrán fue quien fundió los cañones que trajo San Martín a Chacabuco. En el Perú prestó también a la causa americana útiles servicios, como jefe de la maestranza y parque; pero injustamente desairado un día, en Trujillo, por el Libertador, fray Luis Beltrán intentó asfixiarse. Aunque salvado a tiempo por un amigo, nuestro franciscano quedó loco. La *figurita*, como llamaba el infeliz patriota a Bolívar, era el tema constante de su locura.

El comandante Beltrán pudo curarse y regresó a Buenos Aires, donde volvió a vestir el santo hábito, muriendo poco tiempo después.

II

Afianzada la independencia, renunció fray Bruno su clase de coronel solicitando de Bolívar, por toda recompensa de sus servicios a la causa nacional, el permiso de volver a su convento. El guardián de San Francisco vio la pretensión de mal ojo, recelando sin duda que el exguerrillero trajese al claustro costumbres belicosas. Informado de ello Bolívar se dirigió al Gobernador del Arzobispado con los dos oficios siguientes:

"Marzo 4 de 1825.—*Al Gobernador del Arzobispado.*—Cuando por "el feliz estado de las cosas ha creído el coronel don Bruno Terreros que

"sus servicios no son de necesidad, ha solicitado del gobierno permiso
"para retirarse a sus claustros del convento de San Francisco, de cuya
"religión es hijo; y Su Excelencia el Libertador, teniendo por esta so-
"licitud toda la consideración que ella merece, por la conocida piedad
"que ella demuestra, se ha servido acceder; y en su consecuencia ha que-
"dado el coronel Terreros separado del servicio y en estado de restituirse
"a su convento. Pero como no sería justo que se echase en olvido ni
"viese con indiferencia la buena conducta que el coronel Terreros ha
"observado, mientras ha estado sirviendo al Gobierno, y los muchos
"e importantísimos servicios que ha prestado a la causa nacional en
"críticas circunstancias, Su Excelencia el Jefe Supremo de la República
"me manda recomendar a US. al expresado coronel Terreros con el
"doble objeto de que su señoría lo atienda, dándole una colocación
"correspondiente a su distinguido comportamiento y de que, valiéndose
"de los respetos de Su Excelencia mismo, tome las medidas que sean
"conducentes, a fin de que los prelados de San Francisco vean a Terre-
"ros con el aprecio y consideraciones que tan justamente se ha gran-
"jeado.—Me suscribo de Useñoría atento servidor.—*Tomás Heres.*"

"Marzo 4 de 1825.—*Al Gobernador del Arzobispado.*—Su Exce-
"lencia el Libertador encargado del mando Supremo de la República,
"ruega y encarga al Reverendo Gobernador Metropolitano que el padre
"fray Bruno Terreros, por sus grandes servicios a la patria, por su
"buena conducta y aptitudes sacerdotales, sea habilitado para obtener
"en propiedad cualquier beneficio con anexa cura de almas y que, si es
"posible, se le dé colocación del curato de Chupaca, previo el corres-
"pondiente examen sinodal.—El Ministro que suscribe se ofrece de Use-
"ñoría atento servidor.—*Tomas Heres.*"

*

En 25 de agosto de 1825 (dice el autor de la *Historia del Perú
Independiente*) fue nombrado Terreros cura de Mito, beneficio que
prefirió a otros por ser el lugar de su nacimiento. En su nueva
vida religiosa olvidó sus costumbres de guerrillero; y fue tan solícito
en el cumplimiento del deber sacerdotal que, en 1827, al atravesar el
río de Jauja para ir a confesar a un moribundo, desoyendo el ruego de
algunos indios que le pedían no se aventurase por estar el río muy
crecido, fue arrastrado por la corriente y pereció ahogado.

Tal fue, a grandes rasgos, el hombre por quien se dijo: ¿*Fraile y
Coronel? Líbrenos Dios de él.*

UNA MOZA DE ROMPE Y RAJA

I

EL PRIMER PAPEL MONEDA

Sin las noticias histórico-económicas que voy a consignar, y que vienen de perilla en estos tiempos de bancario desbarajuste, acaso sería fatigoso para mis lectores entender la tradición.

A principios de 1822, la causa de la independencia corría grave peligro de quedar como la gallina que formó alharaca para poner un huevo y ése huero. Las recientes atrocidades de Carratalá en Cangallo y de Maroto en Potosí, si bien es cierto que retemplaron a los patriotas de buena ley, trajeron algún pánico a los espíritus débiles y asustadizos. San Martín mismo, desconfiando de su genio y fortuna, habíase dirigido a Guayaquil en busca de Bolívar y de auxilio colombiano, dejando en Lima, el cargo del gobierno, al Gran Mariscal Marqués de Torretagle.

Hablábase de una formidable conspiración para entregar la capital al enemigo: y el nuevo gobierno, a quien los dedos se le antojaban huéspedes, no sólo adoptó medidas ridículas, como la prohibición de que usasen capa los que no habían jurado la independencia, sino que recurrió a expedientes extremos y terroríficos. Entre éstos, enumeraremos la orden mandando salir del país a los españoles solteros, y el famoso decreto que redactó don Juan Félix Berindoaga, conde de San Donás, barón de Urpín, y Oficial mayor de un Ministerio: disponía este decreto que los traidores fuesen fusilados y sus cadáveres colgados en la horca. ¡Misterios del destino! El único en quien, cuatro años más tarde, debió tener tal castigo cumplida ejecución fue el desdichado Berindoaga, autor del decreto.

Estando Pasco y Potosí en poder de los realistas, la casa de Moneda no tenía barras de plata que sellar; y entre los grandes políticos y financistas de la época, surgió la idea salvadora de emitir papel moneda para atender a los gastos de la guerra. *Cada uno estornuda como Dios lo ayuda.*

El pueblo, a quien se le hacía muy cuesta arriba concebir que un retazo de papel puede reemplazar al metal acuñado, puso el grito en el séptimo cielo; y para acallarlo fue preciso que don Bernardo de Torretagle escupiese por el colmillo, mandando promulgar, el 1º de febrero, un bando de espanta-moscas, en el cual se determinaban las penas en que incurrirían los que en adelante no recibiesen de buen grado los billetes de a dos y cuatro reales, únicos que, al principio, se pusieron en circulación.

La medida produjo sus efectos. El pueblo, refunfuñando y poniendo cara de vinagre, agachó la cabeza y pasó por el aro, mientras que los hombres de Palacio, satisfechos de su coraje para imponer la ley a la chusma, se pusieron como dice la copla del *coup de nez*,

En la nariz el pulgar
Y los demás en hilera,
Y... perdonen la manera
De señalar.

Sin embargo, temió el gobierno que la mucha tirantez hiciera reventar la soga; y dio al pueblo una dedada de miel con el nombramiento de García del Río, quien marcharía a Londres para celebrar un empréstito, destinado a la amortización del papel y a sacar almas del purgatorio. El comercio, por su parte, no se echó a dormir el sueño de los justos y entabló gestiones; y al cabo de seis meses de estudiarse el asunto se expidió, el 13 de agosto, un decreto para que el papel (que andaba tan depreciado como los billetes de hoy) fuese recibido en la Aduana del Callao y el Estanco de tabacos. ¡Bonito agosto hicieron los comerciantes de buen olfato! Eso sí que fue *andar al trote para ganarse el capote*.

Cierto es que San Martín, a fuer de astuto, no intervino directamente en la emisión del papel moneda; pero al cándido pueblo, que la da siempre de malicioso y de no tragar anchoveta por sardina, se le puso en el magín que el Protector había sacado la brasa por mano ajena, y que él era el verdadero responsable de la no muy limpia operación. Por eso cuando, el 20 de agosto, de regreso de su paseo veraniego a Guayaquil, volvió San Martín a encargarse del mando, apenas si hubo señales de alborozo público. Por eso también el pueblo de Lima se había reunido poco antes, en la Plaza Mayor, pidiendo la cabeza de Monteagudo, quien libró de la borrasca saliendo camino del destierro. Obra de este ministro fue el decreto de 14 de diciembre de 1821 que creaba el Banco Nacional de emisión.

Fue bajo el gobierno del Gran Mariscal Rivagüero cuando, en marzo de 1823, a la vez que llegaba la noticia de quedar en Londres oleado y sacramentado el empréstito, resolvió el Congreso que se sellara (por primera vez en el Perú) medio millón de pesos en moneda de cobre para amortizar el papel, del que, después de destruir las matrices, se quemaron diariamente, en la puerta de la Tesorería, billetes por la suma de quinientos pesos, hasta quedar extinguida la emisión.

Así se puso entonces término a la crisis, y el papel con garantía o sin garantía del Estado, que para el caso da lo mismo, no volvió a aparecer hasta que... Dios fue servido enviarnos plétora de billetes de banco y eclipse total de monedas. Entre los patriotas y los patrioteros, hemos dejado a la patria en los huesos y como para el carro de la basura.

Pero ya es hora de referir la tradición, no sea que la pluma se deslice y entre en retozos y comparaciones políticas, de suyo peligrosas en los tiempos que vivimos.

II

LA "LUNAREJA"

Más desvergonzada que la Peta Winder de nuestros días fue, en 1822, una hembra, de las de navaja en la liga y pata de gallo en la cintura, conocida en el pueblo de Lima con el apodo de la *Lunareja*, y en la cual se realizaba al pie de la letra lo que dice el refrán:

> Mujer lunareja,
> Mala hasta vieja.

Tenía la tal un tenducho o covachuela de zapatos en la calle de Judíos, bajo las gradas de la Catedral. Eran las covachuelas unos chiribitiles subterráneos que desaparecieron, hace pocos años, no sin resistencia de los canónigos que percibían el arrendamiento de esas húmedas y feísimas madrigueras.

Siempre que algún parroquiano llegaba al cuchitril de Gertrudis la *Lunareja*, en demanda de un par de zapatos de orejita, era cosa de taparse los oídos con algodones para no escucharla echar, por la boca de espuerta que Dios la dio, sapos, culebras y demás sucias alimañas. A pesar del riguroso bando conminatorio, la zapatera se negaba resueltamente a recibir papelitos, aderezando su negativa con una salsa parecida a ésta:

—Miren, miren al ladronazo de *ño* San Martín que, no contento con desnudar a la Virgen del Rosario, quiere llevarse la plata y dejarnos cartoncitos *imprentados*... ¡La perra que lo parió al muy pu...chuelero!

Y la maldita, que era *goda* hasta la médula de los huesos, concluía su retahila de insultos contra el Protector cantando a grito herido una copla del *miz-miz*, bailecito en boga, en la cual se le zurraba la badana al Supremo Delegado marqués de Torretagle.

> Peste de pericotes
> Hay en tu cuarto;
> Deja la puerta abierta,
> Yo seré el gato.
> ¡Muera la patria!
> ¡Muera el marqués!
> ¡Que viva España!
> ¡Que viva el rey!

¡Canario! El cantarcito no podía ser más subversivo en aquellos días, en que la palabra *rey* quedó tan proscrita del lenguaje que se desbautizó hasta el peje-rey para llamarlo *peje-patria*, y al pavo real se le confirmó con el nombre de *pavo nacional*.

Los descontentos, que a la sazón pululaban, aplaudían las insolencias y obscenidades de la *Lunareja*, que propiedad de pequeños y cobardes es festejar la inmundicia que los maldicientes escupen sobre las espaldas de los que están en el poder. Así envalentonada, la zapatera acrecía de hora en hora el atrevimiento, haciendo *huesillo* a los agentes de policía que, de cuando en cuando, la amonestaban para que no escandalizase al patriota y honesto vecindario.

Impuesta de todo la autoridad, vaciló mucho el desgraciado Torretagle para poner coto al escándalo. Repugnaba a su caballerosidad el tener que aplicar las penas del bando en una mujer.

El alcalde del barrio recibió, al fin, orden de acercarse a la *Lunareja* y reprenderla; pero ésta que, como hemos dicho, tenía *lengua de barbero, afilada y cortadora*, acogió al representante de la autoridad con un aluvión de dicterios tales, que al buen alcalde se le subió la mostaza a las narices, y llamando cuatro soldados hizo conducir, amarrada y casi arrastrando, a la procaz zapatera a un calabozo de la cárcel de la Pescadería. Lo menos que le dijo a su merced fue:

> Usía y mi marido
> van a Linares
> a comprar cuatro bueyes:
> vendrán tres pares.

Vivos hay todavía y comiendo *pan de la patria* (que así llamaban en 1822 al que hoy llamamos pan de hogaza), muchos que presenciaron los verídicos sucesos que relatados dejo, y al testimonio de ellos apelo para que me desmientan, si en un ápice me aparto de la realidad histórica.

Al siguiente día (22 de febrero) levantóse por la mañana, en la Plaza Mayor de Lima, un tabladillo con un poste en el centro. A las dos de la tarde, y entre escolta de soldados, sacaron de la Pescadería a la *Lunareja*.

Un sayón o ministril la ató al poste y la cortó el pelo al rape. Durante esta operación lloraba y se retorcía la infeliz, gritando:

—Perdone mi amo Torretagle que no lo haré más.

A lo que los *mataperritos* que rodeaban el tabladillo, azuzando al sayón que manejaba tijera y navaja, contestaban en coro:

> Déle, maestro, déle,
> Hasta que cante el *miserere*.

Y la *Lunareja*, pensando que los muchachos aludían al estribillo del *miz-miz,* se puso a cantar, y como quien satisface cantando la palinodia,

> ¡Viva la patria
> De los peruanos!
> ¡Mueran los godos
> Que son tiranos!

Pero la granujada era implacable y comenzó a gritar, con especial sonsonete:

> ¡Boca dura y pies de lana!
> Déle, maestro, hasta mañana.

Terminada la rapadura, el sayón le puso a Gertrudis una canilla de muerto por mordaza, y hasta las cuatro de la tarde permaneció la pobre mujer expuesta a la vergüenza pública.

Desde ese momento nadie se resistió a recibir el papel moneda. Parece que mis paisanos aprovecharon de la lección en cabeza ajena y que no murmuraron más de las cosas gubernamentales.

III

EL FIN DE UNA MOZA TIGRE

Cuando, nosotros los insurgentes, perdimos las fortalezas del Callao, por la traición de Moyano y Olivia, la *Lunareja* emigró al Real Felipe, donde Rodil la asignó sueldo de tres pesetas diarias y ración de oficial.

El 3 de noviembre de 1824 fue día nefasto para Lima, por culpa del *pantorrilludo* Urdaneta que proporcionó a los españoles gloria barata. El brigadier don Mateo Ramírez, de feroz memoria, sembró cadáveres de mujeres, niños y hombres inermes, en el trayecto que conduce de la portada del Callao a las plazas de la Merced y San Marcelo. Las viejas de Lima se estremecen aún de horror cuando hablan de tan sangrienta hecatombe.

Gertrudis la *Lunareja* fue una de aquellas furiosas y desalmadas bacantes que vinieron ese día con la caballería realista, que mandaba el marqués de Valle-Umbroso don Pedro Zavala, y que, como refiere un escritor contemporáneo, cometieron indecibles obscenidades con los muertos, bailando en torno de ellos la *mariposa* y *el agua de nieve*.

El 22 de enero de 1826, fecha en que Rodil firmó la capitulación del Callao, murió la *Lunareja,* probablemente atacada de escorbuto como la mayoría de los que se encerraron en aquella plaza. Mas, por entonces, se dijo que la zapatera había apurado un veneno y preferido la muerte a ver ondear en los castillos el pabellón de la República.

La *Lunareja* exhaló el último aliento gritando: —¡Viva el rey!

LAS TRES ETCÉTERAS DEL LIBERTADOR

I

A fines de mayo de 1824 recibió el gobernador de la por entonces Villa de San Idelfonso de Caraz, don Pablo Guzmán, un oficio del jefe de Estado Mayor del ejército independiente, fechada en Huaylas, en que se le prevenía que debiendo llegar, dos días más tarde, a la que desde 1868 fue elevada a la categoría de ciudad, una de las divisiones, aprestase sin pérdida de tiempo cuarteles, reses para rancho de la tropa y forraje para la caballada. Item se le ordenaba que, para su excelencia el Libertador, alistase cómodo y decente alojamiento, con buena mesa, buena cama, y etc., etc., etc.

Que Bolívar tuvo gustos sibaríticos es tema que ya no se discute, y dice muy bien Menéndez y Pelayo cuando dice que la historia saca partido de todo, y que no es raro encontrar en lo pequeño la revelación de lo grande. Muchas veces, sin parar mientes en ello, oí a los militares de la ya extinguida generación que nos dio Patria e Independencia decir, cuando se proponían exagerar el gasto que una persona hiciera en el consumo de determinado artículo de no imperiosa necesidad:

—Hombre, usted gasta en cigarros (por ejemplo) más que el Libertador en agua de Colonia.

Que don Simón Bolívar cuidase mucho del aseo de su personita y que consumiera diariamente hasta un frasco de agua de Colonia, a fe que a nadie debe maravillar. Hacía bien, y le alabo la pulcritud. Pero es el caso que en los cuatro años de su permanencia en el Perú, tuvo el tesoro nacional que pagar ocho mil pesos ¡¡¡8,000!!! invertidos en agua de Colonia para uso y consumo de Su Excelencia el Libertador, gasto que corre parejas con la partida aquella del Gran Capitán. —En hachas, picas y azadones, tres millones.

Yo no invento. A no haber desaparecido en 1884, por consecuencia de voraz (y acaso malicioso) incendio, el archivo del Tribunal Mayor de Cuentas, podría exhibir copia certificada del reparo que a esa partida puso el vocal a quien se encomendó, en 1829, el examen de cuentas de la comisaría del Libertador.

Lógico era, pues, que para el sibarita don Simón aprestasen en Caraz buena casa, buena mesa y etc., etc., etc.

Como las pulgas se hicieron, de preferencia, para los perros flacos, estas tres etcéteras dieron mucho en qué cavilar al bueno del gobernador, que era hombre de los que tienen el talento encerrado en jeringuilla y más tupido que caldos de habas.

Resultado de sus cavilaciones fue el convocar, para pedirles consejo, a don Domingo Guerrero, don Felipe Gastelumendi, don Justino de

214

Milla y don Jacobo Campos, que eran, como si dijéramos, los caciques u hombres prominentes del vecindario.

Uno de los consultados, mozo que preciaba de no sufrir mal de piedra en el cerebro, dijo:

—¿Sabe usted, señor don Pablo, lo que en castellano quiere decir etcétera?

—Me gusta la pregunta. En priesa me ven y doncellez me demandan, como dijo una pazpuerca. No he olvidado todavía mi latín, y sé bien que etcétera significa y lo demás, señor don Jacobo.

—Pues entonces, lechuga, ¿por qué te arrugas? —¡Si la cosa está más clara que agua de puquio! ¿No se ha fijado usted en que estas tres etcéteras están puestas a continuación del encargo de buena cama?

—¡Vaya si me he fijado! Pero con ello nada saco en limpio. Ese señor jefe de Estado Mayor debió escribir como Cristo nos enseña: pan, pan, y vino, vino, y no fatigarme en que le adivine el pensamiento.

—¡Pero, hombre de Dios, ni que fuera usted de los que no compran cebolla por no cargar rabo! ¿Concibe usted buena cama sin una etcétera siquiera? ¿No cae usted todavía en la cuenta de lo que el Libertador, que es muy devoto de Venus, necesita para su gasto diario?

—No diga usted más, compañero —interrumpió don Felipe Gastelumendi—. A moza por etcétera, si mi cuenta no marra.

—Pues a buscar tres ninfas, señor gobernador —dijo don Justino de Milla—, en obedecimiento al superior mandato; y no se empeñe usted en escogerlas entre las muchachas de zapato de ponleví y basquiña de chamelote, que Su Excelencia, según mis noticias, ha de darse por bien servido siempre que las chicas sean como para cena de Nochebuena.

Según don Justino, en materia de paladar erótico era Bolívar como aquel bebedor de cerveza a quien preguntó el criado de la fonda: —¿Qué cerveza prefiere usted que le sirva? ¿Blanca o negra? —Sírvemela mulata.

—¿Y usted qué opina? —preguntó el gobernador dirigiéndose a don Domingo Guerrero.

—Hombre —contestó don Domingo—, para mí la cosa no tiene vuelta de hoja, y ya está usted perdiendo el tiempo que ha debido emplear en proveerse de etcéteras.

* * *

Si don Simón bolívar no hubiera tenido en asunto de faldas aficiones de sultán oriental, de fijo que no figuraría en la historia como libertador de cinco repúblicas. Las mujeres le salvaron siempre la vida, pues mi amigo García Tosta, que está muy al dedillo informado en la vida privada del héroe, refiere dos trances que en 1824 eran ya conocidos en el Perú.

Apuntemos el primero. Hallándose Bolívar en Jamaica en 1810 el feroz Morillo o su teniente Morales enviaron a Kingston un asesino, el cual clavó por dos veces un puñal en el pecho del comandante Amestoy, que se había acostado sobre la hamaca en que acostumbraba dormir el general. Éste, por causa de una lluvia torrencial, había pasado la noche en brazos de Luisa Crober, preciosa joven dominicana, a la que bien podía cantársele lo de:

Morena del alma mía,
morena, por tu querer
pasaría yo la mar
en barquito de papel.

Hablemos del segundo lance. Casi dos años después, el español Renovales penetró a media noche en el campamento patriota, se introdujo en la tienda de campaña, en la que había dos hamacas, y mató al coronel Garrido, que ocupaba una de éstas. La de don Simón estaba vacía, porque el propietario andaba de aventura amorosa en una quinta de la vecindad.

Y aunque parezca fuera de oportunidad, vale la pena recordar que en la noche del 25 de septiembre, en Bogotá, fue también una mujer quien salvó la existencia del Libertador, que resistía a huir de los conjurados, diciéndole: —De la mujer el consejo —present;ndose ella ante los asesinos, a los que supo detener mientras su amante escapaba por una ventana.

III

La fama de mujeriego que había precedido a Bolívar contribuyó en mucho a que el gobernador encontrara lógica y acertada la descifración que de las tres etcéteras hicieron sus amigos, y después de pasar mentalmente revista a todas las muchachas bonitas de la villa, se decidió por tres de las que le parecieron de más sobresaliente belleza. A cada una de ellas podía, sin escrúpulo, cantársele esta copla:

de las flores, la violeta;
de los emblemas, la cruz;
de las naciones, mi tierra;
y de las mujeres, tú.

Dos horas antes de que Bolívar llegara, se dirigió el capitán de cívicos don Martín Gamero, por mandato de la autoridad, a casa de las escogidas, y sin muchos preámbulos las declaró presas; y en calidad de tales las condujo al domicilio preparado para alojamiento del Libertador. En vano protestaron las madres, alegando que sus hijas no eran godas, sino patriotas hasta la pared de la frente. Ya se sabe que el derecho de protesta es derecho femenino, y que las protestas se reservan para ser atendidas el día del juicio, a la hora de encender faroles.

—¿Por qué se lleva usted a mi hija? —gritaba una madre.

—¿Qué quiere usted que haga? —contestaba el pobrete capitán de cívicos.—Me la llevo de orden suprema. —Pues no cumpla usted tal orden —argumentaba otra vieja.

—¿Que no cumpla? ¿Está usted loca, comadre? Parece que usted quisiera que la complazca por sus ojos bellidos, para que luego el Libertador me fría por la desobediencia. No, hija, no entro en componendas.

Entre tanto, el gobernador Guzmán, con los notables, salió a recibir a Su Excelencia a media legua de camino. Bolívar le preguntó si estaba listo el rancho para la tropa, si los cuarteles ofrecían comodidad, si el forraje era abundante, si era decente la posada en que iba a alojarse; en fin, lo abrumó a preguntas. Pero, y esto chocaba a don Pablo, ni una palabra que revelase curiosidad sobre las cualidades y méritos de las etcéteras cautivas.

Felizmente para las atribuladas familias, el Libertador entró en San Ildefonso de Caraz a las dos de la tarde, impúsose de lo ocurrido, y ordenó que se abriese la jaula a las palomas, sin siquiera ejercer la prerrogativa de una vista de ojos. Verdad que Bolívar estaba por entonces libre de tentaciones, pues traía desde Huaylas (supongo que en el equipaje) a Manolita Madroño, que era una chica de dieciocho años, de lo más guapo que Dios creara en el género femenino del departamento de Ancachs.

En seguida le echó don Simón al gobernadorcillo una repasada de aquellas que él sabía echar, y lo destituyó del cargo.

IV

Cuando corriendo los años, pues a don Pablo Guzmán se le enfrió el cielo de la boca en 1882, los amigos embromaban al ex-gobernador hablándole del renuncio que como autoridad cometiera, él contestaba:

—La culpa no fue mía, sino de quien en el oficio no se expresó con la claridad que Dios manda.

> Y no me venga un cualquier
> con argumentos al aire;
> pues no he de decir Volter
> donde está escrito Voltaire.

Tres etcéteras al pie de una buena cama, para todo buen entendedor, son tres muchachas... y de aquí no apeo ni a balazos.

LA CARTA DE LA LIBERTADORA

I

Los limeños que por los años de 1825 a 1828 oyeron cantar en la Catedral, entre la Epístola y el Evangelio, a guisa de antífona:

De ti viene todo
lo bueno, Señor;
nos diste a Bolívar,
gloria a ti, gran Dios,

transmitieron a sus hijas, limeñas de los tiempos de mi mocedad, una frase que, según ellas, tenía mucho entripado y nada de *cuodlibeto.* Esta frase era: *la carta de la Libertadora.*

A galán marullero, que pasaba meses y meses en chafalditas y ciquiritacas tenaces, pero insustanciales, con una chica, lo asaltaba de improviso la madre de ella con estas palabras:

—Oiga usted, mi amigo, todo está muy bueno; pero mi hija no tiene tiempo que perder, ni yo aspiro a catedrática en echacorvería. Conque así, o se casa usted pronto, prontito, o da par escrita y recibida *la carta de la Libertadora.*

—¿Qué es de Fulano? ¿Por qué se ha retirado de tu casa? —preguntaba una amiga a otra.

—Ya se acabó, hija —contestaba la interpelada—. Mi mamá le escribió *la carta de la Libertadora.*

La susodicha epístola era, pues, equivalente a una notificación de desahucio, a darle a uno con la puerta en las narices y propinarle calabazas en toda regla.

Hasta mosconas y perendecas rabisalseras se daban tono con la frase: "Le he dicho a usted que no hay posada, y dale a desensillar. Si lo quiere usted más claro, le escribiré *la carta de la Libertadora.*"

Por supuesto que ninguna limeña de mis juveniles tiempos en que ya habían pasado de moda los versitos de la antífona, para ser reemplazados con estos otros:

Bolívar fundió a los godos,
y desde ese infausto día,
por un tirano que había
se hicieron tiranos todos;

por supuesto, repito, que ninguna había podido leer la carta, que debió ser mucha carta, pues de tanta fama disfrutaba. Y tengo para mí que las mismas contemporáneas de doña Manolita Sáenz (la Libertadora) no conocieron el documento sino por referencias.

El cómo he alcanzado yo a adquirir copia de la carta de la Libertadora, para tener gusto de echarla hoy a los cuatro vientos, es asunto que tiene historia, y por ende, merece párrafo aparte.

II

El presidente de Venezuela, general Guzmán Blanco, dispuso, allá por los años de 1880, que por la imprenta del Estado se publicase en Caracas una compilación de cartas de Bolívar, de las que fue poseedor el general Florencio O'Leary.

Terminada la importantísima publicación, quiso el Gobierno completarla dando también a la luz las *Memorias* de O'Leary, y en efecto, llegaron a repartirse veintiséis tomos.

Casi al concluirse estaba la impresión del tomo 27, pues lo impreso alcanzó hasta la página 512, cuando, por causa que no nos hemos fatigado en averiguar, hizo el Gobierno un auto de fe con los pliegos ya tirados, salvándose de las llamas únicamente un ejemplar que conserva Guzmán Blanco, otro que posee el encargado de corregir las pruebas y dos ejemplares más que existen en poder de literatos venezolanos, que, en su impaciencia por leer, consiguieron de la amistad que con el impresor les ligara, que éste les diera un ejemplar de cada pliego a medida que salían de la prensa.

Nosotros no hemos tenido la fortuna de ver un solo ejemplar del infortunado tomo 27, cuyos poseedores diz que lo enseñaron a los bibliófilos con más orgullo que Rothschild el famoso billete de banco por un millón de libras esterlinas.[1]

Gracias a nuestro excelente amigo el literato caraqueño Arístides Rojas supimos que en ese tomo figura la carta de la Libertadora a su esposo el doctor Thorne. Éste escribía constantemente a doña Manolita solicitando una reconciliación, por supuesto sobre la base de lo pasado, pasado, cuenta nueva y baraja ídem. El médico inglés —me decía Rojas— se había convertido de hombre serio en niño llorón, y era, por tanto, más digno de babador que de corbata.

Y el doctor Thorne era de la misma pasta de aquel marido que le dijo a su mujer:

—¡Canalla! Me has traicionado con mi mejor amigo.

—¡Mal agradecido! —le contestó ella, que era de las hembras que tienen menos vergüenza que una gata de techo—. ¿No sería peor que te hubiera engañado con un extraño?

Toro a la plaza. Ahí va la carta.

III

"No, no, no, no más, hombre, ¡por Dios! ¿Por qué me hace usted faltar a mi resolución de no escribirle? Vamos, ¿qué adelanta usted sino hacerme pasar por el dolor de decirle mil veces que no?

---

[1] En 1916 hemos conseguido un ejemplar del anatematizado tomo 27 hasta la página 512.

"Usted es bueno, excelente, inimitable; jamás diré otra cosa sino lo que es usted. Pero, mi amigo, dejar a usted por el general Bolívar es algo; dejar a otro marido sin las cualidades de usted, sería nada.

"¿Y usted cree que yo, después de ser la predilecta de Bolívar, y con la seguridad de poseer su corazón, preferiría ser la mujer de otro, ni del Padre, ni del Hijo, ni del Espíritu Santo, o sea de la Santísima Trinidad?

"Yo sé muy bien que nada puede unirme a Bolívar bajo los auspicios que usted llama honor. ¿Me cree usted menos honrada por ser él mi amante y no mi marido? ¡Ah!, yo no vivo de las preocupaciones sociales.

"Déjeme usted en paz, mi querido inglés. Hagamos otra cosa. En el cielo nos volveremos a casar; pero en la tierra, no.

"¿Cree usted malo este convenio? Entonces diría que es usted muy descontentadizo.

"En la patria celestial pasaremos una vida angélica, que allá todo será a la inglesa, porque la vida monótona está reservada a su nación, en amor se entiende; pues en lo demás, ¿quiénes más hábiles para el comercio? El amor les acomoda sin entusiasmo; la conversación, sin gracia; la chanza, sin risa; el saludar, con reverencia; el caminar, despacio; el sentarse, con cuidado. Todas éstas son formalidades divinas; pero a mí, miserable mortal, que me río de mí misma, de usted y de todas las seriedades inglesas, no me cuadra vivir sobre la tierra condenada a Inglaterra perpetua.

"Formalmente, sin reírme, y con toda la seriedad de una inglesa, digo que no me juntaré jamás con usted. No, no y no.

"Su invariable amiga, Manuela."

IV

Si don Simón Bolívar hubiera tropezado un día con el inglés, seguro que entre los dos habría habido el siguiente diálogo:

—Como yo vuelva a saber
que escribe a mi Dulcinea...
—¡Pero, hombre, si es mi mujer!
—¡Qué me importa que lo sea!

¿No les parece a ustedes que la cartita es merecedora de la fama que alcanzó, y que más claro y repiqueteando no cacarea una gallina?

JUSTICIA DE BOLÍVAR

(A mi amigo el poeta boliviano Ricardo Bustamante)

En junio de 1824 hallábase el ejército libertador escalonado en el departamento de Ancachs, preparándose a emprender las operaciones de la campaña que, en agosto de ese año,. dio por resultado la batalla de Junín y, cuatro meses más tarde, el espléndido triunfo de Ayacucho.

Bolívar residía en Caraz con su Estado Mayor, la caballería que mandaba Necochea, la división peruana de La-Mar y los batallones Bogotá, Caracas, Pichincha y Voltíjeros, que tan bizarramente se batieron a las órdenes del bravo Córdova.

La división Lara, formada por los batallones Vargas, Rifles y Vencedores, ocupaba cuarteles en la ciudad de Huaraz. Era la oficialidad de estos cuerpos un conjunto de jóvenes gallardos y calaveras, que así eran de indómita bravura en las lides de Marte como en las de Venus. A la vez que se alistaban para luchar heroicamente con el aguerrido y numeroso ejército realista acometían, en la vida de guarnición, con no menos arrojo y ardimiento, a las descendientes de los golosos desterrados del Paraíso.

La oficialidad colombiana era, pues, motivo de zozobra para las muchachas, de congoja para las madres, y de cuita para los maridos; porque aquellos malditos militronchos no podían tropezar con un palmito medianamente apetitoso sin decir, como más tarde el valiente Córdova: *Adelante, y paso de vencedor,* y tomarse ciertas familiaridades capaces de dar retortijones al marido menos escamado y quisquilloso. ¡Vaya si eran confianzudos los libertadores!

Para ellos estaban abiertas las puertas de todas las casas y era inútil que alguna se les cerrase; pues tenían siempre su modo de matar pulgas y de entrar en ella como en plaza conquistada. Además, nadie se atrevía a tratarlos con despego: primero, porque estaban de moda: segundo, porque habría sido mucha ingratitud hacer ascos a los que venían, desde las márgenes del Cauca y del Apure, a ayudarnos a romper el aro y participar de nuestros reveses y de nuestras glorias: y tercero, porque en la *patria vieja* nadie quería sentar plaza de patriota tibio.

Teniendo la división Lara una regular banda de música, los oficiales que, como hemos dicho, eran gente amiga de jolgorio, se dirigían con ella, después de lista de ocho, a la casa que en antojo les venía, e improvisaban un baile para el que la dueña de la casa comprometía a sus amigas de la vecindad.

Una señora, a quien llamaremos la señora de Munar, viuda de un acaudalado español, habitaba en una de las casas próximas a la plaza, en compañía de dos hijas y dos sobrinas, muchachas todas en condición de aspirar a inmediato casorio; pues eran lindas, ricas, bien endoctrinadas y pertenecientes a la antigua aristocracia del lugar. Tenían lo que entonces se llamaba: sal, pimienta, orégano y cominillo; es decir, las cuatro cosas que los que venían de la península buscaban en la mujer americana.

Aunque la señora de Munar, por lealtad sin duda a la memoria de su difunto, era goda y *requetegoda*, no pudo una noche excusarse de recibir en su salón a los caballeritos colombianos que, a son de música, manifestaron deseo de armar jarana en el aristocrático hogar.

Por lo que atañe a las muchachas, sabido es que el alma les brinca en el cuerpo cuando se trata de zarandear a dúo el costalito de las tentaciones.

La señora de Munar tragaba saliva a cada piropo que los oficiales endilgaban a las doncellas, y ora daba un pellizco a la sobrina que se descantillaba con una palabrita animadora, o en voz baja llamaba al orden a la hija que prestaba más atención de la que exige la buena crianza a las garatusas de un libertador.

Media noche era ya pasada cuando una de las niñas, cuyos encantos habían sublevado los sentidos del capitán de la cuarta compañía del batallón Vargas, sintióse indispuesta y se retiró a su cuarto. El enamorado y libertino capitán, creyendo burlar al Argos de la madre, fuese a buscar el nido de la paloma. Resistíase ésta a las exigencias del tenorio, que probablemente llevaban camino de pasar de turbio a castaño oscuro, cuando una mano se apoderó con rapidez de la espada que el oficial llevaba al cinto y le clavó la hoja en el costado.

Quien así castigaba al hombre que pretendió llevar la deshonra al seno de una familia, era la anciana señora de Munar.

El capitán se lanzó al salón cubriéndose la herida con las manos. Sus compañeros, de quienes era muy querido, armaron gran estrépito y, después de rodear la casa de soldados y de dejar preso a todo títere con faldas, condujeron al moribundo al cuartel.

Terminaba Bolívar de almorzar cuando tuvo noticia de tamaño escándalo, y en el acto montó a caballo e hizo en poquísimas horas el camino de Caraz a Huaraz.

Aquel día se comunicó al ejército la siguiente:

ORDEN GENERAL

Su Excelencia el Libertador ha sabido con indignación que la gloriosa bandera de Colombia, cuya custodia encomendó al batallón Vargas, ha sido infamada por los mismos que debieron ser más celosos de su honra y esplendor; y en consecuencia, para ejemplar castigo del delito, dispone:

1º El batallón Vargas ocupará el último número de la línea y su bandera permanecerá depositada en poder del General en Jefe hasta que, por una victoria sobre el enemigo, borre dicho cuerpo la infamia que sobre él ha caído.

2º El cadáver del delincuente será sepultado sin los honores de ordenanza, y la hoja de la espada, que Colombia le diera para defensa de la libertad y la moral, se romperá por el furriel en presencia de la compañía.

Digna del gran Bolívar es tal orden general. Sólo con ella podía conservar su prestigio la causa de la independencia y retemplarse la disciplina militar.

Sucre, Córdova, Lara y todos los jefes de Colombia, se empeñaron con Bolívar para que derogase el artículo en que degradaba al batallón Vargas, por culpa de uno de sus oficiales. El Libertador se mantuvo inflexible durante tres días, al cabo de los cuales creyó político ceder. La lección de moralidad estaba dada y poco significaba ya la subsistencia del primer artículo.

Vargas borró la mancha de Huaraz con el denuedo que desplegó en Matará y en la batalla de Ayacucho.

Después de sepultado el capitán colombiano, dirigióse Bolívar a casa de la señora de Munar y la dijo:

—Saludo a la digna matrona con todo el respeto que merece la mujer que, en su misma debilidad, supo hallar fuerzas para salvar su honra y la honra de los suyos.

La señora de Munar dejó desde ese instante de ser goda, y contestó con entusiasmo:

—¡Viva el Libertador! ¡Viva la patria!

EL FRAILE Y LA MONJA DEL CALLAO

APUNTES HISTÓRICO-TRADICIONALES

Escribo esta tradición para purgar un pecado gordo que, contra la historia y la literatura, cometí cuando muchacho.

Contaba dieciocho años y hacía pinicos de escritor y de poeta. Mi sueño dorado era oír, entre los aplausos de un público bonachón, los destemplados gritos: "¡El autor!, ¡el autor!" A esa edad, todo el monte antojábaseme orégano y cominillo e imaginábame que, con cuatro coplas mal zurcidas y una docena de articulejos peor hilvanados, había puesto una pica en Flandes y otra en Jerez. Maldito si, ni por el forro, consultaba clásicos, ni si sabía, por experiencia propia, que los viejos pergaminos son criadero de polilla. Casi casi me habría atrevido a dar quince y raya al más entendido en materias literarias, siendo yo entonces uno de aquellos zopencos que, por comer pan en lugar de bellota, ponen al *Quijote* por los pies de los caballos, llamándolo libro disparatado y sin pies ni cabeza.

¿Por qué? Porque sí. Este *porque sí* será una razón de pie de banco, una razón de incuestionable y caprichosa brutalidad, convengo; pero es la razón que alegamos to dsloso hombres a falta de razón.

Como la ignorancia es atrevida echéme a escribir para el teatro, y así Dios me perdone si cada uno de mis engendros dramáticos no fue puñalada de pícaro al buen sentido, a las musas y a la historia. Y sin embargo, hubo público bobalicón que llamara a la escena al asesino poeta y que, en vez de tirarle los bancos a la cabeza, le arrojara coronitas de laurel hechizo.

Verdad es que, por esos tiempos, no era yo el único malaventurado que, con fenomenales producciones, desacreditaba el teatro nacional ilustrado por las buenas comedias de Pardo y de Segura. Consuela ver que *no es todo el sayal alforjas.*

Titulábase uno de mis desatinos dramáticos *Rodil*, especie de alacrán de cuatro colas o actos y ¡sandio de mí! fui tan bruto que no sólo creí a mi hijo la octava maravilla, sino que ¡mal pecado! consentí en que un mi amigo, que no tenía mucho de lo de Salomón, lo hiciera poner en letras de molde. ¡Qué tinta y qué papel tan mal empleados!

Aquello no era drama ni piñón mondado. Versos ramplones, lirismo tonto, diálogo extravagante, argumento inverosímil, lances traídos a lazo, caracteres imposibles, la propiedad de la lengua tratada a puntapiés, la historia arreglada a mi antojo y... vamos, aquello era un mamarracho digno de un soberbio varapalo...

A guisa, pues, de protesta contra tal paternidad escribo esta tradición, en la que por lo menos sabré guardar respetos a los fueros de la historia, y la sombra de Rodil no tendrá derecho para querellarse de calumnias y dar de soplamocos a la mía, cuando ambas se den un tropezón en el valle de Josafat.

—¡Basta de preámbulo, y al hecho! —exclamó el presidente de un tribunal, interrumpiendo a un abogado que se andaba con perfiles y rodeos en un alegato sobre filiación o paternidad de un mamón. El letrado dijo entonces de corrido: "El hecho es un muchacho hecho; el que lo ha hecho niega el hecho; he aquí el hecho."

I

Con la batalla de Ayacucho quedó afianzada la independencia de Sudamérica. Sin embargo, y como una morisqueta de la Providencia, España dominó por trece meses más en una área de media legua cuadrada. La traición del sargento Moyano, en febrero de 1824, había entregado a los realistas una plaza fuerte y bien guarnecida y municionada. El pabellón de Castilla flameaba en el Callao, y preciso es confesar que la obstinación de Rodil en defender este último baluarte de la monarquía rayó en heroica temeridad. El historiador Torrente, que llama a Rodil el *nuevo Leónidas,* dice que hizo demasiado por su gloria de soldado. Lafond, Stevenson y aun García Camba, convienen en que Rodil fue cruel hasta la barbarie, y que no necesitó mantener una resistencia tan desesperada para dejar su reputación bien puesta y a salvo el honor de las armas españolas.

Sin esperanzas de que llegasen en su socorro fuerzas de la Península, ni de que en el país hubiese una reacción en favor del sistema colonial, viendo a sus compañeros desaparecer día a día, diezmados por el escorbuto y por las balas republicanas, no por eso desmayó un instante la indomable terquedad del castellano del Callao.

Mucho hemos investigado sobre el origen del nombre Callao que lleva el primer puerto de la República, y entre otras versiones, la más generalizada es la que viene por la abundancia que hay en su playa del pequeño guijarro llamado por los marinos *zahorra* o *callao.*

A medida que pasan los años, la figura de Rodil toma proporciones legendarias. Más que hombre, parécenos ser fantástico que encarnaba una voluntad de bronce en un cuerpo de acero. Siempre en vigilia, jamás pudieron los suyos saber cuáles eran las horas que consagraba al reposo; y en el momento más inesperado, se aparecía como fantasma en los baluartes y en la caserna de sus soldados. Ni la implacable peste, que arrebató a seis mil de los moradores del Callao, lo acometió un instante; pues Rodil había empleado el preservativo de hacerse abrir fuentes en los brazos.

Rodil era gallego y nacido en Santa María del Trovo. Alumno de la Universidad de Santiago de Galicia, donde estudiaba jurisprudencia, abandonó los estudios junto con otros colegiales y, en 1808, sentó plaza en el batallón de cadetes literarios.

En abril de 1817 llegó al Perú con el grado de primer ayudante del regimiento del Infante.

Ascendió, poco después, a comandante, se le encomendó la formación del batallón Arequipa. Rodil se posesionó con los reclutas de la solitaria islita del Alacrán, frente a Arica, donde pasó meses disciplinándolos, hasta que Osorio lo condujo a Chile. Allí concurrió Rodil, mandando el cuerpo que había creado, a las batallas de Talca, Cancharrayada y Maypú.

Regresó al Perú, tomando parte activa en la campaña contra los patriotas, y salió herido el 7 de julio de 1822 en el combate de Pucarán.

Al encargarse del gobierno político y militar del Callao, en 1824, el brigadier don José Ramón Rodil hallábase condecorado con las cruces de Somorso, Espinosa de los Monteros, San Payo, Tumames, Medina del Campo, Tarifa, Pamplona y Cancharrayada, cruces que atestiguaban las batallas en que había tenido la suerte de encontrarse entre los vencedores.

Sitiado el Callao por las tropas de Bolívar, al mando del general Salom, y por la escuadra patriota que disponía de 171 cañones, fue verdaderamente titánica la resistencia. La historia consigna la, para Rodil, decorosa capitulación de 23 de enero de 1826, en que el bravo jefe español, vestido de gran uniforme y con los honores de ordenanza, abandonó el castillo para embarcarse en la fragata de guerra inglesa *Briton*. El general La-Mar que era, valiéndome de una feliz expresión del Inca Garcilaso, un caballero muy caballero en todas sus cosas, tributó en esa ocasión justo homenaje al valor y a la lealtad de Rodil que, desde el 1º de marzo de 1824, en que reemplazó a Casariego en el mando del Callao, hasta enero de 1826, casi no pasó día sin combatir.

Rodil tuvo, durante el sitio, que desplegar una maravillosa actividad, una astucia sin límites y una energía incontrastable para sofocar frecuentes complots. En sólo un día fusiló treinta y seis conspiradores, acto de crueldad que lo rodeó de terrorífico y aun supersticioso respeto. Uno de los fusilados en esa ocasión fue Frasquito, muchacho andaluz, muy popular por sus chistes y agudezas, y que era el amanuense de Rodil.

El general Canterac (que tan tristemente murió en 1835, al apaciguar en Madrid un motín de cuartel), fue comisionado por el virrey Conde de los Andes, para celebrar el tratado de Ayacucho, y en él se estipuló la inmediata entrega de los castillos. Al recibir Rodil la carta u oficio en que Canterac le transcribía el artículo de la capitulación concerniente al Callao, exclamó furioso:

—¡Canario! Que capitulen ellos que se dejaron derrotar y no yo. ¿Abogaderas conmigo? Mientras tenga pólvora y balas, no quiero dimes y diretes con esos p...ícaros insurgentes.

II

Durante el sitio, disparó Rodil sobre el campamento de Bellavista, ocupado por los patriotas, 9,553 balas de cañón, 454 bombas, 908 granadas y 34,713 tiros de metralla, ocasionando a los sitiadores la muerte de 7 oficiales y 102 individuos de tropa y 6 oficiales y 62 soldados heridos.

Los patriotas, por su parte, no anduvieron cortos en la respuesta y lanzaron sobre las fortalezas 20,327 balas de cañón, 317 bombas e incalculable cantidad de metralla.

Al principiarse el sitio, contaba Rodil en los castillos una guarnición de 2,800 soldados y el día de la capitulación solo tenía 376 hombres en estado de manejar una arma. El resto había sucumbido al rigor de la peste y de las balas republicanas.

En las calles del Callao, donde un año antes pasaban de 8,000 los asilados o partidarios del rey, apenas si llegaban a 700 almas las que presenciaron el desenlace del sitio.

Según García Camba, fueron 6,000 las víctimas del escorbuto y 767 los que murieron combatiendo.

En los primeros meses del sitio, Rodil expulsó de la plaza 2,389 personas. El gobierno de Lima resolvió no admitir más expulsados, y viose el feroz espectáculo de infelices mujeres que no podían pasar al campamento de Miranaves ni volver a la plaza, porque de ambas partes se las rechazaba a balazos. Las desventuradas se encontraban entre dos fuegos y sufriendo angustias imposibles de relatarse por pluma humana. He aquí lo que sobre este punto dice Rodil en el curioso manifiesto que publicó en España, sin alcanzar ciertamente a disculpar un hecho ajeno de todo sentimiento de humanidad.

"Yo que necesitaba minorar la población para suspender consumos "que no podían reponerse, mandé que los que no pudieran subsistir con "sus provisiones o industria, saliesen del Callao. Esta orden fue cum- "plida con prudencia, con pausa y con buen éxito. La noticia de los "primeros que emigraron fue animando a los que carecían de recursos "para vivir en la población, y en cuatro meses me descargué de 2,389 "bocas inútiles. Los enemigos, a la décima cuarta emigración de ellas, "entendieron que su conservación me sería nociva y tentaron no ad- "mitirlas con esfuerzo inhumano. Yo las repelí decisivamente."

Inútil es hacer sobre estas líneas apreciaciones que están en la conciencia de todos los espíritus generosos. Si indigna hasta la barbarie y ajena del carácter compasivo de los peruanos fue la conducta del sitiador, no menos vituperable encontrará el juicio de la historia la conducta del gobernador de la plaza.

Rodil estaba resuelto a prolongar la resistencia; pero su coraje desmayó cuando en los primeros días de enero de 1826, se vio abandonado por su íntimo amigo el comandante Ponce de León, que se pasó a las filas patriotas, y por el comandante Riera, gobernador del castillo de San Rafael, quien entregó esta fortaleza a los republicanos. Ambos poseían el secreto de las minas que debían hacer explosión cuando los patriotas emprendiesen un asalto formal. Ellos conocían, en sus menores detalles, todo el plan de defensa imaginado por el impertérrito brigadier. La traición de sus amigos y tenientes había venido a hacer imposible la defensa.

El 11 de enero se dio principio a los tratados que terminaron con la capitulación del 23, honrosa para el vencido y magnánima para el vencedor.

Las banderas de los regimientos Infante Don Carlos y Arequipa, cuerpos muy queridos para Rodil, le fueron concedidas para que se las llevase a España.

De las nueve banderas españolas tomadas en el Callao, dispuso el general La-Mar que una se enviase al gobierno de Colombia, que cuatro se guardasen en la Catedral de Lima y las otras cuatro en el templo de Nuestra Señora de las Mercedes, patrona de las armas peruanas.

¿Se conservan tan preciosas reliquias? Ignoro, lector, el contenido de la pregunta.

III

Vuelto Rodil a su patria, lo trataron sus paisanos con especial distinción y fue el único, de los que militaron en el Perú, a quien no aplicaron el epíteto de *ayacucho,* con que se bautizó en España a los amigos políticos de Espartero. Rodil figuró, y en altísima escala, en la guerra civil de cristinos y carlistas y, como no nos hemos propuesto escribir una biografía de este personaje, nos limitaremos a decir que obtuvo los cargos más importantes y honoríficos. Fue general en jefe del ejército que afianzó sobre las sienes de doña María de la Gloria la corona de Portugal. Tuvo después el mando del ejército que defendió los derechos de Isabel II al trono de España, aunque le asistió poca fortuna en las operaciones militares de esta lucha que sólo terminó cuando Espartero eclipsó el prestigio de Rodil.

Fue virrey de Navarra, marqués de Rodil y sucesivamente capitán general de Extremadura, Valencia, Aragón y Castilla la Nueva, Diputado a Cortes, Ministro de la Guerra, Presidente del Consejo de Ministros, Senador de la Alta Cámara, Prócer del reino, Caballero de collar y placa de la orden de la Torre y Espada, gran cruz de las de Isabel la Católica y Carlos III y caballero con banda de las de San Fernando y San Hermenegildo.

Entre él y Espartero existió siempre antagonismo político y aun personal, habiendo llegado a extremo tal que, en 1845, siendo ministro el duque de la Victoria, hizo juzgar a Rodil en Consejo de Guerra y lo exoneró de sus empleos, honores, títulos y condecoraciones. Al primer cambio de tortilla, es decir a la caída de Espartero, el nuevo ministerio amnistió a Rodil, devolviéndole su clase de Capitán General y demás preeminencias.

El marqués de Rodil no volvió, desde entonces, a tomar parte activa en la política española y murió en 1861.

Espartero murió en enero de 1879, de más de ochenta años de edad.

IV

Desalentados los que acompañaban a Rodil, y convencidos de la esterilidad de esfuerzos y sacrificios, se echaron a conspirar contra su jefe.

Clara idea del estado de ánimo de los habitantes del castillo puede dar este pasquín:

> Como estuvimos estamos,
> como estamos estaremos,
> enemigos si tenemos
> y amigos... los esperamos.

El presidente marqués de Torre-Tagle y su vice-presidente don Diego Aliaga, los condes de San Juan de Lurigancho, de Castellón y de Fuente-González, y otros personajes de la nobleza colonial, habían muerto víctimas del escorbuto y de la disentería que se desarrollan en toda plaza mal abastecida. Los oficiales y tropa estaban sometidos a ración de carne de caballo y, sobrándoles el oro a los sitiados, pagaban a precios fabulosos un panecillo o una fruta. El marqués de Torre-Tagle, moribundo ya del escorbuto, consiguió tres limones ceutíes en cambio de otros tantos platillos de oro macizo, y llegó época en que se vendieron ratas como manjar delicioso.

Por otra parte, las cartas y proclamas de los patriotas penetraban misteriosamente en el Callao alentando a los conspiradores. Hoy descubría Rodil una conspiración e inmediatamente, sin fórmulas ni proceso, mandaba fusilar a los comprometidos, y mañana tenía que repetir los castigos de la víspera. Encontrando muchas veces un traidor en aquel que más había alambicado antes su lealtad a la causa del rey, pasó Rodil por el martirio de desconfiar hasta del cuello de su camisa.

Las mujeres encerradas en el Callao eran las que más activamente conspiraban. Los soldados del general Salom llegaban de noche hasta ponerse a tiro de fusil y gritaban:

—A Lima, muchachas, que la patria engorda y da colores —palabras que eran una apetitosa promesa para las pobres hijas de Eva, a quienes el hambre y la zozobra traían escuálidas y ojerosas.

V

A pesar de los frecuentes fusilamientos no desaparecía el germen de sedición, y vino día en que almas del otro mundo se metieron a revolucionarias. ¡No sabían las pobrecitas que don Ramón Rodil era hombre para habérselas tiesas con el purgatorio entero!

Fue el caso que una mañana encontraron privados de sentido y echando espumarajos por la boca, a dos centinelas de un bastión o lienzo de muralla fronterizo a Bellavista. Eran los tales dos gallegos crudos, mozos de letras gordas o de poca sindéresis, tan brutos como valientes, capaces de derribar a un toro de una puñalada en el testuz y de clavarle una bala en el hueso palomo al mismo gallo de la pasión; pero los infelices eran hombres de su época, es decir, supersticiosos y fanáticos hasta dejarlo de sobra.

Vueltos en sí, declaró uno de ellos que, a la hora en que Pedro negó al Maestro, se le apareció, como vomitado por la tierra, un franciscano con la capucha calada y que, con aquella voz gangosa que diz que se estila en el otro barrio, le preguntó:

—¡Hermano! ¿Pasó la monja?

El otro soldado declaró, sobre poco más o menos, que a él se le había aparecido una mujer con hábito de monja clarisa y díchole:

—¡Hermano! ¿Pasó el fraile?

Ambos añadieron que, no estando acostumbrados a hablar con gente de la otra vida, se olvidaron de la consigna y de dar el quién vive; porque la carne se les volvió de gallina, se les erizó el cabello, se les atravesó la palabra en el galillo y cayeron redondos como troncos.

Don Ramón Rodil, para curarlos de espantos, les mandó aplicar carrera de baquetas.

El castellano del Real Felipe, que no tragaba ruedas de molino ni se asustaba con duendes ni demonios coronados, diose a cavilar en los fantasmas, y entre ceja y ceja se le encajó la idea de que aquello trascendía de a legua a embuchado revolucionario. Y tal maña diose y a tales expedientes recurrió que, ocho días después, sacó en claro que fraile y monja no eran sino conspiradores de carne y hueso que se valían del disfraz para acercarse a la muralla y entablar, por medio de una cuerda, cambio de cartas con los patriotas.

Era la del alba, cuando Rodil en persona ponía bajo sombra, en la casa-mata del castillo, una docena de sospechosos, y a la vez mandaba fusilar al fraile y a la monja, dándoles el hábito por mortaja.

Aunque, a contar de ese día, no han vuelto fantasmas a peregrinar o correr aventuras por las murallas del, hoy casi destruido, Real Felipe, no por eso el pueblo, dado siempre a lo sobrenatural y maravilloso, deja de creer a pie juntillas que el fraile y la monja vinieron al Callao en tren directo y desde el país de las calaveras, por el solo placer de dar un susto mayúsculo al par de tagarotes que hacían centinela en el bastión del castillo.

LA ÚLTIMA FRASE DE BOLÍVAR

La escena pasa en la hacienda *San Pedro Alejandrino*, y en una tarde de diciembre del año 1830.

En el espacioso corredor de la casa, y sentado en un sillón de vaqueta, veíase a un hombre demacrado, a quien una tos cavernosa y tenaz convulsionaba de hora en hora. El médico, un sabio europeo, le propinaba una poción calmante, y dos viejos militares, que silenciosos y tristes paseaban en el salón, acudían solícitos al corredor.

Más que de un enfermo, se trataba ya de un moribundo; pero de un moribundo de inmortal renombre.

Pasado un fuerte acceso, el enfermo se sumergió en profunda meditación, y al cabo de algunos minutos dijo con voz muy débil:

—¿Sabe usted, doctor, lo que me atormenta al sentirme ya próximo a la tumba?

—No, mi general.

—La idea de que tal vez he edificado sobre arena movediza y arado en el mar.

Y un suspiro brotó de lo más íntimo de su alma y volvió a hundirse en su meditación.

Transcurrido gran rato, una sonrisa tristísima se dibujó en su rostro y dijo pausadamente:

—¿No sospecha usted, doctor, quiénes han sido los tres más insignes majaderos del mundo?

—Ciertamente que no, mi general.

—Acérquese usted, doctor..., se lo diré al oído... Los tres grandísimos majaderos hemos sido Jesucristo, Don Quijote y... yo.

LAS MENTIRAS DE LERZUNDI

Allá en los remotos años de mi niñez conocí al general de caballería don Agustín Lerzundi. Era él, por entonces, aunque frisaba con medio siglo, lo que las francesas llaman un *bel homme*. Alto, de vigorosa musculatura, de frente despejada y grandes ojos negros, barba abundante, limpia y luciente como el ébano, elegante en el vestir, vamos, era el general todo lo que se entiende por un buen mozo. Añadamos que su renombre de valiente en el campo de batalla era de los ejecutoriados y que, por serlo, no se ponen en tela de juicio.

Como jinete, era el primero en el ejército, y su gallardía sobre el brioso caballo de pelea no hallaba rivales.

Cuéntase que, siendo comandante, recibió del Ministro de la Guerra órdenes para proveer a su regimiento de caballada, procurando recobrar los caballos que hubieran pertenecido al ejército y que se encontraban en poder de particulares. Don Agustín echó la zarpa encima a cuanto bucéfalo encontró en la ciudad. Los propietarios acudieron al cuartel de Barbones reclamando la devolución, y Lerzundi, recibiéndolos muy cortésmente, les contestaba:

—Con mucho gusto, señor mío, devolveré a usted el caballo que reclama si me comprueba que es propiedad suya y no del Estado.

—Muy bien, señor comandante. Basta con ver la marca que lleva el caballo en el anca izquierda. Es la inicial de mi apellido.

¿La marca era una A? Pues Lerzundi decía: —Al canchón con el caballo, que esa A significa *Artillería volante*—. ¿Era una B? Entonces el jamelgo pertenecía a *Batidores montados*. Para Lerzundi, la C significaba *Coraceros* o *Carabineros;* la D, *Dragones;* la E, *Escolta;* la F, *Fusileros de descubierta;* la G, *Granaderos de a caballo;* la L, *Lanceros;* la P, *Parque,* en fin, a todas las letras del alfabeto les encontraba descifración militar. Según él, todos los caballos habían sido robados de la antigua caballada del Ejército. Lerzundi los *reivindicaba* en nombre de la patria.

Sexagenario ya, reumático, con el cuerpo lleno de alifafes y el alma llena de desengaños, dejó el servicio, y con letras de cuartel o de retiro fue a avecindarse en el Cuzco, donde poseía un pequeño fundo y donde vivía tranquilamente sin tomar cartas en la política, y tan alejado de la autoridad como de la posición. Un día estalló un motín o bochinche revolucionario, y Lerzundi, por amor al oficio, que maldito si a él le importaba que se llevase una legión de diablos al Gobierno, con el cual no tenía vínculos, se echó a la calle a hacer el papel de Quijote amparador de la desvalida autoridad. Los revoltosos no se anduvieron con melindres y le clavaron una bala de a onza en el pecho, enviándolo sin más pasaporte al mundo de donde nadie ha regresado.

Sara Bernhardt contaba que, representando en un teatro de América, después del segundo acto entró en su camarín a visitarla el presidente de la República. Terminó el tercer acto, y entró también a felicitarla un nuevo presidente. De acto a acto había habido una revolución. ¡Cosas de América!... contadas por los franceses, como si dijéramos por Lerzundi, pues lo único que ha sobrevivido a este general es su fama de *mentiroso*.

El célebre Manolito Gázquez, de quien tanto alardean los andaluces, no mentía con más gracejo e ingenio que mi paisano el limeño don Agustín Lerzundi. Dejando no poco en el tintero, paso a comprobarlo.

I

Conversábase en un corro de amigos, siendo el tema referir cada uno el lance más crítico en que se hubiera encontrado. Tocóle turno a Lerzundi, y dijo:

—Pues, señores, cuando yo era mozo y alegroncillo con las hijas de Eva, fui una tarde con otros camaradas a la picantería de *ña* Petita, en el Cercado. Allí encontramos una *muchachería* del coco y de rechupete, mozas todas de mucho *cututeo*; hembras, en fin, de la *hebra*. Ello es que entre un camaroncito *pipirindingue*, acompañado de un vaso de chicha de *jora*, y un bocadito de *seviche* en zumo de naranja agria, seguido de una copita del *congratulámini quitapesares*, nos dieron las ocho de la noche, hora en que la oscuridad del Cercado era superior a la del Limbo. Nos disponíamos ya a emprender el regreso a la ciudad, llevando cada uno de bracero a la *percuncha* respectiva, cuando sentimos un gran tropel de caballos que se detuvieron a la puerta de la picantería, y una voz aguardentosa que gritó:

—¡Rendirse todo el mundo, vivos y muertos, que aquí está Lacunza el guapo!

Las mozas no tuvieron pataleta, que eran hembras de mucho juego y curtidas en el peligro; pero chillaron recio y sostenido, y como palomas asustadas por el gavilán corrieron a refugiarse en la huerta, encerrándose en ella a tranca y cerrojo.

Nosotros estábamos desarmados, y escapó cada cual por donde Dios quiso ayudarlo; pues los que nos asaltaron eran nada menos que los ladrones de la famosa cuadrilla del facineroso negro Lacunza, cuyas fechorías tenían en alarma la capital. Yo, escalando como gato una pared, que de esos prodigios hace el miedo, conseguí subir al techo; pero los bandidos empezaron a menudearme con sus carabinas pelotillas de plomo. Corre que corre, y de techo en techo, no paré hasta Monserrate.[1]

—Eso es mucho —comentó uno de los oyentes—. ¿Y las bocacalles general, y las bocacalles?

—¡Hombre! ¡En qué poca agua se ahoga usted! —contestó Lerzundi—. ¡Las bocacalles! ¡Valiente obstáculo!... Ésas las saltaba de un brinco.

Roberto Robert, que saltó desde el almuerzo de un domingo a la

---

[1] El Cercado y Monserrate son, en línea recta, extremos de la ciudad, o sea un trayecto de más de dos millas.

comida de un jueves sin tropezar siquiera con un garbanzo, no dio brinco mayor que el de las bocacalles de mi paisano.

II

Siendo Lerzundi capitán, una de nuestras rebujinas políticas lo forzó a ir a comer en el extranjero el, a veces amargo, pan del ostracismo. Residió por seis meses en Río de Janeiro, y su corta permanencia en la capital del por entonces imperio americano fue venero en que ejercitó más tarde su vena de mentiroso inofensivo.

Corrieron años tras años; después de una revolución venía otra revolución; hoy se perdía una batalla y mañana se ganaba otra batalla; cachiporrazo va, cachiporrazo viene; tan pronto vencido como vencedor; ello es que don Agustín Lerzundi llegó a ceñir la faja de general de brigada. Declaro aquí (y lo ratificaré en el valle de Josafat, si algún militroncho se picare y me exigiere retractación) que entre un centenar, por lo menos, de generales que en mi tierra he alcanzado a conocer, ninguno me pareció más general a la de veras que don Agustín Lerzundi. ¡Vaya un general bizarro! No se diría sino que Dios le había creado para general y... para mentiroso.

Acompañaba siempre a Lerzundi el teniente López, un muchachote bobiculto que no conoció el Brasil más que en el mapamundi, y a quien su jefe, citándole no sé qué artículo de las Ordenanzas que prohibe al inferior desmentir al superior, impuso la obligación de corroborar siempre cuanto él le preguntase en público.

Hablábase en una tertulia sobre la delicadeza y finura de algunas telas, producto de la industria moderna, y el general exclamó:

—¡Oh! ¡Para finos, los pañuelos que me regaló el emperador del Brasil! ¿Se acuerda usted, teniente López?

—Sí, mi general... ¡Finos, muy finos!

—Calculen ustedes —prosiguió Lerzundi— si serían finos que los lavaba yo mismo echándolos previamente a remojar en un vaso de agua. Recién llegado al Brasil, me aconsejaron que, como preservativo contra la fiebre amarilla, acostumbrase beber un vaso de leche a la hora de acostarme, y nunca olvidaba la mucama colocar éste sobre el velador. Sucedió que una noche llegué a mi cuarto rendido de sueño y apuré el consabido vaso, no sin chocarme algo que la leche tuviese mucha nata, y me prometí reconvenir por ello a la criada. Al otro día vínome gana dé desaguar cañería y ¡jala! ¡jala! ¡jala! salieron los doce pañuelos. Me los había bebido la víspera en lugar de leche... ¿No es verdad, teniente López?

—Sí, mi general, mucha verdad —contestó con aire beatífico el sufrido ayudante.

III

Pero un día no estuvo el teniente López con el humor de seguir aceptando humildemente complicidad en las mentiras. Quiso echar por cuenta propia una mentirilla y... ése fue el día de su desgracia, porque el general lo separó de su lado, lo puso a disposición del Estado Mayor, éste lo destinó en filas, y en la primera zinguizarra o escaramuza a que concurrió lo *desmondongaron* de un balazo.

Historiemos la mentira que causó tan triste suceso.

Hablábase de pesca y caza.

— ¡Oh! Para escopeta, la que me regaló el emperador del Brasil. ¿No es verdad, teniente López?

—Sí, mi general... ¡Buena!... ¡Muy buena!

—Pues, señores, fui una mañana de caza, y en lo más enmarañado de un bosque descubrí un árbol en cuyas ramas habría por lo menos unas mil palomas... Teniente López, ¿serían mil las palomas?

—Sí, mi general, tal vez más que menos.

—¿Qué hice? Me eché la escopeta a la cara, fijé el punto de mira y... ¡pum! ¡fuego! ¿No es verdad, teniente López?

—Sí, mi general, me consta que su señoría disparó.

—¿Cuántas palomas creen ustedes que mataría del tiro?

—Tres o cuatro —contestó uno de los tertulios.

—¡Quia! Noventa y nueve palomas... ¿No es verdad, teniente López?

—Sí, mi general... Noventa y nueve palomas... y un lorito.

Pero Lerzundi aspiraba al monopolio de la mentira, y no tolerando una mentirilla en un subalterno, replicó:

—¡Hombre, López!... ¿Cómo es eso?... Yo no vi el lorito.

—Pues, mi general —contestó picado el ayudante—, yo tampoco vi las noventa y nueve palomas.

TRADICIONES INTEMPORALES

APOCALÍPTICA

Y aquel día le hicieron los hombres al Señor una que le llegó a la pepita del alma; y hastiada ya de soportar iniquidades y perrerías humanas, dijo Su Divina Majestad a un angelito mofletudo que cerca de su persona revoloteaba:

—Ve, chico, más que de prisa, y dile a Vicente Ferrer que lo espero en el valle de Josafat... ¡Ah! Y dile que no deje olvidada la trompeta.

Y Vicente Ferrer, que, como ustedes saben, fue sobre la tierra político revolucionario y orador tribunicio, lo que no obstó para que Roma lo matriculase de santo, se presentó, trompeta en mano, en el valle de la cita.

—Ya no aguanto más a esa canalla ingrata que sólo me proporciona desazones. Convoca, hijo, a juicio final.

Y Vicente Ferrer, tras hacer buen acopio de aire en los pulmones, largó un trompetazo que repercutió en ambos polos.

Y de todas partes, más o menos presurosos, acudían los muertos, abandonando sus sepulturas, a la universal convocatoria. Pero corrían las horas y el Juicio no tenía cuándo empezar, y Vicente, falto ya de fuerzas, apenas hacía resonar el instrumento. Al fin dijo:

—Señor, no puedo soplar más.

Y la trompeta se le cayó de la mano.

—Haz un esfuerzo, Vicente, y sigue tocando llamada y llamada. El Juicio Final no puede comenzar, porque todavía falta un pueblo. ¡Vaya una gente para remolona y perezosa! —murmuró el Supremo Juez.

—Si no es indiscreta la pregunta, ¿puede saberse, Señor, qué pueblo es ése?

—El de Lima, Vicente; el de Lima.

—¡Ah, Señor! Si lo esperas, ya tienes para rato. Ese pueblo no despierta de su sueño ni a cañonazos. Los limeños no se *levantan*.

—Pues, entonces, declaro abierta la sesión.

Y cata que, si la profecía no marra, los limeños seremos los únicos humanos sobre los que no caerá premio ni castigo en la hora suprema del gran Juicio. ¡Válganos Santa Pereza!

LOS SIETE PELOS DEL DIABLO

Cuento tradicional

(A Olivo Chiarella)

I

—¡Teniente Mandujano!

—Presente, mi coronel.

—Vaya usted por veinticuatro horas arrestado al cuarto de banderas.

—Con su permiso, mi coronel —contestó el oficial; saludó militarmente y se fue, sin rezongar poco ni mucho, a cumplimentar la orden.

El coronel acababa de tener noticia de no sé qué pequeño escándalo dado por el subalterno en la calle del Chivato. Asunto de faldas, de esas benditas faldas que fueron, son y serán, perdición de Adanes.

Cuando al día siguiente pusieron en libertad al oficial, que el entrar en Melilla no es maravilla, y el salir de ella es ella, se encaminó aquél a la mayoría del cuerpo, donde a la sazón se encontraba el primer jefe, y le dijo:

—Mi coronel, el que habla está expedito para el servicio.

—Quedo enterado —contestó lacónicamente el superior.

—Ahora ruego a usía que se digne decirme el motivo del arresto, para no reincidir en la falta.

—El motivo es que ha echado usted a lucir varios de los siete pelos del diablo, en la calle del Chivato..., y no le digo a usted más. Puede retirarse.

Y el teniente Mandujano se alejó architurulato, y se echó a averiguar qué alcance tenía aquello de los siete pelos del diablo, frase que ya había oído en boca de viejas.

Compulsando me hallaba yo unas papeletas bibliotecarias, cuando se me presentó el teniente, y después de referirme su percance de cuartel, me pidió la explicación de lo que, en vano, llevaba ya una semana de averiguar.

Como no soy, y huélgome en declararlo, un egoistón de marca, a pesar de que

> en este mundo enemigo
> no hay nadie de quien fiar;
> cada cual cuide de sigo,
> yo de migo y tú de tigo...
> y procúrese salvar,

como diz que dijo un jesuita que ha dos siglos comía pan en mi tierra, tuve que sacar de curiosidad al pobre militrondo, que fue como sacar ánima del purgatorio, narrándole el cuento que dio vida a la frase.

II

Cuando Luzbel, que era un ángel muy guapote y engreído, armó en el cielo la primera trifulca revolucionaria de que hace mención la Historia, el Señor, sin andarse con proclamas ni decretos suspendiendo garantías individuales o declarando a la corte celestial y sus alrededores en estado de sitio, le aplicó tan soberano puntapié en salva la parte, que, rodando de estrella en estrella y de astro en astro, vino el muy faccioso, insurgente y montonero, a caer en este planeta que astrónomos y geógrafos bautizaron con el nombre de Tierra.

Sabida cosa es que los ángeles son unos seres mofletudos, de cabellera riza y rubia, de carita alegre, de aire travieso, con piel más suave que el raso de Filipinas, y sin pizca de vello. Y cata que al ángel caído lo que más le llamó la atención en la fisonomía de los hombres fue el bigote; y suspiró por tenerlo, y se echó a comprar menjurjes y cosméticos de esos que venden los charlatanes, jurando y rejurando que hacen nacer el pelo hasta en la palma de la mano.

El diablo renegaba del afeminado aspecto de su rostro sin bigote, y habría ofrecido el oro y el moro por unos mostachos a lo Víctor Manuel, rey de Italia. Y aunque sabía que para satisfacer el antojo bastaríale dirigir un memoralito bien parlado, pidiendo esa merced a Dios, que es todo generosidad para con sus criaturas, por pícaras que ellas le hayan salido, se obstinó en no arriar bandera, diciéndose *in pecto*:

—¡Pues no faltaba más sino que yo me rebajase hasta pedirle favor a mi enemigo!

No hay odio superior al del presidiario por el grillete.

—¡Hola! —exclamó el Señor, que, como es notorio, tiene oído tan fino que percibe hasta el vuelo del pensamiento— ¿Esas tenemos, envidiosillo y soberbio? Pues tendrás lo que mereces, grandísimo bellaco.

Arrogante, moro, estáis,
y eso que en un mal caballo
como don Quijote vais;
ya os bajaremos el gallo
si antes vos no lo bajáis.

Y amaneció, y se levantó el ángel protervo luciendo bajo las narices dos gruesas hebras de pelo, a manera de dos viboreznos. Eran la SOBERBIA y la ENVIDIA.

Aquí fue el crujir de dientes y el encabritarse. Apeló a tijeras y a navaja de buen filo, y allí estaban, resistentes a dejarse cortar, el par de pelos.

—Para esta mezquindad, mejor me estaba con mi carita de hembra —decía el muy zamarro; y reconcomiéndose de rabia fue a consultarse con el más sabio de los alfajemes, que era nada menos que el que afeita e inspira en la confección de leyes a un amigo, diputado a Congreso. Pero el socarrón barbero, después de alambicarlo mucho, le contestó:

—Paciencia y *non gurruñate,* que a lo que vuesa merced desea no alcanza mi saber.

Al día siguiente despertó el rebelde con un pelito o viborilla más. Era la Ira.

—A ahogar penas se ha dicho —pensó el desventurado.

Y sin más, encaminóse a una parranda de lujo, de esas que hacen temblar el mundo, en las que hay abundancia de viandas y de vinos y superabundancia de buenas mozas, de aquellas que con una mirada le dicen a un prójimo: ¡Dése usted preso!

¡Dios de Dios y la *mona* que se arrimó el maldito! Al despertar miróse al espejo y se halló con dos huéspedes más en el proyecto de bigote: la GULA y la LUJURIA.

Abotagado por los licores y comistrajos de la víspera, y extenuado por las ofrendas en aras de la Venus pacotillera, se pasó Luzbel ocho días sin moverse de la cama, fumando cigarrillos de la fábrica de *Cuba libre* y contando las vigas del techo. Feliz semana para la humanidad, porque sin diablo enredador y perverso, estuvo el mundo tranquilo como balsa de aceite.

Cuando Luzbel volvió a darse a luz le había brotado otra cerda: la PEREZA.

Y durante años y años anduvo el diablo por la tierra luciendo sólo seis pelos en el bigote, hasta que un día, por malos de sus pecados, se le ocurrió aposentarse dentro del cuerpo de un usurero, y cuando hastiado de picardías le convino cambiar de domicilio, lo hizo luciendo un pelo más: la AVARICIA.

De fijo que el muy bellaco murmuró lo de:

Dios que es la suma bondad,
hace lo que nos conviene.
—(Pues bien *fregado* me tiene
Su Divina Majestad.)
Hágase su voluntad.

Tal es la historia tradicional de los siete pelos que forman el bigote del diablo, historia que he leído en un palimpsesto contemporáneo del estornudo y de las cosquillas.

LOS PRIMITOS

(A Francisco Sosa, en México)

Si en vez de crearme Dios para escritorzuelo de poco más o menos, me hubiera hecho nacer predestinado siquiera para Padre Santo de Roma y sus arrabales, créanme ustedes, como uno y uno son dos, que el parentesco de primos quedaba abolido, o si lograr no me era posible tal propósito, le negaría a toda muchacha bonita el derecho de tener primos.

Los tales dijes suelen ser una calamidad, una peste peor que el tifo, que al cabo él hace presa sólo en la materia y los otros en carne y espíritu.

Puede un cristiano apechugar con una suegra, que es mal necesario, pues la mujer ha de tener madre que la haya parido, envuelto y doctrinado. Pero esto de soportar una carretada de primos, es peor que meter bajo la almohada un cargamento de cucarachas y alacranes.

Yo (y por esta merced doy todos los días gracias a la Divina Majestad) no tengo primos por parte de mi bendita costilla, que tenerlos habría sido para mí como tener siete cueros o golondrinos; pero túvolos un camarada mío, y la vida aperreada que él soportó en este valle de primos demócratas, me ha dado tema para borronear cuatro cuartillas.

Mi amigo, mientras vivió, no tuvo suyos ni un libro, ni una corbata, ni aun su tiempo. Los primitos de su mujer se apoderaron de él como plaza conquistada, y lo traían y lo zarandeaban y lo esquilmaban que era un primor. Dado su carácter sobradamente pacífico, hizo mal en casarse, olvidándose del precepto que dice: "No haga de gallo quien nació gallina."

Desengáñate, lector, no hay bichos más confianzudos y pechugones, entre los seres que Dios fue servido crear para mortificación y purgatorio de maridos, que los tales primitos. Lo que es a mí, me apestan de a legua.

Los matrimonios entre los primos era moneda corriente en el siglo pasado, no sólo porque en su calidad de parientes eran los únicos jóvenes a quienes veían con frecuencia las muchachas, sino porque a los padres convenía que la fortuna no saliese de la familia. Desbancar a un primo que disponía de fuerzas auxiliares en la plaza, era punto menos que imposible. Como lo prueba la ciencia, estas uniones entre deudos son fatales para la prole; pero nuestros abuelos andaban atrasaditos en fisiología.

Para un hombre de mundo, no hay seres más antipáticos que los primos de su novia, y no le falta razón. Los tales primitos suelen hacer unas primadas que... ¡ya, ya! La ocasión hace al ladrón; pero el ladrón hace la policía... en hábito de suegra.

Tuve un amigo que estaba enamorado hasta la coronilla, como se enamoran los turcos en los romances orientales, de una morenita preciosa y con más luz en los ojos que una lámpara de tranvía; y la víspera de que el cura les echase la bendición descubrió que la niñita tenía primo... y se aguó la boda. Él había tenido primas, era toro jugado y conocía las encrucijadas del camino.

Cuéntanme de otro que, entre las cláusulas del contrato matrimonial, consiguió la siguiente: "Quedan suprimidos los primos de mi mujer." La novia no se avino a la supresión: tenía más ley a los primos que al futuro, y cata otra boda deshecha.

No en balde llaman los maridos primos *políticos* a los que, por la sangre, lo son de la conjunta. ¿Políticos en casa? ¿Hay gente más barrabasada que los políticos? Reniego de ellos. Por los políticos nos vemos como nos vemos, y está la patria como para agarrada con trapito y tenacilla.

No hallo que sea mal dicho lo de primos políticos, si por políticos se toma a los que mascan a uno y lo tragan, pero que se deshacen en cumplidos y salvan las apariencias. Por regla general, los primitos son enemigos natos del marido. ¡Hotentotes!

Los primos son en el matrimonio lo que los callos en el pie: excrecencias incómodas.

Yo no digo que siempre los primos anden encariñados de una manera subversiva por las primas; pero es mucha andrómina que a las barbas de usted y de cuenta de primo, venga un mocito de guante y bigotillo perfumado y le tutee a su mujer, y la dé una palmadita en la mejilla, y la hable secreticos, y la cuente, por vía de chisme, que lo vio a usted hacer un guiño o un esguince a cierta personita con quien madama tiene, justa o injustamente, sus celillos; y tanta y tanta impertinencia que los primos saben hacer de coro.

No es esto justificar a aquel marido celoso que escribió a su conjunta dándole este consejo: "Cuando termines tus cartas mandándole besos, hazlas certificar en el correo para que, sin riesgo de extravío, me lleguen tus besos."

Aunque uno sea más cachazudo que Job, tiene que repudrírsele el alma al oír a primo y prima hacer reminiscencias de que cuando eran chiquitines jugaron al pin-pin, y a la gallina papujada, y a la pizpirigaña, y al pellizquito de mano, y a los escondidos, y a los huevos, y a la correcuela, cátalo dentro, cátalo fuera. Éstas son las primicias inocentes que toda prima ha pagado al primo.

Ítem, los primos son unos pegotes de la familia de las sanguijuelas. No hay forma de desprenderlos cuando se ponen a cantarle a la oreja a la primita. Un zancudo de trompetilla es menos impertinente.

Viene usted (pongo por caso) de la calle, ganoso de darle a su mujercita un beso en el sitio donde el persignarse dice *enemigos,* y el maldito primo se aparece como llamado con campanilla, y tiene usted que guardarse las ganas para cuando Dios mejore sus horas.

Para colmo de desdicha, no le es siquiera lícito a un marido manifestar su berrinche. ¡Quite allá! ¿Tener celos del primo de su mujer? Eso sería el *non plus ultra* del ridículo.

Creo que el que se halla con el crucífero a la cabecera, y ve en el cuarto a la consorte cuchicheando con el primo, se va de patitas al

infierno. No hay remedio. Ese infeliz tiene que morir renegado y...
¡abur salvación!

Volviendo a mi amigo (y para poner punto a este artículo escrito
muy al correr de la pluma, pues dejo mucho en el fondo del tintero),
contaré a ustedes que anoche fui a visitarlo, y lo encontré con un ca-
lenturón que volaba. El doctor me aseguró que de un momento a otro
las liaba el enfermo, y cuando él fulmina una sentencia, no hay más
que, sin pérdida de minuto, comprar mortaja y cajón.

Hubo un instante en que, recobrándose algo el moribundo, me alargó un papel y me dijo:

—Chico, no tardo en hacer la morisqueta del carnero, y ruégote que
pongas sobre mi tumba el epitafio que aquí te entrego.

Hícele formal promesa de cumplir el encargo, despedíme compungido, salí de la casa y (sin dar treguas a mi conformidad) leí en la
esquina, a la luz del reverbero de gas:

> Reposa en esta mansión
> de los humanos racimos
> un pobre de corazón.
> No murió de torozón...
> murió... de primos.

REFRANERO LIMEÑO

I

SOY CAMANEJO Y NO CEJO [1]

Siempre he oído decir en mi tierra, tratándose de personas testarudas o reacias para ceder en una disputa: —Déjele usted, que ese hombre es más terco que un camanejo.

Si en todos los pueblos del mundo hay gente testaruda, ¿por qué ha de adjudicarse a los camanejos el monopolio de la terquedad? Ello algún origen ha de tener la especie, díjeme un día, y echéme a averiguarlo, y he aquí lo que me contó una vieja más aleluyada que misa gregoriana, si bien el cuento no es original, pues Enrique Gaspar dice que en cada nación se aplica a los vecinos de pueblo determinado.

:: :: ::

Tenía Nuestro Señor, cuando peregrinaba por este valle de lágrimas, no sé qué asuntillo por arreglar con el Cabildo de Camaná, y pian, piano, montado sobre la cruz de los calzones, o sea en el rucio de nuestro padre San Francisco, él y San Pedro emprendieron la caminata, sin acordarse de publicar antes en *El Comercio* avisito pidiendo órdenes a los amigos.

Hallábase ya a una legua de Camaná, cuando del fondo de un olivar salió un labriego, que tomó la misma dirección que nuestros dos viajeros.

San Pedro, que era muy *cambalachero* y amigo de meter letra, le dijo:

—¿Adónde, buen amigo?

—A Camaná —contestó el patán, y murmuró entre dientes—: ¿quién será este tío tan curioso?

—Agregue usted *si Dios quiere*, y evitará que lo tilden de irreligioso —arguyó San Pedro.

—¡Hombre! —exclamó el palurdo, mirando de arriba abajo al apóstol—. ¡Estábamos frescos! Quiera o no quiera Dios, a Camaná voy.

—Pues no irás por hoy —dijo el Salvador, terciando en la querella.

---

[1] Muestra este relato los típicos procedimientos de Palma para elaborar sus *tradiciones:* en el mismo trasplanta al Perú y adapta a su modo lo que, compendiado en la frase ¡*A Zaragoza!*, se cuenta en España de un folklórico personaje aragonés. Según J. M. Irribarren, *El porqué de los dichos*, Madrid, 1955, ya lo refiere Romualdo Nogués en *El Averiguador Universal*, de Madrid, 15 de febrero de 1882.

Y en menos tiempo del que gastó en decirlo, convirtió al patán en sapo, que fue a zambullirse en una laguna cenagosa vecina al olivar.

Y nuestros dos peregrinos continuaron su marcha como si tal cosa.

Parece que el asuntillo municipal que los llevara a Camaná fue de más fácil arreglo que nuestras quejumbres contra las empresas del gas y del agua, porque al día siguiente emprendieron viaje de regreso, y al pasar junto a la laguna poblada de ranas, acordóse San Pedro del pobre diablo castigado la víspera, y le dijo al Señor:

—Maestro, ya debe estar arrepentido el pecador.

—Lo veremos —contestó Jesús.

Y echando una bendición sobre la laguna, recobró el sapo la figura de hombre y echó a andar camino de la villa.

San Pedro, creyéndolo escarmentado, volvió a interrogarlo:

—¿Adónde, buen amigo?

—A Camaná —volvió a contestar lacónicamente el transfigurado, diciendo para sus adentros—: ¡vaya un curioso majadero!

—No sea usted cabeza dura, mi amigo. Tenga crianza, y añada *si Dios quiere*, no sea que se repita lo de ayer.

Volvió el patán a medir de arriba abajo al apóstol, y contestó:

—Soy camanejo, y no cejo. A Camaná, o al charco.

Sonrióse el Señor ante terquedad tamaña, y le dejó seguir tranquilamente su camino. Y desde entonces fue aforismo lo de que la gente camaneja es gente que no ceja.

INDICE

RICARDO PALMA Y SUS
"TRADICIONES PERUANAS"

SELECCION DE LAS "TRADICIONES"
LO INCAICO

EL SIGLO XVI

EL SIGLO XVII

EL SIGLO XVIII

EL SIGLO XIX

TRADICIONES INTEMPORALES

La impresión de este libro fué terminada el mes de Junio de 1991. en los talleres de E. Penagos, S. A., Lago Wetter 152, la edición consta de 5,000 ejemplares más sobrantes para reposición.

COLECCIÓN "SEPAN CUANTOS..." *

---

* *Los números que aparecen a la izquierda corresponden a la numeración de la Colección*

120. ARISTÓTELES: *Metafísica.* Estudio introductivo, análisis de los libros y revisión del texto por Francisco Larroyo. *Rústica* 5,000.00

124. ARISTÓTELES: *Tratados de Lógica (El Organón).* Estudio introductivo, preámbulos a los tratados y notas al texto por Francisco Larroyo. *Rústica* 10,000.00

ARTSIBASCHEV. (Véase *Cuentos Rusos.*)

82. ARRANGOIZ, Francisco de Paula de: *México desde 1808 hasta 1867.* Prólogo de Martín Quirarte. *Rústica* 20,000.00

103. ARREOLA, Juan José: *Lectura en voz alta. Rústica* 6,000.00

195. ARROYO, Anita: *Razón y pasión de Sor Juana. Rústica* 8,000.00

431. AUSTEN, Jane: *Orgullo y Prejuicio.* Prólogo de Sergio Pitol. *Rústica* 6,000.00

327. AUTOS SACRAMENTALES. (El auto sacramental antes de Calderón.) LOAS: Dice el Sacramento. A un pueblo. Loa del Auto de acusación contra el género humano. LÓPEZ DE YANGUAS: Farsa sacramental. ANÓNIMOS: Farsa sacramental de 1521. Los amores del alma con el Príncipe de la luz. Farsa sacramental de la residencia del Hombre. Auto de los Hierros de Adán. Farsa del sacramento del entendimiento niño. SÁNCHEZ DE BADAJOZ: Farsa de la iglesia. TIMONEDA: Auto de la oveja perdida. Auto de la fuente de los siete sacramentos. Farsa del sacramento llamada premática del Pan. Auto de la Fe. LOPE DE VEGA: La adúltera perdonada. La ciega. El pastor lobo y cabaña celestial. VALDIVIELSO: El hospital de los locos. La amistad en el peligro. El peregrino. La Serrana de Plasencia. TIRSO DE MOLINA: El colmenero divino. Los hermanos parecidos. MIRA DE AMÉSCUA: Pedro Telonario. Selección, introducción y notas de Ricardo Arias. *Rústica* 10,000.00

293. BACON, Francisco: *Instauratio Magna. Novum Organum. Nueva Atlántida.* Estudio introductivo y análisis de las obras por Francisco Larroyo. *Rústica* 6,000.00

200. BALBUENA, Bernardo de: *La grandeza mexicana y Compendio apologético en alabanza de la poesía.* Prólogo de Luis Adolfo Domínguez. *Rústica* 6,000.00

53. BALMES, Jaime L.: *El Criterio.* Estudio preliminar de Guillermo Díaz-Plaja. *Rústica* 6,000.00

241. BALMES, Jaime L.: *Filosofía Elemental.* Estudio preliminar por Raúl Cardiel. *Rústica* 6,000.00

112. BALZAC, Honorato de: *Eugenia Grandet. La piel de Zapa.* Prólogo de Carmen Galindo. *Rústica* 4,500.00

314. BALZAC, Honorato de: *Papá Goriot.* Prólogo de Rafael Solana. Versión y notas de F. Benach. *Rústica* 5,000.00

442. BALZAC, Honorato de: *El Lirio en el Valle.* Prólogo de Jaime Torres Bodet. *Rústica* 6,000.00

BAQUILIDES. (Véase PINDARO.)

335. BARREDA, Gabino: *La Educación Positivista.* Selección, estudio introductivo y preámbulos por Edmundo Escobar. *Rústica* 6,000.00

580. BAROJA, Pío: *Desde la última vuelta del camino.* (Memorias). El escritor según él y según los críticos. Familia. Infancia y juventud. Introducción de Néstor Luján. *Rústica* 18,000.00

581. BAROJA, Pío: *Desde la última vuelta del camino.* (Memorias). Final del siglo XIX y principios del siglo XX. Galería de tipos de la época. *Rústica* 18,000.00

582. BAROJA, Pío: *Desde la última vuelta del camino.* (Memorias). La intuición y el estilo. Bagatelas de otoño. *Rústica* 18,000.00

592. BAROJA, Pío: *Los inquietudes de Shanti Andia. Rústica* 15,000.00

334. Batallas de la Revolución y sus Corridos. Prólogo y preparación de Daniel Moreno. *Rústica* .... $ 6,000.00

426. BAUDELAIRE, Carlos: *Las Flores del Mal. Diarios íntimos.* Introducción de Arturo Souto Alabarce. *Rústica* 8,000.00

17. BECQUER, Gustavo Adolfo: *Rimas, leyendas y narraciones.* Prólogo de Juana de Ontañón. *Rústica* 6,000.00

BENAVENTE. (Véase *Teatro Español Contemporáneo.*)

35. BERCEO, Gonzalo de: *Milagros de Nuestra Señora. Vida de Santo Domingo de Silos. Vida de San Millán de la Cogolla. Vida de Santa Oria. Martirio de San Lorenzo.* Versión antigua y moderna. Prólogo y versión moderna de Amancio Bolaño e Isla. *Rústica* 10,000.00

491. BERGSON, Henry: *Introducción a la metafísica. La Risa.* La filosofía de Bergson por Manuel García Morente. *Rústica* 5,000.00

590. BERGSON, Henry: *Los dos fuentes de la moral y de la religión.* Introducción de John M. Oesterreicher. *Rústica* 12,000.00

BERMÚDEZ, Ma. Elvira. (Véase VERNE, Julio.)

BESTEIRO, Julián. (Véase HESSEN, Juan.)

500. BIBLIA DE JERUSALÉN, Nueva edición totalmente revisada y aumentada. *Rústica:* $ 40.000.00 .... *Tela:* 42,500.00

380. BOCCACCIO: *El Decamerón.* Prólogo de Francisco Montes de Oca. *Rústica* 10,000.00

487. BOECIO, Severino: *La consolación de la filosofía.* Prólogo de Gustave Bardy. *Rústica* 6,000.00

522. BOISSIER, Gastón: *Cicerón y sus Amigos.* Estudio de la sociedad Romana del tiempo de César. Prólogo de Augusto Rostagni. *Rústica* 6,000.00

495. BOLÍVAR, Simón: *Escritos Políticos.* El espíritu de Bolívar por Rufino Blanco Fombona. *Rústica* 6,000.00

BOSCÁN, Juan. (Véase VEGA, Garcilaso de la.)

278. BOTURINI BENADUCCI, Lorenzo: *Idea de una Nueva Historia General de la América Septentrional.* Estudio preliminar por Miguel León-Portilla. *Rústica* 6,000.00

119. BRONTE, Emily: *Cumbres Borrascosas.* Prólogo de Sergio Pitol. *Rústica* 6,000.00

420. BRONTE, Carlota: *Jane Eyre.* Prólogo de Marga Sorensen. *Rústica* 6,000.00

584. BRUYERE, LA: *Los caracteres*. Precedidos de los caracteres de Teofrasto. *Rústica* 12,000.00
516. BULWER-LYTTON. *Los últimos días de Pompeya*. Prólogo de Santiago Galindo 6,000.00
441. BURCKHARDT, Jacob; *La Cultura del Renacimiento en Italia*. Prólogo de Werner Kaegi. *Rústica* 8,500.00
104. CABALLERO, Fernán: *La Gaviota*. *La familia de Alvareda*. Prólogo de Salvador Reyes Nevares. *Rústica* 6,000.00
222. CALDERÓN, Fernando: *A ninguna de las tres. El torneo. Ana Bolena. Herman o la vuelta del cruzado*. Prólogo de María Edméc Alvarez. *Rústica* 6,000.00
41. CALDERÓN DE LA BARCA, Pedro: *La Vida es sueño. El alcalde de Zalamea*. Prólogo de Guillermo Díaz-Plaja. *Rústica* 4,000.00
331. CALDERÓN DE LA BARCA, Pedro: *Autos Sacramentales: La cena del Rey Baltasar. El gran Teatro del Mundo. La hidalga del valle. Lo que va del hombre a Dios. Los encantos de la culpa. El divino Orfeo. Sueños hay que verdad son. La vida es sueño. El día mayor de los días*. Selección, introducción y notas de Ricardo Arias. *Rústica* 10,000.00
74. CALDERÓN DE LA BARCA, Madame: *La vida en México*. Traducción y prólogo de Felipe Teixidor. *Rústica* 10,000.00
CALVO SOTELO. (Véase *Teatro Español Contemporáneo*.)
252. CAMOENS, Luis de: *Los Lusíadas*. Traducción, prólogo y notas de Ildefonso-Manuel Gil. *Rústica* 6,000.00
329. CAMPOAMOR, Ramón de: *Doloras. Poemas*. Introducción de Vicente Gaos. *Rústica* 10,000.00
435. CANOVAS DEL CASTILLO, Antonio: *La Campana de Huesca*. Prólogo de Serafín Estébanez Calderón. *Rústica* 6,000.00
279. CANTAR DE ROLDÁN, EL: Versión de Felipe Teixidor. *Rústica* 6,000.00
285. CANTAR DE LOS NIBELUNGOS, El.: Traducción al español e introducción de Marianne Oeste de Bopp. *Rústica* 6,000.00
307. CARLYLE, Tomás: *Los Héroes. El culto a los héroes y Lo heroico de la historia*. Estudio preliminar de Raúl Cardiel Reyes. *Rústica* 6,000.00
215. CARROLL, Lewis: *Alicia en el país de las maravillas. Al otro lado del espejo*. Ilustrado con grabados de John Tenniel. Prólogo de Sergio Pitol. *Rústica* 6,000.00
57. CASAS, Fr. Bartolomé de las: *Los Indios de México y Nueva España*. Antología. Edición, prólogo, apéndices y notas de Edmundo O'Gorman; con la colaboración de Jorge Alberto Manrique. *Rústica* 6,000.00
318. *Casidas de amor profano y místico*. Ibn Zaydun. Ibn Arabí. Estudio y traducción de Vicente Cantarino. *Rústica* .... $ 7,000.00
223. CASONA, Alejandro: *Flor de leyendas. La Sirena varada. La dama del alba. La barca sin pescador*. Prólogo de Antonio Magaña Esquivel. *Rústica* 6,000.00
249. CASONA, Alejandro: *Otra vez el diablo. Nuestra Natacha. Prohibido suicidarse en primavera. Los árboles mueren de pie*. Prólogo de Antonio Magaña Esquivel. *Rústica* 7,000.00
357. CASTELAR, Emilio: *Discursos. Recuerdos de Italia*. Selección e introducción de Arturo Souto A. *Rústica* 8,000.00
372. CASTRO, Américo: *La realidad histórica de España*. *Rústica* 15,000.00
268. CASTRO, Guillén de: *Las mocedades del Cid*. Prólogo de María Edmée Alvarez. *Rústica* 6,000.00
25. CERVANTES DE SALAZAR, Francisco: *México en 1554 y Túmulo Imperial*. Edición, prólogo y notas de Edmundo O'Gorman. *Rústica* 6,000.00
6. CERVANTES SAAVEDRA, Miguel de: *El ingenioso hidalgo Don Quijote de la Mancha*. Prólogo y esquema biográfico por Américo Castro. *Rústica* 15,000.00
9. CERVANTES SAAVEDRA, Miguel de: *Novelas ejemplares*. Comentario de Sergio Fernández. *Rústica* 6,000.00
98. CERVANTES SAAVEDRA, Miguel de: *Entremeses*. Introducción de Arturo Souto. *Rústica* 6,000.00
422. CERVANTES, Miguel de: *Los trabajos de Persiles y Sigismunda*. Prólogo de Maurici Serrahima. *Rústica* 6,000.00
578. CERVANTES, Miguel de: *Don Quijote de la Mancha*. Edición abreviada. Introducción de Arturo Uslar Pietri 8,000.00
20. CÉSAR, Cayo Julio: *Comentarios de la guerra de las Galias. Guerra civil*. Prólogo de Xavier Tavera 6,000.00
320. CETINA, Gutierre de: *Obras*. Introducción del Dr. D. Joaquín Hazaña y la Rúa. Presentación de Margarita Peña. *Rústica* 15,000.00
230. CICERÓN: *Los oficios o los deberes. De la vejez. De la amistad*. Prólogo de Joaquín Antonio Peñalosa. *Rústica* 6,000.00
234. CICERÓN: *Tratado de la República. Tratado de las leyes. Catilinaria*. *Rústica* 6,000.00
CID: (Véase *Poema de Mío Cid*.)
137. CIEN MEJORES POESÍAS LIRICAS DE LA LENGUA CASTELLANA (LAS). Selección y Advertencia Preliminar de Marcelino Menéndez Pelayo. *Rústica* 6,000.00
29. CLAVIJERO, Francisco Javier: *Historia antigua de México*. Edición y prólogo de Mariano Cuevas. *Rústica* 12,000.00
143. CLAVIJERO, Francisco Javier: *Historia de la Antigua o Baja California*. PALOU, Fr. Francisco: *Vida de Fr. Junípero Serra y Misiones de la California Septentrional*. Estudios preliminares por Miguel León-Portilla. *Rústica* 18,000.00
60. COLOMA, P. Luis: *Boy*. Prólogo de Joaquín Antonio Peñalosa. *Rústica* 6,000.00
91. COLOMA, P. Luis: *Pequeñeces. Jeromín*. Prólogo de Joaquín Antonio Peñalosa. *Rústica* 8,000.00
167. COMENIO, Juan Amós: *Didáctica Magna*. Prólogo de Gabriel de la Mora. *Rústica* 8,000.00
340. COMTE, Augusto: *La filosofía positivista*. Proemio, estudio introductivo,

selección y análisis de los textos por Francisco Larroyo. *Rústica* 6,500.00

341. CONAN DOYLE, Arthur: *Aventuras de Sherlock Holmes: Un crimen extraño. El intérprete griego.* Triunfos de Sherlock Holmes. Los tres estudiantes. El mendigo de la cicatriz. K.K.K. La muerte del coronel. Un protector original. El novio de Miss Sutherland. Las aventuras de una ciclista. El misterio de Boscombe. Policía fina. El casado sin mujer. La diadema de Berilos. El carbunclo azul. "Silver Blaze". Un empleo extraño. El ritual de los Musgrave. El Gloria Scott. El documento robado. Prólogo de María Elvira Bermúdez. *Rústica* 6,000.00

343. CONAN DOYLE, Arthur: *Aventuras de Sherlock Holmes: El perro de Baskerville.* La marca de los cuatro. El pulgar del ingeniero. La banda moteada. *Nuevos triunfos de Sherlock Holmes.* El enemigo de Napoleón. El campeón de Foot-Ball. El cordón de la campanilla. Los Cunningham. Las dos manchas de sangre. *Rústica* 6,000.00

345. CONAN DOYLE, Arthur: *Aventuras de Sherlock Holmes: La resurrección de Sherlock Holmes.* Nuevas y últimas aventuras de Sherlock Holmes. La caja de laca. El embudo de cuero, etc. *Rústica* 8,000.00

7. CORTÉS, Hernán: *Cartas de relación.* Nota preliminar de Manuel Alcalá. Ilustraciones. Un mapa plegado. *Rústica* 6,000.00

313. CORTINA, Martín: *Un Rosillo Inmortal (leyenda de los llanos). Un Tlacuache Vagabundo. Maravillas de Altepepan* (leyendas mexicanas). Introducción de Andrés Henestrosa. *Rústica* ....: 10,000.00

181. COULANGES, Fustel de: *La ciudad antigua* (estudio sobre el culto, el derecho y las instituciones de Grecia y Roma). Estudio preliminar de Daniel Moreno. *Rústica* 8,000.00

100. CRUZ, Sor Juana Inés de la: *Obras completas.* Prólogo de Francisco Monterde. *Rústica* . 18,000.00

342. CUENTOS RUSOS: Gógol - Turgueñev - Dostoievsky - Tolstoi - Garin - Chéjov - Gorki - Andréiev - Kuprin - Artsibachev - Dimov - Tasin - Surguchov - Korolenko - Goncharov - Sholojov. Introducción de Rosa Ma. Phillips. *Rústica* . 6,000.00

256. CUYAS ARMENGOL, Arturo: *Hace falta un muchacho.* Libro de orientación en la vida para los adolescentes. Ilustrada por Juez, *Rústica* 5,000.00

382. CHATEAUBRIAND: *El genio del cristianismo.* Introducción de Arturo Souto. *Rústica* 12,000.00

524. CHATEAUBRIAND, René: *Atala - René - El último abencerraje.* Páginas autobiográficas. Prólogo de Armando Rangel. *Rústica* 6,000.00

148. CHÁVEZ, Ezequiel A.: *Sor Juana Inés de la Cruz.* Ensayo de psicología y de estimación del sentido de su vida para la historia de la cultura y de la formación de México. *Rústica* 12,000.00

411. CHEJOV, Antón: *Cuentos escogidos.* Prólogo de Sommerset Maugham. *Rústica* 9,000.00

454. CHEJOV, Antón: *Teatro: La gaviota. Tío Vania. Las Tres Hermanas. El Jardín de los cerezos.* Prólogo de Máximo Gorki. *Rústica* 6,000.00
CHEJOV, Antón. (Véase *Cuentos Rusos.*)

478. CHESTERTON, Gilbert K.: *Ensayos.* Prólogo de Hilaire Belloc. *Rústica* 6,000.00

490. CHESTERTON, Gilbert K.: *Ortodoxia. El hombre Eterno.* Prólogo de Augusto Assia. *Rústica* 6,000.00

42. DARÍO, Rubén: *Azul... El Salmo de la pluma. Cantos de vida y esperanza. Otros poemas.* Edición de Antonio Oliver. *Rústica* 6,000.00

385. DARWIN, Carlos: *El origen de las especies.* Introducción de Richard E. Leakey. .... $ 6,000.00

377. DAUDET, Alfonso: *Tartarín de Tarascón. Tartarín en los Alpes. Port-Tarascón.* Prólogo de Juan Antonio Guerrero. *Rústica* 6,000.00

140. DEFOE, Daniel: *Aventuras de Robinson Crusoe.* Prólogo de Salvador Reyes Nevares. *Rústica* 4,500.00

154. DELGADO, Rafael: *La Calandria.* Prólogo de Salvador Cruz. *Rústica* 5,000.00

280. DEMÓSTENES: *Discursos.* Estudio preliminar de Francisco Montes de Oca. *Rústica* 6,000.00

177. DESCARTES: *Discurso del método. Meditaciones metafísicas. Reglas para la dirección del espíritu. Principios de la filosofía.* Estudio introductivo, análisis de las obras y notas al texto por Francisco Larroyo. *Rústica* 6,000.00

5. DÍAZ DEL CASTILLO, Bernal: *Historia verdadera de la conquista de la Nueva España.* Introducción y notas de Joaquín Ramírez Cabañas. Con un mapa. *Rústica* 12,000.00

127. DICKENS, Carlos: *David Copperfield.* Introducción de Sergio Pitol. *Rústica* 10,000.00

310. DICKENS, Carlos: *Canción de Navidad. El grillo del hogar. Historia de dos Ciudades.* Estudio preliminar de María Edmée Álvarez. *Rústica* 8,000.00

362. DICKENS, Carlos: *Oliver Twist.* Prólogo de Rafael Solana. *Rústica* 7,000.00
DIMOV. (Véase *Cuentos Rusos.*)

28. DON JUAN MANUEL: *El conde Lucanor.* Versión antigua y moderna e introducción de Amancio Bolaño e Isla. *Rústica* 6,000.00

84. DOSTOIEVSKI, Fedor M.: *El príncipe idiota. El sepulcro de los vivos.* Notas preliminares de Rosa María Phillips. *Rústica* 8,000.00

106. DOSTOIEVSKI, Fedor M.: *Los hermanos Karamazov.* Prólogo de Rosa María Phillips. *Rústica* 12,000.00

108. DOSTOIEVSKI, Fedor M.: *Crimen y Castigo.* Introducción de Rosa María Phillips. *Rústica* 8,000.00

259. DOSTOIEVSKI, Fedor M.: *Las noches blancas. El jugador. Un ladrón honrado.* Prólogo de Rosa María Phillips. *Rústica* 6,000.00
DOSTOIEVSKI, Fedor M. (Véase *Cuentos Rusos.*)

73. DUMAS, Alejandro: *Los tres Mosqueteros.* Prólogo de Salvador Reyes Ne-

vares. *Rústica* 6,000.00
75. DUMAS, Alejandro: *Veinte años después. Rústica* 8,500.00
346. DUMAS, Alejandro: *El Conde de Monte-Cristo.* Prólogo de Mauricio González de la Garza .... $ 16,000.00
364-365. DUMAS, Alejandro: *El vizconde de Bragelone.* 2 tomos. *Rústica* 20,000.00
407. DUMAS, Alejandro: *El paje del Duque de Saboya. Rústica* 6,000.00
415. DUMAS, Alejandro: *Los cuarenta y cinco. Rústica* 8,000.00
452. DUMAS, Alejandro: *La Dama de Monsoreau. Rústica* 8,000.00
349. DUMAS, Alejandro (hijo): *La Dama de las Camelias. Introducción de* Arturo Souto A. 4,000.00
502. DUMAS, Alejandro: *La Reina Margarita. Rústica* 6,000.00
504. DUMAS, Alejandro: *La mano del muerto. Rústica* 6,000.00
309. ECA DE QUEIROZ: *El misterio de la carretera de Cintra. La ilustre Casa de Ramírez.* Prólogo de Monserrat Alfau. *Rústica* 10,000.00
444. ECKERMANN: *Conversaciones con Goethe.* Introducción de Rudolf K. Goldschmit-Jentner. *Rústica* 10,000.00
596. EMERSON, Ralph Waldo: *Ensayos.* Prólogo de Edward Tinker. ....
283. EPICTETO: *Manual y Máximas.* MARCO AURELIO: *Soliloquios.* Estudio preliminar de Francisco Montes de Oca. *Rústica* 6,000.00
99. ERCILLA, Alonso de: *La Araucana.* Prólogo de Ofelia Garza de Del Castillo. *Rústica* 8,500.00
ESOPO. (Véase FÁBULAS.)
233. ESPINEL, Vicente: *Vida de Marcos Obregón.* Prólogo de Juan Pérez de Guzmán. *Rústica* 6,000.00
202. ESPRONCEDA, José de: *Obras poéticas. El Pelayo. Poesías líricas. El estudiante de Salamanca. El diablo mundo.* Prólogo de Juana de Ontañón. *Rústica* 5,000.00
11. ESQUILO: *Las siete tragedias.* Versión directa del griego, con una introducción de Ángel María Garibay K. *Rústica* 6,000.00
24. EURIPIDES: *Las diecinueve tragedias.* Versión directa del griego, con una introducción de Ángel María Garibay K. *Rústica* 12,000.00
16. FÁBULAS: *(Pensador Mexicano, Rosas Moreno, La Fontaine, Samaniego, Iriarte, Esopo, Fedro, etc.).* Selección y notas de María de Pina. *Rústica.* 10,000.00
FEDRO. (Véase FÁBULAS.)
593. FEIJOO, Benito Jerónimo: *Obras escogidas.* Introducción de Arturo Souto A. *Rústica* ....
387. FENELON: *Aventuras de Telémaco.* Introducción de Jeanne Renée Becker 6,000.00
503. FERNANDEZ DE AVELLANEDA, Alonso: *El Ingenioso Hidalgo Don Quijote de la Mancha.* Que contiene su tercera salida y que es la quinta parte de sus aventuras. Prólogo de Marcelino Menéndez Pelayo. *Rústica* 6,000.00
1. FERNÁNDEZ DE LIZARDI, José Joaquín: *El Periquillo Sarniento.* Prólogo de J. Rea Spell. *Rústica* 6,500.00
71. FERNÁNDEZ DE LIZARDI, José Joaquín: *La Quijotita y su prima.* Introducción de María del Carmen Ruiz Castañeda. *Rústica* 9,000.00
173. FERNÁNDEZ DE MORATÍN, Leandro: *El sí de las niñas. La comedia nueva o el café. La derrota de los pedantes. Lección poética.* Prólogo de Manuel de Ezcurdia. *Rústica* 5,000.00
521. FERNANDEZ DE NAVARRETE, Martín: *Viajes de Colón. Rústica* 15,000.00
211. FERRO GAY, Federico: *Breve historia de la literatura italiana. Rústica* 20,000.00
512. FEVAL, Paul: *El Jorobado o Enrique de Lagardere. Rústica* 8,000.00
FILOSTRATO. (Véase LAERCIO, Diógenes.)
352. FLAUBERT, Gustavo: *Madame Bovary. Costumbres de provincia.* Prólogo de José Arenas. *Rústica* 6,000.00
375. FRANCE, Anatole: *El crimen de un académico. La azucena roja. Tais.* Prólogo de Rafael Solana. *Rústica* 6,000.00
399. FRANCE, Anatole: *Los dioses tienen sed. La rebelión de los ángeles.* Prólogo de Pierre Josserand. *Rústica* 8,000.00
FRANCE, Anatole: (Véase RABELAIS.)
391. FRANKLIN, Benjamín: *Autobiografía y Otros escritos.* Prólogo de Arturo Uslar Pietri. *Rústica* 8,000.00
92. FRÍAS, Heriberto: *Tomóchic.* Prólogo y notas de James W. Brown. *Rústica* 6,000.00
494. FRÍAS, Heriberto: *Leyendas históricas mexicanas y otros relatos.* Prólogo de Antonio Saborit. *Rústica* 6,000.00
534. FRÍAS, Heriberto: *Episodios Militares Mexicanos.* Principales campañas, jornadas, batallas, combates y actos heróicos que ilustran la historia del ejército nacional desde la Independencia hasta el triunfo definitivo de la república. 312 pp. *Rústica.* 8,000.00
354. GABRIEL Y GALÁN, José María: *Obras completas.* Introducción de Arturo Souto Alabarce .... $ 10,000.00
311. GALVÁN, Manuel de J.: *Enriquillo.* Leyenda histórica dominicana (1503-1533). Con un estudio de Concha Meléndez. *Rústica* 6,500.00
305. GALLEGOS, Rómulo: *Doña Bárbara.* Prólogo de Ignacio Díaz Ruiz. *Rústica* 5,000.00
368. GAMIO, Manuel: *Forjando patria.* Prólogo de Justino Fernández. *Rústica* 8,000.00
251. GARCÍA LORCA, Federico: *Libro de Poemas. Poema del Cante Jondo. Romancero Gitano. Poeta en Nueva York. Odas. Llanto por Sánchez Mejías. Bodas de Sangre. Yerma.* Prólogo de Salvador Novo. *Rústica* 6,000.00
255. GARCÍA LORCA, Federico: *Mariana Pineda. La zapatera prodigiosa. Así que pasen cinco años. Doña Rosita la soltera. La casa de Bernarda Alba. Primeras canciones. Canciones.* Prólogo de Salvador Novo. *Rústica* 6,000.00
164. GARCÍA MORENTE, Manuel: *Lecciones preliminares de filosofía. Rústica* 5,000.00
GARCILASO DE LA VEGA. (Véase VEGA, Garcilaso de la.)

274. HUGÓN, Eduardo: *Las veinticuatro tesis tomistas.* Incluye, además: *Encíclica Aeterni Patris,* de León XIII. *Motu Proprio Doctoris Angelici,* de Pío X. *Motu Proprio non multo post,* de Benedicto XV. *Encíclica Studiorum Ducem,* de Pío XI. Análisis de la obra precedida de un estudio sobre los orígenes y desenvolvimiento de la Neoescolástica, por Francisco Larroyo. *Rústica* 6,000.00

HUIZINGA, Johan. (Véase: ROTTERDAM, Erasmo de.)

39. HUMBOLDT, Alejandro de: *Ensayo político sobre el reino de la Nueva España,* Estudio preliminar, cotejos, notas y anexos de Juan A. Ortega y Medina. *Rústica* 16,000.00

326. HUME, David: *Tratado de la Naturaleza Humana.* Ensayo para introducir el método del razonamiento humano en los asuntos morales. Estudio introductivo y análisis de la obra por Francisco Larroyo. *Rústica* 8,000.00

587. HUXLEY, Aldous: *Un mundo feliz. Retorno a un mundo feliz.* Prólogo de Theodor W. Adorno. *Rústica* 5,000.00

78. IBARGÜENGOITIA, Antonio: *Filosofía Mexicana. En sus hombres y en sus textos. Rústica* 6,000.00

348. IBARGÜENGOITIA CHICO, Antonio: *Suma Filosófica Mexicana.* (Resumen de historia de la filosofía en México.) *Rústica* 8,000.00

303. IBSEN, Enrique: *Peer Gynt. Casa de Muñecas. Espectros. Un enemigo del pueblo. El pato silvestre. Juan Gabriel Borkman.* Versión y prólogo de Ana Victoria Mondada. *Rústica* 6,000.00

47. IGLESIAS, José María: *Revistas Históricas sobre la Intervención Francesa en México.* Introducción e índice de materias de Martín Quirarte. *Rústica* 20,000.00

63. INCLÁN, Luis G.: *Astucia. El jefe de los Hermanos de la Hoja o Los Charros Contrabandistas de la rama.* Prólogo de Salvador Novo. *Rústica* 12,000.00

207. INDIA LITERARIA (LA): *Mahabarata - Bagavad Gita - Los Vedas - Leyes de Manú - Poesía - Teatro - Cuentos - Apólogos y leyendas.* Antología-prólogo, introducciones históricas, notas y un vocabulario de hinduísmo por Teresa E. Rohde. *Rústica* 6,000.00

270. INGENIEROS, José: *El hombre mediocre.* Introducción de Raúl Carrancá y Rivas. *Rústica* 6,000.00

IRIARTE. (Véase FABULAS.)

79. IRVING, Washington: *Cuentos de la Alhambra.* Introducción de Ofelia Garza de Del Castillo. *Rústica* 6,000.00

46. ISAACS, Jorge: *María.* Introducción de Daniel Moreno. *Rústica.* .... $ 4,000.00

245. JENOFONTE: *La expedición de los diez mil. Recuerdos de Sócrates. El Banquete. Apología de Sócrates.* Estudio preliminar de Francisco Montes de Oca. *Rústica* 6,000.00

66. JIMÉNEZ, Juan Ramón: *Platero y Yo. Trescientos Poemas (1903-1953). Rústica* 5,000.00

374. JOSEFO, Flavio: *La guerra de los judíos.* Prólogo de Salvador Marichalar. *Rústica* 10,000.00

448. JOVELLANOS, Gaspar Melchor de: *Obras Históricas.* Sobre la legislación y la historia. Discurso sobre la geografía y la historia. Sobre los espectáculos y diversiones públicas. Descripción del Castillo de Bellver. Disciplina eclesiástica sobre sepulturas. Edición y notas de Elviro Martínez. *Rústica* 6,000.00

23. JOYAS DE LA AMISTAD ENGARZADAS EN UNA ANTOLOGIA. Selección y nota preliminar de Salvador Novo. *Rústica* 6,000.00

390. JOYCE, James: *Retrato del Artista Adolescente. Gente de Dublin.* Prólogo de Antonio Marichalar. *Rústica* 6,000.00

467. KAFKA, Franz: *La metamorfosis. El proceso.* Prólogo de Milan Kundera. *Rústica* 9,000.00

486. KAFKA, Franz: *El Castillo - La Condena - La Gran Muralla China.* Introducción de Theodor W. Adorno. *Rústica* 6,000.00

203. KANT, Manuel: *Crítica de la razón pura.* Estudio introductivo y análisis de la obra por Francisco Larroyo. *Rústica* 8,000.00

212. KANT, Manuel: *Fundamentación de la metafísica de las costumbres. Crítica de la razón práctica. La paz perpetua.* Estudio introductivo y análisis de las obras por Francisco Larroyo. *Rústica* 6,000.00

246. KANT, Manuel: *Prolegómenos a toda Metafísica del Porvenir. Observaciones sobre el Sentimiento de lo Bello y lo Sublime. Crítica del Jucio.* Estudio introductivo y análisis de las obras por Francisco Larroyo. *Rústica* 6,000.00

30. KEMPIS, Tomás de: *Imitación de Cristo.* Introducción de Francisco Montes de Oca. *Rústica* 8,000.00

204. KIPLING, Rudyard: *El libro de las tierras vírgenes.* Introducción de Arturo Souto Alabarce. *Rústica* 8,000.00

545. KOROLENKO, Vladimir G.: *El sueño de Makar. Malas compañías. El clamor del bosque. El músico ciego y otros relatos.* Introducción por A. Jrabrovitski. *Rústica* 7,000.00

KOROLENKO. (Véase *Cuentos Rusos.*)

KUPRIN. (Véase *Cuentos Rusos.*)

427. LAERCIO, Diógenes: *Vidas de los Filósofos más ilustres.* FILOSTRATO: *Vidas de los Sofistas.* Traducciones y prólogos de José Ortiz y Sanz y José M. Riaño. *Rústica* 8,000.00

LAERCIO, Diógenes. (Véase LUCRECIO CARO, Tito.)

LAFONTAINE. (Véase FÁBULAS.)

520. LAFRAGUA, José María y OROZCO Y BERRA Manuel: *La Ciudad de México.*—Prólogo de Ernesto de la Torre Villar y con la colaboración de Ramiro Navarro de Anda. *Rústica* 15,000.00

155. LAGERLOFF, Selma: *El maravilloso viaje de Nils Holgersson.* Introducción de Palma Guillén de Nicolau. *Rústica* 6,000.00

549. LAGERLOFF, Selma: *El carretero de la muerte. El esclavo de su finca y otras narraciones.* Prólogo de Agustín Loera y Chávez. *Rústica* 6,000.00

272. LAMARTINE, Alfonso de: *Graziella. Rafael.* Estudio preliminar de Daniel

Moreno. *Rústica* 6,000.00
93. LARRA, Mariano José de, "Fígaro": *Artículos.* Prólogo de Juana de Ontañón. *Rústica* 15,000.00
459. LARRA, Mariano de: *El Doncel de don Enrique, el Doliente. Macías.* Prólogo de Arturo Souto A. *Rústica* 6,000.00
333. LARROYO, Francisco: *La Filosofía Iberoamericana.* Historia, Formas, Temas, Polémica. Realizaciones. *Rústica* 15,000.00
34. LAZARILLO DE TORMES (EL) (Autor desconocido): *Vida del Buscón Don Pablos,* de Francisco de Quevedo. Estudio preliminar de ambas obras por Guillermo Díaz-Plaja. *Rústica* 5,000.00
38. LAZO, Raimundo: *Historia de la literatura hispanoamericana. El periodo colonial (1492-1780). Rústica* 9,000.00
65. LAZO, Raimundo: *Historia de la literatura hispanoamericana. El siglo XIX (1780-1914). Rústica* 9,000.00
179. LAZO, Raimundo: *La novela Andina. (Pasado y futuro. Alcides Argüedas, César Vallejo, Ciro Alegría, Jorge Icaza, José María Arguedas. Previsible misión de Vargas Llosa y los futuros narradores.) Rústica* 6,000.00
184. LAZO, Raimundo: *El romanticismo. (Lo romántico en la lírica hispanoamericana, del siglo XVI a 1970.) Rústica* .... $ 6,000.00
226. LAZO, Raimundo: *Gertrudis Gómez de Avellaneda. La mujer y la poesía lírica. Rústica* 6,000.00
LECTURA EN VOZ ALTA. (Véase: ARREOLA, Juan José.)
321. LEIBNIZ, Godofredo G.: *Discurso de Metafísica. Sistema de la Naturaleza. Nuevo Tratado sobre el Entendimiento Humano. Monadología. Principios sobre la naturaleza y la gracia.* Estudio introductivo y análisis de las obras por Francisco Larroyo. *Rústica* 10,000.00
145. LEÓN, Fray Luis de: *La Perfecta Casada. Cantar de los Cantares. Poesías originales.* Introducción y notas de Joaquín Antonio Peñalosa. *Rústica* 6,000.00
247. LE SAGE: *Gil Blas de Santillana.* Traducción y prólogo de Francisco José de Isla. Y un estudio de Saint-Beuve. *Rústica* 18,000.00
48. LIBRO DE LOS SALMOS. Versión directa del hebreo y comentarios de José González Brown. *Rústica* 8,000.00
304. LIVIO, Tito: *Historia Romana. Primera Década.* Estudio preliminar de Francisco Montes de Oca. *Rústica* 10,000.00
276. LONDON, Jack: *El lobo de mar. El Mexicano.* Introducción de Arturo Souto Alabarce. *Rústica* 6,000.00
277. LONDON, Jack: *El llamado de la selva. Colmillo blanco. Rústica* 6,000.00
284. LONGO: *Dafnis y Cloe.* APULEYO: *El Asno de Oro.* Estudio preliminar de Francisco Montes de Oca. *Rústica* 6,000.00
12. LOPE DE VEGA Y CARPIO, Félix: *Fuenteovejuna. Peribáñez y el Comendador de Ocaña. El mejor alcalde, el Rey. El Caballero de Olmedo.* Biografía y presentación de las obras por J. M. Lope Blanch. *Rústica* 5,000.00
566. LOPEZ DE GOMARA, Francisco: *Historia de la Conquista de México.* Estudio preliminar de Juan Miralles Ostos. *Rústica* 15,000.00
574. LOPEZ SOLER, Ramón: *Los Bandos de Castilla. El Caballero del Cisne.* Prólogo de Ramón López Soler 10,000.00
LOPE DE VEGA. (Véase *Autos Sacramentales.*)
LOPEZ DE YANGUAS. (Véase *Autos Sacramantales.*)
218. LÓPEZ Y FUENTES, Gregorio: *El indio. Novela mexicana.* Prólogo de Antonio Magaña Esquivel. *Rústica* 6,000.00
298. LÓPEZ-PORTILLO Y ROJAS, José: *Fuertes y Débiles.* Prólogo de Ramiro Villaseñor y Villaseñor. *Rústica* 6,000.00
LÓPEZ RUBIO. (Véase *Teatro Español Contemporáneo.*)
297. LOTI, Pierre: *Las Desencantadas.* Introducción de Rafael Solana. *Rústica* 8,000.00
LUCA DE TENA. (Véase *Teatro Español Contemporáneo.*)
485. LUCRECIO CARO, Tito: *De la Naturaleza.* LAERCIO, Diógenes: *Epicuro.* Prólogo de Cocetto Marchessi. *Rústica* 6,000.00
353. LUMMIS, Carlos F.: *Los Exploradores Españoles del Siglo XVI.* Prólogo de Rafael Altamira. *Rústica* 6,000.00
595. LLUL, Ramón: *Blanquerna. El Doctor Iluminado* por Ramón Xirau. *Rústica*
324. MAETERLINCK, Maurice: *El Pájaro Azul.* Introducción de Teresa del Conde. *Rústica* 6,000.00
178. MANZONI, Alejandro: *Los novios (Historia milanesa del siglo XVIII).* Con un estudio de Federico Baráibar. *Rústica* 10,000.00
152. MAQUIAVELO, Nicolás: *El príncipe.* Precedido de *Nicolás Maquiavelo en su quinto centenario,* por Antonio Gómez Robledo. *Rústica* 3,500.00
MARCO AURELIO. (Véase *Epicteto.*)
192. MÁRMOL, José: *Amalia.* Prólogo de Juan Carlos Ghiano. *Rústica* 6,000.00
367. MARQUEZ STERLING, Carlos: *José Martí.* Síntesis de una vida extraordinaria. *Rústica* 8,000.00
MARQUINA. (Véase *Teatro Español Contemporáneo.*)
141. MARTÍ, José: Hombre apostólico y escritor. *Sus Mejores Páginas.* Estudio, notas y selección de textos, por Raimundo Lazo. *Rústica* 5,000.00
236. MARTÍ, José: *Ismaelito. La edad de oro. Versos sencillos.* Prólogo de Raimundo Lazo. *Rústica* 6,000.00
338. MARTÍNEZ DE TOLEDO, Alfonso: *Arcipreste de Talavera o Corbacho.* Introducción de Arturo Souto Alabarce. Con un estudio del vocabulario del Corbacho y colección de refranes y alocuciones contenidos en el mismo por A. Steiger. *Rústica* 6,000.00
214. MARTÍNEZ SIERRA, Gregorio: *Tú eres la paz. Canción de cuna.* Prólogo de María Edmée Alvarez. *Rústica* 6,000.00
193. MATEOS, Juan A.: *El Cerro de las Campanas. (Memorias de un guerrillero.)* Prólogo de Clementina Díaz y de Ovando. *Rústica* 8,000.00

197. MATEOS, Juan A.: *El sol de mayo.* (*Memorias de la Intervención.*) Nota preliminar de Clementina Díaz y de Ovando. *Rústica* .... **$ 6,000.00**

514. MATEOS, Juan A.: *Sacerdote y Caudillo.* (Memorias de la insurrección) 12,000.00

573. MATEOS, Juan A.: *Los Insurgentes.* Prólogo y Epílogo de Vicente Riva Palacio 9,000.00

344. MATOS MOCTEZUMA, Eduardo: *El negrito poeta mexicano y el dominicano. ¿Realidad o fantasía?* Exordio de Antonio Pompa y Pompa. *Rústica* 6,000.00

565. MAUGHAM W., Somerset: *Cosmopolitas. La Miscelánea de Siempre.* Estudio sobre el cuento corto de W. Somerset Maugham. *Rústica* 9,000.00

410. MAUPASSANT, Guy de: *Bola de sebo. Mademoiselle Fifi. Las hermanas Rondoli. Rústica* 9,000.00

423. MAUPASSANT, Guy de: *La becada. Claror de Luna. Miss Harriet.* Introducción de Dana Lee Thomas. *Rústica* 6,000.00

506. MELVILLE, Herman: *Moby Dick o la Ballena Blanca.* Prólogo de W. Somerset Maugham 7,000.00

336. MENÉNDEZ, Miguel Ángel: *Nayar* (Novela). Ilustró Cadena M. *Rústica* 6,000.00

370. MENÉNDEZ PELAYO, Marcelino: *Historia de los heterodoxos españoles.* Erasmistas y protestantes. Sectas místicas. Judaizantes y moriscos. Artes mágicas. Prólogo de Arturo Farinelli. *Rústica* 12,000.00

389. MENÉNDEZ PELAYO, Marcelino: *Historia de los heterodoxos españoles.* Regalismo y enciclopedia. Los afrancesados y las Cortes de Cádiz. Reinados de Fernando VII e Isabel II. Krausismo y apologistas católicos. Prólogo de Arturo Farinelli. *Rústica* 15,000.00

405. MENÉNDEZ PELAYO, Marcelino: *Historia de los heterodoxos españoles.* Épocas romana y visigoda. Priscilianismo y adopcionismo. Mozárabes cordobeses. Panteísmo semítico. Albigenses y valdenses. Arnaldo de Vilanova. Raimundo Lulio. Herejes en el siglo XV. Advertencia y discurso preliminar de Marcelino Menéndez Pelayo. *Rústica* 10,000.00

475. MENÉNDEZ PELAYO, Marcelino: *Historia de las Ideas Estéticas en España.* Las ideas estéticas entre los antiguos griegos y latinos. Desarrollo de las ideas estéticas hasta fines del siglo XVII. *Rústica* 15,000.00

482. MENÉNDEZ PELAYO, Marcelino: *Historia de las Ideas Estéticas en España.* Reseña histórica del desarrollo de las doctrinas estéticas durante el siglo XVIII. *Rústica* 8,000.00

483. MENÉNDEZ PELAYO, Marcelino: *Historia de las Ideas Estéticas en España.* Desarrollo de las doctrinas estéticas durante el siglo XIX. *Rústica* 12,000.00

MESSER, Augusto. (Véase HESSEN, Juan.)

MIHURA. (Véase *Teatro Español Contemporáneo.*)

18. MIL Y UN SONETOS MEXICANOS. Selección y nota preliminar de Salvador Novo. *Rústica* 6,000.00

136. MIL Y UNA NOCHES, LAS. Prólogo de Teresa E. de Rhode. *Rústica* 7,000.00

194. MILTON, John: *El paraíso perdido.* Prólogo de Joaquín Antonio Peñalosa. *Rústica* 6,000.00

MIRA DE AMEZCUA. (Véase *Autos Sacramentales.*)

109. MIRÓ, Gabriel: *Figuras de la Pasión del Señor. Nuestro Padre San Daniel.* Prólogo de Juana de Ontañón. *Rústica* 6,000.00

68. MISTRAL, Gabriela: *Lecturas para Mujeres. Gabriela Mistral (1922-1924)* por Palma Guillén de Nicolau. *Rústica* 6,000.00

250. MISTRAL, Gabriela: *Desolación. Ternura. Tala. Lagar.* Introducción de Palma Guillén de Nicolau. *Rústica* 6,000.00

144. MOLIÈRE: *Comedias.* (*Tartufo. El burgués gentilhombre. El misántropo. El enfermo imaginario.*) Prólogo de Rafael Solana. *Rústica* 6,000.00

149. MOLIÈRE: *Comedias.* (*El avaro. Las preciosas ridículas. El médico o la fuerza. La escuela de las mujeres. Las mujeres sabias.*) Prólogo de Rafael Solana. *Rústica* 6,000.00

32. MOLINA, Tirso de: *El vergonzoso en palacio. El condenado por desconfiado. El burlador de Sevilla. La prudencia en la mujer.* Edición de Juana de Ontañón. *Rústica* 4,500.00

MOLINA, Tirso de. (Véase *Autos Sacramentales.*)

208. MONTALVO, Juan: *Capítulos que se le olvidaron a Cervantes.* Estudio introductivo de Gonzalo Zaldumbide. *Rústica* 6,000.00

501. MONTALVO, Juan: *Siete Tratados.* Prólogo de Luis Alberto Sánchez. *Rústica* 6,000.00

381. MONTES DE OCA, Francisco: *Poesía hispanoamericana. Rústica* 10,000.00

191. MONTESQUIEU: *Del espíritu de las leyes.* Estudio preliminar de Daniel Moreno. *Rústica* 12,000.00

282. MORO, Tomás: *Utopía.* Prólogo de Manuel Alcalá. *Rústica* .... $ 3,500.00

129. MOTOLINIA, Fray Toribio: *Historia de los Indios de la Nueva España.* Estudio crítico, apéndices, notas e índice de Edmundo O'Gorman. *Rústica* 6,000.00

588. MUNTHE, Axel: *La historia de San Michele.* Introducción de Arturo Uslar-Pietri. *Rústica* 12,000.00

286. NATORP, Pablo: *Propedéutica filosófica. Kant y la escuela de Marburgo. Curso de pedagogía social. Presentación introductiva* (el autor y su obra) y preámbulos a los capítulos por Francisco Larroyo. *Rústica* 6,000.00

527. NAVARRO VILLOSLADA, Francisco: *Amaya o los Vascos en el siglo VIII. Rústica* 15,000.00

171. NERVO, Amado: *Plenitud. Perlas Negras. Místicas. Los Jardines Interiores. El Estanque de los Lotos.* Prólogo de Ernesto Mejía Sánchez. *Rústica* ... 5,000.00

175. NERVO, Amado: *La amada inmóvil. Serenidad. Elevación. La última luna.* Prólogo de Ernesto Mejía Sánchez. *Rústica* 6,000.00

443. NERVO, Amado: *Poemas: Las Voces. Lira Heroica. El Éxodo y las Flores del Camino. El Arquero Divino. Otros Poemas. En Voz Baja. Poesías Varias. Rústica* 6,000.00

NEVILLE. (Véase *Teatro Español Contemporáneo.*)

489. PÉREZ GALDÓS, Benito: *Torquemada en la Hoguera. Torquemada en la Cruz. Torquemada en el Purgatorio. Torquemada y San Pedro.* Prólogo de Joaquín Casalduero. *Rústica* 6,000.00

231. PÉREZ LUGÍN, Alejandro: *La casa de la Troya. Estudiantina. Rústica* 4,000.00

235. PÉREZ LUGÍN, Alejandro: *Currito de la Cruz. Rústica* 6,000.00

263. PERRAULT, Cuentos de: *Griselda. Piel de asno. Los deseos ridículos. La bella durmiente del bosque. Caperucita Roja. Barba Azul. El gato con botas. Las hadas. Cenicienta. Riquete el del copete. Pulgarcito.* Prólogo de María Edmée Álvarez. *Rústica* 3,500.00

308. PESTALOZZI, Juan Enrique: *Cómo Gertrudis enseña a sus hijos. Cartas sobre la educación de los niños. Libros de educación elemental. Prólogos.* Estudio introductivo y preámbulos de las obras por Edmundo Escobar. *Rústica* 6,000.00

369. PESTALOZZI, Juan Enrique: *Canto del cisne.* Estudio preliminar de José Manuel Villalpando. *Rústica* 6,000.00

492. PETRARCA: *Cancionero - Triunfos.* Prólogo de Ernst Hatch Wilkins 8,000.00

221. PEZA, Juan de Dios: *Hogar y patria. El arpa del amor.* Noticia preliminar de Porfirio Martínez Peñalosa. *Rústica* 10,000.00

224. PEZA, Juan de Dios: *Recuerdos y esperanzas. Flores del alma y versos festivos. Rústica* 8,000.00

557. PEZA, Juan De Dios: *Leyendas históricas tradicionales y fantásticas de las calles de la ciudad de México.* Prólogo de Isabel Quiñones. *Rústica.* 9,000.00

594. PEZA, Juan de Dios: *Memorias, Reliquias y Retratos.* Prólogo de Isabel Quiñonez ....

248. PÍNDARO: *Odas. Olímpicas. Píticas. Nemeas. Ístmicas y fragmentos de otras obras de Píndaro. Otros líricos griegos. Arquíloco. Tirteo. Alceo. Safo. Simónides de Ceos. Anacreonte. Baquílides.* Estudio preliminar de Francisco Montes de Oca. *Rústica* 6,000.00

13. PLATÓN: *Diálogos.* Estudio preliminar de Francisco Larroyo. Edición corregida y aumentada. *Rústica* 14,000.00

139. PLATÓN: *Las leyes. Epinomis. El político.* Estudio introductivo y preámbulos a los diálogos por Francisco Larroyo. *Rústica* 6,000.00

258. PLAUTO: *Comedias: Los mellizos. El militar fanfarrón. La olla. El gorgojo. Anfitrión. Los cautivos.* Estudio preliminar de Francisco Montes de Oca. *Rústica* .... $ 6,000.00

26. PLUTARCO: *Vidas paralelas.* Introducción de Francisco Montes de Oca. *Rústica* 8,000.00

564. POBREZA Y RIQUEZA. En Obras selectas del cristianismo primitivo. Selección de Textos, Traducción y Estudio introductivo por Carlos Ignacio González S. J. *Rústica* 10,000.00

210. POE, Edgar Allan: *Narraciones extraordinarias. Aventuras de Arturo Gordon Pym. El cuervo.* Prólogo de Ma. Elvira Bermúdez. *Rústica* 8,000.00

85. POEMA DE MÍO CID. Versión antigua, con prólogo y versión moderna de Amancio Bolaño e Isla. Seguido del *Romancero del Cid. Rústica* 4,000.00

102. POESÍA MEXICANA. Selección de Francisco Montes de Oca. *Rústica* 12,000.00

371. POLO, Marco: *Viajes.* Introducción de María Elvira Bermúdez. *Rústica* 6,000.00

510. PONSON DU TERRAIL, Pierre Alexis: *Hazañas de Rocambole.* Tomo I. *Rústica* 15,000.00

511. PONSON DU TERRAIL, Pierre Alexis: *Hazañas de Rocambole.* Tomo II. *Rústica* 15,000.00

518. PONSON DU TERRAIL, Pierre Alexis: *La Resurrección de Rocambole.* Tomo I. Continuación de "Hazañas de Rocambole". *Rústica* 15,000.00

519. PONSON DU TERRAIL, Pierre Alexis: *La Resurrección de Rocambole.* Tomo II. Continuación de "Hazañas de Rocambole". *Rústica* 15,000.00

36. POPOL WUJ: *Antiguas historias de los indios quichés de Guatemala.* Ilustradas con dibujos de los códices mayas. Advertencia, versión y vocabulario de Albertina Saravia E. *Rústica* 8,000.00

150. PRESCOTT, William H.: *Historia de la Conquista de México.* Anotada por don Lucas Alamán. Con notas, críticas y esclarecimientos de don José Fernando Ramírez. Prólogo y apéndices por Juana A. Ortega y Medina. *Rústica* 18,000.00

198. PRIETO, Guillermo: *Musa callejera.* Prólogo de Francisco Monterde. *Rústica* 6,000.00

450. PRIETO, Guillermo: *Romancero Nacional.* Prólogo de Ignacio M. Altamirano. *Rústica* 6,000.00

481. PRIETO, Guillermo: *Memorias de mis Tiempos.* Prólogo de Horacio Labastida. *Rústica* 6,000.00

54. PROVERBIOS DE SALOMÓN Y SABIDURÍA DE JESÚS BEN SIRAK: Versiones directas de los originales por Ángel María Garibay K. *Rústica* 6,000.00

QUEVEDO, Francisco de: Véase *Lazarillo de Tormes.*

332. QUEVEDO Y VILLEGAS, Francisco de: *Sueños. El sueño de las calaveras. El alguacil alguacilado. Las zahúrdas de Plutón. Visita de los chistes. El mundo por dentro. La hora de todos y la fortuna con seso. Poesías.* Introducción de Arturo Souto Alabarce. *Rústica* 4,000.00

97. QUIROGA, Horacio: *Cuentos.* Selección, estudio preliminar y notas críticas e informativas por Raimundo Lazo. *Rústica* 6,000.00

347. QUIROGA, Horacio: *Más cuentos.* Introducción de Arturo Souto Alabarce. *Rústica* 6,000.00

360. RABELAIS: *Gargantúa y Pantagruel. Vida de Rabelais.* Por Anatole France. Ilustraciones de Gustavo Doré. *Rústica* 12,000.00

219. RABINAL ACHÍ: *El varón de Rabinal. Ballet-drama de los indios quichés*

239. SALGARI, Emilio: *Los piratas de la Malasia. Los estranguladores.* Nota preliminar de María Elvira Bermúdez. *Rústica* .... $ 8,000.00
242. SALGARI, Emilio: *Los dos rivales. Los tigres de la Malasia.* Nota preliminar de María Elvira Bermúdez. *Rústica* 6,000.00
257. SALGARI, Emilio: *El rey del mar. La reconquista de Mompracem.* Nota preliminar de María Elvira Bermúdez. *Rústica* 6,000.00
264. SALGARI, Emilio: *El falso Bracmán. La caída de un imperio.* Nota preliminar de María Elvira Bermúdez. *Rústica* 6,000.00
267. SALGARI, Emilio: *En los junglares de la India. El desquite de Yáñez.* Nota preliminar de María Elvira Bermúdez. *Rústica* 6,000.00
292. SALGARI, Emilio: *El capitán Tormenta. El León de Damasco.* Nota preliminar de María Elvira Bermúdez. *Rústica* 6,000.00
296. SALGARI, Emilio: *El hijo del León de Damasco. La galera del Bajá.* Nota preliminar de María Elvira Bermúdez. *Rústica* 6,000.00
302. SALGARI, Emilio: *El Corsario Negro. La venganza.* Nota preliminar de María Elvira Bermúdez. *Rústica* 6,000.00
306. SALGARI, Emilio: *La reina de los caribes. Honorata de Wan Guld. Rústica* 6,000.00
312. SALGARI, Emilio: *Yolanda. Morgan. Rústica* 6,000.00
363. SALGARI, Emilio: *Aventuras entre los pieles rojas. El rey de la pradera.* Prólogo de María Elvira Bermúdez. *Rústica* 6,000.00
376. SALGARI, Emilio: *En las fronteras del Far-West. La cazadora de cabelleras.* Prólogo de María Elvira Bermúdez. *Rústica* 6,000.00
379. SALGARI, Emilio: *La soberana del campo de oro. El rey de los cangrejos.* Prólogo de María Elvira Bermúdez. *Rústica* 6,000.00
465. SALGARI, Emilio: *Las "Panteras" de Argel. El Filtro de los Califas.* Prólogo de María Elvira Bermúdez. *Rústica* 6,000.00
517. SALGARI, Emilio: *Los Náufragos del Liguria. Devastaciones de los Piratas. Rústica* 6,000.00
533. SALGARI, Emilio: *Los mineros de Alaska. Los pescadores de ballenas. Rústica.* 6,000.00
535. SALGARI, Emilio: *La campana de plata. Los hijos del aire. Rústica.* 7,000.00
536. SALGARI, Emilio: *El desierto de fuego. Los bandidos de Sahara. Rústica.* 7,000.00
537. SALGARI, Emilio: *Los barcos filibusteros. Rústica.* 6,000.00
538. SALGARI, Emilio: *Los misterios de la Selva. La Costa de marfil. Rústica.* 6,000.00
540. SALGARI, Emilio: *La favorita del Mahdi. El profeta del Sudán. Rústica.* 6,000.00
542. SALGARI, Emilio: *El capitán de la "D'Jumna". La montaña de luz. Rústica.* 6,000.00
544. SALGARI, Emilio: *El hijo del Corsario Rojo.* 6,000.00
547. SALGARI, Emilio: *La perla roja. Los pescadores de perlas. Rústica* 6,000.00
553. SALGARI, Emilio: *El mar de las perlas. La perla del río rojo. Rústica.* .. 7,000.00
554. SALGARI, Emilio: *Los misterios de la India. Rústica.* 7,000.00
559. SALGARI, Emilio: *Los horrores de Filipinas. Rústica.* 6,000.00
560. SALGARI, Emilio: *Flor de las perlas. Los cazadores de cabezas. Rústica.* 6,000.00
561. SALGARI, Emilio: *Las hijas de los faraones. El sacerdote de Phtah. Rústica.* 7,000.00
562. SALGARI, Emilio: *Los piratas de las Bermudas. Dos abordajes. Rústica.* .. 8,000.00
563. SALGARI, Emilio: *Nuevas aventuras de cabeza de piedra. El castillo de Montecarlo. Rústica* 6,000.00
567. SALGARI, Emilio: *La Capitana del Yucatán. La Heroína de Puerto Arturo.* Nota preliminar de María Elvira Bermúdez. *Rústica* 7,000.00
579. SALGARI, Emilio: *Un Drama en el Océano Pacifico. Los Solitarios del Océano* 9,000.00
583. SALGARI, Emilio: *Al Polo Norte a Bordo del "Taimyr". Rústica* 9,000.00
585. SALGARI, Emilio: *El continente misterioso. El esclavo de Madagascar. Rústica.* 6,000.00
288. SALUSTIO: *La conjuración de Catilina. La guerra de Jugurta.* Estudio preliminar de Francisco Montes de Oca. *Rústica* 6,000.00
SAMANIEGO. (Véase FABULAS.)
393. SAMOSATA, Luciano de: *Diálogos. Historia verdadera.* Introducción de Salvador Marichalar. *Rústica* 8,000.00
59. SAN AGUSTÍN: *La ciudad de Dios.* Introducción de Francisco Montes de Oca. *Rústica* 15,000.00
142. SAN AGUSTIN: *Confesiones.* Versión, introducción y notas de Francisco Montes de Oca. *Rústica* 5,000.00
40. SAN FRANCISCO DE ASIS: *Florecillas.* Introducción de Francisco Montes de Oca. *Rústica* 6,000.00
228. SAN JUAN DE LA CRUZ: *Subida del Monte Carmelo. Noche oscura. Cántico espiritual. Llama de amor viva. Poesías.* Prólogo de Gabriel de la Mora. *Rústica* 12,000.00
199. SAN PEDRO, Diego de: *Cárcel de amor. Arnalte e Lucenda. Sermón. Poesías. Desprecio de la fortuna.* Seguidas de *Cuestión de amor.* Introducción de Arturo Souto Alabarce. *Rústica* .... $ 6,000.00
SANCHEZ DE BADAJOZ. (Véase *Autos Sacramentales.*)
50. SANTA TERESA DE JESUS: *Las moradas; Libro de su Vida.* Biografía de Juana de Ontañón. *Rústica* 6,000.00
49. SARMIENTO, Domingo F.: *Facundo; Civilización y Barbarie. Vida de Juan Facundo Quiroga.* Ensayo preliminar e índice cronológico por Raimundo Lazo. *Rústica* 6,000.00
SASTRE. (Véase *Teatro Español Contemporáneo.*)
138. SCOTT, Walter: *Ivanhoe o El Cruzado.* Introducción de Arturo Souto. Alabarce. *Rústica* 6,000.00
409. SCOTT, Walter: *El monasterio.* Prólogo de Henry Thomas. *Rústica* 6,000.00
416. SCOTT, Walter: *El pirata.* Prólogo de Henry Thomas. *Rústica* 10,000.00
401. SCHILLER, Federico: *María Estuardo. La doncella de Orleáns.* Guillermo

PRECIOS SUJETOS A VARIACIÓN SIN PREVIO AVISO.

EDITORIAL PORRÚA, S. A.